U0633926

廬齋林公像

福清林
希逸像

宋端平乙未會魁

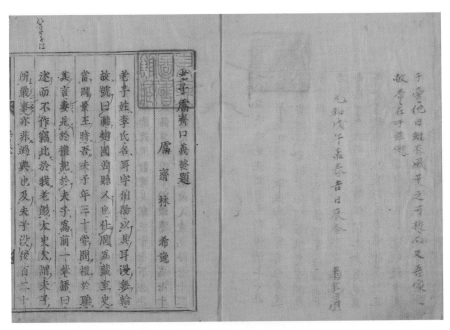

《老子鬳斋口义》林道春训点，日本庆长年间木活字印本书影

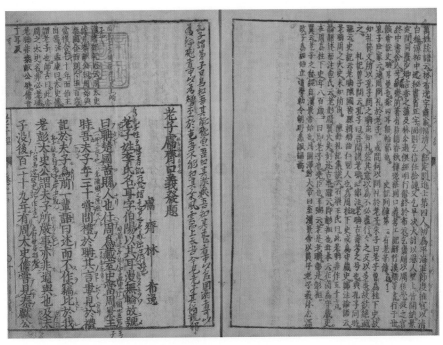

《老子口义》林道春注解，日本正保戊子丰兴堂本书影

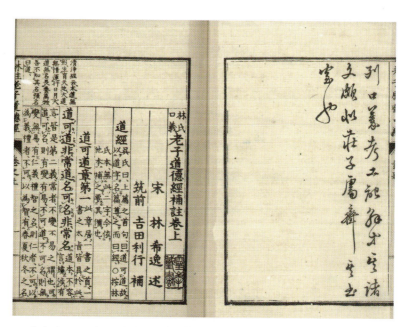

《林氏口义老子道德经补注》吉田利行补注，日本明治十七年
林磊落堂刊本书影

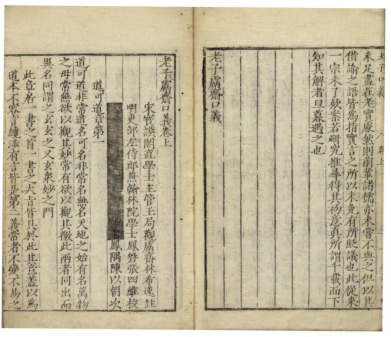

《老子鬳斋口义》明万历二年敬义堂刊本书影

《老子鬳斋口义》日本宽文
四年释即非如一校刊本书影

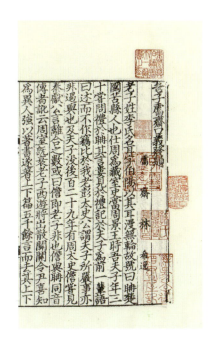

《老子鬳斋口义》元刊本书影

《老子经》林道春训点，日本
宽永六年刊本书影

《老子鬳斋口义》日本宽永
四年安田安昌刊本书影

《列子鬳斋口义》日本庆长元和
活字印本书影

《列子口义》日本南北朝刊本
书影

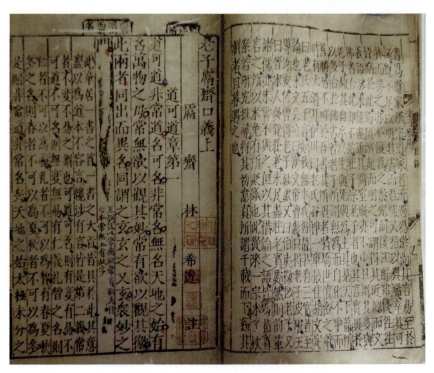

《老子鬳斋口义》明万历四年丙子陈氏积善书堂刊本书影

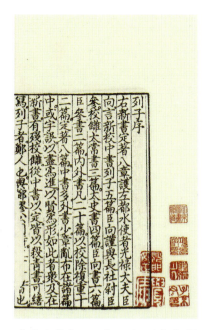

《列子鬳斋口义》元初刊本书影

《列子鬳斋口义点校》藤原惺窝
点校，日本万治二年刊本书影

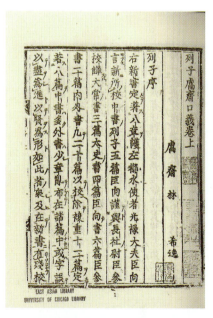

《列子鬳斋口义》日本宽永四年
安田安昌刊本书影

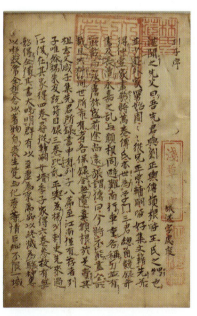

《列子口义》日本庆长刊本书影

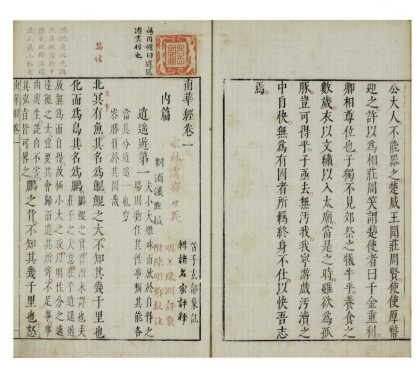

《南华经》明吴兴凌君宸刻五色套印本书影

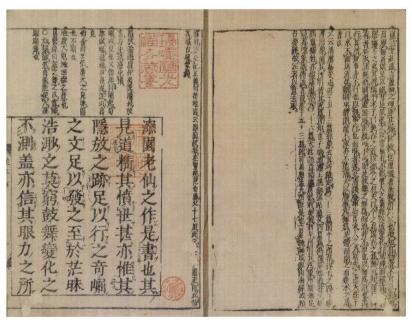

《庄子鬳斋口义》日本宽文五年风月庄左卫门刊本书影

《庄子南华真经》明万历十年
徐常吉刊本书影

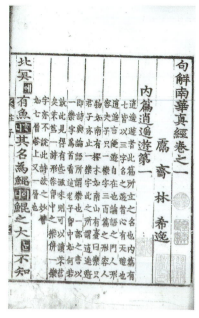

《句解南华经》朝鲜咸兴活字
排印本书影

《庄子口义栈航》小野壹校，
日本延宝九年山本景正刊本书影

《庄子鬳斋口义》宋咸淳五年
建宁刊本

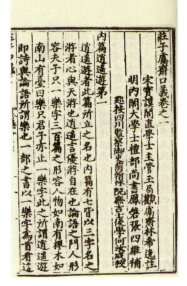

《句解南华真经》日本庆长
年间木活字印本书影

《庄子口义补注》明万历
五年何汝成校刊本书影

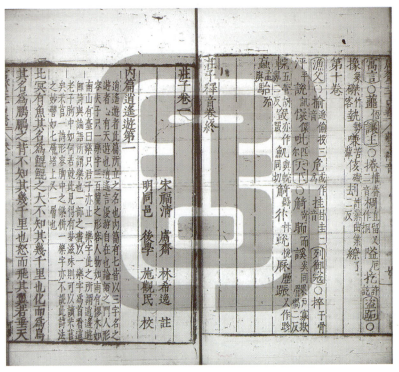

《鬳斋庄子口义》明万历二年施观民刊本书影

《南华真经》三家合注本书影　　　　　　《庄子鬳斋口义》日本室町
　　　　　　　　　　　　　　　　　　　　　时代刊本书影

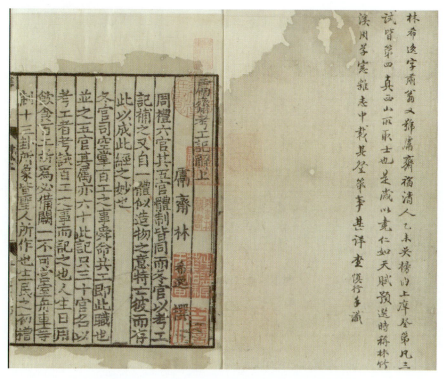

《鬳斋考工记解》宋刊元延祐四年修补本书影

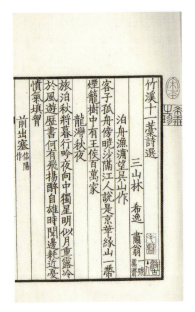

《竹溪十一稿诗选》汲古阁
刊本书影

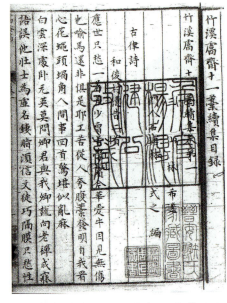

《竹溪臞斋十一稿续集》明谢肇淛小
草斋抄本书影

《考工记解》通志堂刊本书影

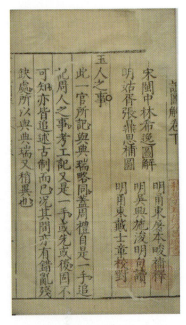

《考工记图解》明万历
二十六年戊戌刊本书影

序 一

陈庆元

晚霞进入某大学做博士后研究，据说门坎是 4 篇 CSSCI。我的另一位学生知道后很惊讶，我说即使 10 篇，对她来说也不是一个问题！认识晚霞十多年，记忆中好像从来没有什么事能难倒她。当年她从陕西来考硕士，有意投到我的名下，还写了长长的信，结果被其他老师招收了去。毕业后，她去了湖南。不意数年之后，转了一圈，她又从湖南考了回来，我的学生群中终于出现了她的名字。在职读博士，因人而异，有的单位宽松些，让你脱产，三年不干活；有的却不行，工作得照做，出勤照考核。于是晚霞就飞来飞去，毕业时机票积累了一堆。

晚霞在湖南从事周敦颐的研究有年，于是商定了以南宋林希逸为博士论文的研究对象，重点作文献学方面的研究。林希逸的著作多达二十余种，重要的有《老子鬳斋口义》《列子鬳斋口义》《庄子鬳斋口义》《鬳斋考工记解》《竹溪十一稿诗选》《竹溪鬳斋十一稿续集》等。林希逸及其著作，近世和当代不太为人所重，而自宋至明清，其著作却一刻再刻，日本、朝鲜半岛士人对林希逸及其著作的热情似乎还超过中国本土。作林希逸的文献，版本无疑成了重点，于是，晚霞开始走上艰苦的访书之路。2012 年，我在台湾中央大学任教，突然收到晚霞一条短信，说她昏倒在图书馆，刚刚醒过来。我问在哪家图书馆，她说康奈尔大学。我问，你周围有人没有？她说没有。我狠狠说她，你不小心再次倒地，或许就永远醒不过来。美国回来，晚霞还有一次台湾访书的过程。在吾友台北大学文学院院长王国良教授的全力襄助下，晚霞在台北有数月的访书之旅。这一次虽然没有美国访书的惊心动魄，却也有难言的艰辛。孩子已经到了读书的年龄，晚霞只好把小孩拴上，交学费，就近选了台北大学附近的一所小学就读。我都想象不出，她从台北大学所在地三峡到台北市内查书的这一整天，小孩如何安置？

《林希逸文献学研究》第四章《林希逸著述考》，就是在很艰难的条件下完成的。《林希逸著述考》是本书的重心，该章考述了上文我们提到的林希逸重点著述六种。前三种《老子鬳斋口义》《列子鬳斋口义》《庄子鬳斋口义》，每节之下各有三小节，分别考述中国刊本、日本刊本、朝鲜半岛刊本。三地刊本按宋、元、明、清四代排列。每种刊本在考述文字之前先附书影，然后是版本描述，版本之后是简略考证。考证包括以下几方面：第一，刊刻缘由；第二，刊刻者姓名、字号、概况；第三，刊刻时间及地点；第四，作有题记或跋语的收藏者姓名、字号、概况；第五，收藏单位及著录概况。收藏单位著录有误，随手纠正之。"《老子鬳斋口义》，宋林希逸撰，释即非如一校，日本宽文四年刊本"，此条之下作者云："中国台湾图书馆另题为'日本宽文四年（1627）江户须原屋茂兵卫刊本'。日本宽文四年为公元1664年，中国台湾图书馆所注有误。""《鳌头注释林注老子道德经》，宋林希逸撰，林道春批点，日本宝永六年书林宝文堂刊训点本"，台湾图书馆著录"延宝三年"刊，作者据卷尾题名"延宝二年甲寅秋七月德仓昌坚"，认定该书为延宝二年（1675）刊本。

本书考证林希逸的《老子鬳斋口义》52 种、《列子鬳斋口义》32 种、《庄子鬳斋口义》113 种，共 197 种，其中中国 57 种，日本 56 种，朝鲜半岛 84 种。林希逸"三子口义"将近 200 种的版本，晚霞未必全部看过；但是同一种版本，或分藏于多家图书馆，晚霞则先后目击过，就是说，经她"摸"过的林氏"三子口义"肯定多达数百。本书时有记载其目击的情况：《老子鬳斋口义》二卷，白口宋刊本，此本是《老子鬳斋口义》最早的版本，"笔者见于美国康奈尔大学图书馆，中国国家图书馆"。《老子鬳斋口义》，元刊本，"笔者见于美国哈佛大学燕京图书馆、耶鲁大学图书馆，国图"，"国图"，即中国国家图书馆。这样的附带记载，不止十处八处。

晚霞跑的图书馆多，目击林希逸著作的版本多，收入本书的书影多达89幅，绝大多数出自稀见的珍贵善本。大量的书影无疑表明了本书考订工作的可靠和严肃性，而精美的宋本和其他版本的书影，让人赏心悦目；绝大多数研究者不可能像作者那样看到这么多传世的稀见善本，面对作者提供的书影，了解到更多的版本学的知识；尤其是日本刊本和朝鲜半岛的刊本，中国国内较难见到，无疑也使读者开阔了眼界。

本书的另一个特点是作者的研究视野开阔。中国古代文献流散于海外，作文献学的研究，作者搜集资料的范围必须由中国扩展到世界各地，并从世界各地搜集到的材料研究文献的传播与影响。晚霞认为："海内外诸多的《老子》注本中，都引用了林希逸《老子鬳斋口义》本的内容，笔者以为，这是不完全的、变相的林希逸口义本的流传，也是林希逸老学思想在海内外影响力的体现。"因此又对各种《老子》注本、《庄子》注本引用《老子鬳斋口义》《庄子鬳斋口义》做了一番考证。在文献考证、辨析的基础上，作者还将原生于中国思想文化脉络的林希逸"三子口义"，置于韩国、日本各个朝代的思想、文化体系中进行考察。"三子口义"刊刻本共197种，日本刊刻数（56种）与中国本土（57种）相当，而朝鲜半岛（84种）则远远超过中国本土，这一很奇特的思想文化现象值得研究。本文试图从现代诠释学、心理学、概念史研究等视角，分辨对比东亚各国"三子口义"各个时期的传播特点和流行原因。

如果说本书林希逸著作的研究，是纸质文献研究的话，那么林希逸生平的考证，就离不开出土文献和其他碑碣的研究了。中国传统文献学研究的学者，较少跑田野。近二十年来，我很强调田野调查，你研究这个作家的著作，你一定得想方设法到他出生、生长、宦游、祖籍地、墓葬地去看看，感受其氛围，通过调查或许还可以寻找到族谱、碑铭、匾额一类鲜为人知的文献资料。从福州城区到林希逸出生、生长地，即林氏祖居地福清市渔溪镇苏田村路途不算远，但调查者来看宗祠、林氏祖墓、碑铭，还得取得当地民众和林氏族人的支持。晚霞克服了种种困难，搜集到了《林氏支祠石碑》《苏田一世祖林则辉公墓》《苏田林意可公墓》《重修竹溪寺碑记》《竹溪禅寺门额》《林氏祠堂内所供奉牌位》《径江林氏祠堂重建纪念碑》《清代竹溪禅寺置办香火田石碑》《榜眼厝旗杆碣残片》《宋竹溪鬳翁林先生之墓碑》等重要碑碣文献，又从他地访得《晋江林希逸题刻》一方，林希逸佚文《雪岑诗序》一篇。《宋竹溪鬳翁林先生之墓碑》，此碑对了解林希逸的生平有很大的帮助，特别是解决了久悬未决的林希逸生卒年的问题，而且卒年准确到月日。

晚霞博士后从事的是哲学史的研究，文史哲本是一家，当代的学科分类加以细分当然有它的道理。但是到具体研究，文史哲又难分难舍。序文开篇说，短期内发表 10 篇 CSSCI，是说什么困难也难不倒晚霞的，并不是说她非这样做不可；说句心里话，我并不鼓励这样做。不用我费口舌，晚霞都会努力的。我时常担心其他学生不够努力，却怕晚霞太过努力。因此有一句话送给她：一张一弛，君子之道。

2017 年 9 月 26 日

于福州华庐

序　二

孙亦平

　　王晚霞博士的学位论文《林希逸文献学研究》虽然是以南宋理学家林希逸（1193—1271）的著述为主要研究对象，但因涉及《老子鬳斋口义》《列子鬳斋口义》《庄子鬳斋口义》（合称《三子鬳斋口义》或《三子口义》）在日本和朝鲜半岛传播的研究，又成为一部颇富新意的涉及东亚文化研究的学术专著。在该书即将出版之时，晚霞来信请我为之作序，作为她的博士后合作导师，为她近年来在学术研究上取得的成绩由衷地感到高兴，故欣然提笔。

　　从文化交流上看，东亚各国自古以来虽有自己民族的文化传统，但早在秦皇、汉武进行的海上求仙活动时，中国文化就随着移民的步伐走出国门，漂洋过海，对东亚地区的朝鲜半岛、日本列岛以及中南半岛的一些国家和地区产生着持续影响。魏晋南北朝隋唐时期，中国朝廷不断地通过册封朝贡、经济贸易、学术交流等方式，促进了古代东亚各国的经济发展与文化繁荣，也使中国先进的语言文字、政治制度、器物制造、经史典籍和宗教信仰等传播到东亚地区。正是在中国文化的影响下，大约在公元七世纪，以中华文化为中心，东亚各国在人种、饮食、礼仪、农耕经济的生产方式等方面具有一定的趋同性，大多具有吃稻米、用汉字、定律令、奉儒学、信佛教的文化习俗。文化上的趋同性标志着东亚文化圈的形成。正是基于此，日本学者西岛定生（1919—1998）把东亚视为一个完整的、自律的世界，他用联系的观点来探讨东亚各国间的内在关系，不仅认为东亚存在着以中国为中心的"册封体制"，此乃是古代东亚国际政治秩序的基轴，而且这个独立的文化共同体以汉字为标识，他提出了著名的"东亚汉字文化圈"："所谓东亚汉字文化圈是指，中国、朝鲜、日本、越南等东亚国家共同的汉字文化因素。一般认为，它包括汉字、儒学、律令和中国化的佛教等四项文化要素。"① 这一提法得到了大多数东亚学者的赞成，但随着近年来对东亚文化研究的深入展开，人们发现除了西岛定生提到的上述因素之外，实际上东亚汉字文化圈中还存在着一些具有相似性文化因素，如科学技术、医药知识、文学诗歌、道教文化和文献书籍，从而形成了所谓的"彼此虽殊山海域，渊源同一圣贤书"② 的东亚文化共同体。

近年来，我在进行国家项目"东亚道教研究"时就关注到几个值得留意的跨民族文化传播现象，其中之一便是中华经典，尤其是道家道教文献《老子》《庄子》《列子》在东亚地区的流传过程中，其受欢迎的程度与中国不太相同。那些在中国被公认为是诠释精当、文辞典雅、观点新颖的河上公本、王弼本、郭象本、成玄英本等注本，竟然没有受到日本及朝鲜学者的重视，反而是不被中国学界看好的林希逸注本却受到日本学者的追捧，曾经风靡一时，这就是一个典型的例子。

林希逸是南宋儒学的代表人物、艾轩学派的第三代传人，长期在福建的福清传授程朱理学，但他对道家经典也颇有研究。林希逸既注《老》，也解《庄》，还释《列》，其诠释的角度与方法也有自己的特点。《老子鬳斋口义》二卷具有以儒注老的特点；《庄子鬳斋口义》十卷在解庄时采取了与郭象、成玄英不同的解释方法，从考订名词概念入手，以佛、儒、庄相融合为视角，注重阐扬《庄子》所表现出的文学性与思想性；《列子鬳斋口义》则采用民众的口语、杂语、俗语，以深入浅出的语言援引佛禅思想来讲述人生道理。在室町时代，一些留学中国的日本禅僧陆续将中国老庄学著作带到日本。

据台湾学者王迪的研究，林希逸的《三子口义》通过中日禅僧的文化交流传到日本后，受到特别的欢迎，促使日本知识分子正式开始研究老庄学说。但在我看来，林希逸的《三子口义》不仅是受到日本学者的欢迎，更为重要的是作为足利学校培养青年学生的汉学教材，在日本文化教育中所产生了持久影响力。室町时代的足利学校既是日本最古老的综合大学，

---

① ［日］西嶋定生：《东亚世界的形成——总论》，载岩波讲座《世界历史》第四卷，岩波书店 1970 年版。

② ［朝鲜］李睟光：《芝峰集》卷八，《韩国文集丛刊》第 66 册，第 85 页。

也是一所汉学教育中心，其盛况一直持续到明治五年（1872）日本教育全面西方化才宣告终结。足利学校中开设的老庄学课程，就是以林希逸极富儒学色彩的《三子口义》作为教材的，因此，到日本江户时代、朝鲜王朝前期，林希逸《三子口义》成为东亚学人研读老庄列的首选注本，其中的《列子鬳斋口义》尤其受到中文水平不高的日本人的欢迎，陆续出现了7种日本传本，推动了列子学在日本的兴起与发展。根据林希逸《三子口义》在东亚各国的不同境遇，我曾在《东亚道教研究》中提到，"在中国不太有影响的林希逸的老庄著作，在室町时期思想界却产生过较大影响，这都是值得研究的跨民族文化的传播现象。"① 现在王晚霞博士的这本《林希逸文献学研究》就是将林希逸著述放到跨民族文化交流中来进行研究的。

学术界研究林希逸比较早的是台湾学者王迪和日本学者池田知久，其中王迪的《日本における老庄思想の受容》是日文著述，但她也有几篇中文文章论述了林希逸《三子口义》在日本的流传。池田知久有关此问题的文章是《林希逸〈庄子鬳斋口义校注〉在日本》②，他的《道家思想的新研究——以〈庄子〉为中心》③ 也有专门章节研究了林希逸的《庄子鬳斋口义》。台湾学者简光明的《林希逸〈老子鬳斋口义探义〉》④ 也较早注意到了口义本的注解特点。近年来，国内也渐有一些学者开始关注林希逸。《林希逸文献学研究》作为国内在此方面研究的首部学术专著，具有如下突出特点：

第一，版本资料特别丰富。林希逸的《三子口义》在跨民族文化传播的过程中，出现了不同语言的多种版本，却分藏在不同国家，搜集中国国内的版本相对容易，但要全面搜集和了解台湾地区和韩国、日本、越南及东南亚各个国家的刊本及其流传、收藏等情况却是非常不易。晚霞的博士论文主要是在美国康奈尔大学写成，她利用大学图书馆，查看到了近百个版本。毕业后，她又再度赴美继续查询，还前往台湾的台北大学进行了为期一个学期的访学，又充实与完善了部分版本的信息。经过五年多的陆续增补，该书的第四章版本考成为最大的亮点，从中可见《老子鬳斋口义》52 种，《列子鬳斋口义》32 种，《庄子鬳斋口义》113 种，共计达 197 种，

① 孙亦平：《东亚道教研究》，人民出版社 2014 年版，第 472—473 页。
② 参见周启成校注《庄子鬳斋口义校注》附录，中华书局 1997 年版。
③ ［日］池田知久：《道家思想的新研究——以〈庄子〉为中心》，中州古籍出版社 2009 年版。
④ 《中国文化月刊》1994 年第 4 期。

其中附有书影的有 89 种，如此丰富的版本信息、书影图像和书前所附的彩页，既使该书的研究建立在扎实的资料基础上，又以令人赏心悦目的方式增强了可读性。

第二，考证辨析认真精细。晚霞在文献考据方面下了很大功夫，在搜集来自世界各地的《三子口义》版本后，对版本中的一些可疑问题进行了考证辨析，并提出自己的观点，推进了林希逸文献研究的深入展开。她还对林希逸曾经生活过的地方进行实地考察，搜集了一些散落于民间的有关林希逸的碑铭石刻，对一些久悬未决的林希逸生平问题也提出了自己的看法。该书还分辨对比《三子口义》在东亚各国的传播特点和流行原因，并对林希逸的佛学思想、文学思想、教育思想和悯农思想等进行了较为系统的研究。

第三，学术视野比较广阔。东亚各国因山海地域不同而有各自的民族意识形态、宗教信仰传统和文化价值取向，但中华经典所包含的丰富内容和思想智慧却是东亚文化的重要源头。林希逸的《三子口义》在东亚乃至世界的流传就是一个很好的例证。晚霞此书将林希逸著述放到整个东亚文化交流的环境中进行新的解释，这种广阔的学术视野也提升了该书的学术价值和文化品位，是值得赞许的。

晚霞在博士毕业前夕给我来信，说在美国康奈尔大学图书馆读到了我的《东亚道教研究》，希望毕业后来南京大学做博士后，后来她还特地来南京大学看我。记得那天下午我下课后，我们在哲学系见面后就聊了起来。当她充满激情与向往谈到自己的学术理想时，我看到了一个勤奋努力型的女生。临走时，她将《〈濂溪志〉八种汇编》送给我，我从中又看到了她做资料整理时的认真与细致。

2016 年秋天，晚霞如愿进站做博士后。进站以来，她克服了来自家庭、工作和科研的各种压力，凭着良好的学术基础和勤奋努力的精神，广泛阅读，独立思考，认真研究，不仅陆续有学术论文在 CSSCI 来源期刊上发表，而且还分别获得了国家社科基金项目、教育部人文社科基金项目和湖南省社科基金项目的资助。相信《林希逸文献学研究》的出版将有助于从一个侧面推动东亚文化领域中文献学研究的展开，故愿将它推荐给读者，让大家一起来共同品味这一学术研究的新成果。

是为序！

2017 年 10 月 18 日

目　　录

绪　　论

一　相关的前期研究

南宋末刘克庄有诗云："试把过江人物数，溪翁之外更谁哉。"① "儒林巨擘竹溪公"②，"鬳斋不是凡人，海山仙圣知来处"③，"今大宗师惟阁老"④，这里的溪翁、竹溪公、鬳斋，都是指南宋末年的理学名儒：林希逸。林希逸自视儒学为思想根基，有大量儒学著述，可惜多已失传，现存的著作中，他对老子、列子、庄子的注解：《老子鬳斋口义》《列子鬳斋口义》《庄子鬳斋口义》，对东亚各国思想学说产生了一定影响。近年来研究者也日益增多，但与他的成就相比，还远不够。同时，林希逸的文学成就，也比较突出，而对他的文集研究，目前尚未见到。林希逸整体的研究，知网所查十余篇论文，及几篇硕士论文，集中在林希逸诗文研究和三子口义作品的研究。我们遍翻各种版本的文学史、理学史，未见提及林希逸诗文学术。方勇所著《庄子学史》有专章介绍《庄子鬳斋口义》，熊铁基、刘固盛、刘韶军著《中国庄学史》第五章《宋元时期的庄学》第六节为 "林希逸《南华真经口义》"⑤，大旨介绍了林希逸的《庄子口义》。其

---

①　（宋）刘克庄：《竹溪生日二首》，刘克庄撰，王蓉贵、向以鲜校点，刁忠民审定：《后村先生大全集》，四川大学出版社 2008 年版，第 1187 页。

②　（宋）刘克庄：《与林中书李礼部同宿襄山三首》，刘克庄撰，王蓉贵、向以鲜校点，刁忠民审定：《后村先生大全集》，四川大学出版社 2008 年版，第 988 页。

③　（宋）刘克庄：《水龙吟·林中书生日六月十九日》，刘克庄撰，王蓉贵、向以鲜校点，刁忠民审定：《后村先生大全集》，四川大学出版社 2008 年版，第 4777 页。

④　（宋）刘克庄：《竹溪和予喜大渊至二诗复叠前韵》，刘克庄撰，王蓉贵、向以鲜校点，刁忠民审定：《后村先生大全集》，四川大学出版社 2008 年版，第 1146 页。

⑤　熊铁基、刘固盛、刘韶军：《中国庄学史》，湖南人民出版社 2003 年版。

他老子学史及相关宋代福建庄学、老学研究著作,略有涉及。以下对这些情况做简要介绍。

(一) 林希逸的文学研究

从文学方面研究林希逸,在各大文学史著作中,均未见提及,文学理论著作中亦如是。论文有陈庆元的《宋代闽中理学家诗文——从杨时到林希逸》①,这篇文章较早注意到闽中理学家的诗文作品,文章以《宋史·道学传》中七位闽籍理学家为中心,重点介绍了朱熹、真德秀、林光朝、林希逸。其中朱熹的诗文谈得最多,介绍了朱熹的生平,指出朱熹是理学家诗人的代表,诗风以冲淡平和为主,散文长于说理,相比朱熹,真德秀的诗歌就显得乏味呆板、议论平直,才力和文学修养也逊色。林光朝讲学强调心通理解,不著书,他作诗较注意锻炼,所以其诗密而精。最后提到林希逸的诗歌生动活泼,非一般理学家能及,林希逸认为诗不是理学家有韵的讲义语录,他的诗歌槁干中含华滋,萧散中藏严密,窘狭中见纡徐,是理学家中比较讲究诗歌韵味的,这与朱熹的诗文风格遥相呼应。文章认为林光朝、林亦之、林希逸一脉虽说只是一小宗,但在诗歌创作方面,后者的成就不应小觑,表示了对林希逸诗歌创作成就的肯定。这篇文章较有开创性,遗憾的是重点在朱熹,林希逸所论甚少。沈扬的《林希逸诗学思想的渊源与独创》②,提出林希逸的诗学观念介于江西派与江湖派之间。丁丹的《林希逸诗歌研究》③《林希逸与江湖诗人交游考》④,后者是其硕士论文的一部分,对林希逸的生平、交游做了考证,提出林希逸的诗歌观念是《诗》《骚》并重,推重李杜,以禅喻诗,并分析了其诗歌的文化内涵和创作特征。关于林希逸卒年,简单提到依据林氏后裔在苏田村所发现之碑刻所载,认为是 1271 年。这篇文章结构上企图绕开诗歌研究的老套路,从文化内涵和创作特征方面着手,较有新意,可惜不够深入。

周兰的《林希逸诗歌研究》⑤ 对林希逸的生平交游做了考证,提出林

---

① 陈庆元:《宋代闽中理学家诗文——从杨时到林希逸》,《福建师范大学学报》1995 年第2 期。

② 沈扬:《林希逸诗学思想的渊源与独创》,《集美大学学报》2014 年第 1 期。

③ 丁丹:《林希逸诗歌研究》,硕士学位论文,南京师范大学,2010 年。

④ 丁丹:《林希逸与江湖诗人交游考》,《文教资料》2010 年第 18 期。

⑤ 周兰:《林希逸诗歌研究》,硕士学位论文,广西大学,2011 年。

希逸的诗歌思想及特色是重视锻炼，提倡变化；师法百家，融会贯通；引禅入诗，重在顿悟。对林希逸诗歌内容做了分类，有题咏类、酬唱类、杂兴类、纪游类和挽诗。提出林希逸诗歌的艺术风格是题材多样，善于用典；以禅道入诗，理趣横生；以诗为画，对仗工整，喜用叠词。这篇文章结构比较老套，提法有意突破，也有自己的观点，整体创新性不强，在林希逸卒年这点上，也没有看到相关的资料。石明庆的《林希逸诗学思想的特色及其学术基础简论》① 指出林希逸《诗》《骚》并重、李杜同尊的诗学取向，以禅喻诗、重在悟入的诗法理论，提倡《击壤》风雅，以此超越江湖诗人的诗学观点，具有综合各家诗学思想的倾向，是宋末诗学思想的一个缩影，这与他的学术师承、个人爱好以及与刘克庄等江湖诗人的交往有极大关系。另有周翡的《林希逸律诗艺术研究》② 围绕林希逸的学术渊源、诗歌内容及意象来研究林希逸律诗的艺术特色，认为林希逸的律诗有400 多首，题材多样，意象丰富，艺术风格清而不浅。

（二）林希逸《庄子口义》的研究

因"《庄子口义》者最优"③，故而研究《庄子口义》的成果相对较多，我们挑选重要者简要介绍。著作中方勇的《庄子学史》④ 做了专章评介，熊铁基、刘固盛、刘韶军著《中国庄学史》⑤ 中，分为三点展开：一是阐述林希逸著口义的目的是为了寻求庄子真意，二是阐述林希逸认为庄子的大宗旨未尝与圣人异，三是阐释林希逸口义的特点是以禅解庄子。杨文娟的《福建庄学研究》⑥ 对《庄子口义》做了简要介绍，其他庄学著作中提到的不多。论文中有：孙红的《林希逸以儒解庄及其原因》⑦、《以禅解庄——林希逸〈庄子口义〉对〈庄子〉的阐释》⑧，这两篇文章分别指

① 石明庆：《林希逸诗学思想的特色及其学术基础简论》，《新国学》2008 年 6 月。
② 周翡：《林希逸律诗艺术研究》，硕士学位论文，辽宁师范大学，2016 年。
③ （宋）张四维：《重刻三子口义序》，（宋）林希逸撰，（明）张四维补：《庄子口义补注》，明万历五年（1577）何汝成校刊本。
④ 方勇：《庄子学史》，人民出版社 2008 年版。
⑤ 熊铁基，刘固盛，刘韶军：《中国庄学史》，人民出版社 2013 年版。
⑥ 杨文娟：《福建庄学研究》，三晋出版社 2012 年版。
⑦ 孙红：《林希逸以儒解庄及其原因》，《北方论丛》2003 年第 5 期。
⑧ 孙红：《以禅解庄——林希逸〈庄子口义〉对〈庄子〉的阐释》，《河南师范大学学报》2003 年第 4 期。

出：林希逸开创了《庄子》阐释史上以儒解庄的传统，南宋特殊的历史语境与他正宗的儒家学术渊源以及理学家的身份，都促使他从儒家角度解释《庄子》。林希逸作为儒学阵营中的理学家，他阐释《庄子》除了以儒解庄的特点外，另一个突出特色是以禅解庄，这是在宋代佛教儒学化和儒释道三教合一的思想学术背景下进行的，他别具慧眼地找到了庄子与禅的契合点，使读者从这一角度对《庄子》有了更深的理解与领悟。其中以禅解庄的重要体现是：直接引用佛经、禅学经典中的概念和理论与《庄子》互相印证。这两篇文章较早地指出了林希逸注《庄子》的显著特色，值得肯定。

之后陆续也有几篇文章，在此基础上有所推进的展开研究，如：李见勇《庄子研究的新突破——论林希逸〈庄子口义〉》[①] 指出，《庄子口义》除了以佛学、理学解庄外，还特意从文学角度出发，对《庄子》的表达方式、文章结构、比喻手法和文章风格等方面，进行了较为全面而深入的分析，取得了较大成就，是《庄子》研究的新突破，并开启了明清庄学重视文学色彩的先声。李见勇、王勇合著的《三教合一归终理学——论林希逸〈庄子口义〉的思想倾向》[②] 认为，《庄子口义》在解读《庄子》时受到三教合一思潮及理学的影响，不仅以道解庄、以佛解庄、以儒解庄，还以理学为归依，表现了三教合一、归终理学的思想倾向。也有从文学角度研究《庄子口义》的，如：李波的《评点视角下的林希逸〈庄子〉散文研究》[③] 指出，林希逸从《庄子》活泼跳脱的文字血脉、张扬起伏的笔势、文法、不拘一格变化多端的起语、极其有力的结语、生机贯通的承转等文章学的角度对庄文特征进行了评析，认为《庄子》具有奇特的艺术魅力，鼓舞变化的艺术特征，这篇文章分析的更加细致，论证更为充分。

（三）林希逸三子口义的版本研究

这方面研究总体上不多，杨黛的《林希逸〈庄子鬳斋口义〉知见版本考》[④] 对国内现存的《庄子鬳斋口义》的版本做了较为详细的考证。有一

① 李见勇：《庄子研究的新突破——论林希逸〈庄子口义〉》，《内江师范学院学报》2007年第1期。

② 李见勇、王勇：《三教合一归终理学——论林希逸〈庄子口义〉的思想倾向》，《内江师范学院学报》2007年第1期。

③ 李波：《评点视角下的林希逸〈庄子〉散文研究》，《重庆社会科学》2006年第11期。

④ 杨黛：《林希逸〈庄子鬳斋口义〉知见版本考》，《文史》1998年第2期（总第47辑），中华书局1998年版。

些学位论文中粗略提及，如孙晓英《老子传本研究》① 中，将《老子鬳斋口义》作为次要版本简介，指出中日有 11 部《老子》注本以该书为蓝本。但对于海外此书的版本，这两篇文章都极其简略。其他老子学史及相关宋代老学研究著作，基本都是几笔带过。国内针对林希逸《列子鬳斋口义》的专门研究比较少见，在有关列子的专门研究中，关于该书的版本考辨，也较为罕见。在《列子研究述列》② 中，只提到两种《列子口义》的版本，在《列子学研究》③ 中，有专门一节谈林希逸的《列子口义》，但是仅止于论述林希逸注的特点，在文末对列子版本的整体考察中，也只提到该书的两个版本，其他诸多的列子研究论述多类此，反而是日本的学者在此方面做出较多考究。

王迪的《从书志考察日本的老庄研究状况——以镰仓、室町时代为主》④ 中，对日本镰仓时代（1185—1333）和室町时代（1338—1573）的老庄流行情况作了考察，文中提到：林希逸口义本传入日本的准确年代现在无从考证，但可推断《庄子口义》在日本南北朝期间，也就是至迟在公元 1392 年就已为日人所知。在平安时代，老庄之学不被承认，大学里没有老庄的课程。但到了室町时代，除了禅僧之外，当时的博士家也研究老庄，并且老庄学正式成为学校的课程之一，老庄学的研究已逐渐有了新的发展，在中国不被重视的《庄子鬳斋口义》，在日本南北朝已有刊本出现；不仅如此，明刊本的《老子鬳斋口义》也可见到室町时代禅僧研读的痕迹，并且室町时代中期以后有专以口义本为主的趋势，往后口义本盛行起来，一直延续到江户初期。该文除了调查以上所述的有力实证以外，并探讨口义本之所以受当时禅僧欢迎之最根本的理由，一是口义本解释浅显易读，二是其中所引大量禅语都有一目了然之"禅家""禅家所谓"等明显标志，便于辨识。

王迪还有日文著作《日本における老莊思想の受容》⑤，该著作共有五章，其中第三章《鎌倉、室町時代における老莊受容》，重点讲述的是口

① 孙晓英：《老子传本研究》，硕士学位论文，山东大学，2008 年。

② 杨富军：《列子研究述列》，硕士学位论文，东北师范大学，2012 年。

③ 刘佩德：《列子学研究》，博士学位论文，华东师范大学，2013 年。

④ 王迪：《从书志考察日本的老庄研究状况——以镰仓、室町时代为主》，《汉学研究》2000 年第 1 期。

⑤ 王迪：《日本における老莊思想の受容》，株式会社国書刊行会 2001 年版。

义本的特质，第四章《〈莊子鬳斎口義〉及ひその讲述者惟肖得岩》，主题讲述《庄子鬳斎口义》在日本的较早传播及其传播者惟肖得岩，第五章《江户时代におけろ老荘研究》，主题是江户时代对林希逸口义本的接受，由该书可见，在整个日本的老庄学史上，林希逸口义本具有重要地位。该书还对口义本在日本的版本做了简要的梳理和归纳，是当代较早系统进行林希逸口义本的日本文献研究的著作。

张楠的《老庄东传日本考略》① 对《老子口义》和《庄子口义》在日本的流传情况做了简要的概述。井坂清信的《国立国会图书馆所藏和刻本汉籍概观》②，以时代为线，提到日本国立国会图书馆收藏林希逸三子口义的约略信息。另有日文著述《〈老子鬳斎口義〉版本考略》③《观海堂旧藏老莊关系书物〈老子鬳斎口義〉》④《日本老庄学之研究》⑤ 等，对该书版本做了略考。

一些目录学著作对林希逸著述在日本的传本有较好的记录。如《台湾大学图书馆藏珍本东亚文献目录·日本汉籍篇》⑥《国立国会图书馆汉籍目录》⑦《日本藏宋人文集善本钩沉》⑧《日藏汉籍善本书录》⑨ 等，还有日本国立国会图书馆在线查询、日本各个大学图书馆在线查询等，对于考察林希逸著述在日本的流传、刊本情况，是很好的参考渠道。

林希逸著述在朝韩的流传情况，如《韩国所藏中国汉籍总目》⑩《朝鲜图书解题》⑪《东亚汉文学论考》⑫《中国所藏高丽古籍综录》⑬《韩国历

---

① 张楠：《老庄东传日本考略》，硕士学位论文，东北师范大学，2004 年。

② ［日］井坂清信：《国立国会图书馆所藏和刻本汉籍概观》，《参考书志研究》1993 年第 9 期。

③ ［日］山城喜憲：《〈老子鬳斎口義〉版本考略》，庆应义塾大学附属研究所斯道文库 2004 年卷 39。

④ 王迪：《观海堂旧藏老莊关系书物〈老子鬳斎口義〉》，お茶の水女子大学中国文学会 2001 年版。

⑤ 王迪：《日本老庄学之研究》，《龙阳学术研究集刊》2007 年第 7 期。

⑥ 张宝三主编，住吉朋彦编辑，蔡碧芳助编：《台湾大学图书馆藏珍本东亚文献目录·日本汉籍篇》，台湾大学出版中心 2008 年版。

⑦ 日本国立国会图书馆图书部：《国立国会图书馆汉籍目录》，国立国会图书馆 1987 年版。

⑧ 严绍璗：《日本藏宋人文集善本钩沉》，杭州大学出版社 1996 年版。

⑨ 严绍璗：《日藏汉籍善本书录》，中华书局 2007 年版。

⑩ ［韩］全寅初编：《韩国所藏中国汉籍总目》，学古房出版社 2005 年版。

⑪ 朝鲜总督府：《朝鲜图书解题》，日本名著刊行会 1969 年出版。

⑫ 金程宇：《东亚汉文学论考》，凤凰出版社 2013 年版。

⑬ 黄建国、金初昇：《中国所藏高丽古籍综录》，汉语大词典出版社 1998 年版。

代文集丛书》①、《韩国文集丛刊》②《奎章阁图书韩国本综合目录》③《奎章阁韩国本图书解题续集·经·子部》④《朝鲜古书目录》⑤《日据时期朝鲜刊刻汉籍文献目录》⑥《华山文库汉籍目录》⑦《台湾公藏韩国古书籍联合书目》⑧，德国图书馆藏有林希逸著作 9 部⑨等，都记录了林希逸三子口义的若干版本，对于考察林希逸著述在海外的流传是很好的参考。

（四）林希逸的思想研究

一是林希逸理学思想的研究。台湾陈怡燕的《庄子口义思想研究》⑩从林希逸对《庄子》作者、篇章的探究，林希逸注解《庄子》的哲学诠释视域，林希逸以禅解庄之方法论及其哲学思想，林希逸《庄子口义》以文论庄之成就几个部分，对《庄子口义》做了较为深入的研究。刘思禾有两篇研究林希逸的文章，一是《南宋林希逸的理学思想》⑪，指出林希逸的思想集中于由内在进路体认天理，并且倡导开放的文化观，其基本内涵可以界定为：即心悟理，三教归一，归于自得。这是南宋理学发展中与朱、陆不同的另一种思路。与这篇文章的观点一致，另一篇探讨《庄子口义》的文章：《林希逸解庄论——以自然天理说的辨析为中心》⑫，认为林希逸解庄的核心观点是自然天理，他用此来沟通三教，融合庄儒，自然天理说有

---

① 韩国文集编纂委员会编：《韩国历代文集丛书》，景仁文化社 2000 年版。

② 财团法人民族文化推进会编：《韩国文集丛刊》，景仁文化社 1990 年版。

③ 奎章阁编：《奎章阁图书韩国本综合目录》，서울大学校奎章阁，翻刻发行保景文化社 1994 年版。

④ 奎章阁编：《奎章阁韩国本图书解题续集·经·子部》，서울大学校奎章阁，2000—2001 年版。

⑤ 朝鲜杂志社、朝鲜古书刊行会编：《朝鲜古书目录》，朝鲜杂志社朝鲜古书刊行会 1911 年版。

⑥ 傅德华编：《日据时期朝鲜刊刻汉籍文献目录》，上海人民出版社 2011 年版。

⑦ 高丽大学校（Seoul, Korea）中央图书馆编：《华山文库汉籍目录》，高丽大学校中央图书馆 1976 年版。

⑧ ［韩］朴现圭编：《台湾公藏韩国古书籍联合书目》，文史哲出版社 1991 年版。

⑨ Seminar für Sinologie und Koreanistik Unicversität tübingen：*Verzeichnis chinesischer Collectanea in deutschen Bibliotheken · Verfasserregister* 德国图书馆所藏中文丛书目录·子目著作索引，Insititut für Sinologie Universität München。

⑩ 陈怡燕：《〈庄子口义〉思想研究》，硕士学位论文，台湾师范大学，2008 年。

⑪ 刘思禾：《南宋林希逸的理学思想》，《兰州学刊》2013 年第 4 期。

⑫ 刘思禾：《林希逸解庄论——以自然天理说的辨析为中心》，《古籍整理研究学刊》2012 年第 3 期。

其玄妙的地方，但总的来说，这一理解并不能成立。林希逸希望在不同的思想之间找到共同点，这一思路和其独特的理学进路有关，文章认为林希逸注释《庄子》的目的有两个，一是为了贯彻和发扬艾轩学派的基本主张，二是要厘清理学内部的分歧。文章对林希逸的自然天理说如何展开，有详细分析并做了批判，结论是林希逸以自然天理说注《庄子》，根本原因来自于他自己的理学思想，这与朱、陆呈现出融通二程与佛道的意图，别具特色，林希逸的理解从根本上说并没有显示出《庄子》的独特伟大之处，反而着重于枝节之处，总体上讲林希逸解庄属于二流水准。这个观点从林希逸的思想方面着手，有自己独到之处。杨黛的《〈庄子口义〉的理学观》①、《〈庄子口义〉的注庄特色》②、张梅《〈庄子口义〉对〈庄子〉文学的分析》③，也分别从思想、注释方面提出了见解。

　　林溪的《略论〈四库全书总目〉对林希逸〈庄子口义〉的评价》④ 指出，《四库全书总目》对林希逸《庄子口义》的评价有两个层次，一是在哲学领域上，注释不够深入，缺乏创新性与开拓性，二是在注释文本上，其解释词句较为清晰，语言风格比较通俗流畅。该文认为，这个评价在第一点上贬低了林希逸对于还原性诠释的尝试，在第二点上则忽略了林希逸首次以文学批评眼光评价《庄子》的草创之功。文章对此展开了几点论述，认为林希逸在开明理学视角下对揭示《庄子》创作意图做了尝试，同时在通俗明畅的风格下对《庄子》文学价值做了鉴赏评价。这篇文章选题角度比较新颖，也有自己的观点。邢华平的《论诠释者的解经视域——以林希逸〈庄子口义〉为例》⑤，这篇文章从诠释学的角度指出林希逸以儒解庄，以禅诠庄，实际是援引佛、道入儒，反映了宋代学术思潮的情况，对此，作者运用西方现代哲学做了解释。王倩倩的《林希逸〈庄子鬳斋口义〉研究》⑥ 指出林希逸口义的思想特色是：以理学入庄学，打造庄周尊孔

---

　　① 杨黛：《〈庄子口义〉的理学观》，《浙江学刊》1989 年第 3 期。

　　② 杨黛：《〈庄子口义〉的注庄特色》，《中国文学研究》1997 年第 4 期。

　　③ 张梅：《〈庄子口义〉对〈庄子〉文学的分析》，《北京科技大学学报》2004 年第 3 期。

　　④ 林溪：《略论〈四库全书总目〉对林希逸〈庄子口义〉的评价》，《黄河科技大学学报》2012 年第 1 期。

　　⑤ 邢华平：《论诠释者的解经视域——以林希逸〈庄子口义〉为例》，《读者欣赏（理论版）》2012 年第 1 期。

　　⑥ 王倩倩：《林希逸〈庄子鬳斋口义〉研究》，硕士学位论文，山东大学，2013 年。

形象，援释入庄以道解庄，并指出其以文评庄的特点。

二是林希逸"三子口义"的思想研究。除了以上提到的成果外，还有一些成果主要集中在以禅学解庄、以禅学解老方面，如《林希逸〈老子鬳斋口义探义〉》①、《论林希逸〈老子鬳斋口义〉的注解特色》②、《林希逸〈老子鬳斋口义·发题〉释读》③、《林希逸〈老子鬳斋口义〉研究》④，都对林希逸解老的方法和特点做出了诠释和论证。简光明先生指导的硕士生蔡锦宽的学位论文《宋代儒学家对庄子的接受》⑤ 及其另外两篇单篇论文⑥中，也谈到林希逸以儒解庄、以佛解庄和以文学解庄的特点，邱敏捷《林希逸〈庄子口义〉"以禅解庄"析论》⑦ 中细致分析了林希逸以禅学解庄的体现，陈少明的文章分析了林希逸从儒、释两端解庄的特点⑧，《林希逸〈庄子口义〉评点研究及其对外传播》⑨、《林希逸庄学思想研究》⑩，将重点集中在林希逸的三教合一的思想方面。《中井履轩'莊子雕题'と林希逸'莊子〔ケン〕斋口义'と—'聖人'像からた'万物齐同'观の比較》（中井履轩的《庄子雕题》与林希逸《庄子鬳斋口义》中的圣人形象与万物其同观比较研究)⑪、《俳諧寓言説の再検討——特に林註荘子の意義》⑫、《林希逸的立场》⑬、《江戸前期の思想·文芸における老荘思想受容についての研究》（江户时代前期的思想、文艺中老庄思想受容研

---

① 简光明：《林希逸〈老子鬳斋口义探义〉》，《中国文化月刊》1994 年第 4 期。

② 王伟倩：《论林希逸〈老子鬳斋口义〉的注解特色》，《衡水学院学报》2012 年第 6 期。

③ 孙明君：《林希逸〈老子鬳斋口义·发题〉释读》，《北京大学学报》2017 年第 2 期。

④ 黄云：《林希逸〈老子鬳斋口义〉研究》，硕士学位论文，曲阜师范大学，2016 年。

⑤ 蔡锦宽：《宋代儒学家对庄子的接受》，硕士学位论文，台湾屏东教育大学，2014 年。

⑥ 蔡锦宽：《林希逸〈庄子口义〉以文学解〈庄子〉之探析》，台湾《新竹教育大学人文社会学报》，2015 年第 8 卷第 1 期；蔡锦宽：《林希逸〈庄子口义〉"以儒解庄"之阐释》，《人文社会科学研究》，2014 年第 8 卷第 4 期。

⑦ 邱敏捷：《林希逸〈庄子口义〉"以禅解庄"析论》，《玄奘佛学研究》2006 年第 4 期。

⑧ 陈少明：《另类的庄学——论林希逸、释德清从儒、释两端对〈庄子〉的诠释》，郭齐勇、吴根友编：《萧萐父八十寿辰纪念文集》，湖北教育出版社 2004 年出版。

⑨ 安江：《林希逸〈庄子口义〉评点研究及其对外传播》，硕士学位论文，山西大学，2015 年。

⑩ 李京津：《林希逸庄学思想研究》，博士学位论文，湖南师范大学，2015 年。

⑪ ［日］藤居岳人：《中井履轩'莊子雕题'と林希逸'莊子〔ケン〕斋口义'と—'聖人'像からた'万物齐同'观の比較》，大阪大学中国学会编《中国研究集刊》2001 年第 6 期 28 号。

⑫ ［日］川平敏文：《俳諧寓言説の再検討——特に林註荘子の意義》，岩波书店编《文学》2007 年底 5 期卷 8 号。

⑬ ［日］荒木见悟：《林希逸的立场》，《中国哲学论集》1998 年第 10 期。

究）①《〈庄子〉在日本中世禅林的流传与接受》② 等，都对林希逸思想在日本的接受情况，做了不同侧面的考察。日本学者大夜出的著作《日本的近代与老庄思想——以林罗山思想为中心》③，以林罗山思想研究为中心，对于日本近代，主要是德川幕府时期（1603—1867）日本接受老庄思想的情况，做了深刻全面又有重点的介绍。该书第一章即林罗山与《老子鬳斋口义》，介绍了林希逸的生平、林希逸的老庄口义在日本的刊刻流传情况，第二章是佛老批判林罗山的老子观，对林希逸的老子观做了评述，探讨了林罗山的老子思想。另有日本当代研究林希逸的专家池田知久，他收录在周启成校注的《庄子鬳斋口义校注》一书中的文章：《林希逸庄子鬳斋口义在日本》和著作《道家思想的新研究》④ 中，对林希逸《庄子鬳斋口义》在日本的传播和影响，有总结性论述。

林希逸三子口义在朝韩的传播及影响方面，韩国学者崔在穆的论文《朝鲜时代林希逸三子鬳斋口义的受容》⑤，对林希逸的生平、师承做了简述，并对林希逸三子口义在朝鲜时代的流传版本情况做了调查。《임희일（林希逸）의노자권재구의（老子권斋义）에드러난노자사상이해》（论林希逸〈老子鬳斋口义〉中的老子思想）⑥、《韩·中·日庄子学의비교검토를통한朴世堂·韩元震의庄子注연구：南宋 林希逸，에도하야시라잔과의비교검토를중심으로》（从韩、中、日的庄子学看朴世堂、韩元震的庄子注比较研究——以南宋林希逸与江户时代林罗山的比较为中心）⑦等，都对林希逸的思想都做了论证。

---

① ［日］川平敏文：《江戸前期の思想·文芸における老荘思想受容についての研究》，日本九州大学图书馆2011—2013 年版。

② 吴春燕：《〈庄子〉在日本中世禅林的流传与接受》，《外国问题研究》2015 年第 3 期。

③ ［日］大夜出：《日本的近代与老庄思想——以林罗山思想为中心》，株式会社ペリカン社1997 年版。

④ ［日］池田知久：《道家思想的新研究（下）——以〈庄子〉为中心》，王启发、曹峰译，中州古籍出版社2009 年版。

⑤ ［韩］崔在穆：《朝鲜时代林希逸三子鬳斋口义的受容》，《阳明学》2003 年第 10 期。

⑥ ［韩］김형석金炯锡（Hyeong Seok Kim）：《일반：임희일 年 第 林希逸）의노자권재구의老老子권斋義）에드러난노자사상이해》，成均馆大学大东文化研究院，2014 年，第 86 卷。

⑦ 김형석金炯锡：《韓·中·日莊子學의비교검토를통한朴世堂·韓元震의莊子注연구：南宋 林希逸，에도하야시라잔과의비교검토를중심으로：《양명학》，《阳明学》2010 年第 4 期。

三是林希逸的三教融合观的研究。韩国学者中有김형석，在其论文
《림희일의老庄注를중심으로본三教观》①，还有上文提到的日本学者对林
希逸思想研究的论文中，都论证了林希逸的三教融合观的内容和特点，日
本学者池田知久在其著作《道家思想的新研究》的第十五章《在日本的林
希逸〈庄子鬳斋口义〉》，有简略提到林希逸的三教合一思想。王伟倩《林
希逸三教融合思想研究》②《论〈老子鬳斋口义〉的注解特色》③指出，
从形式上说林希逸的注解语义简明，通俗易懂，借用修辞，形象生动，整
体性强，前后互释。从内容上说，儒老对比、释老对比融合，从而体现出
林希逸注的三教融合的特色，同时指出三教在根本上一致的，是无容心
的道。

英语世界有关林希逸思想的研究，非常突出的体现在对《庄子鬳斋口
义》的评述及探讨上。主要有：

一、强调《庄子口义》的诗歌性对海外作家的影响，如 Matsuo Bashō
（松尾芭蕉），如：Peipei Qiu 的《Matsuo Bashō（松尾芭蕉）and the
DAO——the *Zhuangzi* and the Transformation of haikai 俳谐》④；Peipei Qiu 的
《Bashō's Fûryû and the Aes thstic of Shôyôyû Poetics of Eccentricity and Un-
conventionality》⑤；Perpei Qiu《Inventing the New through the Old：the Es-
sence of haikai 俳谐 and the *Zhuangzi*》，⑥ 松尾芭蕉（1644—1694），是江户
时代前期最为有名的俳谐师，他把俳句形式推向顶峰，连歌的开始一节称
为和歌，一般认为俳谐是由连歌的首句发展成的独立的诗体。Peipei Qiu 的
文章分析了松尾芭蕉在俳谐中对《庄子》的道的转换，以及通过旧的俳谐
和《庄子》的本质实现创新的渠道和结果。

---

① ［韩］김형석（Hyeong‐SeokKim）：《림희일의老庄注를중심으로본三教观》（Lin Xiyi'
s perspective on relationship among Confucianism，Buddhism，and Taoism），유교사상문화연구（The
Study of Confucianism），2006 年第 4 期，第 223—253 页。
② 王伟倩：《林希逸三教融合思想研究》，硕士学位论文，河北大学，2013 年。
③ 王伟倩：《论〈老子鬳斋口义〉的注解特色》，《衡水学院学报》2012 年第 6 期。
④ Peipei Qiu, *Matsuo Bashō*（松尾芭蕉）*and the DAO——the Zhuangzi and the transformation of
haikai*, University of hawai's Press, 2005。
⑤ Peipei Qiu, Bashō's Fûryû and the Aes thstic of Shôyôyû Poetics of Eccentricity and Unconven-
tionality, *Japan Studies Review*, Volume Five, 2001.
⑥ Perpei Qiu, Inventing the new through the old：the essence of haikai and the Zhuangzi, *Early
modern Japan*, spring 2001.

二、分析《庄子口义》中的佛学思想，如：Röllicke，Hermann – Josef 的 Orthodoxy and heterodoxy in the exegesis of the *Zhuangzi* ：a Case – study of Lin Xiyi's（ca. 1210 – ca. 1273）：Preface to His Commentary on the *Zhuangzi*，*Zhuangzi Kouyi* Fati①，以林希逸《庄子口义》中的实例为中心，分析了庄子注释中的传统和反传统。

三、分析《庄子口义》中的一些主题思想，如"无"的思想，如：David Chai 在其博士论文 *Nothingness，Being，and Dao*：*Ontology and Cosmolog in the zhuangzi*② 中，通过虚无、存在和道，分析《庄子》中的本体学和宇宙学。如"仁"的思想，如：Huaiwei Wang 王怀伟在 *Ren and Gantong*：*Openness of Heart and the Root of Confucianism*③ 中，通过儒学的开放和扎根，分析仁和感通。

四、对《庄子口义》的简介，如：T. H. Barrett *Browsing Along the Dao*：*Notes on the Schipper – Verellen Companion to the DAOZANG*④ 中对《南华真经口义》的思想做了简单介绍。

（五）关于林希逸其他著述的研究

关于《考工记解》的研究，李秋芳的《林希逸〈鬳斋考工记解〉及其价值》⑤ 指出，林希逸的记解是现存最早的《考工记》插图单行本，在《考工记》学史上有着非常重要的地位，其以图解经，文字明白浅显，初学者易以寻求；援道解经，别具一格；批判继承，敢于疑古，另立新说，这些特点使该书具有很高的价值，普及《考工记》居功甚伟，集宋代《考工记》研究之大成，独树一帜，解经方式方法为后世所效法，学术观点影

---

① Röllicke，*Hermann – Josef*：*Orthodoxy and heterodoxy in the exegesis of the Zhuangzi*：*a case – study of Lin Xiyi'sca*：1210 – ca1273，*preface to his commentary on the Zhuangzi*，*Zhuangzi Kouyi Fati*，Asiatische Studien／études Asiatiques，出版机构：Asian Studies：Journal of Swiss Asia Society，Review Switzerland Asia Society，1997，pp. 787 – 804。

② David Chai，*Nothingness*，*Being*，*and Dao*：*Ontology and Cosmologu in the Zhuangzi*，For the Degree of Doctor of Philosophy，Department of East Asian Studies，University of Toronto，2012.

③ Huaiwei Wang（王怀伟），Ren and Gantong：Openness of Heart and the Root of Confucianism，*Philosophy East & West*，Volume 62，Number 4 October 2012，pp. 463 – 504，by University of Hawai'i Press。

④ T. H. Barrett，Browsing Along the Dao：Notes on the Schipper – Verellen Companion to the DAOZANG，*Journal of Chinese Studies* 中国文化研究所学报，No. 47 – 2007。

⑤ 李秋芳：《林希逸〈鬳斋考工记解〉及其价值》，《河南师范大学学报》2011 年第 2 期。

响深远等。朱天助从补充绘图的特点，分析了林注《考工记》的价值①。

关于《竹溪鬳斋十一稿续集》的研究，《四库全书总目提要》对该书的评价是这样的："刘克庄尝谓乾淳间林光朝始好深沉之思，为文极锻炼，一传为林亦之，再传为陈藻，三传为希逸。比其师，槁干中见华滋，萧散中见严密，窘狭中见纡徐，所以推许之者甚至，今观其集，多宋臣应酬颂美之作，且以道学名一世，而《上贾似道启》，乃极口称誉，至以赵普、文彦博比之，殆与杨时之从蔡京，同一白璧之瑕。集末载《学记》，其中解《太玄经》者居其半。诗亦多宗门语，为王士祯《居易录》所记，良不为诬。然南宋遗集流传日少，其诗文虽不尽如刘克庄所称，而尚不失前人轨度，其《学记》中所论学问文艺之事，亦时有可取，节取一长，固无不可耳。前有咸淳庚午《林同序》称：'戊辰九月，上擢鬳斋长仙蓬，侍缉熙，明年春再入禁林，长词翰。趋行之诏，联翩而下。行有日，至是而《续集》之入梓者为卷三十云云。'则是集成于希逸内召时也。"② 这段评论，对于该书的成书时间做了粗略推测，对于该书为何称十一稿，推测说"或十中存一之意"，也提到曾经有《竹溪鬳斋十一稿》存世，其他著录及流传、保存情况未见提及，对林希逸的诗文特点做了明确的点评。《竹溪鬳斋十一稿续集》和《竹溪十一稿》的版本情况，尚未见到有详细论证者。

综上，目前对林希逸的研究成果数量较少，不成系统，深度不够，尤其是林希逸著述在海外流传的版本情况、传播特点和影响，都还有较大推进空间。

二 研究方法和思路

实地田野调查法。林希逸是福建省福清市人，在福清市故居有遗迹，实地考察林希逸遗迹的现存情况，并与林氏后裔保持联系，以便获得难见资料，与林希逸遗迹所在地方政府保持联系，以便获得有关事宜的资助，这不仅是掌握第一手资料的重要方法，对于厘清林希逸生平的一些具体问题是有效和恰当的途径，对以后的持续研究也有帮助。

① 朱天助：《重估〈鬳斋考工记〉的价值及未备》，北京大学中国古文献研究中心编：《北京大学中国古文献研究中心集刊》第 12 辑，北京大学出版社 2012 年版。
② 纪昀总纂：《四库全书总目提要》，河北人民出版社 2000 年版，第 4207—4208 页。

古籍文献整理法。域外汉籍的研究，国内在南京大学张伯伟教授等的引领下，渐渐步入学者视野，林希逸的著述主要的是三子口义，在国内影响一般，但在域外，尤其是东亚学术界的朝鲜半岛和日本影响极大，远远超过了国内，而且在一些时期内超过了其他同类著述在东亚的影响。研究林希逸的文献，必要使用文献整理及版本研究法。包括国内和国外的，对各种学术机构、古今书目、相关在线学术资料查询网站、各种大型丛书、中国台湾以及韩国、日本的各种汉籍书目、研究东亚的书目等，进行尽可能全面的检索，并在此基础上亲眼目睹这些版本，从而做出准确的判断，然后再详细研究这些版本，对版本上牵扯出的一些相关问题，做出准确和简明的介绍。

脉络性转换方法。将原生于中国文化脉络的林希逸的思想，置于韩国、日本文化或思想家之思想体系脉络中进行新的解释。结合文献考据与义理探讨，从现代诠释学、心理学、概念史研究等视角，分辨对比东亚各国三子口义的传播特点和流行原因。这种跨文化的脉络性转换工作，涉及东亚世界的政治秩序与思想等不同脉络，也会激发跨文化的经典诠释问题。

笔者将遵循现象学主张的直面事实，以世界学术成果为参照背景和研究起点，运用英语世界和东亚学术界的最新科研成果，将纷纭繁复的林希逸的生平、思想和文献版本情况，置身于客观与特殊、普遍与抽象的对立统一中，进行深入细致的思考，以期全面而深刻的展现林希逸的文献学研究的内容和特色。

第一章　林希逸生平考

第一节　林希逸生卒年考

一　南宋末年的福建

（一）边防：基本无战事

南宋时期，金朝主要地盘在北方，南以南京路为界，宋朝地盘主要在东南一带，以两浙、福建、两广、安徽、四川、湖北、云贵为核心辖区，陕西、河南一带，依战争的胜负而游移不定，时而归南宋，但多数时候被金国占领。在地理位置上，与南宋地盘接壤的正北面是金朝，西面是吐蕃诸部，西南是大理，在这些政权里，与南宋政权发生军事冲突的，在初期和中期主要是金朝。金军向南宋的进攻主要分两路，一路是东路军，金军曾攻克山东登州、莱州、密州，后又顺利攻下江西、湖南，之后又连续攻下杭州、越州、明州、定海，1130 年二月，"金军又在杭州大肆掳掠后北还"[①]，其间并没有攻打到福建路。另一路是西路军，战场基本在川陕、襄阳一带，1138 年，宋金开始议和。1139 年，金军再次进攻陕西、河南一带。之后两年，岳飞被处死，高宗和秦桧如愿以偿地屈膝投降了。大约在1161 年到 1191 年间，宋金少有大的战事。

林希逸就在此时出生在福建路，此时南宋的统治已经到了穷途末路。从 1221 年始，成吉思汗南侵金朝，多次战场的失利，让金朝元气大伤，之

---

① 蔡美彪等：《中国通史·第五册》，人民出版社 1978 年版，第 246 页。

后金朝继续南侵宋朝，但多有挫败，1234 年，金朝灭亡。1235 年，蒙古军大举进攻南宋，由四川、荆湘开始，步步为营，直到攻陷南宋。

（二）经济：全国新的经济中心

从各种史料来看，宋金、宋元之间的战争，战场都不在福建①。这就给福建的发展提供了一个相对稳定的政治环境，这是福建整体实力在宋元时期崛起的重要外在条件。尤其是在经济上，"以太湖流域为中心的两浙路是宋代生产最发达的地方，江南东路的部分地区和福建路的濒海地区的生产，差肩于两浙路，江南西路的一些州县南宋时发展甚快"②，福建路的经济生产状况与两浙路差肩，即指二者经济生产力不相上下，处在肩并肩的程度，可见福建与两浙是当时经济最为发达的地区。在福建路的经济产业中，农业和手工业比较发达，居于全国前列，"两浙、江东、福建（沿海平原地带）、成都府路，可以视为两宋时期农业生产最为发达的一类地区"③，最为发达的一类地区，至少意味着农业的基础设施和生产能够顺利进行，而且收获量在全国名列前茅。不仅农业如此，福建路的手工业也在宋元时期闻名于世，"直至明清之际，中国浙江、福建仍然作为先进的手工业生产地而闻名于世"④，手工业的先进，在浙闽两地，至今如是，举世闻名。福建路经济发达还体现在制茶业、制盐业、造纸与印刷业⑤、造船业和海外贸易经济等方面，尤其是海外贸易方面毫无疑问居于全国首位。南宋时，"广州、泉州和明州是南宋的三大贸易港"⑥，其中，"泉州港是宋元时期闻名世界的港口"⑦，到元代时，"泉州港继续发展和繁荣，并走向它的极盛，终于以'梯航万国'的'东方第一大港'而著称于世"⑧。泉州港的海外贸易，在提升福建经济发展的同时，将汉文化传播到

---

① 可参见陈振《〈宋史〉中的〈元灭南宋图〉》，上海人民出版社 2003 年版，第 516 页。

② 漆侠：《中国经济通史·宋代经济卷》，经济日报出版社 1999 年版，第 245 页。

③ 葛金芳：《中国经济通史·第五卷》，湖南人民出版社 2002 年版，第 211 页。

④ 郑学檬：《福建历史上经济发展的若干问题》，厦门大学历史研究所、中国社会经济史研究室编著：《福建经济发展简史·序》，厦门大学出版社 1989 年版，第 12 页。

⑤ 两宋时期形成了京、浙、闽、蜀四大印刷中心，当时刻印量最大、销售最广的是福建阳书肆，请参看葛金芳《中国经济通史·第五卷》，湖南人民出版社 2002 年版，第 371 - 374 页。

⑥ 蔡美彪等：《中国通史·第五册》，人民出版社 1978 年版，第 383、246 页。

⑦ 唐文基：《福建古代经济史》，福建教育出版社 1995 年版，第 379 页。

⑧ 同上书，第 383 页。

了世界各地，也将海外的先进文化带入中土。

总体而言，"南方的两浙路、江东路、成都府路、福建沿海和北方的开封府可以认为是经济发达地区；除成都府路外，其余均在东半部"①。福建路"在整个两宋300年间经济发展一直呈上升态势，终于后来居上，成为新的经济重心地区"②，宋亡前闽地没有发生过大的战事，相比于那个时代其他战乱频仍的地区来说，对人的影响迥然有别，这是林希逸生活的重要社会背景。

（三）学术：闽学

学术思潮上，理学经过北宋100多年的发展，到南宋时已日趋成熟，这是理学的集大成阶段③，理学的集大成者朱熹（1130—1200），一生中大部分时间生活在福建，主要是在"崇安、建阳讲学，因此，传统称他的学派为'闽学'"④。《中国儒学百科全书》称闽学是"南宋朱熹开创的理学流派"⑤。朱子去世后，他的弟子继承和传播了朱子学，使朱子学得到不断发展。在南宋学术史上，闽学的地位无疑首屈一指，享誉全国。有重要的思想家，这是闽学获得发展的重要内在条件。外在官方政策上，"孝宗和宁宗时，先后展开了反道学的斗争，北伐失败后，理宗大力提倡程朱道学，确立了道学的思想统治"⑥。有了官方的号召，加上朱子学在社会中的影响力，理学众望所归地占据了统治思想地位。南宋宝庆元年（1225）理宗即位时，林希逸32岁，正是一生中最光华的时期。景定五年（1264）理宗退位时，林希逸71岁，整个理宗在位的时期，理学地位隆盛，此时正是林希逸一生政治活动最活跃的阶段。以上所述南宋时期福建在政治、经济、学术方面的大致情况，是林希逸生活的重要背景。有关林希逸生平中一个重要的小问题，就是林希逸的生卒年，目前学界尚未取得一致，下文尝试探讨。

---

① 葛金芳：《中国经济通史·第五卷》，湖南人民出版社2002年版，第817页。
② 同上书，第825页。
③ 张立文：《宋明理学研究》，中国人民大学出版社1985年版，第26页。
④ 陈来：《宋明理学》，华东师大出版社2004年版，第124页。
⑤ 《中国儒学百科全书》，中国大百科全书出版社1997年版，第581页。
⑥ 蔡美彪等：《中国通史·第五册》，人民出版社1978年版，第246、307页。

二 林希逸生卒年

林希逸，今福建省福清市人，字肃翁，又字渊翁，号竹溪，又号鬳斋、献机。《淳熙三山志》载其为林昌言之曾孙，林介之侄孙，解试、省试赋魁，理宗端平二年（1235）进士，历翰林权直兼崇政殿说书，终直秘阁、知兴化军。① 淳祐六年（1246）二月，"以国子录召试，当月除正字"②。十一月以正字除校书郎，七年五月兼庄文府教授，七月除枢密院编修官兼权工部郎官③。景定四年（1263）正月，"以司农少卿兼直舍人院兼礼部郎官兼国史院编修官、实录院检讨官兼崇政殿说书除秘书少监，四月除太常少卿"④。"此后闲居七年，度宗咸淳五年（1269）九月至六年（1270）春，连诏其入京掌辞翰，属辞不允，遂起行赴命。此后事迹不详，唯知终官中书舍人。"⑤《福清县志》⑥《八闽通志》⑦《福州府志》⑧都对他的生平有简要介绍。关于林希逸的生卒年，均莫衷一是，在已有成果的基础上，结合现存历史古籍文献，并奔赴林希逸故居——福建省福清市考察，笔者发现了一座刻于宋代的珍贵碑刻：林希逸墓碑，结合该碑文，从文字文献与实物文献两方面，试对林希逸生卒年予以考订。

（一）纸质文献诸说

1. 生于1193年，卒年不录。一些文献明确指出林希逸生于此年，其中多数对于卒年存疑不录。如《竹溪鬳斋十一稿续集》清抄本注："林希逸（1193—?）。"⑨《大辞海·中国文学卷》注："林希逸（1193—?），南宋文学家。"⑩《中国文学编年史》在1193年末注："林希逸（1193—?）生。"⑪《中国

---

① 梁克家：《淳熙三山志》，商务印书馆1976年版。
② 陈騤：《南宋馆阁录续录》，中华书局1998年版，第351页。
③ 同上书，第333页。
④ 同上书，第258页。
⑤ 林希逸，周启成：《庄子鬳斋口义校注·前言》，中华书局1997年版，第1页。
⑥ 饶安鼎、邵应龙修，林昂、李修卿撰，福建省福清县志编纂委员会整理：《福清县志》，内部资料1989年版。
⑦ 黄仲昭编修，福建省地方志编纂委员会主编：《八闽通志》，福建人民出版社1991年版。
⑧ 徐景熹修，鲁曾煜等纂：《福州府志》，成文出版社据清乾隆十九年刊本影印1967年版。
⑨ 四川大学古籍研究所编：《宋集珍本丛刊·第83册》，线装书局2004年版，第347页。
⑩ 大辞海编辑委员会编：《大辞海·中国文学卷》，上海辞书出版社2005年版，第113页。
⑪ 陈文新：《中国文学编年史·宋辽金卷·下》，湖南人民出版社2006年版，第140页。

文学家大辞典·宋代卷》①《宋集序跋汇编》②等都附有小传，记有生年，但不注卒年。

2. 生于 1190 年，卒年不详。这种说法稀见，笔者所查仅见于《宋诗话全编》注为："林希逸（1190？—1269 后）"③，并附小传，该书对于生年存疑，对于卒年指出大致阶段。

3. 生于 1194 年。这种说法主要来自林希逸为刘克庄所写《后村集序》，文中有："仆才少公七岁，而畴昔受学乐轩时，已尝诵公《南岳稿》"句④，"公"指刘克庄，刘克庄的生卒年学界公认是（1187—1269）⑤⑥，林希逸自云比刘克庄小七岁，这样算来林希逸出生在 1194 年。

4. 生于 1200 年，卒于 1273 年。Harold Roth 在他的论文《Zhuangzi》⑦中提到林希逸的出生年是 1200 年到 1273 年。

5. 生于 1210 年，卒于 1273 年。Röllicke，Hermann – Josef 在其论文《Orthodoxy an Heterodoxy in the Exegesis of the Zhuangzi：a Case – study of Lin Xiyi's（ca.1210 – ca.1273）：Preface to His Commentary on the Zhuangzi, Zhuangzi Kouyi Fati》⑧中提到林希逸的生卒年是 1210 年到 1273 年。

6. 生卒年不详。这种说法最为多见，可勘察的资料有古人著述，也有今人重要典籍。如：《福清县志》⑨《八闽通志》⑩《福建通纪》⑪《福州府

---

① 曾枣庄主编：《中国文学家大辞典·宋代卷》，中华书局 2004 年版，第 531 页。

② 祝尚书：《宋集序跋汇编》，中华书局 2010 年版，第 2031 页。

③ 王传明：《林希逸诗话》，吴文治：《宋诗话全编》，江苏古籍出版社 1998 年版，第 8642 页。

④ 林希逸：《后村集序》，曾枣庄、刘琳：《全宋文》卷 7732，上海辞书出版社 2006 年版，第 339 页。

⑤ 李国庭：《刘克庄年谱简编》，吴洪译，尹波：《宋人年谱丛刊》，四川大学出版社 2002 年版，第 7548 页。

⑥ 程章灿：《刘克庄年谱》，贵州人民出版社 1993 年版，第 13 页。

⑦ Harold Roth：zhuangzi，Stanford encyclopedia of philosophy，2001 年 12 月 17 期。

⑧ Röllicke，Hermann – Josef：《Orthodoxy an heterodoxy in the exegesis of the Zhuangzi：a case – study of Lin Xiyi'（sca：1210 – ca：1273）preface to his commentary on the Zhuangzi, Zhuangzi Kouyi Fati》，Asiatische Studien / études Asiatiques，出版机构：Asian Studies：Journal of Swiss Asia Society，Review Switzerland Asia Society 1997，pp. 787 – 804。

⑨ 饶安鼎、邵应龙修，林昂、李修卿撰，福建省福清县志编纂委员会整理：《福清县志·人物志》，内部资料 1989 年版，第 495 页。

⑩ 黄仲昭编修，福建省地方志编纂委员会主编：《八闽通志·下》，福建人民出版社 1991 年版，第 462 页。

⑪ 福建通志局编纂：《福建通纪》，大通书局 1968 年版，第 1918 页。

志》①《淳熙三山志》②《南宋文范》③《江湖后集》④《宋诗纪事》⑤，均注林希逸为"生卒年不详"；另有如《中华道学通典》⑥《经学辞典》⑦《周易辞典》⑧《中国古代文学名著辞典》⑨《中国文学大辞典》⑩《中国诗学大辞典》⑪者，对于林希逸生卒年干脆不提。

还有一种是提到林希逸的模糊生活年代。如：《中华古文献大辞典》⑫与《中国文学家大辞典》提到"林希逸（约1252年在世）"⑬。这样，关于林希逸的生年似乎变得不可捉摸。

综上，有关林希逸生年，大致有一个模糊的时间段，大部分古代文献和今人文献，都对有关卒年持存疑态度。一些《庄子》研究的重要著作，如：《庄子鬳斋口义校注》⑭《庄子学史》⑮《中国庄学史》⑯《福建庄学研究》⑰，也都未提到林希逸卒年，或是语焉不详，如《宋人生卒行年考》中这样标注："林希逸（肃翁、竹溪、渊翁、鬳斋，1193—1270后）。"⑱周兰⑲、丁丹⑳在其硕士论文中也同意林希逸卒于1270年之后这种模糊的说法。另有《中国文学编年史·宋辽金卷（下）》㉑虽对林希逸卒年表示不详，但在1269年末却附有林希逸一千多字的比较详细的介绍，似乎作者

---

① 徐景熹修，鲁曾煜等纂：《福州府志》，成文出版社据清乾隆十九年刊本影印1967年版。

② 梁克家：《淳熙三山志》，王云伍主编：四库全书珍本六集版。

③ 杨家骆：《南宋文录录南宋文范》，鼎文书局1978年版，第24页。

④ 陈起编：《江湖后集》，四库本。

⑤ 厉鹗、杨家骆主编：《宋诗纪事·上》卷六十五，鼎文书局1971年景印清乾隆十一年厉氏樊榭山房本，第3150页。

⑥ 《中华道学通典》，南海出版公司1994年版，第1161页。

⑦ 黄开国主编：《经学辞典》，四川人民出版社1993年版，第299页。

⑧ 吕绍刚：《周易辞典》，汉艺色研文化事业有限公司2001年版，第554页。

⑨ 张俊、李道英主编：《中国古代文学名著辞典》，四川人民出版社1992年版，第721页。

⑩ 马良春、李福田：《中国文学大辞典》，天津人民出版社1991年版，第3559页。

⑪ 傅璇琮等：《中国诗学大辞典》，浙江教育出版社1999年版，第448页。

⑫ 汪玢玲主编：《中华古文献大辞典·文学卷》，吉林文史出版社1994年版，第767页。

⑬ 谭正璧主编：《中国文学家大辞典》，香港：文史出版社1961年版，第2974页。

⑭ 林希逸撰，周启成校注：《庄子鬳斋口义校注》，中华书局1997年版。

⑮ 方勇：《庄子学史》，人民出版社2008年版。

⑯ 熊铁基、刘固盛、刘韶军：《中国庄学史》，湖南人民出版社2003年版，第401页。

⑰ 杨文娟：《福建庄学研究》，三晋出版社2012年版。

⑱ 李裕民：《宋人生卒行年考》，中华书局2010年版，第135页。

⑲ 周兰：《林希逸诗歌研究》，硕士学位论文，广西师范大学，2011年版。

⑳ 丁丹：《林希逸诗歌研究》，硕士学位论文，南京师范大学，2010年版。

㉑ 陈文新：《中国文学编年史·宋辽金卷》，湖南人民出版社2006年版，第460—461页。

认为林希逸接近卒于此年。以上历史文献，都不能最终确定林希逸的生卒年。

（二）纸质文献基础上的考辨：林希逸生于南宋绍熙四年癸丑（1193）

林希逸到底是哪年出生的，笔者以为，古代文献较今人文献可靠，尤其是当时的文献甚或是自己文中所见证据较他人文献可靠。由此，对与林希逸同时的几条重要纸质文献，我们详细分析如下。

1. 林希逸在为刘翼《心游摘稿》所作的序中讲道："方蹧父少年，闻人说举子业，即掉头挥手而去，独与翁守乐轩之书，呻吟竟日。今年六十有四，好慕如十八九时，充此心至道不难也。是岂求以诗名家者哉？余长蹧父五岁，与道无闻，诗亦不进，非特愧于吾师，亦愧于吾友矣。"①此文末署名："景定辛酉竹溪鬳斋林希逸。"景定二年辛酉（1261），刘翼64岁，即林希逸69岁，考虑到古人所云多是虚岁（此风俗福清农村至今如此），按今天的周岁算，此年林希逸周岁68岁，即可推断林希逸生于1193年。

2. 林希逸在咸淳元年乙丑（1265）《回福清县陈薄（德亮）生日启》②中写道："散人赐号，寻棹歌九曲之游；老景逃逸，负弧射四方之志。寂寂正惭于罗雀，拳拳独荷于栖鸾。伏惟某官，屈意勾朱，潜心舍紫。蜚声雁序，着鞭始逊于少公；造榜龙飞，唾手即收于高第。以毫端之游戏，为门左之辉华。七十年之过三，自知衰退；五百名之第一，尚睹扶摇。亟沥谢言，幸祈孚亮。"此年林希逸自云自己73岁（虚岁），即可推断他生于1193年。

3. 林希逸在咸淳二年丙寅（1266）有五首诗，分别提到自己的年龄：

（1）《回新汀州黄教授生日启》："一辞而退，臣之厚也，甘日守于五穷；十年之长，兄以事之，慕风流之二老。字比蝇头而更细，诗吟鹤膝以尤工。华此衰龄，奇哉异禀。伏惟某官，浩然善养，粲乎有文。经师人师，众方求于指授；形散神散，独自乐于逍遥。同为扶杖之翁，尚记垂弧之日。堪传佳话，曷称高情。放翁七十四年之诗，歌而自庆，广成千二百

---

① 林希逸：《心游摘稿序》，《宋槧南宋群贤小集（第十四册）》，艺文印书馆1972年版。
② 林希逸：《竹溪鬳斋十一稿续集》，谢氏小草斋本。本书所引林希逸诗文未标明出处者，以及简称《续集》者，皆引自此版本，以下不再注明。

岁之寿，还以相期。"其中林希逸云陆游在 74 岁时作诗庆祝，自己与他相同，在这个生日期待长寿 200 岁。即表明，此年林希逸 74 岁。

（2）《回新漳州刘通判生日启》："凋年急景，谁怜退士之穷；每岁兹辰，长拜可人之赐。阳春腔妙，初度辉生。共惟某官，义山之凤绝清，士元之骥方展。谓翁吾翁爱友，久矣亲；然子曾子何人，拟之过矣。以郢人寡和之曲，赓先生自寿之词。愧不得当，辞则何敢。对嫦娥十九分得七之度，有惭攀桂之天高；诵放翁七十年又四之诗，敢道大蓬之阶似。众方鄙诮，君独品题。率控谢言，幸希孚亮。"其中林希逸自云在这个生日里，朗诵陆游 74 岁时所作之诗，可以说通向秘书监的途径都是相似的云云，即谓此年自己 74 岁。

（3）《回石塘林子常》："县弧之六生男子，老愧前闻；付珠之二如少公，宠贻佳什。锦笺入手，茅舍增辉。伏惟某人，粲然有文，渊乎似道。夜雨对床之乐，慕尚昔人，青云得路之夸，鄙夷俗客。独有溪干之叟，是为方外之交。三万之日无多，常恐茶山老矣；七十之年又四，乃为放翁歌之。"其中林希逸自云自己今年 74 岁了，与陆游一起歌颂之。

（4）《回新潮州林通判》："一男子之妄，有愧蒙弧；半刺史之贤，特贻珠玉。知心有此，拍手歌之。伏惟某官，既吟烟雨以拂衣，犹分风月而怀绶。以数茎吟一字之手，岂轻予人；谓七十又四年之翁，独为爱友。每加黼黻，欲贲蓬茅。某感岁暮之交情，岂容锦卷；愧阳春之寡和，徒负金春。"其中林希逸明确说自己是 74 岁的老头了，尤其喜欢自己的朋友。

在《回后村刘尚书生日启》中他明言"寄禄官而呼大蓬，年比陆翁而自诮"，可见林希逸此时的心境自认为与陆游相若，故以上诗文中，林希逸自拟陆游，再云"放翁七十四年之诗，歌而自庆"，"诵放翁七十年又四之诗"，"七十之年又四，乃为放翁歌之"。"谓七十又四年之翁，独为爱友。"都明确提到自己在此年与陆游同岁，74 岁（虚岁），故而颂其 74 岁之诗，据此可算出林希逸生于 1193 年。再根据上一年所写生日启中提到的年龄，本年林希逸亦恰好 74 岁（虚岁）。由此亦可推断，林希逸生于 1193 年。

4.《回新剑浦郑主薄生日启》中讲道："暮齿九老图之白，才则歉焉；新腔太史氏之黄，褒之过矣。"九老图本指唐代白居易与胡杲、吉皎、刘真、郑据、卢贞、张浑年老退居洛阳，曾作尚齿之会，并各赋诗记其事。

其年夏，李元爽及僧如满亦告老归洛，因作九老尚齿之会，并书姓名、年齿，绘其形貌，题为九老图。后传世姓名不一，但都同意是指九位七十岁以上老人。后因以"九老图"为告老还乡者聚会之典。则可见在此年林希逸一定是在七十岁以上，即林希逸出生于1196年以前。

5. 林希逸在咸淳五年己巳（1269）所作《回檗山照老生日启》中写道："佛有三三之众，迩日何如；仙开七七之花，吾年相若。多情禅友，问讯阳人。兹盖某僧，久坐蒲团，屡抛杓柄。七言虽妙，不入半山之宗；五叶相传，独得少林之髓。心心相似，岁岁如然。曹溪分派后五家，许侬参遍；父母未生前一句，为我道来。"诗中所云"仙开七七之花"，对应前面的三三之众，三三是指很多，是从数字的角度，所以后面所讲"七七"，不仅是指年龄数77，也有一些其他寓意。

关于"七"这个数字的神秘性，叶舒宪先生已有研究，不仅在《圣经》中，"七"就具有神圣的性质，有诸多神秘用法，而且"在古老的印度文化中，'七'已经是一个具有神秘性质的数字范畴了"[1]，其中列举了大量佛教经典的资料，认为"七七祭奠实与佛家轮回说相应"。我们也发现在《大正新修大藏经》中，多次提到"七七"，表示数数意义上的77的同时蕴含其他内容，如《大正新修大藏经·顶生王因缘经》中："乃以神力出现三十二头，其——头各有六牙，——牙上有七七池沼，——池沼有七七莲花，——花中有七七台，——台中有七七楼阁，——楼阁中有七七守卫者，——守卫者有七七天女，——天女有七七侍女，——侍女鸣七七天鼓，而象王所有最胜头相，帝释御之。"[2]而且"道教极重视'七'这个圣数"[3]。考虑到林希逸本人有深厚的佛教和道教思想，他因而对佛道两家都重视的数字"七"如此看重，也就可以理解了。

因而可判断诗中所云"仙开七七之花，吾年相若"，是指这与作者年龄相仿，意即此年他77岁（虚岁）。据此推算，林希逸生于1193年。

6. 在《续集》中有《己巳元日二首》："清晓冠裳八十拜，老能强饭不输人。"南宋末年只有一个己巳纪年，即1271年，到此年初，希逸自云自己80岁，虚岁，可推断林希逸生于1193年。

---

①　叶舒宪、田大宪：《中国古代神秘数字》，社会科学文献出版社1998年版，第143页。

②　《大正新修大藏经》（第三册），第402页。

③　叶舒宪、田大宪：《中国古代神秘数字》，社会科学文献出版社1998年版，第163页。

7. 在咸淳五年丁卯（1267）年，此年刘克庄 81 岁，作《最高楼·林中书生日》中有说林希逸："小于卫武二十岁，大于绛老两三年。""可知希逸本年 75 岁。"①本年的 75 是虚岁，周岁 74，这样算来，林希逸正好出生于 1193 年。刘克庄当然知道自己的出生年，他明确指出林希逸的年龄，可见他对林希逸的出生年也是很清楚的。这样，我们可以推测，林希逸前所云比刘克庄小七岁，大概是林希逸自己弄错了刘克庄的出生年。

8. 刘克庄在《题三处士赠答·寒斋》中说："寒斋才长竹溪四岁"，寒斋即林公遇，刘克庄在《林寒斋墓志铭》②中说寒斋生于淳熙十六年（1189），则林希逸生于 1193 年。

而有关林希逸的卒年，在古代文献中，依然不能获得突破性证据。为此，2013 年 4 月，笔者实地奔赴林希逸故居——今福建省福清市渔溪镇苏田村，考察了与林希逸有关的各种遗迹，了解了林氏在苏田村和渔溪镇大致的繁衍生息情况，甚至包括林氏在当今福清市以至全国、全世界的一些发展，与林希逸的第 30 代后裔进行了详密细致的交谈，获赠了一些重要资料，也收获了关于林希逸生平的重要实物证据。

（三）一个重要的石刻文献

实际考察历史人物留下的遗迹，能增加我们对人物感同身受的理解，并有可能有书面得不到的发现。笔者在林希逸的家乡——今福建省福清市鱼溪镇苏田村，考察了与林希逸有关的各种遗迹，我们具体的发现如下。

1. 苏田村保有林氏宗族的比较完整的遗迹。如：

图 1—1　林氏支祠石碑

---

① 程章灿：《刘克庄年谱》，贵州人民出版社 1993 年版，第 384 页。
② 刘克庄撰，王蓉贵、向以鲜校点，刁忠民审定：《后村先生大全集》，四川大学出版社 2008 年版，第 3866—3868 页。

有林氏世祖的公墓，林则辉，号美轩，葬于福清市上迳镇东湖山。

图1—2 苏田一世祖林则辉公墓

有苏田林意可公墓，林意可，号紫溪，葬于仙岭漆林（新厝镇加头村）。

图1—3 苏田林意可公墓

2. 苏田村有林希逸曾创设的竹溪禅寺的遗址。如：

图1—4 竹溪禅寺门额

图1—5 竹溪禅寺外观

图1—6 竹溪禅寺内工人正在描红

　　竹溪禅寺曾经多次修缮，清代有重修竹溪寺碑记，后附有捐助者名单。

图1—7 重修竹溪寺碑记

　　我们去时，工作人员正在进行石碑修缮，将其上字迹描红，类似于书丹，因工作正在进行中，所以我们看到的石碑字迹颜色深浅不一。竹溪禅寺内供奉有林希逸像。

图1—8 竹溪禅寺内供奉的林希逸像

竹溪寺内一块石碑记载："宋翰林庸斋（翁）林先生结庐于此，著诗集，行于世，号《竹溪集》。"由于林希逸生在苏田的竹溪岸边，逸号竹溪，他又在苏田的庸仔山下长大，又称庸翁。南宋瑞平二年（1235），林希逸中进士后，创办"竹溪书院"，并亲自讲学，渔溪苏田竹溪寺侧面，曾立有"林希逸在此讲学"石碑。宝祐四年（1256），林希逸回乡丁忧，那年正好大旱，林希逸组织村民，建坝蓄水，灌溉农田，这个拦水坝称为"逸办坝"，这片数百亩良田，称为"逸办洋"，这些名字，一直沿用至今。

福清市渔溪镇建有文武名祠，祠内供奉有林希逸像。

图1—9 文武名祠大门

祠内简介中说："渔溪街头（中心街）文武名祠，建于1370年，文祀福清第一位进士林简言，武祀五代后梁闽王王审知部将虞雄，还有南宋林昌言、林介、林希逸等历史名家。"如下图所示：

图1—10　文武名祠简介

在文武名祠内，我们也看到了供奉有林希逸的牌位，如下图：

图1—11　文武名祠内所供牌位全景

其中右一为林希逸，放大效果如下：

图1—12　渔溪镇文武名祠内所供林希逸牌位

渔溪镇苏田村也有林氏祠堂，其中供奉着林氏的列祖列宗。如下图：

图1—13　林氏祠堂大门

图1—14　林氏祠堂内所供奉牌位

林氏祠堂在近年几经修缮，有纪念碑：

图1—15　逕江林氏祠堂重建纪念碑

逕江，即六亩河，位于渔溪之北。渔溪镇还有一座竹溪寺，其中有其他碑刻和一些记载林希逸后裔升迁情况的石碑，上有竹溪寺香火田置办情况的说明，如：

图1—16　清代竹溪禅寺置办香火田石碑

图1—17　榜眼厝旗杆碣残片

图1—18　榜眼厝古井

另据福清新闻网——福清侨乡报2014年6月3日报道，记者林秋明在晋江采风时，据当地工作人员讲，在紫帽山金粟洞附近发现一幅宋代福清理学家林希逸的题刻，距今有700多年历史。① 如图1—19。题刻内容是："淳祐癸卯暮春之望，郡守颜颐仲约宗正赵师恕登紫帽峰，别驾卢同父、幕掾林希逸俱。"笔者经过与林秋明记者联系，经其确认此石碑情况属实。可知林希逸当时曾在晋江一代游览。

这些都是林希逸或其后裔的遗迹，为我们了解林希逸的生平提供了生动活泼的资料，是我们了解他的有益线索。

图1—19　福建晋江林希逸题刻

我们最有价值，也最重要的发现是林希逸墓碑，碑文为林希逸生前好友林翼所撰，碑名为："宋竹谿鬳翁林先生之墓。"林希逸后裔林克文先生，也正是林希逸墓碑的发现者，曾在福清新闻网发表文章《迳江林氏系"九牧林"考究》②，论证了迳江林氏祖先的支系，最重要的是提到了林希逸墓碑的发现过程，便是图1—20这

① 林秋明：《晋江发现宋福清理学家林希逸题刻》，福清新闻网，http：//www.fqxww.cn/news/benbu/2014－06－03/64039.html。

② 林克文：《迳江林氏系"九牧林"考究》，福清新闻网，http：//www.fqxww：cn/Wonderful/Humanities_fq/2012－03－27/38674.html。

块石碑。

石碑上详细记载了林希逸的生平以及卒年，对这块石碑真假的判定，成为判定林希逸相关情况的重要依据。林氏后裔曾在前几年召开过一次大会，林希逸后裔、湖北省襄樊市前工会主席林民湛先生借此因缘编著了一本《苏田林氏族谱》，其中记载了林希逸的墓碑的来路，与我们在当地了解的情况一致。具体是：

图1—20　宋竹谿鬳翁林先生之墓碑

在 1992 年秋季的一天，渔溪镇虞阳中学教师林尉民和林克文两先生在寻找宋代理学家林昌言的裔孙林希逸于苏田村竹溪创办"竹溪书院"旧址时，在苏田村南山原发现一块石碑倒在路旁①。经过仔细擦洗，现出"宋竹谿鬳翁林先生之墓"的字样，之后即请人移进渔溪镇文武祠内，该石碑现嵌在渔溪镇文武祠大厅墙壁上。最近，文武祠重新修缮，同时将该石碑做了清理，石碑翔实记述了林希逸生平和家世，成为了解林希逸生平的珍贵文物资料。②

此石碑全文不见于《全宋文》，现录如下：

> 有宋中大夫、秘阁修撰、提举建宁府武夷山冲佑观、福清县开国男、食邑三百户。林公讳希逸，字肃翁，世为福清县人。高祖赠朝请郎，讳舆权，始自仙榉迁渔溪，妣安人张氏；曾祖讳昌言，通判广州，赠金紫光禄大夫，妣宜人陈氏；祖讳会，妣陈氏；考讳亿，赠中散大夫，妣以人王氏。先君生绍熙四年癸丑岁八月十九日，承学特赠迪功文远乐轩陈先生。绍定五年入大学。端平二年以学省词赋第一人，对策擢第四人，授从事郎、平海军节度推官。淳祐三年，特差提

---

① 林克文：《迳江林氏系"九牧林"考究》，福清新闻网，http：//www. fqxww：cn/Wonder-ful/Humanities_ fq/2012 - 03 - 27/38674. html。

② 林民湛：《苏田林氏族谱》，内部资料，2008 年。

领丰储仓所干办公事。五年主管三省架阁,除国子录二年,以少师安晚郑公荐,御笔召试馆职,除正字,改宣教郎,除校书郎。七年兼庄文府教授,除枢密院编修官,兼权都官郎官,兼崇政殿说书,兼翰林权直,以教授讲《诗》,终篇授奉议郎。八年除直秘阁,知兴化军,至郡以修进高宗实录,授承议郎,磨勘转朝奉郎。九年两易知南剑州,改知饶州剞兼提点坑冶。十年至郡首无权。十一年召赴行在,改直宝谟阁,江淮、荆、浙、福建、广南路都大提点坑冶铸钱公事兼知饶州,除考功郎官。十二年转朝散郎,主管明道宫。宝祐三年转朝讲郎,主管玉局观转朝奉大夫。四年丁令人忧。六年丁相当国,依旧职知赣州,未上降朝请。明年主管玉局观叙复。景定元年,今辨章魏公入相,以司对郎官召主管崇禧观。二年再召,又除广东运判。三年除考功郎官兼国史院编修官,实录院检讨造朝,兼礼部郎官,兼崇政殿说书、兼直舍人院转朝散大夫,除司农少卿转朝请大夫。四年除秘书少监、太常少卿转朝议大夫,进讲《春秋》彻章,授守奉大夫,修进宁宗实录,授中大夫兼国子司业去国,提举玉局观。郊恩封福清县开国男。咸淳元年,除直宝文阁、湖南运判,提举冲佑观。四年再祠,除知赣州。五年提举玉局观,除秘书监兼侍讲。六年兼权直学士院造朝,除起居郎兴祠,除秘阁修撰,提举冲佑观。七年辛未岁九月十五日以疾终于家,年七十有九。所著《易讲》《述诗口义》《春秋三传正附论》《周礼说》《考工记图解》《老庄列子口义》《学记》《奏议》《讲议》《内外制》《诗文四六》,共二百卷。遗令以深衣殓三月而葬,卜十有二月丙午,窆于万安乡苏田里南山之原。

先妣赠令人莆田长官方氏,顺昌主簿讳汲之女,丙辰冬卒,前三年葬于此。子三人:泳,朝奉郎,前知泉州安溪县以亲老恩注通判兴化军;冰,故迪功郎,建宁府崇安县尉;浩,故儒林郎,监行在咸淳仓。女三人:适承议郎知泉州南安县余士明,从政郎建宁府右司理陈植,季许婚将仕郎黄浍。孙三人:行祖、象祖并登仕郎而名仁。女孙四:长许婚将士郎郭大雅。孤泳以家录乞文于知先君信后世者。呜呼哀哀!昊天罔极,忍死沥血,书志圹之石。呜呼哀哀!宇宙犹存,文字千古,来者尚曰:"呜呼!"是为竹溪鬳翁林先生之墓。乐轩门人横塘布衣刘翼书,讳孤泳泣血哗志。

这段碑文中，明确提到林希逸生于"绍熙四年癸丑岁八月十九日"，绍熙四年即1193年。基于以上文字和实物两方面的可考的可靠材料的证实，我们断定林希逸生于绍熙四年即公元1193年。

对于林希逸出生的月份，却依然有不同观点，刘克庄在词作《水龙吟（林中书生日六月十九日）》中，明确标明林希逸生日为六月十九日。但碑文却清晰的记载为"八月十九日"，我们选择相信碑文的记载。

（四）石刻文献基础上的结论：林希逸卒于咸淳七年辛未（1271）

《竹溪鬳斋十一稿续集》由其门人林式之编订于1269年，并付梓刊印，这是林希逸最后问世的一部著作，至少可知，此时他尚在世。《后村先生大全集序》[①]文末，林希逸注明"咸淳六年岁庚午，秋九月菊日，竹溪林希逸书"。咸淳六年，即公元1270年。在《续集》中有《己巳元日二首》，南宋末年只有一个己巳纪年，即1271年，之后再无文字材料证明，所以林希逸最晚卒于1271年农历元月以后。到这里文字的资料已经走到了绝路。结合此碑文，其中明确指出林希逸于咸淳"七年辛未岁九月十五日以疾终于家，年七十有九"，咸淳七年即公元1271年，我们选择相信这个记载。

到此，我们最终认定，林希逸生于南宋绍熙四年癸丑（1193）八月十九日，卒于咸淳七年辛未（1271）九月十五日。

三 林希逸晚年另一个号

在《续集》中，有32次提到"溪干"。分别有三种意义。

（一）用来指代自己所居之地

如《别林伯常国博》："再入美传喧辇下，多情远别到溪干。"《再和后村三绝句》："溪干早稻垂头久，次第今年似有年。"《梯飙遣惠菊糕且以铁壁和篇与兰闱魁卷示教戏用前韵以谢》："饱听溪干人颂咏，凫归早早进三麻。"《赠别张养晦》："访我溪干住，蕉衣换夹衣。"《答吴检详用饶字韵见寄》："白发溪干住，虽贫买竹饶。"《雪峰藏叟过门见访赠别一首》：

---

① 刘克庄撰，王蓉贵、向以鲜校点，刁忠民审定：《后村先生大全集》，四川大学出版社2008年版，第1页。

"山头老汉老尤癯，忽谩溪干访老夫。"《回光泽蘸县丞》："握手溪干留饮去，相思那肯靳书邮。"《石塘林子常》："独有溪干之叟，是为方外之交。"《回常东轩（挺）》："温陵之归再见，溪干之别三暑。"《将仕林君父子墓志铭》："余筑三文书舍溪干，致名师，聚学侣。"《学记》"录此二篇，与溪干诸同舍共之"。以上，都是指自己在溪干这个地方会友，或是惜别。

（二）用来指代自己

如，《题化龙桥碑》："桥以乡名曰万安，篆碑谁作曰溪干。"《长潘同舍南归袖诗为惠奉和》："殷勤话旧溪干去，好友相期向道山。"《题范月溪欸乃集》："欸乃溪干入听时，忽传新集到柴扉。"《吴帅恕斋》："墀下一回樵服谒，溪干几度锦笺贻。"《送戴兄西上》："语别溪干聊赠句，南归竚看锦衣荣。"《昨晚溪缘之论闻善友颇不能堪戏成八句》："溪干老子归来笑，忆到行河集议时。"《戊辰二月六日作》："多一月春还过半，先生随分老溪干。"《次韵方持叟见寄一首因悼后村》："鹤发荒三径，溪干久赋归。"《竹林七贤》："溪干唐六逸，先后许论心。"《回莆守汪宗博》："溪干旧友多弹泪，半月前书手自回。"《回梁秘阁》："书来溪干，不知凡几。"《回莆守监簿陈所翁》："仅能两夕，笑语溪干。"这些诗中提到的溪干，基本意思都是用溪干直接指代自己，有能动性，指人的含义确切而明显。

（三）人、地双重所指

如，《赠僧宗仁回江西》："少别溪干去，于今识者稀。"《丁卯重作化龙桥，嘉平甲子修梁方举两虹，忽现里人，皆以为瑞，辄赋一首》："殷勤着意溪干友，应谶桥门况已通。"《送陈伯厚试上庠》："投老溪干吟送别，旧游回首梦炉亭。"《送赵兴化》："执别溪干情可耐，公家资相老门生。"《偶成》："老去溪干作钓翁，心闲无事与僧同。"《重造应天院记》："旧为屋数百楹，去溪干之市才里许。"《回黄掌祠》："溪干守钓，何由上谒于涓人。"这些不能截然分清是指人还是指地，似乎是两者皆可。

古人常以所居之地来指代自己，别人也常以此来称呼他，这十分常见。据林希逸后裔讲，竹溪原本是在渔溪虞仔山右边一座约五十米高的山涧瀑布下泄的龙潭流出的溪水，后林希逸父辈就在溪周围植竹，而取名"竹溪"，林希逸在竹溪边筑室居住，故而号竹溪，溪干，就是指竹溪的边上。据以上材料，我们可初步认为林希逸晚年以"溪干"自称。

第二节　林希逸学统考

一　林希逸师承远源

（一）林光朝师从陆子正

一般所看到的林希逸的求学系统，多来自于《宋元学案》，其中卷四十七《艾轩学案》中，清楚地表明艾轩学派开创于林光朝，林光朝为"陆子正门人，和靖、震泽再传，伊川三传，安定濂溪水百源四传"①。《宋史·林光朝传》中也记载林光朝曾"闻吴中陆子正尝从尹焞学，因往从之游"②。陆子正，据《宋元学案》卷二十七《和靖学案·史部·传记》载："陆景端，字子正，本海宁人，其后居吴，父韶之任察官，以风流文采为时所宗，先生学于和靖，学问精深，造履清白。横浦极称之，其任监税时，尝以书托之常中丞同曰：'谓税场体例多贪饕，此郎乃能孤立其间。'中丞试引之座末，问以利害，当知其所存已。先生官位所至，无可考。晚年以和靖之学传艾轩，见于《宋史》艾轩传，而失载其名。"③ 由这段话可见：一、陆子正曾问学于和靖先生；二、他学问精深，有自己独到心得；三、陆子正为官清廉。他的这些特点往往会影响到自己的学生。陆子正的老师，即尹焞和王苹。

（二）陆子正师从尹焞、王苹

同时，《艾轩学案·序录》云："陆氏尝从信伯游也。"清王梓材因之指出，陆子正"亦震泽门人"④。《宋元学案·震泽学案》中王苹的门人中，明确列出"陆景端，别见和靖学案"⑤。可见陆景端曾师从王苹。以下

---

① 黄宗羲撰，全祖望补，王梓材、冯云濠补遗，何绍基校：《宋元学案》，世界书局1966年版，第830页。

② 《宋史》卷433，中华书局1982年版，第12862页。

③ 黄宗羲撰，全祖望补，王梓材、冯云濠补遗，何绍基校：《宋元学案》，世界书局1966年版。

④ 同上书，第586页。

⑤ 同上书，第601页。

简述陆子正的两位老师。

1. 和靖即尹焞,字彦明,一字德充,今河南洛阳人。靖康初召至京师,不欲留,赐号和靖处士。"少师事程颐","焞之从师,与河南张绎同时,绎以高识,焞以笃行。颐既没,焞聚徒洛中,非吊丧问疾不出户,士大夫宗仰之"。"靖康初,种师道荐焞德行可备劝讲,召至京师,不欲留,赐号和靖处士。"绍兴四年,侍读范冲举焞自代,授左宣教郎,充崇政殿说书,以疾辞。范冲奏给五百金为行资,遣漕臣奉诏至涪亲遣。六年,始就道,作文祭颐而后行。

2. 王苹,字信伯,福建福清人,后"其父徙吴",《宋元学案补遗》中有较为详细的介绍,其父即"奉议王先生仲举"。也可以看到:"王仲举,字圣俞,起先福清人,唐水部启八世孙刚介厉学,不徇时好,徙家至吴之震泽①,卒赠奉议郎,生苹为世父伯起后(《姑苏志》)"②,以王苹居住在震泽镇的缘故,《宋元学案》称为"震泽学案"。信伯曾师事伊川,为"伊川门人"③,他"与同门杨龟山为后进,而龟山最可许之,以为师门后来成就者,惟信伯也"④,可见信伯在学问上的成就较高。龟山门人中亦明列:"著作王福清先生苹(别为震泽学案)。"⑤ 同时,我们看到震泽讲友中明列:"肃公尹和靖先生焞(别为和靖学案)。"⑥ 震泽门人中明列:"监税陆子正先生景端(别为和靖学案)。"⑦ 震泽门人中明列:"施先生庭先。施庭先,盐官人也。隐士德操之侄。(云濠案:当作'族侄'。)德操与横浦为讲学友,而先生受业于王信伯,林艾轩尝称之。"⑧ 施庭先曾是王苹门人,受到艾轩的赞许。

王苹曾向皇帝"奏三事,一曰正心诚意,二曰辨君子小人,三曰消朋党",在宋代,正心诚意,是理学家的思想中枢,可见信伯对理学思想的

---

① 吴之震泽,指今江苏省苏州市吴江区震泽镇,震泽古镇历史上进士中有宋代儒林三贤,入震泽三贤祠的王苹、陈长方、杨邦弼。

② 王梓材、冯云濠:《宋元学案补遗》卷29,北京图书馆出版社2002年版。

③ 同上。

④ 黄宗羲撰,全祖望补,王梓材、冯云濠补遗,何绍基校:《宋元学案》,世界书局1966年版,第602页。

⑤ 同上书,第557页。

⑥ 同上书,第606页。

⑦ 同上书,第606—607页。

⑧ 同上书,第606—608页。

笃信，第二、第三点正中肯綮，宋代朋党政治学人尽知。可见信伯对于时政，不仅有见地，而且有勇气。"中书舍人朱震、宝文阁直学士胡安国、徽猷阁待制君焞皆举以自代，而安国言之尤力，谓其学有师承，识通世务，使司献纳，必有裨益。"① 以此可见信伯在这些著名理学家中的影响力，也足以见到信伯的个人学识和人品道德吸引力之大。我们在翻检《震泽学案》时，发现其中也明确列着："林光朝，别为艾轩学案。"② 其后列入"震泽门人"，这与艾轩学案所云是一致的。

上文提到尹焞少年时师事程颐，王苹也师事程颐，再参看《伊川学案》中，也明确列出"尹焞，别为和靖学案"，"王苹，别为震泽学案"③，《和靖学案》中提到和靖讲友之一即"著作王福清先生苹，别为《震泽学案》"，说明尹焞和王苹是学问上的朋友，意味着二人在学术上的某些观点是一致的，也为艾轩的思想来源提供了侧面证据。这样，脉络就很清楚了，林光朝学统上的源头之一即程颐。

（三）林光朝其他老师：方富文，林霆

另在《艾轩学案补遗》中提到艾轩师承"方先生富文：方富文翁，艾轩尝受学为状其行，累千二百六十言，时方三十余，犹未脱白，自称为门人，其贤可知（《刘后村集》）"。另林希逸《跋富文方公行状艾轩作》中言艾轩"状公（指方富文公）几二千言，且以门人自称。先生于人，一字岂轻与？又言，公识？溪东、休斋于未知名时，而溪西亦以奇书奥义求质于公。然则富文之于莆，又为诸名人所敬畏者，是为何等人物！"由这两条文献可见，方公虽"其文未见"，而其学问道德一定高尚洁白，为莆田当地诸多名人尊敬，尤得艾轩尊服。

林霆的生平，见《宋史·郑樵传》④ 中记载："林霆，字时隐，擢政和进士第，博学深象数，与樵为金石交。林光朝尝师事之。聚书数千卷，皆自校雠，谓子孙曰：'吾为汝曹获良产矣。'绍兴中，为敕令所删定官，力诋秦桧和议之非，即挂冠去，当世高之。"可知林光朝曾求学于林霆。

---

① 黄宗羲撰，全祖望补，王梓材、冯云濠补遗，何绍基校：《宋元学案》，世界书局 1966 年版，第 603 页。

② 同上书，第 601 页。

③ 同上书，第 339 页。

④ 《宋史》卷 436，中华书局 1977 年版，第 12944—12945 页。

这一点也为学人所认可①。林霆与郑樵的金石之交，一定影响了林光朝，以至于多年以后，也许是爱屋及乌，也许是真为郑樵所折服，林希逸提及郑樵，都满怀钦佩与仰慕。

二　林希逸师承近源

由程颐一脉到方富文公，再到艾轩，林希逸师承的远一点的源头已经梳理清楚。现在追述林希逸师承的近一点的源头，即艾轩学派及其下游。

（一）林光朝：艾轩学派创始人

林光朝（1114—1178），字谦之，莆田（今福建省莆田市）人。"专心圣贤践履之学"，谥文节，学者称艾轩先生。在莆田红泉（在今莆田市荔城区）聚徒讲学，"先生学通《六经》，贯百氏，言动必以礼，四方来学者亡虑数百人，然未尝著书，（云濠案：先生著有《艾轩集》九卷，附录一卷）惟口授学者，使之心通理解。尝曰：'道之本体，全于太虚。《六经》既发明之，后世注解已涉支离，若复增加，道愈远矣。'又曰：'日用是根株，言语文字是注脚。'（梓材案：《艾轩家传》一卷，其从子成季所述，见《直斋书录解题》）说者谓南渡后倡伊洛之学于东南者，自先生始云"②。以上可见：一、艾轩先生严于克己；二、他学通百家，意思精深，但不著书；三、教授方法以口述为主，并参与日常行动；四、艾轩之学在当时风靡东南，是理学在东南昌盛的重要开启者。克己以礼，说明对理学思想的优游涵泳在生活中无孔不入；林光朝无著述传世，他以口述为主的教授方法，直接影响了门人对口语化表达的重视；艾轩之学在当时当地的良好声誉，吸引来了各方的求学者。其门人中有名者之一为林亦之。

（二）林亦之：艾轩学派一代传人

林亦之（1136—1185），字学可，号月渔，福建福清人，在艾轩去世后，"继其席"，讲学聚徒于莆之红泉，赵汝愚帅闽时，"尝以先生之行业上于朝"③，未及命而亦之卒矣，学者称网山先生，有《网山集》传世。

---

① 可参见李梦《林光朝及艾轩集研究》，硕士学位论文，广西大学，2012年，不过，该文中说林霆生平这段话来自《宋史·林光朝传》是有异议的，可参见张大任《林光朝述评》，《福建论坛》1986年第3期。

② 黄宗羲撰，全祖望补，王梓材、冯云濠补遗，何绍基校：《宋元学案》，世界书局1966年版，第831—832页。

③ 同上书，第833页。

与艾轩相较，网山也聚徒讲学，行止有礼，但有著作传世。

（三）陈藻：艾轩学派二代传人

陈藻，网山门人，字符洁，号乐轩，居福清之横塘（今莆田市荔城区黄石镇横塘村）。"初，网山师艾轩，网山之徒又推乐轩为高弟。开门授徒，不足自给，至浮游江湖，崎岖岭海。归买田数亩，辄为人夺去。士之穷，无过于此矣，而以乐轩自扁。此固先生所闻于师者与。著有《论语解》。"[①] 这段话简洁清晰的概述了陈藻的生平。陈藻的高足，便是林希逸。这是艾轩学派以及林希逸的师承情况。我们图示如下：

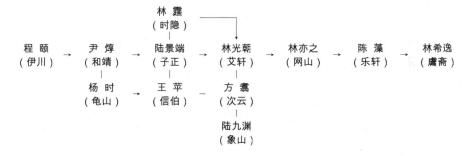

图 1—21　林希逸的学统图

关于林希逸家学渊源，我们可见的是，林希逸是林昌言的裔孙，其他家族成员未见到有在政治、学问上声名显著者，可知，林希逸后来的发展，多出于自身的努力及师友教诲。程颐一脉的思想，传到东南，首功应推艾轩先生。"南渡以后，伊洛之学倡东南者，自光朝始。"[②] 林光朝比朱熹年长 16 岁，从时间上讲，艾轩学派早于朱子学。明代郭万程说："自道学兴，辞命多鄙，光朝之门，独为斐然。闽自杨氏道南，盖光朝可接罗、李之宗，惜时儒未深知者，至希逸而亡传矣。"[③] 可知在当时艾轩学派枝繁叶茂有华彩，至少是在闽中一带声名显著。艾轩学派在林希逸之后，再无杰出传人可考，也有时代的原因，林希逸生活在国家将亡之际，战乱频

---

① 黄宗羲撰，全祖望补，王梓材、冯云濠补遗，何绍基校：《宋元学案》，世界书局 1966 年版，第 836 页。

② 钱士升著：《南宋书（影印本）·和刻本正史别卷之二》，1973 年影印进修馆藏板，汲古书院发行，第 158 页。

③ 李清馥、徐公喜编，管正平、周明华点校：《闽中理学渊源考》，凤凰出版社 2011 年版，第 138 页。

仍，人们自顾不暇。他的学生中较为人所知者有林同，有《孝诗》一卷，林合、林式之，在思想、政治上无所建树，紧接着南宋就灭亡了，新建的元朝以全新的思想统治着偌大的国度，人们在颠沛流离中无暇顾及问学，艾轩学派一脉，也就在内外交织的困境中渐渐消逝了。

综上所述，福建省福清市渔溪镇苏田村，有大量林希逸遗迹。据刘翼所撰墓碑文，以及纸质文献证据，可确定林希逸生年为南宋绍熙四年癸丑（1193）八月十九日，卒于咸淳七年辛未（1271）九月十五日。林希逸是艾轩学派自林光朝艾轩开创后，经林亦之网山、陈藻乐轩后的第三代传人，学统渊源较为清晰，生平重要经历可由墓碑文得知，其晚年的学术创作年代分布，可由《竹溪鬳斋十一稿续集》《竹溪十一稿诗选》得知，但因其《竹溪鬳斋十一稿前集》等大部分著作已亡佚，我们对其青年时期以前的生平、游历、创作状况，尚不能详细得知。

第二章　林希逸交游考

子曰："视其所以，观其所由，察其所安。人焉廋哉？人焉廋哉？"（《论语·为政篇》）意思是通过考察一个人所结交的朋友，观察他为达到一定目的所采用的方式方法，了解他的心情安于什么，不安于什么，这是了解一个人的有效方法。林希逸去世后八年，南宋就在元军铁蹄中彻底消失于历史的硝烟中。可想而知，在他的晚年，南宋王朝已岌岌可危，那时的政治、思想、文化界，鲜有卓越的人物，若仅论晚宋著名理学家，林希逸大概是名副其实的。他与各界人士的交往，也是考察南宋士林文化、社会文化的有效途径。本章重点考察林希逸与刘克庄、与其他文人雅士及当时诸位权贵的交游，以窥南宋末的文化状况。

第一节　南宋文化领袖的交往——
林希逸与刘克庄的交游

在林希逸的诗文集中，出现频率最高的人是刘克庄。林希逸在当时曾"一时才名与莆人刘克庄相轧，而评者谓希逸理学实优之"[1]。两个势均力敌的人，很容易互相吸引。有关林希逸与刘克庄二人的交往，有《刘克庄、王迈、林希逸的文学交游考》[2]《林希逸与江湖诗人交游考》[3] 等文，作了简略梳理，其他有关林希逸的研究中也都注意到二人非凡的交情和文学往来，不足之处是还不够深入和全面。本节试图对此再做详尽、细致的

---

① 杨应诏：《闽南道学源流》，四库全书存目丛书，齐鲁书社 1996 年版。
② 周炫：《刘克庄、王迈、林希逸的文学交游述考》，《湖南社会科学》2014 年第 4 期。
③ 丁丹：《林希逸与江湖诗人交游考》，《文教资料》2010 年第 6 期（下旬刊）。

推进。

刘克庄（1187—1269），初名灼，字潜夫，所居后村，人称后村先生，南宋福建路兴化军莆田（今福建莆田）人，早年师事理学名家真德秀。他曾在潮州、吉州、漳州、袁州等地外任，在朝曾除将作监、太府少卿、秘书少监兼中书舍人，除崇政殿说书、史馆同修撰、起居舍人等，终龙图阁学士。刘克庄是南宋著名的诗人、词人、文学理论家，时人尊为文坛领袖，他是辛派词人的重要代表，词风豪迈慷慨，在江湖诗人中年寿最长，官位最高，成就也最大。晚年致力于辞赋创作，提出了许多新理论。

在林希逸的交游网络中，刘克庄绝对是排名第一的密友，在《后村集序》中林希逸云他闻听刘克庄声名久矣，后方初次相识："余成进士南归，后村旋亦去过，始克见于其居。"① 二人结交近40年，"平生相与，似有宿缘""情同骨肉"。《竹溪鬳斋十一稿续集》中与刘克庄相关的诗作有61首，与刘克庄相关的文章有13篇，共计74篇诗文。林希逸为刘克庄撰写了生平行状，因《宋史》无刘克庄传，此行状成为后人了解刘克庄生平的重要依据。而在刘克庄的《后村先生大全集》中，共载有与林希逸相关的诗文共有189篇，与林希逸相关的词作有20首，与林希逸的儿子林泳，以及林希逸其他家人相关的诗文有25篇，共计234篇。据张荃考证，刘克庄"晚岁归里，王实之等皆卒，与之共觞咏者惟竹溪、李艮翁等数人而已"②。刘克庄与林希逸相关之诗词，的确在人生的后期较多。刘克庄比林希逸早两年去世，生于末世的两位大学问家，通过在政治上、学问上、生活中多方面、多层次的关心、帮助和支持，谱写了一曲末世名儒的清歌。以下分三个方面论析之。

一　政治上互相支持

（一）刘克庄帮助林希逸仕途升迁

刘克庄比林希逸年长，升迁也较早，他对于林希逸的仕途非常关注，并给予帮助。刘克庄在任中书舍人期间撰写的诏敕中，有《林希逸除考功郎官》，云林希逸"于当世知名之士尤致其厚"，并褒扬林希逸"老学雄

---

①　曾枣庄、刘琳：《全宋文》卷7732，上海辞书出版社2006年版，第340页。

②　刘克庄撰，钱仲联校注：《后村词笺注》，上海古籍出版社1980年版，第225页。

辩"，是有"好贤之义"的诗人，故而令他生久不相见之叹。这是代皇帝言，又何尝不是刘克庄本人的心声。

林希逸得升迁后，刘克庄写诗以示祝贺，如《竹溪除司封郎中走笔贺》①："犹记摛毫侍玉除，溪傍□□□□。□□□□□久，白首冯唐顾问初。□□□□□□□，□□□□□无书。不应更作含色香，□□□□□□。"此诗缺损，只能由题目判断，为祝贺林希逸除司封郎中而作。

刘克庄在致仕前，推荐林希逸代替自己，有《荐林中书自代奏》，其中说林希逸学问"远有师承"，他的"崇雅之文，前无古作，先后迭掌二制，体裁自成一家"，是闻名于朝野的贤人，刘克庄坦言自己"自视才学之不如"林希逸，强烈"欲望朝廷之改授"。之后刘克庄再次去信自表心迹，说自己确实不如林希逸，并说林希逸"典册当行"，指林希逸出身很正，专业水平高，"九重侧席，饱闻世间谪仙之名；一顾倾城，丑却天下妇人之面"，这句评价就更高了，说林希逸就像是天上的谪仙人，他的美可以让天下妇人羞愧，这里的美，当然是指林希逸才华横溢，因此刘克庄期望朝廷"恩许辞荣，法当荐代"，如果他自己不能推荐真正的贤人，那"死将有愧"②。这种对林希逸文学与才华的评价，谦虚又恳切的推荐，即便是作为朋友，也十分难得。不仅是因为林希逸的确具备闪光的才华，刘克庄有宽厚容人的胸怀，也因为二人感情的笃厚。至今读来，依然令人感佩。

（二）刘克庄关注林希逸仕途起伏

对林希逸在工作上的政绩，刘克庄表示肯定和祝贺。在《次韵竹溪中书重修县桥二首》中云③，县桥修建很不容易，他说"不是坡仙捐宝带，此桥安得往来通"，所以"人言此庆钟双凤，天落其成见两虹"，县桥的雄伟和受欢迎若此，并赞扬林希逸在"春江浩渺风涛急"的时刻，让县桥通畅，给人们带来方便。

对于林希逸工作中的变化，刘克庄表示惋惜和着急。在《答林中书》④

---

① 刘克庄撰，王蓉贵、向以鲜校点，刁忠民审定：《后村先生大全集》，四川大学出版社2008年版，第856页。

② 同上书，第3308—3309页。

③ 同上书，第1124页。

④ 同上书，第3469页。

中，他写道："昨竹溪去国，碧梧书来，云东涧去，竹溪又去，出与谁语，浩然念归，此意不应便忘却也。"之后表明朝廷再留林希逸一年，是他的愿望，也是闽人的愿望。在《林希逸依旧宝谟阁广东运判》①中，刘克庄希望林希逸"以儒学用"，"以玉雪洗五瘴"，使远民都知道任用儒臣的好处。在《林希逸除考功郎官》②中，说林希逸是当世知名之士，老学雄辞，不能"安安而居，徐徐而来"。这些都是刘克庄对林希逸的评价和关切。

不仅是在政治上，在其他各个方面，刘克庄都对林希逸抱有很大希望，他鼓励林希逸在"生发未燥"之时"努力自鞭"③，在"小文章"中"参大知识"。这包含着一个长者的厚望和朋友的勉励。

另外，林刘二人仕途均得时相郑清之帮助。林希逸初在中书省任职时，郑清之任经筵讲官，笔者推测，期间郑清之应在多方面对林希逸有所教诲，下文有详论，因而在郑清之逝世后，林希逸回忆说自己是安晚门人。刘克庄仕途多有起伏，与郑清之的关系密切而繁杂，多次得郑清之指点提携与挺身美言，林希逸在《后村刘公状》中有详细记载，闻安晚去世后，刘克庄"旅哭甚哀"，可见感情之深，并说"吾不忘知己之旧"，"安晚实知我"。这也是林刘二人在政治上走近的重要缘由。

二 学问上互相切磋

（一）诗文唱和

翻开二人文集，林刘二人唱和的诗文，俯拾皆是。有和对方的，借对方韵作的，次对方韵作的等。这些诗文发生在多种场合，多种情形中。

林希逸所和刘克庄的诗文。此类诗歌数目众多，仅举数例，如：《和后村忆昔（二首）》《和后村口占一首》《和后村唐衣二首》《和后村记颜一首》《和后村漫兴一首》《和后村二首》《和后村三绝句》《和后村答空青韵》《和后村韵赠砚士方生》《赠周医主簿和后村诗》《后村再和堂字二首》《且云欲谢遣孤月一意祈天用韵为谢（医者号孤月)》《再和效颦一首寄后村》《三和鞯字二首寄后村》《和披字寄后村》《读太白诗一首和竹

---

① 刘克庄撰，王蓉贵、向以鲜校点，刁忠民审定：《后村先生大全集》，四川大学出版社2008年版，第1720页。

② 同上书，第1836页。

③ 同上书，第3135页。

溪》《得乐谢竹溪一首》等。

林希逸也写了不少"用后村韵"的诗词，如：《送徐仓用后村韵》《别莆阳郡斋张文学归建安用后村韵》《送岭口仓季高兄用后村韵》《送严陵教方汝楫用后村韵》《和后村书牕韵四首》《和后村韵二首奉寄府判真司令》《送建宁倅林太博用后村韵二首》《和后村问讯水南失约二首》。刘克庄因故赋诗后，会邀请林希逸也同样赋诗，如林希逸《后村为李教赋诗且以索和辄课二首》就是在这种情形下写就的。

刘克庄所和林希逸的诗文。相比林希逸，刘克庄此类诗文数量不胜枚举，如：《转调二郎神·余生日林农卿赠此词终篇押一韵效颦一首》，题目明白的表示写作缘由，此处林农卿即林希逸，此词推断应作于景定三年秋，① 之后还继续写作和词四首。还有《沁园春·和林卿韵》共计十首，"皆在丙寅作"②。

刘克庄也写作不少"用林卿韵"的词，如《烛影摇红》、《次韵竹溪一首》、《□□□□次韵竹溪》、《次韵竹溪》、《再次竹溪韵三首》、《方具免牍走笔次竹溪中书韵》、《次朔斋肃翁两中书韵铁题笔堂》、《次韵竹溪中书重修县桥二首》、《次竹溪所和薛明府镜中我诗三首》、《和竹溪三诗三首》、《竹溪和予喜大渊至二诗复叠前韵》、《和竹溪披字韵》四首、《竹溪中书评余近诗发药甚多次韵八首》、《次竹溪韵跋志仁工部柞木诗二首》、《次竹溪别后见怀韵》、《次韵竹溪题达卿后坡》、《竹溪以余得第七孙惠诗次韵一首》、《再次竹溪韵》、《生日和竹溪四首》、《次韵竹溪》、《□□□□次竹溪韵》、《次韵竹溪一首》等。他还为林希逸诗作跋，如《借韵跋林肃翁省题诗》等。

佛门唱和诗文。林刘二人与佛学皆有深缘，这一点浓郁的体现在他们的诗文作品中，在二人的唱和诗文中，也可屡屡看到。如刘克庄写有《顷静慈伦老将示寂以其师无准塔铭见属后三年竹溪中书君以诗速铭次韵一首》《和竹溪怀樗庵四首》等。二人通过这些诗歌以文会友，沟通交流。

（二）切磋书艺

明代陶宗仪编写的《书史会要》中，搜罗了众多汉魏以来善书法之

---

① 刘克庄撰，钱仲联校注：《后村词笺注》，上海古籍出版社1980年版，第137页。

② 同上书，第173页。

人，其中说刘克庄"书迹亦佳"，① 说林希逸"能书，子泳亦能篆"。② 这一共同爱好，给两人交往增添了不少乐趣。

刘克庄为林希逸书法作品写题跋。刘克庄曾作《林竹溪褉帖》③，共计三首：题《断石本》、《定武本》、《三段石本》。其中，他说希逸所藏断石本极其珍贵，要林希逸"十五城"都不要轻易换。说定武本"去断石本远矣"。后又有 17 篇《跋林竹溪书画》④，分别是为 17 副书画所作的跋，其中提到"竹溪方当驾天厩之飞黄，行绿槐之御路，顾宝惜戴、厉二画，嗜好如此"，可见林希逸对书画之痴迷沉醉。

刘克庄对于书画也是同样入迷。《南宋书法史》提到刘克庄"为挚友林希逸……所藏书画碑帖所作"的 12 条题跋，"其中既有针对《兰亭》石本所作，也有唐人王维、戴嵩、韩干的名画和宋人米芾的法书"⑤。刘克庄还在《戊辰生日回林中书启》⑥ 中勉励林希逸"红气亘天，永作米家书画船之宝"。可知他对书法的兴趣亦甚为浓厚。

一起欣赏书作。刘克庄所作《竹溪所藏方次云与夹漈帖》⑦ 文末注明："咸淳乙丑九月，与竹溪会于海月堂，窃观墨本，因题其后。"可知此次会面缘由即是观赏书法作品。

其他人欲向刘克庄求诗，也会通过林希逸。刘克庄亦欣然应允，如作《船子和尚遗迹在华亭朱泾之间圭上人即其所诛茅名西亭精舍介竹溪求诗于余寄题三绝》。可以想见也有不少时人了解二人之深厚关系。

（三）探讨文论

刘克庄评林希逸"吟必韦柳，文必昌黎"。两位当世文学大家，在一起自然会"论文缕入，析理机玄"。他们深入探讨文艺，各陈道理，剖析其中的玄机，"有瑕必摘，靡精不研"。能够直接指陈瑕疵的朋友，关系必

---

① 陶宗仪：《书史会要》，上海书店 1984 年版，第 291 页。
② 同上书，第 298 页。
③ 刘克庄撰，王蓉贵、向以鲜校点，刁忠民审定：《后村先生大全集》，四川大学出版社 2008 年版，第 2637—2638 页。
④ 同上书，第 2639—2651 页。
⑤ 方爱龙：《南宋书法史》，上海古籍出版社 2008 年版，第 371 页。
⑥ 刘克庄撰，王蓉贵、向以鲜校点，刁忠民审定：《后村先生大全集》，四川大学出版社 2008 年版，第 3254 页。
⑦ 同上书，第 2869 页。

然非比寻常，正如林希逸所言"休戚同焉"。刘克庄对诗歌品评多有创见，有《后村诗话》传世，对于林希逸的诗歌品评理无意外。总体上，他对林希逸诗文多是赞美，并自认不及。在《题竹溪近稿二首》中，刘克庄说林希逸诗作"□□字字费精研"，"曾是呕心多警语，或疑枕膝有奇传"，说自己"欲往从之翅羽短，碧天无际海连空"①。在《读竹溪诗一首》② 中说自己对于林希逸的诗作"不敢匆匆看，晴窗几绝编。参它少陵髓，饶得弈秋先。友愿低头拜，师曾枕膝传。已将牌印子，牒过竹溪边"。他看林希逸的诗歌都到了要韦编三绝的境界，而且不只是三绝，而是多到已经不知道有几绝了，可见他痴迷的程度之深。作为朋友，他愿意对林希逸的诗歌低头崇拜，且云有众多人都自愧不如，愿将礼部授予的代表职位的牌印主动交给林希逸，以示尊服。在咸淳三年丁卯（1267）刘希逸生日时回《林中书》③ 中，说林希逸诗"老笔森严，占断紫薇花之样"，在格局上"既备大宗师之全体，亦工《小石调》之新腔。慷慨高情，光华初度"。刘克庄对于朋友佳作毫无忌妒，且谦逊诚挚的肯定，令人至今读来动容。

刘克庄曾因林希逸的称赞，而一次作诗五十首，这就是他的"竹溪直院盛称起予草堂诗之善，暇日览之多有可恨者，因效颦作五十首，亦前人广骚反骚之意，内二十九首用旧题，唯"岁寒知松柏"，"被褐怀珠玉"三首效山谷，余十八首别命题，或追录少作，并存于卷，以训童蒙④。"可知，林希逸曾对刘克庄所做"草堂诗"多有称赞，刘克庄感激不尽而作，由此可见刘克庄对于林希逸的态度之重视与珍惜。对此，林希逸作《再和磨字韵谢后村以余评新槁见寄》诗表谢。

关心彼此书稿刊行。首先看刘克庄对林希逸文集的关心，刘克庄曾为林希逸《竹溪集》⑤ 作序，首句即说"始余见竹溪诗而爱之"，因为林希逸诗"锻炼攻苦而音节谐鬯，边幅宽余而经纬丽密"。他慨叹于林希逸多年来一直追求不止，说自古文人"以壮老为锐惰"，江郎才尽的事情多发生于中老年，然而，林希逸却"老气盛于壮"，在"显融"以后依然用心

---

① 刘克庄撰，王蓉贵、向以鲜校点，刁忠民审定：《后村先生大全集》，四川大学出版社2008 年版，第 853 页。

② 同上书，第 459 页。

③ 同上书，第 3243 页。

④ 同上书，第 755—772 页。

⑤ 同上书，第 2486—2487 页。

良苦，能聚古今之菁华英气，不断追求书法艺术上各体的更高境界，至于"书不虞褚、吟不韦柳、文不昌黎艾轩不止也"。在刘克庄看来，书法作品上，虞世南、褚遂良的书法也是盛极一时，他们俩的风格，是林希逸书法的典范；唐代的文人都能作诗，其中"柳尤高"（刘克庄《竹溪诗序》），作为文人，林希逸的诗歌正是以柳宗元、韦苏州为标准的；在文论上，韩昌黎自然是唐代赫赫的有名者，而林希逸的文，正是以昌黎之文为模板的。这算是对于林希逸文艺精神的一个总体的概括。因为有这样高的要求，所以他说林希逸"旆厦之文精粹，典册之文华润，金石之文古雅，义理之文确切"。刘克庄对林希逸的不吝赞扬，谦卑服善，一次次地打动着读者。

刘克庄在对《竹溪诗》① 所作序中，其中对林希逸的诗歌风格，以及师门传承作了简介，刘克庄对于林希逸诗歌风格，有著名论断："诗比其师，槁干中含华滋，萧散中藏严密，窘狭中见纡徐。"在文末，刘克庄再次感慨："晚见竹溪之诗，叹曰：吾诗可结局矣。"处处显出对林希逸诗歌的推崇。

林希逸对刘克庄文集刊行亦甚为关心。在《后村集序》中，林希逸详陈了二人相识之过程，且"尽得公所藏，刊之郡斋，且连月讽咏不去手"②，并赞刘克庄："天禀迥殊，学力深到，何其多能哉！诗虽会众作而自为一宗，文不主一家而兼备众体。摹写之笔工妙，援据之论精详。其错综也严，其兴寄也远。或春容而多态，或峭拔以为奇。融贯古今，自入炉鞴。有《穀梁》之洁，而寓《离骚》之幽；有相如之丽，而得退之之正。霜明玉莹，虎跃龙骧，闳肆瑰奇，超迈特立。千载而下，必与欧、梅六子并行，当为中兴一大家数也。"这段话很用心的评价了刘克庄的诗文成就，对仗工整，行文流畅，语言摇曳多姿，意境层层变幻，读来平仄和谐，令人击节称叹，堪称美文。

咸淳六年（1270），林希逸应刘克庄之托，阅读其大全集书稿，林希逸作《后村先生大全集序》③，其中陈述了刘克庄书稿在当时受到"四方

---

① 刘克庄撰，王蓉贵、向以鲜校点，刁忠民审定：《后村先生大全集》，四川大学出版社2008 年版，第 2438 页。

② 曾枣庄、刘琳：《全宋文》卷 7732，上海辞书出版社 2006 年版，第 341 页。

③ 刘克庄撰，王蓉贵、向以鲜校点，刁忠民审定：《后村先生大全集》，四川大学出版社2008 年版，第 1 页。

之士""争得录之"的情形。同时，由刘克庄的一篇示谢《温陵诸贤接刊拙稿竹溪直院有噪诗助戏和一首》①中可知，林希逸对刘克庄的书稿刊行情况，尤为关心，并作诗鼓与呼。在林同作《竹溪鬳斋十一稿续集序》中，提到后村第一集六十卷之刊行，由林希逸"卷资其费"，直接出资刊行，这种关心就是实实在在的践行了。

三 生活中互相参与

（一）互祝生日

除去一些利益之交，朋友之间，只有真的好到了一定程度，才会年年记得对方生辰，并及时发去祝福。翻检二人文集会发现，在林希逸的生日回启中，刘克庄是回的较多的一位，在林希逸所祝福生日的人中，刘克庄是第一位。

林希逸所写与刘克庄相关之生日诗词。如《贺后村生日庆八十》《再和前韵谢后村惠生日词》《贺后村八十札》《甲子回生日启后村》《丙寅回生日启后村》《戊辰回生日启刘后村》等。在《丁卯回生日启刘后村》中，林希逸祝福刘克庄"殿两朝诸老而留，寿同柱史"，希望刘克庄"暂葆光明于昼眼，不妨游戏于文心"，这样利于身体康健。

刘克庄所写与林希逸相关之生日诗词。如《鹊桥仙·林卿生日》："一封奏御，九重知已，不假吹嘘送上。从今稳稳到蓬莱，三万里没些风浪。臣年虽老，臣卿尚少，一片丹心葵向。何须远比马宾王，且做取本朝种放。"② 这首词推测作于景定四年（1263），林希逸自司农少卿擢少蓬之时。刘克庄不加吹嘘的认为林希逸是他九重天里的知己，可见相交之笃厚、之如意。

另有《最高楼·林中书生日》："金闺彦，荷蒉过山前，把钓坐溪边。呼来每得天颜笑，放归犹作地行仙。尽教人，瞋避俗，谤逃禅。且缄了淳夫三昧口，更袖了坡公三制手。宁殿后，不争先。小于卫武二十岁，大于绛老两三年。这高名，并上寿，几人全？"③ 其中对于林希逸不争先的宽阔

---

① 刘克庄撰，王蓉贵、向以鲜校点，刁忠民审定：《后村先生大全集》，四川大学出版社2008年版，第753页。

② 刘克庄撰，钱仲联校注：《后村词笺注》，上海古籍出版社1980年版，第204页。

③ 同上书，第309页。

气度与高名，表示由衷的羡慕。

（二）互相牵挂

诗文诉思念。在二人分别的日子，刘克庄时刻关心着林希逸，不仅作《次竹溪别后见怀韵》《简竹溪二首》等诗诉离后情绪，自己也欲如叔夜之相思命驾而去找林希逸，然而不得，于是他用诸多实际行动实践着对林希逸的关心。老病中的刘克庄，依然痴痴惦记着林希逸，在《老病六言十首呈竹溪》中写道自己耳不聪、眼不明、齿碎落、鼻不灵、腿不活，读来令人叹惋唏嘘。即便年迈老弱，也未见得人们会随意在他人面前展示自己的无力与软弱，非一般关系方能听到此无奈心声。林希逸则情感比较隐晦，不轻易表露，他对刘克庄诗写有和诗，也是六言十首，刘克庄亦再作《竹溪再和余亦再作》，林希逸另有《怀后村作》，倾诉了对刘克庄情感的依赖和想念。

关心日常饮食起居。刘克庄喜欢吃荔枝，他多次赠新鲜甜美的荔枝给林希逸，林希逸曾作诗表谢，如《后村先生再寄新出名荔赋谢一首》《和前韵谢后村饷甘露团荔子一首》。刘克庄为林希逸的书斋专写诗一首《寄题竹溪平远轩》，表明想去轩中作客，"并欲传公《道德经》"，此处《道德经》即指林希逸注《老子鬳斋口义》。

一起吃饭喝酒，频率较高。《林卿劝开酒禁次韵一首》中，他们一起吃槟榔以至于沉醉，另有《林卿见仿食槟榔而醉明日示诗次韵一首》《次林卿槟榔韵二首》《四和林卿槟榔韵一首》，表明二人均喜食槟榔，且以此为乐。

关注健康。刘克庄致仕后患有眼疾，闲暇时间较多，《沁园春·寄竹溪》云："书尺里，但平安二字，多少深长。溪翁苦未相忘。我今有双鱼烦寄将。道荒芜羞对，宫中莲烛，昏花难映，阁上藜光。闻庙瑟音，识关雎乱，诗学专门尽不妨。"他说自己现在生活原则是但求平安。"平安二字，多少深长"，既有自己对生活的准则和期许，也有对林希逸的关心和建议，希望林希逸不要忘了他，这其中已经有很深的个人情感在里面了，意犹未尽，只恨言语浅，不如人意深。刘克庄患有眼疾后，林希逸甚为担心，他作诗以表忧虑，《问讯后村目眚》云："赤眚因何久未除，客来多为荔分疏。苦云牛背寒光减，病在蝇头细字书。老学常时资共订，诗筒两月顿成虚。人间未有医龙手，梦索仙翁拟访渠。"如果人间有妙医圣手，林希逸大概一定会去拜访，请来帮助医治刘克庄的眼疾。林希逸曾患痔疾，牙齿也痛，刘克庄写《竹溪痔后齿痛小诗问讯》，表达自己的关心。

一起出游。二人经常相约，林希逸谓"旧游历历天南北"，有时对方也会有约不至，对此，林希逸深感失落，如《诸侄约至黄檗因思前岁刘朔斋同宿约后村不至慨然有感》，并表达自己小小的嗔怒"日者共游因朔老，期而不至有樗翁"，又如《雨中怀后村石塘之约爽矣》，表达自己对与刘克庄同游的期待："大寒不出空回首，何日同观濠上鱼。"二人出游时曾夜宿长谈，刘克庄作《与林中书李礼部同宿襄山三首》说他们"三儒夜话俱忘寝"。

由以上生活中的往来可以看到，林刘二人，一起回忆过去，一起休闲消遣，互相鼓励支持，一起面对生活中的困难。

（三）关心家人

关心子女成长。林希逸长子林泳，"字大渊，自号长斋，又号弓寮，福清人，宝祐元年进士，出宰安溪"①，是刘克庄的门生，② 刘克庄对林泳甚为关心，刘克庄写《喜大渊至二首》，林希逸很感动，他回《和后村喜大渊至二首》以谢，刘克庄再回《竹溪和予喜大渊至二诗复叠前韵》③，道"蝉嘶未必不知音"，表明对大渊的信任和期望。在与大渊分别的日子，刘克庄写十首诗问大渊何时来拜访他，即《和除字韵问大渊来期》④，同时他还作《别后寄大渊二首》⑤ 以表离别后的挂念："定知别后尤精进，寻得轩皇所失珠。"表示对大渊的想念，和刻苦学习并取得进步与收获的寄望。大概是因为林希逸的缘故，刘克庄很喜欢大渊，他对大渊抱有既深且大的期望，很用心的指导大渊，在大渊去拜访他时，很开心地与大渊"晓漏闻钟犹共话，雪泥蹑屐每相寻"⑥，与大渊秉烛夜谈至拂晓，交谈甚欢，

① 昌彼得、王德毅、程元敏、侯俊德编，王德毅增订：《宋人传记资料索引》，中华书局1988年版，第1340页。

② 黄宗羲撰，全祖望补，王梓材、冯云濠补遗，何绍基校：《宋元学案》，世界书局1966年版。

③ 刘克庄撰，王蓉贵、向以鲜校点，刁忠民审定：《后村先生大全集》，四川大学出版社2008年版，第1146页。

④ 同上书，第1072—1076页。

⑤ 同上书，第1145页。

⑥ 同上书，第1142页。

交流所得即便如飞鸿踏雪泥般即刻消失，但也是一样的探讨着世界的奥妙。林泳有小孩后，刘克庄立即写诗以贺，为此林希逸回《泳得男再蒙后村先生和除字见寄戏和一首》以谢。大渊患痔疮，刘克庄专门去信慰问。大渊去安溪上任，刘克庄写《送林大渊赴安溪》相勉。大渊有文集刊行，刘克庄写《林大渊文稿序》等。刘克庄对大渊的关心，不仅是作为学习和人生方面的恩师，也是生活中的亲人和朋友。

林希逸对刘克庄的小孩也很关心，他说"公子吾子，如一家然"。这种感情，成年人是很容易体会的，别人对自己的孩子好，开始一般都是出于对自己好，因为这种朋友的感情而爱屋及乌，随着朋友间关系的深厚，对孩子的关注也会日渐深厚，即便是期间对孩子有一些不悦，也会视如己出一样原谅他，并悉心指教，假以时日，与朋友的孩子也就自然滋生了新的情感。但这种情感依然多半是以与朋友的关系为基础的。刘克庄对大渊的指导，正是对林希逸感情的投射，这必然让林希逸深深感激。

关心子嗣承继。古人对子嗣非常重视，如林希逸所言"产有万金谁敌此，他山何羡器车银"。林希逸一生有三子三女，在其中一个女儿出生后，刘克庄写有《沁园春·十和林卿得女》，说"莫信人言，虺不如熊，瓦不如璋。为孟坚补史，班昭才学；中郎传业，蔡琰词章。尽洗铅华，亦无璎珞，犹带旃檀国里香"①。他第一句就明白的表示不要相信别人所说的女不如男，并举出班昭、蔡琰、谢道韫这样有风流才华的女子，说林希逸之女以后一定会如她们一样光彩照人，到孙辈皆光辉腾达的时候，林希逸还没老呢，如此表达对林希逸的安慰。

在刘克庄第七个孙子出生时，林希逸写《贺后村得第七孙》以贺，刘克庄回《竹溪以余得第七孙惠诗次韵一首》，林希逸回《再贺后村得孙韵》，刘克庄再回《再次竹溪韵》。这种诗文往来是快乐的。

林希逸生活中另一个好朋友林寒斋，是刘克庄妻子的兄长。这种千丝万缕的关系，已经深入到生活的方方面面，每一个方面，都牵引着两人走得更近。

（四）林希逸对刘克庄逝后深深的怀念

引为"知音"。在刘克庄生前，林希逸说："后村已病赓吟少，纵有牙

---

① 刘克庄撰，钱仲联校注：《后村词笺注》，上海古籍出版社1980年版，第188页。

弦孰与听。"即视其为自己仅有的知音。刘克庄逝后，林希逸作了许多怀念之文，在《悼刘主簿》中云，听到噩耗时，他泪洒如泉："忽传哀讣泪难禁，忆在樗庵别至今。遗迹几何留子墨，知音多是惜人琴。汝身汝伯相为命，一死一生尤痛心。幸是栖鸾本无意，遽令题墓向空林。"知音不在，无人惜琴，相依为命的二人，现在阴阳两隔，唯有心痛。这种情感上的、精神上的创伤，必然是无人可以替代，无力可以安慰，几百年后，依然能感受到那种揪心的难过。

高度评价。在《次韵方持叟见寄一首因悼后村》《挽后村五首》中，有诸多对刘克庄的评价："两朝名法从，一世大宗工"，"词源泉万斛，笔欲挽天河，诗比欧韩密，文追汉晋多。一生名皎皎，四入鬓幡幡"。有对刘克庄的留恋与怀念："九十非为寿，天胡夺此翁"，"忍使斯文丧，凭谁问老天"，"忆曾同宿处，说到未生前"。在《祭文·后村刘尚书》中，林希逸对刘克庄做了很高的评价："梁倾岳摧，龙亡虎逝。呜呼，天其丧斯文乎！国不遗一老乎！四方之士何所就正乎？吾党之友何所问业乎？光争日月之文，仅止三百卷乎？幽泣鬼神之诗，不许足万首乎？斗南文星，其陨而为石乎？壶公玉色，其怆如岷峨乎？公于先皇，受知殊特。锡第以宝跗，序文以奎画。其感恩而从于地下乎？"此文中，林希逸说他从刘克庄游"近四十年"，彼此的唱和诗文，都不知有几箧几编，与刘克庄的"平生相与，似有宿缘"，在《后村墓祭》中，说"惟我于公，情同骨肉"。二人论文析理，有瑕必摘，既是挚友，又是直友，谅友，多闻友。

撰写行状。更重要的是，在刘克庄去世后，林希逸作了著名的《宋龙图阁学士赠银青光禄大夫侍读尚书后村刘公状》，这成为后人了解刘克庄生平的最重要史料。只有很熟悉的人，才能写出行状，也只有很受信赖的人，才会去写行状，足见刘克庄对林希逸之仰仗，林希逸对刘克庄之欣赏。细读这篇行状，记载翔实，笔法老道，句式铿锵顿挫，文字优美，很有乐感，每一个字，每一句话，都经过细细打磨，都饱含着情谊，令后人感佩。行状中云，刘克庄逝后，林希逸代刘克庄上遗奏，即《代后村遗表》，并请谥号，二人之情，无可言表。

林刘二人相交甚笃之其他原因。一是道出同门。林希逸比刘克庄小七岁，也算是同龄人。《闽南道学源流》记载林希逸："师事陈藻，藻之学出于林亦之，亦之出于林光朝，其授受有源委。"① 《闽中理学渊源考》记载林亦之的老师曾"师事艾轩三十余年"②；刘克庄的父亲刘夙，也曾师事林艾轩，并得其传。③ 在比较看重师门渊源的宋代，这是将林刘二人连接在一起的重要渠道。二是所居较近，方便往来，生活习惯、习俗也比较相似，给交往提供了方便。三是气味相投。二人均是重名节、正直、刚介之士，同声相应，同气相求，一样声气的人自然互相吸引。

林希逸和刘克庄，是南宋末文人的典型代表，堪称南宋末文化领袖。刘克庄在文学领域的地位首屈一指，他对林希逸十分佩服，不仅文学造诣，林希逸在老学、庄学、理学方面的见解，在当时也无人能及，二人仕途上都是朝廷高官，交往的领域覆盖生活的多个方面，以生活、艺术、文化方面为主，政治色彩相对淡薄，期间贯穿着深厚的情感，这种情感不仅表现在对艺术的共同爱好，对文化活动的热心，还表现在对彼此生活和家人的关心。

林刘二人的交往，从二人当时所处社会地位讲，比较高端，下面，我们从相对社会地位较低的层面上，以林希逸与其他一般文人雅士的交游为中心，来考察南宋末文人文化生活的各种情况。

第二节　南宋文人的文化生活——
林希逸与文人雅士的交游

从南宋的兵力布局来说，"为了防止金和蒙（元）的入侵。南宋政府把主要军事力量集中到了两淮、荆襄和川陕前线，内地兵力相对显得薄弱"④，这样，便会造成"江南特别是福建、江西、湖南、两广地区兵力空虚"⑤，所以农民起义"以发生在长江以南，特别是两浙、福建、江西和两

---

①　杨应诏：《闽南道学源流》，四库全书存目丛书，齐鲁书社 1996 年版。
②　李清馥：《闽中理学渊源考》，凤凰出版社 2011 年版，第 136 页。
③　同上书，第 140 页。
④　何忠礼：《南宋政治史》，人民出版社 2008 年版，第 371 页。
⑤　同上书，第 372 页。

广居多"①。由此可以判断，福建路在南宋初期、中期，甚至是在蒙古大举灭宋以前，都比较少受到对外大型战乱干扰，不时会有小型的农民起义，破坏力有限，所以，福建路整体上社会生活诸方面较少受到战争的影响。也就是说，"南宋立国一个半世纪以上，虽然沿边不时有战争发生，政治也谈不上清明，但在其统治的主要地区，即两浙、江东西、福建、两广和湖南等路，在大部分时间里，都处于和平、稳定的环境之中，才使社会经济和科技文化等方面取得了显著的进步"②。尤其是闽东沿海一带，其经济崛起速度快，发展蓬勃，实际日常生活与杭州相比不相上下，在杭州那种"华靡、奢侈之风的熏染下，苟且偷安的习气也像瘟疫一般扩散开来"③。至于为何人们在不时传来的战场上的厮杀声中还能够尽情享乐，能够忽视或者不那么在意有可能亡国的这个可能，在此无法展开讨论，我们只知道"尽管宋代时期烽火不断，尽管蒙古人于 13 世纪中叶已占领了四川，而且这些蛮族的入侵已波及长江中游的诸城镇，但军事事务仍然并非士大夫们的主要焦点问题。在一个版图如此广阔的帝国中，入侵的势力只能造成有限的破坏，而且像仅仅波及到城乡老百姓的战争那样并不经常带来恐怖"④⑤。士大夫阶层依旧进行着政治斗争，迎来送往。《马可波罗行纪》记载 1290 年前后的福州："有足供娱乐之美丽园囿甚多。此城美丽，布置既佳，凡生活必需之物皆饶，而价甚贱。"⑥ 可知当时福州物质充裕，人们生活比较安定。政治的安定，文化的奢靡，经济的发展等方面的实际情况，是士人之间频繁往来的重要条件。

翻检林希逸的《竹溪鬳斋十一稿续集》，各类《竹溪诗选》，南宋末大文人刘克庄的全集，以及当时福州、莆田诸多文人小集，如刘翼、林合等，有名或是未名的众多当地文人小集，如陈起编辑的《江湖小集》《江

---

① 何忠礼：《南宋政治史》，人民出版社 2008 年版，第 370 页。
② 同上书，第 452 页。
③ 朱汉民：《中国思想学说史·宋元卷》，广西师范大学出版社 2008 年版，第 39 页。
④ ［法］谢和耐：《蒙元入侵前夜的中国日常生活》，刘东译，江苏人民出版社 1995 年版，第 449 页。
⑤ Jacques Gernet：*Daily Life in China：on the Eve of the Mongol Invasion*1250 - 1276，Stanford，California：Stanford University Press1970 年版，第 73 页。
⑥ ［意］马可·波罗著，冯承钧译：《马可波罗行纪》，上海书店出版社 2006 年版，第 350 页。

湖后集》，汲古阁影宋版《南宋六十家小集》等，都能看到其中有大量能体现当时文人生活的诗文作品。在其中较少发现因受到战乱影响，而发出如辛弃疾那样希望边防胜利的呼喊。林希逸作为南宋末的著名文人士大夫，他与众多文人雅士的各种交往，基本可以代表南宋末文人的文化生活。本节以林希逸为中心，对此予以考察，其交游情况可分为几种类型：以文会友，游乐互访，撰写序跋题记，缅怀逝世友人。

一　以文会友

以文会友大概是文人最擅长也最乐于为之的，在历朝历代，这样的往来都受到文人学者的欢迎，是文人情感、生活、文笔的展现，也因之创作出更多的文学作品与文化来。

（一）彼此唱和

诗文唱和在古代士人生活中司空见惯，林希逸有很多和诗，如：《和一隐堂（义江陈吏部)》《和吴帅古灵祠堂韵》《和元思朋微韵二首》《和王矅轩旧题紫阁寺诗》《用韵和黄兄老》《四和澜字三首谢赵工部》《和王此山午寄虹字韵一首》《和赵春谷南溪双莲二绝》《和平父游紫霄韵》《和山中后社韵一首》等，不胜枚举。也有寄给对方的诗，如《寄林寒斋》。不仅林希逸如此，那时的文人多是如此，在《后村先生大全集》中，刘克庄所写和诗数量众多，俯拾即是。刘翼的《心游摘稿》中有《答林昌宗诗荃韵》等。随便翻开当时文人小集，都可见到彼此唱和之诗文，不必赘举。古代通讯不发达，则人们之间之信息往来远不如今日便捷，人们联系的方式有限，表达感情的方式有限，若非相邻居住，人们多数时候会选择通过文字传递信息。文人之间唱和，既是友好、礼貌的体现，也有互相追逐，加深关系的含义。

（二）赠诗表意

1. 送行。一是送朋友远行，这类诗尤其多，如：《送徐咨议缌管》《送建宁倅林太博用后村韵二首》《送陈莆田》《送徐仓用后村韵》《送刘漳倅》《送方岩尹到省》《送方汝则西上》《送刘兄西上》《送林少嘉西上》《送吴子谦西上》《送戴兄西上》《送王税院西上》《送林汝大西上》《送陈清夫西上》《送林毅夫西上》《送余兄西上》《送蔡弥坚西上》《送陈伯厚试上庠》《送赵兴化》《送林帅参》《送刘元思倅三山》。

二是送友人赴外地任职，如：《送三文书院陈上舍入京》《送用和刘推官入京班改》《送吴司户之任》《送丘进道入京》《送新饶州陈教授外任》。此类诗歌很多，牵扯到的人也多。

2. 庆生。指互相庆贺生日，诗作"回某人启"，正是和对方在自己生日时发来的诗的诗，数目众多，牵扯的人数也众多，如林希逸曾回生日启给：林式之，叶忠正，林钟，方晋，刘肩吾，丘应甲，赵宗溥，刘翼，刘士仰，刘达卿，黄君遇，方持叟，刘智翁等。类似回启，基本都见于《续集》中，因《续集》刊出时林希逸已 76 岁，官职也较高，所以往来人际较为稠密，会收到较多祝贺生日之诗文。而在各个小集所辑的《竹溪诗选》中，类似回启并未见到，那时林希逸官职低微，想攀附往来者也较少，既收不到贺诗，也自然不需要回诗。在每年庆生回启中，均可见到如下二人。

林同，字子真，别号空斋①，福清人②，林公遇之子，有《孝诗》一卷。《宋史·林空斋传》记载："益王立，张世杰围泉州，乃率乡人黄必大、刘全祖即其家开忠义局，起义兵，复永福县。时王积翁以福安送世杰，然实密约北兵。兵至，屠永福，必大、全祖等走它邑。空斋盛服坐堂上，啮指血书壁云：'生为忠义臣，死为忠义鬼。草间虽可活，吾不忍为尔。诸君何为者，自古皆有死。'俄见执，不屈而死。"《福清县志·人物志·忠烈》③《八闽通志·人物志》④ 也载有其事，刘全祖是林同的妹夫，林刘二人在林同家中设忠义局，后宋帝以刘全祖为福建招抚使，景炎元年事情败露，刘全祖劝林同一起逃走他乡，林同曰"吾宅业名忠义"，然后着盛服坐而待毙。可见林同性情之刚烈，思想之忠诚。林同问学于林希逸，《续集》中有林希逸与其唱和诗七首，林希逸为林同的文集《人身倡

① 福建省福清县志编纂委员会整理，据乾隆饶安鼎、邵应龙修，乾隆林昂、李修卿纂：《福清县志》，作："号空齐"，疑误。

② 《宋史》卷 452《林空斋传》，中华书局 1982 年版，第 13309 页，作："林空斋，永福人，失其名，父同，官至监丞。"疑误。

③ 福建省福清县志编纂委员会整理：《福清县志》，据乾隆饶安鼎、邵应龙修，乾隆林昂、李修卿纂整理，1987 年版，第 504—505 页。

④ 福建省地方志编纂委员会旧志整理组，福建省图书馆特藏部整理，黄仲昭修纂：《八闽通志（下）》，福建人民出版社 1991 年版，第 476—477 页。

酬集》撰文《题子真人身倡酬集》。

林合，字子常，林公遇之子，林同之弟，《福清县志·人物志·隐逸》说林合"有隐操"。① 他种植梅花数百株，结庐于小孤山，与兄林同爱敬和睦，有《小孤山人集》行世。问学于林希逸，《续集》中有林希逸与其唱和诗六首。《林君合诗四六跋》，是林希逸为林合所作的四六诗集所撰。到林希逸晚年，每逢林希逸生辰，林氏兄弟皆去礼以贺，令林希逸常能"饮君家之酒"，作为晚辈，也算是情深意长了。

3. 论文。指与朋友谈论作文、作诗之道，文人甚乐于此，如林希逸云"君去鸣琴曾别饮，我期煨芋更论诗"。《竹溪十一稿诗选》中有《用韵答友人论诗》《答友人论学》②，《续集》中有《与友人论文偶作》，其中林希逸与朋友分享自己的读书之苦和感受：

> 坡翁好语嗟难读，介甫新经苦尚同。举世笑时韩自喜，无人爱处陆云工。
>
> 能奇却怕翻空病，得妙还须苦学功。旦暮烟霞千百态，伊谁巧似老天公。

诗云苏轼的文章语言很好，却很难读懂，王安石的《三经新义》读起来也差不多一样的辛苦，在大家都认为读懂的时候，独有韩愈一人知道自己是真的读懂了而内心喜悦，韩愈提出作文要文道合一、气盛言宜，才能出奇制胜，否则就容易给人留下很空洞的印象，陆游曾说作诗的功夫在诗外，指如果想要写出精彩的文章，需要在生活中下苦功夫，谁也不能像老天公那样，任意云卷云舒的在空中谱写出早晚各异的百态烟霞。

在另一篇与朋友《论文有感》中，林希逸视野更为宽阔和宏观：

> 纷纷见解何差别，豪杰还须间世生。识在雷从起处起，文如泉但行当行。

---

① 福建省福清县志编纂委员会整理：《福清县志》，据乾隆饶安鼎、邵应龙修，乾隆林昂、李修卿纂《福清县志》整理，1987 年版，第 599 页。
② 林希逸：《竹溪十一稿诗选》，汲古阁景宋抄群贤六十家小集，群碧楼藏本。

均为千载无双士，莫问三苏与二程。丹井红泉南谷老，似渠宗旨
更难明。

文中似乎有一丝疲惫，但又依然有豪迈之心未退，这世间各种见解扰
扰纷纷，从北宋开始争论不休，各家各持己见，甚至于为朋为党，也因之
招来祸端，过几十年甚至上百年看，这纷纷见解有什么差别？真正的豪杰
需要隔几世才出生一个。人的见识非常重要，就像电闪雷鸣，对人有指导
性的意义，文章呢，要写的如泉水，清澈当行。大家都是千载以来罕见的
高人，不管是苏洵、苏轼、苏辙，还是程颐、程颢，在林希逸看来，红泉
书院的老师所教宗旨，倒是更难理解的。

4. 贺喜。凡朋友有中举、晋升、得子孙等喜事，文人们必互相诗文祝
贺。约有三类：贺朋友中举。如《和洪帅燕新进士（正月八日）》：

涂抹年深满鬓星，招呼愧莫篚宾荣。龙门客趁新正宴，鹏路人看
第一程。

七字如珠真好语，诸贤自玉要修名。樽前况有师模在，学得阳岩
是德成。

《续集》中共有与洪天锡往来诗文三篇，另两篇是《贺洪福帅札》
《回洪帅》。洪天锡（1202—1267），字君畴，号裕昆，又名阳岩，泉州人，
南宋理宗宝庆二年（1226）举进士，历任潭州知州、福建安抚使、工部侍
郎、刑部尚书、端明殿学士等。从诗文中看，二人熟识，但关系不算亲
密。洪天锡与刘克庄往来密切，刘克庄逝后，洪天锡作有《后村先生墓志
铭》。

贺朋友晋升。如《贺陈提刑兼泉州》中，寄望朋友"传止斋涵古茹今
之学，推濂溪洗冤泽物之心。平反之笔春和，廉按之章霜凛。即使星之躔
次，专佛地之拊摩。森戟凝香，竚见藩条之肃；连樯接舳，抑令缲市之
通。雍容荷禁之归，迓续芝纶之至。"这首诗中推许周敦颐的为官之道，
据《濂溪志》记载，周敦颐在广州任职时，"尽心职事，务在矜恕，以洗
冤泽物为己任。虽荒崖绝岛，瘴疠之乡皆必缓视徐按，不惮劳瘁"。蔡沈
次子，蔡元定之孙蔡杭，在《广东宪司先生祠记》中说，周敦颐"详刑广
东，则仁流益远矣。天以春生万物，止之以秋。圣人法天以政，养万民，

肃之以刑，此夫子之秋肃，夫子之春生也"①。此处林希逸期望朋友"平反之笔春和，廉按之章霜凛"，即是期望朋友如周敦颐那样法天以政，养万民，肃之以刑，有濂溪夫子的春生秋肃。另有《贺李侍郎兼漕（建宁）》《贺刘尚书除龙图阁学士》《贺陈提刑（淳祖）》《贺吴恕斋除兵侍》等多首。

贺朋友家中喜事。刘克庄得第七个孙子后，林希逸写有《贺后村得第七孙》，表达子孙满堂，尽享膝下之乐的祝福。

二 游乐互访

除去文字的交流，"士大夫之间的交往活动，常见于结伴游历名胜古迹或山水园林。也常见于互访，宴集，以及结社"②。北宋如此，南宋亦是如此。我们略举数端。

（一）相见之欢

1. 游山玩水。"与友人结伴游山玩水，是士人生活不可少的一部分。"③ 也大概是历代文人都非常喜欢的活动之一。多数文人都有与游玩相关的诗文作品。有时约了友人却不至，难免思前想后，即便在日后重游，那种感受依然如在目前，如林希逸《诸侄约至黄檗因思前岁刘朔斋同宿约后村不至慨然有感》。另如《丙寅再至水南吴景朔家》：

> 旧游人物转头空，此地重来恨不穷。闻笛久怀中散氏，对床仅有小苏公。
>
> 门前旋辟园池好，壁上芳题子侄同。尤喜芝兰书种茂，迎门欢笑挹溪翁。

由对朋友家园池、花草的喜爱，表达了出游的喜悦。常与林希逸同游者，有以下几位。

---

① 王晚霞：《濂溪志八种汇编》，湖南大学出版社 2013 年版，第 81 页。
② 陶晋生：《北宋士族家族·婚姻·生活》，"中央"研究院历史研究所专刊 2001 年版，第199 页。
③ 同上书，第 200 页。

王迈（1185—1248），字贯之[1]，仙游人，号臞轩，帝以"狂生"目之，《宋史》卷182称其"于史氏，皆能无所回挠，正色直言"。多有气节，林希逸与王迈过从甚密，在《和王臞轩旧题紫阁寺诗》中写道，三十年前同游于此，臞轩题诗与败壁上，而今臞轩已经仙去，林希逸仍赋诗以和之。看书画，发现臞轩手迹，尤慨叹不已。臞轩与刘克庄、丑父、铁庵友善，逝后刘克庄作《臞轩王少卿墓志铭》[2]。

林公遇（1189—1246），字养正，号寒斋，林琦的长子，林琦官至直宝章阁。林公遇承父之荫，补宁化县尉，但未到任。父殁后，调任户曹，辞不就，以孝闻，李韶、赵以夫交荐不起，后诏提举仙都观。建精舍，题匾曰"寒斋"以明志。[3]林公遇退让恬淡，"研思道理，深入奥趣"，"考古论今，具有方剂"[4]，四十岁后"萧然单栖"，"视名与利犹丑腐"。《闽都记》载："宋宝祐四年，建文隐坊，为林公遇也。"[5] 隐居十八年。刘克庄说他"生性慈孝，晚尤温恭"。林希逸作有《寄林寒斋》[6]，其中有浓浓的禅意和看淡名利的意味。

林寒斋逝后，林希逸作有《梦寒斋》：

> 故人千载隔幽明，昨夜踟蹰过数更。握手不知为已死，掀髯犹更化无生。
>
> 海山兜率归何乡，漳浦咸阳癗自警。拥被长吟天未晓，满檐落月泪如倾。

---

① 《宋史》卷423《王迈传》作"王迈，字贯之"，中华书局1977年版，第12634页，但今诸多著作论文，如秦文萃《晚宋诗人王迈及其〈臞轩集〉研究》（2008年四川师范大学硕士论文）、赵津胜《王迈诗歌研究》（2009湖南师范大学硕士论文），周炫《刘克庄与王迈、林希逸文学交游考》（《湖南社会科学》2014年第4期），均言"王迈，字实之"，且对于王迈的生年，两篇文章亦不一致，前文言生于1185，后两文言生于1184，存疑于此。

② 刘克庄撰，王蓉贵、向以鲜校点，刁忠民审定：《后村先生大全集》卷151，四川大学出版社2008年版，第3903—3908页。

③ 福建省福清县志编纂委员会整理：《福清县志·孝友志》，据乾隆饶安鼎、邵应龙修，乾隆林昂、李修卿纂《福清县志》整理，1987年版，第586页。

④ 福建省地方志编纂委员会旧志整理组、福建省图书馆特藏部整理：《八闽通志（下）》，福建人民出版社1991年版，第483页。

⑤ 王应山撰：《闽都记（卷之二十七）·郡东南福清胜迹》，据王应山纂辑，万历间修，道光十年重刊本影印，成文出版社1967年版，第157页。

⑥ 林希逸：《竹溪十一稿诗选》，汲古阁景宋抄南宋群贤六十家小集，群碧楼藏本。

当年好友共欢乐，而今无奈阴阳隔。夜半不知来入梦，醒后方叹泪如河。林希逸这首诗，感情真挚纯粹，读来煞是感人。景定四年（1263），林希逸"追举其贤，诏元官进赠一官，予谥曰文隐"①。我们在《续集》中没有见到林希逸与林寒斋唱和之诗文，是因为《续集》的作品多作于林希逸晚年，此时林寒斋已仙逝多年。而《竹溪十一稿诗选》作于较早时期，故而其中保留有与林寒斋相关之两首诗歌。人间别久不成悲，到林希逸晚年，大概对于林寒斋之逝也没有年轻时那么悲痛了，故而也未见再作想念之文。但林希逸对林寒斋二子林同、林合照顾有加，往来密切，在对林氏兄弟的感情中，其实包含了对其父林公遇的感情。在《子真昆仲用虹字韵坚十七之约因眩而爽和以谢之》中，林希逸对林同说："云龙上下心期在，彼此秖凭一念通。"在《子真昆仲用虹字韵坚十七之约因眩而爽和以谢之》中，林希逸依然"握手归来四见冬，窝中风月忆先公"，足可见爱屋及乌之心意。林寒斋与刘克庄亦友善，逝后刘克庄作《林寒斋墓志铭》②《林寒斋祭文》③。

方大琮（1183—1247），字德润，自号铁庵，莆田人。在现存林希逸《竹溪鬳斋十一稿续集》中，有 11 处提到铁庵，在提到李丑父少有贤才时说"铁庵方公甚奇其才"，并引用铁庵说过的话："铁庵语人曰：'伯可昔以论名，艮翁不忝矣。'"李丑父在丁令人忧服除后，许久都未谒选，"后村、铁庵皆以书趣之"。到莆田方氏灵隐本庵，"入拜铁庵先生之像，退而坐心田之室"；作后村挽文，也想到："铁庵、臞轩公端友，其将往而同游乎？"作陈求鲁墓志铭，提到陈求鲁"道富沙，铁庵方漕留辟建倅，公辞焉"。林希逸亦为铁庵在莆田所设方氏义庄之规矩作序。可知二人往来甚稠密。在《续集》中并无与铁庵唱和诗文，也是因为《续集》作品所作时，铁庵已仙逝多年。铁庵与刘克庄、王迈、林希逸常同游，逝后刘克庄作《铁庵方阁学墓志铭》。

2. 宴饮品茗。宋代的茶、盐、酒、矾一向是官榷的，但是有一些地

---

① 何乔远编撰：《闽书（第三册）》，厦门大学古籍整理研究所、历史系古籍整理研究室《闽书》校点组校点，福建人民出版社 1994 年版。

② 刘克庄撰，王蓉贵、向以鲜校点，刁忠民审定：《后村先生大全集》卷151，四川大学出版社 2008 年版，第 3866—3868 页。

③ 同上书，第 3587 页。

方，如"福建路的福、汀、泉、漳州、兴化军，同广西路一样，都是不榷酒的地区，允许民间自酿自卖"①，林希逸正生活在福建路之福州，能自由的买卖酒，也就是理所当然的事了。尤其是《马可波罗行纪》中记载福州"居民恃工商为活"②，福州城"为工商之所"③。当时的人们，"无论是在招待会上还是在城里的酒肆茶楼中，人们在进餐时总要喝米酒"④，"在杭州，喝酒之风是非常普遍的。逢年过节更是人们比赛喝酒的好时机，斯时人人均以饮酒为荣。而且，城里有如此多的酒肆，亦证明了人们广泛嗜酒的风尚"⑤。生活方式总是上行下效的，在经济条件良好的福州，与杭州的情况也会不相上下，在林希逸这样的高官人家，以及他的朋友圈中，逢聚必饮，也就是很平常的事了。

如：

> 豨冻宜酒，以皮为之，入口爽而色可爱，客以山谷醒酒冰比之，余谓冰鳞物也，其性寒比之玉狸又不莹，戏成一首：
>
> 豚膏鼎化元非戢，切入金盘得许清。鳞雪性寒空细缕，狸霜糟重欠通明。
>
> 渠嗟不遇黄山谷，我爱浑如碧水晶。醉后不妨冰着齿，最宜人是味温平。

其中清楚地说明了与朋友一起喝酒，以及酒的味、色、性。

（二）互赠礼物，互诉衷肠

1. 互赠礼物。礼物的品种有多种：（1）赠花草树木。如《雨后赠雁来红（闽中谓铁树）》："雨后欣欣绿万丛，怜渠叶叶但焦红。旁人莫作荣枯看，时节因缘各不同。"这是一首颇具哲理的小诗，此时叶焦彼时也许鲜艳，只取决于时节罢了，不可因此时之焦枯而否定彼时之艳丽。

（2）赠饮料。如赠酒。如上所陈，酒是生活必需品之一了，士人嗜

---

① 漆侠：《宋代经济史》，上海人民出版社1988年版，第879页。

② ［意］马可·波罗：《马可波罗行纪》，冯承钧译，上海书店出版社2006年版，第347页。

③ 同上书，第349页。

④ ［法］谢和耐：《蒙元入侵前夜的中国日常生活》，刘东译，江苏人民出版社1995年版，第102页。

⑤ 同上书，第103页。

酒，也是自古皆然的，赠酒的事时有发生，如有人赠酒，林希逸作诗以谢，《谢石塘小孤山惠酒》：

> 好友怜余渴饮溪，酦香每月入缄题。分无内库黄封赐，似有孤山赤帮支。
>
> 把盏惭非浆玛瑙，倾瓶尤胜碧玻璨。三升美酝何须恋，绩也当年可煞痴。

读此诗可知林希逸喜欢喝酒，动辄就会倾瓶而尽之，但又惜俸禄不厚，幸好有朋友时常念及于此，赠酒于他。

赠茶。"除了酒精饮料之外，其他日常消费的饮料便是茶。"① 宋代南方有很多地方都产茶，江西、两浙、福建都是盛产名茶之地，政府除了设置榷场外，也会到各路收购茶叶。"宋代则以福建的腊茶最负盛名"②，茶，日益成为人们日常生活中不可缺少之物，王安石曾说："夫茶之为民用，等于米盐，不可一日以无。"③ 可见茶叶之普及程度。盛产茶叶的福建，士人间互赠好茶，自在情理之中。如《朔斋惠龙焙新茗用铁壁堂韵赋谢一首》：

> 天公时放火前芽，胜似优昙一度花。修贡暂烦铁壁老，多情分到玉川家。
>
> 帝畴使事催班近，仆守诗穷任鬓华。八椀能令风两腋，底须飧菊饭胡麻。

诗赞扬了茶叶之香之味。又如在《用珍字韵谢吴帅分惠乃弟山泉所寄庐山新茗一首》中，林希逸感谢"龙团拜赐前身梦"，让自己能够"得此烹尝胜食珍"。

（3）赠食物。比较常见的是荔枝，荔枝是著名的福建水果，福建省福州、厦门、漳州一带，历来是荔枝的盛产地，多年前几乎家家门前栽

---

① ［法］谢和耐：《蒙元入侵前夜的中国日常生活》，刘东译，江苏人民出版社 1995 年版，第 103 页。
② 漆侠：《宋代经济史》，上海人民出版社 1988 年版，第 747 页。
③ 王安石：《临川先生文集》卷 70《议茶法》，中华书局 1959 年版，第 743 页。

种荔枝树，到现在闽南的农村，依然可以看见有许多人家门前种植有荔枝树，在每年六月荔枝成熟的季节，大街小巷随处可见卖荔枝。刘克庄就曾多次赠荔枝给林希逸，林希逸作诗致谢，如《后村先生再寄新出名荔赋谢一首》：

> 远使殷勤访草堂，见书已似饱琼浆。曾叨独乐园中赐，犹寄端明谱外香。
>
> 珍重朱篮分五品，衰残白髪喜初尝。灯前把玩如珠颗，强忍馋涎且庋藏。

写荔枝像珍珠一样，分五个等级，自己在灯前把玩，都不忍心吃下去，可见对荔枝之喜欢。又如，方遣三山学记仍寄径山文字笔砚稍宽，梁秘阁忽送金钟千颗，此吾乡名品也。

> 埋头汩汩应酬中，一喜因何到此翁。恰了数家文字债，满篮人送荔枝红。
>
> 虽云莆荔胜闽中，诸品如今未改容。寄语宋香陈紫辈，还他先进是金钟。

由此诗可见林希逸平时的生活应酬颇多，其中诸多是与文字有关，写各种时下需要的社交文章，正在好整以暇时，好友梁秘阁送来荔枝名品，称为"金钟"千颗，自然喜从中来。

有糕点。如《梯飙遣惠菊糕且以铁壁和篇与兰闱魁卷示教戏用前韵以谢》：

> 诗来已似风敲竹，钉巧还如雪糁花。便把菊杯邀酒伴，谁将糕字问吟家。
>
> 独怜卷上文成锦，却守琴边鬓欲华。饱听溪干人颂咏，凫归早早进三麻。

福州人口味比较清淡，尤喜食甜味，同样的食物，也相对喜欢软烂融骨的，糕点一类向来是受福州人喜爱的点心。诗中所提薛梦桂，字叔载，号梯飙，永嘉（今浙江温州）人，曾任福清知县，林希逸引其为"诗情道气两知音"。在《续集》中，可以看到林希逸写给梯飙的诗文有 10 篇，梯飙曾赠酒、糕点给林希逸，在《梯飙惠酒且有和篇用韵为谢》中，他赞扬梯飙送来的美酒"入罍浑如琥珀红，谁家酿法似渠工"，不仅色泽美艳，而且入口醇厚，以至于"尽有醒人羡醉翁"。林希逸也写和诗，如《和梯飙薛宰镜中我韵》。梯飙任上有嘉瑞、中进士，林希逸亦作诗以贺，《次韵梯飙明府燕新进士》，表达了对朋友多年付出的辛苦和今日得成所愿的开心。

有橘。林希逸曾写《寄橘与吴景朔》：

> 碧云愁望夕阳西，好景无因与啜醨。霜雨满林黄欲尽，愧君书后不多题。

美好的景色里，却找不到缘由与好友慢品薄酒，在凄凄冷冷的秋季，自己很惭愧收到朋友的书信后，却没有多多问候，现在寄来秋天的金橘，以表挂念之意。

2. 互诉衷肠。别后想念，人之常情。在《中秋后三日寄吴景朔》中，林希逸表达了与朋友分别后的愁绪怅惘：

> 离鸿影断中秋月，病鹤心愁薄暮云。为语白莲同社友，得君书后愈思君。

这首诗尤其美妙，诗人自喻为孤单的离鸿，生病的鹤，在收到朋友的书信后，愈加思念。"薄暮云"出自杜甫《春日忆李白》诗："白也诗无敌，飘然思不群。清新庾开府，俊逸鲍参军。渭北春天树，江东日暮云。何时一樽酒，重与细论文。"至今我们还用春树暮云来形容对远方朋友的思念，诗人也如杜甫想念李白那样想念着朋友，期待重逢时，拿来一樽酒，相与细论文。后两句讲收到友人的书信，越发勾起对友人的思念，这种感受，非思念者不能体会。

三 撰写序跋题记

（一）为文集作序、题、跋

书籍出版业在宋代一下子活跃起来，宋原放和李白坚先生在《中国出版史》中形容这个时期是"书籍出版的黄金时代"①。的确如此，宋代出版业"在出版机构、出版规模、出版数量、出版品质等诸方面，都达到了空前未有的程度"②。除去宋代经济发展的原因，更重要的是在技术上取得的两项突破，一是宋代"造纸技术和造纸手工业则有了很大的改进和发展，因而宋代的纸也是闻名于世的"③。二是庆历间毕昇发明了活字印刷术，雕版印刷因之鼎盛，从而形成了四大刊刻印刷中心：国子监、两浙路、蜀本、福建路，其中"福建刻书素称发达"④，其刻印中心在建阳，称之为建本，建本书籍质量自叶梦得评说"今天下印书，以杭州为上，蜀本次之，福建最下"⑤ 起，后人评论多认为不甚好，但是，书籍刻印在"北宋初期以四川最盛，福建出版的数量最多"⑥，叶梦得也认为当时"福建本几遍天下"⑦，朱熹也说："建阳版本书籍行四方者，无远不至。"⑧ 可知福建本在宋代流行之广⑨。在这种印书盛况下，福建的文人出版文集，自然当仁不让，争相刊刻，于是对文集流传的关注也多起来，为文集题写序跋，就是其中一种。

在《宋集序跋汇编》一书中，我们可以看到宋人诗文别集的"宋本、元本及明、清重要刊本之序跋（包括卷首、卷尾题诗）"⑩，约 482 篇，从宋初的徐铉、柳开、王禹偁、范仲淹、晏殊、欧阳修，到三苏、司马光、王安石、二程、黄庭坚、贺铸，到南宋的朱熹、张栻、陆九渊、杨简、魏了翁、真德秀、刘克庄、文天祥，有近乎 500 个别集都有序跋。可以肯定的是，这里所收的文集，只是宋人文集的一部分，还有大量的不知名士人的文集，如陈起编辑的《江湖小集》《江湖续集》，如《汲古阁景南宋六

　①　宋原放、李白坚：《书籍出版的黄金时代》，中国书籍出版社 1991 年版，第 58 页。

　②　李致忠：《中国出版通史·宋辽西夏金元卷》，中国书籍出版社 2008 年版，第 5－6 页。

　③　漆侠：《宋代经济史》，上海人民出版社 1988 年版，第 700 页。

　④　宋原放、李白坚：《书籍出版的黄金时代》，中国书籍出版社 1991 年版，第 63 页。

　⑤　叶梦得撰，字文绍奕考异，侯忠义点校：《石林燕语》卷八，中华书局 1984 年版，第 116 页。

　⑥　方厚枢：《中国出版史话》，东方出版社 1996 年版，第 215 页。

　⑦　叶梦得撰，字文绍奕考异，侯忠义点校：《石林燕语》卷八，中华书局 1984 年版，第 116 页。

　⑧　朱熹：《朱文公文集二》卷 78，《建宁府建阳县学藏书记》，四部丛刊初编缩本，商务印书馆 1965 年版，第 1437 页。

　⑨　来新夏：《中国古代图书事业史》，上海人民出版社 1990 年版，第 232 页。

　⑩　祝尚书：《宋集序跋汇编·凡例》，中华书局 2010 年版。

十家小集》《南宋群贤小集》《两宋明贤小集》等很多的诗文集，也有序跋。林希逸也说"江湖诸友，人人有序有跋"。可知在宋代，文人知己之间，为文集作序跋之类文化雅事在士林中，常见且受欢迎。林希逸为文人雅士文集作序跋题记约有以下三种：

1. 作序。林希逸曾为近30部别集作序，一类是为前辈别集作序。分别有：为林光朝《艾轩集》、陈藻《乐轩诗荃》、莆田《方次云诗集》，莆田《陈西轩集》所作序。序中详述了作者的声名美誉。方次云与陈西轩与林光朝为同时人物，林希逸在二十岁前后分别看到他们的作品，钦佩不已。方翥（1101—1118），字次云，莆田人，与艾轩友善。林希逸在《续集·学记》中录有其36首诗歌。陈西轩，《续集》中说他与"次云、老艾、溪东、溪西为同出，是盖孟子所谓豪杰之士"，林亦之曾说"在昔乾淳，莆之人物最盛，其间数大老，若文节、次云、景韦、渔仲，皆千载人物"，尤其林光朝"一字不轻许人，独独谓公之学'不缘师授，其视横渠，为同时独晓者'，集中诸铭，独次云曰子方子、公曰子陈子而已。至于其文，则曰：'今之良者，与玉同色，岂不以人知黄之为金，而不知白者尤贵乎？'盖为不知公者叹也"。可见艾轩对此二人评价之高。连朱熹都感叹地说："某少年过莆，见林谦之、方次云深道理，极精细。退而思之，忘寝食者数时。"①可知林希逸所誉并不夸张，此二人的确有深沉精湛之思。林希逸也为自己钦佩的前人，如陆龟蒙《甫里先生文集》作序。

另一类是为同门、同年、同僚、朋友作序。如为既是同出陈藻之门，且同年中举的《丘退斋文集》作序，其中略述丘退斋生平事迹。为《李君瑞奇正赋格》、《陈子宽诗集》、为《介石语录》、为林亦之《网山集》、刘克庄《后村集》、《后村先生大全集》，为严粲《诗辑》、为郑清之《文房四友除授集》等作序。为4位僧人：断桥和尚、雪岑、剑关禅师、枯崖和尚的文集作序。为《方君节诗》作序，据《南宋馆阁录续录》载"方应发，字君节，贯兴化军，庚戌进士，习俯赋诗"②，景定二年七月以国子监丞除秘书郎。为同僚的小孩刘元高作《刘元高诗序》，刘元高，高安（今江西省宜春市下属二级市高安市）人，是刘宝斋的小孩，刘宝斋与林希逸

---

① 宋若霖等纂，廖必琦等修：《莆田县志》，据民国十五年（1926）重印本影印，成文出版社1968年版。

② 陈骙，佚名：《南宋馆阁录续录》，中华书局1998年版，第311页。

齐年。为某种制度规范作序，如《莆田义庄方式规矩序》，还有《跋浙西提举司社仓规》一类，也是如此，当然这也一定是受朋友之请托而作。

2. 题诗。林希逸还为朋友诗集题诗，如《题范月溪欸乃集》《题范晞文诗稿》《题松涧徐氏余庆集》《题林桂〈芳洲集〉》《题刘某诗集》《题徐少章和注后村百梅诗》《题建安曹兄〈深居小稿〉》《题陈兄始鸣集》《次韵题马氏亦乐园集》。这些集的主人，都是林希逸交游圈中的人物。而尤其值得一提的是下面这位：

"实异姓之弟兄"的刘翼。刘翼（1198—?），字躔甫，号心游，福清人，与林希逸同学于陈藻，现存林希逸写给刘翼的诗文作品有 11 篇，在林希逸为刘翼所作的《心游摘稿序》中，提到"躔甫鄙夷场屋之技，独力于诗"，在躔甫少年时，"闻人讼举子业，即掉头挥手而去"，可知刘翼少厌科举，终生不仕。但林希逸并未因此而少与之往来，两人关系历久弥新，原因约有以下数端。

林希逸欣赏刘翼的诗歌。刘翼曾答应寄送自己的诗集给林希逸，久焉未至，林希逸作《刘躔甫许以古诗集见假而竟不至代书促之》："好书千束且万束，前身后身读不足。刘郎好古喜收诗，一篇半篇惜如玉。知君此性人所希，旁人浪指为书痴。旁人肉眼君似月，好句何从向渠说。相逢剑客心相许，青萍莫惜当筵舞。"林希逸对刘翼的为人与诗歌十分欣赏，知道刘翼这种心性是比较稀有的，故将刘翼的眼光比作明月，可见在林希逸看来，刘翼的诗歌有多么清明通透。一个人如果是诗歌写得好到能脱离身份的束缚，如柳永的词，李白的诗，那自然不需要依靠外界的其他条件，但是据我们所看到的刘翼的诗歌，尚未好到那个地步。在古代，一个普通人的普通诗歌要在当时以及后代流传，其在社会上取得的功名声望就是十分重要的影响因素了，仅凭刘翼一介布衣，他的诗歌想要广泛流传，几乎是不可能的。也许林希逸是无意于此，但结果正是由于林希逸的催促和整理，才使得刘翼的诗歌得到了部分保留。目前我们所仅见刘翼的诗歌，正是刘翼寄送给林希逸的 19 首诗，林希逸将其编为《心游摘稿》，收入诸多宋代诗歌小集中。

林希逸钦佩刘翼终生不仕的志向。在《心游刘躔甫》中，林希逸大致评价了刘翼："超然心游，久矣神悟。鄙夷场屋，耻为俗下之文；笑傲烟霞，真得吟中之趣。贻半山之绝句，问少陵之残年。"最主要还是针对刘翼能够坚定的一生不仕，以为世俗之文为耻，笑傲江湖，超然颖悟的趣味志向表示钦佩。

林希逸时常表现出对名利的厌烦，和对刘翼远离政治纷争的钦慕。如《寄刘躔甫》：

> 涉世还须着眼高，尘浮浪汩世滔滔。功名纵似秋风客，见解何如春梦婆。
>
> 握手纵谈抛我去，关心往事闷人多。西轩旧友今余几，掩卷长吟叹逝波。

诗中，林希逸将自己所经历之仕途名利看作汩汩浮沉，将刘翼这种远离名利之选择视为着眼高，认为功名似秋风，只会带来寒凉，只有个人的见解才让人如沐春风。在《别躔甫》中，林希逸说自己："功名会上前缘薄，灯火社中遗恨多。"表示自己一生与功名无缘，而对文人雅士的生活却耽误了，让他感到遗憾。在专门为刘躔甫的心游楼所题诗中，林希逸说"声名官职，知合受于折磨；富贵子孙，恐俱难于擘画"，可见他感觉自己的仕途并不顺利，认为自己时常在受折磨，至于子孙富贵，更是难以描绘。林希逸在刘翼生日时暴饮，并说"柴车本不羡华轩"，既是对刘翼淡定心情的欣赏，也流露出自己对仕途的无可奈何。

二人老年生活境况类似。林希逸说刘翼对他是"老吾之老"，可知刘翼对林希逸十分关心。在《别躔甫》中，林希逸倾诉说，"一别三秋喜我过，旧游如说梦南柯"，二人一别三秋，旧时游历现在看来就像南柯一梦一样恍若隔世，现在两人配偶均已去世，"几劫曾为诗法眷，两鳏堪号俗禅和。相看未久匆匆去，可奈能吟不饮何"。不知要经历多少劫难，历经几世，两人才会在诗歌等方面成为共同修道的朋友，两个孤独的鳏夫堪算是俗家和禅家的唱和，相聚时间不长，便各自匆匆归去，现在只能互相吟唱却不能在一起饮酒。

二人感情深厚，老不相忘。在《己巳回生日启刘躔甫》中，林希逸说他与刘翼"老不相忘，独名家之翁季；少尝共学，实异姓之弟兄"，可见他与刘翼的友谊自幼及老，感情尤为笃厚。在刘翼七十岁生日时，林希逸作《刘躔甫七十》道："早岁耽诗学乐轩，如今霜鬓作吟仙。回思同舍二三子，几见生朝七十筵。竺岭佛来争四日，崆峒人在更千年。称觞岂必缠头锦，醉舞何妨共酿钱。"感慨少年同窗，而今韶华已逝，其他同学少年均已作古，今日不如大醉以飨。

3. 跋文。林希逸曾为 30 多部文集、诗文或书画撰跋，第一类是为文集作跋。如：《赵尉尚书讲解跋》《黄绍谷集跋》《老艾遗稿跋》。第二类是为诗歌作跋。如：《跋玉融林鳞诗》《跋蔡伯英四友集》《跋静观小稿》《跋赵次山云舍小稿》。第三类是为文章作跋。如：《跋富文方公行状艾轩作》《给事丁先生奏议跋》《跋方持叟岁寒三友制诰》《题徐先辈家传》《刘侯官文跋》《跋艾轩读离骚遗迹》《老艾遗文跋》《诸贤与艾轩书跋》《诸贤与东峦书跋》。

《罗云谷诗集跋》，是林希逸为"数年相与欢甚"的罗云谷的集所撰。罗云谷是林希逸的同年，"丙午以后同仕于京，数年相与欢甚，遂得以诗交，知其思远而识高，必以诗鸣于世"。还有《华严跋》，无存。在《林夫人墓志铭》中，林希逸提到自己与刘克庄曾为林夫人的丈夫萧宋珍书写的《华严》撰写跋。

（二）为书法作品及友人书斋题诗

1. 一起欣赏书法作品。林希逸喜好书法，这在与刘克庄的交往中已提及，他自己收藏有多幅书法作品，并时常与朋友一起欣赏书法作品，探讨书法艺术，这在宋代士人中也很常见。林希逸为多篇书作撰写序跋，如《跋东坡与苏丞相颂五帖》《跋蔡端明遗建康杜君懿行草四帖》《跋东坡默化堂三大字帖》《跋山谷与魏彭泽四帖》《跋忠定晦庵与井伯林金判诸帖》，另有《题张尚书画册四首》《清古源以隆茂宗画华池佛求跋》等。其中谈到自己对书法艺术的观点，如说苏轼书帖"笔圆而韵胜"，"神全而韵胜"。

《跋徐平父所藏兰亭二帖》中所提徐平父，是徐释之后，艾轩外孙。林希逸有四首写给徐平父之诗，《续集》中有 13 次提到徐平父，这层关系，开始的原因当然是因为艾轩，其中也多次提到艾轩："诵先朝赋知名祖，读外家书见此孙。千载艾轩吾敬慕，袖中锦轴两诗存。""十传先辈家声大，又喜中朝诵句新"。"今叔谦因平父山长寄以示余，而西山、后村、臞轩手迹俱在……叔谦、平父，皆艾轩诸孙也。""平父徐山长……于老艾为外诸孙"等，因为是艾轩的外孙，林希逸与徐平父的关系自然而然就有了亲近感，之后林希逸与徐平父一起游玩，有《和平父游紫霄韵二首》，为《徐先辈家传》撰文，为徐平父离别送行，有《用韵送徐平父西上》《寄建安山长徐平父》诸诗，也是水到渠成的事了。

2. 为友人书斋等题诗。这类文章自古及今的文人都在作，十分常见。林希逸也作了许多这样的诗。如《题赵工部柞山堂》，他在标题后自注云："以半山五愿木为柞自名其堂，求余书篇。"诗中自然都是赞扬的话："太白前身锦绣肠，字书搜尽入篇章。作归田赋辞兰省，取半山诗扁草堂。自拟百围庄散木，不夸五柞汉长杨。却愁金殿催班去，风舞槐龙影正凉。"另有《题梁秘阁玉堂何似亭》《题郭进士所进万世宝鼎鉴》《题朔斋铁壁堂》《题平远轩》《寄题名登楼》《寄题赵武子鹤泉》《题吴司户忠斋》《题临清堂》《题陈道古留远堂寄题陈非潜达观堂》。尤其是为下面二位。

吴司户。尤令林希逸敬佩，在《送吴司户之任》中，林希逸说他："南州诧说才名早，到手青衫已二毛。自守冰霜真铁汉，肯淹岁月待珠曹。遥知玉节将争致，暂掌牙筹莫厌劳。圣世怜才甄拔易，倚须去着锦宫袍。"对于吴司户少年成名，却青衫晚到的遭遇表示惋惜，佩服吴司户是真正的铁汉子。在《题吴司户思忠堂》中，林希逸说："进思臣职分，意慕世宗工。欲问传心法，无如尽己功。游扬朱吕后，先且学忠公。"既是对于吴司户思忠堂含义的一种解释，也是对于吴司户人生哲学的概括与颂扬。

刘震孙（1197—1268），字长卿，号朔斋，岳父为魏了翁，曾与刘克庄同朝供职，且私交甚好，曾在福建多处任职，具体有《南宋文人刘震孙生平考索》[1] 一文可参考。刘朔斋是林希逸密友之一，林希逸为其铁壁堂题诗，"题扁不惭名铁壁，持荷更合侍金华"，说铁壁之堂，名副其实，对朔斋之能力充满信心，只因他有像古柏一样耐久的声名，有像蔷薇花一样美好的辞赋。二人生活中也多有联系，刘朔斋送来新茶，林希逸赋诗以谢。二人一起出游，有《诸侄约至黄檗因思前岁刘朔斋同宿约后村不至慨然有感》：

> 黄檗山前古梵宫，早年屡宿此山中。猿啼十二峰前月，鹏送三千里外风。

---

[1] 邓建：《南宋文人刘震孙生平考索》，《古籍整理研究学刊》2012 年第 1 期。

日者共游因朔老，期而不至有樗翁。骑鲸人去相如病，更欲跻攀谁与同。

可知刘朔斋与林希逸、刘克庄均相知，三人早年曾多次来到黄檗山前的古梵宫游玩，且"屡宿此山中"，这里景色秀丽，"猿啼十二峰前月，鹏送三千里外风"，峰峦叠嶂，夜晚清寂，猿声响彻宵宇，大鹏展翅飞翔，带来远处的风味。怀想之前与朋友刘朔斋同游于此，当日自己很盼望好友刘克庄能够同游，可惜他因目疾未至，而今朔斋已经仙去，自己应该与谁共攀登呢？

刘朔斋晋升，林希逸赋诗以贺。有《贺刘朔斋除乡漕兼建宁》，在《贺刘朔斋除中书礼侍》中："荷橐真除，薇垣再入。周使载驰之迹，方庆衮归；贺公二命之华，兹闻诏下。九陛虚怀而图旧，三阶夷武以登庸。独柄斯文，即栋吾国。某辱垂情于簪履，喜窃听于丝纶。姑亟沥于贺忱，尚嗣鸣于别悃。礼乐文章之老，定符岩尹之瞻；邮筒倡和之诗，宁去溪翁之手。"林希逸祝贺刘朔斋得"二命之华，兹闻诏下"，说朋友"独柄斯文，即栋吾国"，能够秉持文章之柄，成为国家的栋梁，是"礼乐文章之老，定符岩尹之瞻"。

朔斋去世后，林希逸赋诗挽之。《挽朔斋中书刘礼侍》：

声名早日到宸几，自许凌空健翮飞。朔党家传真抱负，西州人老几招麾。

长庚穷杀狂如故，韩愈疑为傲则非。岁晚虽为香案吏，白头终与壮心违。

再造功成始趣还，又从薇省去长安。登车屡作澄清使，持橐还须文字官。

子美八哀俄入此，贺公二命只书棺。不知庾亮埋何处，遥想悲筇泪雨潸。

一识端平三十秋，北关重别见南州。紫薇阁下分房住，黄檗山前并辔游。

碧水诗来秋后得，吴门书去病中投。交情不薄相期远，底料催归记玉楼。

诗中赞扬了刘朔斋的声名远冠云霄,抱负远大,也慨叹他未能实现自己的壮心,晚年只是一介文字工作者,遥想着刘朔斋期望能像庾亮那样的军旅肃杀之气,未料不能如愿,令人悲叹。并回忆了相识三十年不薄的交情,以及一起出游的往昔。

(三)撰写各种记文

林希逸一共现存 27 篇记。有关公共设施建设的,如:《重造林埔斗门记》《岳安石桥记》《福州新创义阡记》《福清县重造石塘祥符陂记》;有关教育的:《福清县修学记》《潮州海阳县京山书舍记》《浙西安抚司干办公事厅壁记》;有关民间信仰与佛家的,如:《行在仰山孚惠二王庙记》《重建敛石寺记》《泉州重修兴福寺记》《慧通太师真身阁记》《潮州开元寺法堂记》《重造应天寺院记》《重建昆山县广孝寺记》;有关友人家事的,如:《南剑州梅墊徐公祠堂记》《莆田方氏灵隐本庵记》《道山之宇记》《清风峡施水庵记》《报晖堂记》。佛家部分后文另论,其余的一些是职分所需,一些是由衷而感,多数是因友人而作。莆田方准,是林希逸齐年景揖之子,在其居之侧另建堂室,名"道山之宇",来请记;莆田铁庵后羿方氏,在灵隐山下设庵,来请记;延平使君建造梅墊徐公祠堂,来请记;莆阳吴毕建造报晖堂,来请记;柯山徐伯东结庵于清风峡之下,来请记;潮进士胡申甫作京山书舍,来请记等。

《潮州重修韩山书院记》《潮州开元寺法堂记》,是在林式之任潮州通判时,修建韩山书院、开元寺法堂后,林希逸为之所写。他说式之:"侯为郡政,汲汲教事,知所先后,诚近道矣。"这是较高的评价。林式之,字子敬,曾受业于林希逸,在林希逸的门生中,是较出色的一位,林希逸晚年文集《竹溪鬳斋十一稿续集》即为林式之所编。林希逸生日,林式之远道而来庆贺,林希逸非常感动,他回诗《己巳回生日启潮阳林通判》以谢:"仆开蒋翊径之三,老寻鹤伴;君刺昌黎州之半,时寄雁书。念蓬矢之尘埃,度瑰词而黼黻。伏惟某官,兴存风月,操比冰霜。视公如龙,虽鳄鱼而可训;为王市骏,知骐骥之难留。身将致于青云,交未忘于旧雨。饭犹可饱,苟乐我之残年;币不必将,已感君之厚意。莫修琼报,辄奉锦还。"其中可见林希逸对林式之评价尤高,说林式之有光风霁月之风范,有冰清玉洁之操守,如龙又如骏,身薄青云,却不忘旧交,时时来信关心,修投桃报李之好。

四　缅怀逝世友人

（一）亲朋好友

林希逸比较高龄，加之官位较高，晚年作了 72 篇挽悼诗，10 篇祭文，9 篇墓志铭和 3 篇行状，这些也是组成林希逸的朋友圈的重要考察内容。

第一类是挽亲人，如：百七弟，两舅氏，谒考塘外祖坟，谒二舅坟等。

第二类是挽朋友的亲人，如：赵必鏊母刘夫人，同年升内子丘司理母，莆守赵侯母葛氏，义江陈开国内子郑令人，庄丞内子，林宗院母，丘进衜内子，黄倅内子，林栋之妻孙汝静等。

最多的是第三类，挽朋友，有：赵庸斋，信庵赵少保，赵虚斋，恕斋洪尚书，陈节斋，李斛峰，赵大资，王太博，卢同父，黄倅（钧），同朝同舍的九江朱长卿，刘大卿（范），吴理卿，陈介，陈童科，陈橘山，郑子诚，郑仲升，陈炜，赵通判，陈刚父，梁秘阁，戴主簿，前住黄檗亮西山，适轩黄革叟，同年赵时，前高安林县尉，后坡林吏部，陈焯等。也有为不认识的陌生人：陈介，陈梦庚等，因熟人之请而作的祭文。还有一些认识的熟人，但不算至交，如张屏山，林梦隆，林栋，陈求鲁，黄自信，潘周伯，林鹗翁，林胄等因各种因缘而作的祭文，值得一提的是如下几位：

1. "神如包孝肃"的汪元春。林希逸与汪元春并不常见，但即便是十年一见，林希逸依然感慨自己生平受恩于汪元春，说他"生果神如包孝肃"，指汪元春襟谊可敬，因贤而有美政，所以才会"远近传夸，如包孝肃"。汪元春曾任莆田太守，爱民如子，自己忍耐贫穷，厨寒无烟，官吏称他神明，百姓呼之父母。逝后林希逸作挽诗一首，挽文一篇。

2. "一见如素交"的金文刚。二人相识于朝，"一见如素交"，后各自异地任职，时有书信往来。金文刚，字子潜，曾学于真德秀，林希逸说他"出名从家，言动有家法"，在湖南任职，让饥民活，流民定，后进直龙图阁。林希逸作有《宋故朝奉大夫直龙图阁金公文刚墓志铭》①。

3. "握手以相欢"的常挺。常挺，字方淑，号东轩，福州人，比林希逸小 12 岁，曾知漳州、泉州，《宋史》有传。林、常二人异地任职，不常

---

① 曾枣庄、刘琳：《全宋文》卷 7743，上海辞书出版社 2006 年版，第 93 页。

见面，少有书信往来。东轩晋升为同知枢密事兼代参知政事时，林希逸有《贺常枢密》，逝后有《挽常东轩》，说"每握手以相欢，至忘形而尔汝"。

4."取舍义利明"的陈应庚。初号竹溪，晚以"隐"命名其堂，与林希逸交三十年，林希逸有《和一隐堂》，二人常相坐烛影下，评谈古今文字，林希逸说他是"伟人也，学问有原委，取舍义利明"。逝后林希逸有《崇禧陈吏部墓志铭》，详述其生平事迹，

（二）至交密友

1."每见握手吐肺肝"的林彬之。林彬之（1184—1261），字元质，号囤山，福建莆田人。少年时与王迈、方大琮齐名，端平二年以词赋第二人擢第进士，为惠州教授，师范一方，令"南方士子翕然宗之"，士风为之一变。善词赋，"中兴百年，言词赋者以莆为首，而公尤表表其间"。深受真德秀赏识，认为得到了优秀的人才。调福建常平任职，为争榷盐新义，上策数千言，令闻者凛然，人皆以为至论。后除监察御史，闽人曰："是能与诸司争盐议者，必为真御史也。"林彬之不以沽激要虚名，誓要竭尽忠爱，有功于当时定国本，捉权奸之要事，有孜孜当世之心，多番为民争利，言人所难言，言人所不敢言，言人所不欲言，不惧以死诤之。到晚年独处萧然，往来者不过数辈。食不重味，身无鲜衣，所趣极枯淡。林彬之与王迈"同生于甲辰，以文字相好，臞轩之文英，囤山之文粹，笔力异而臭味同，白头如一日"。可知二人自小相识，感情老而弥笃。林希逸是因王迈而结识林彬之，与林彬之"相与三十年，每见握手吐肺肝，知公心事为甚悉。闻公之逝，哭之数日"。林彬之与刘克庄也曾"少同里，晚同朝"，林彬之逝后，刘克庄作《挽林侍郎二首》[①]，林希逸作《工部侍郎宝章阁待制林公行状》记其生平，读来煞是感人。

2."四十年笔砚之交"的李丑父。李丑父（1194—1267），字艮翁[②]，自号亭山，开始名钢，字汝励，后改，福建莆田人。李丑父自幼聪明颖悟，读书迎刃而解，时常语出惊人，经常通宵读书，即便其母每每劝阻，依然如故。成年后，刘克庄、王迈、方大琮皆以其为奇才。受真德秀赏

---

① 刘克庄撰，王蓉贵、向以鲜校点，刁忠民审定：《后村先生大全集》，四川大学出版社2008年版，第869页。

② 一作"良翁"，如《闽书》：何乔远编撰，厦门大学古籍整理研究所、历史系古籍整理研究室《闽书》校点组校点：《闽书·（第三册）》，福建人民出版社1994年版，第3209页。

识，"西山得公词赋，击节称赏"。端平二年擢第，调邵武户曹。后又受郑清之赏识，"倅建安，摄府事，一毫无所私"，清正若此。李丑父温良和易，胸次洒然，与人无新故，一语必用情，见者皆曰："德人德人！"其文一如其人，温润含削，其诗清婉而有味，俪语极清新。林希逸与"公为同升，相与最笃密，间留溪上，共榻而寝，语至窗白"。"乙丑，余留徐潭，公载酒一再，又与后村同饯，宿古囊三日，赋诗饮酒乐甚。岂知四十年笔砚之交，竟诀于此集，呜呼伤哉！"逝后林希逸作《湖南提举宫讲太史礼部李公行状》，成为了解其生平的重要资料。《重刊兴化府志》①《莆田县志》②《闽书》③ 中记载李丑父事，均基本依照林希逸此行状。

李丑父与刘克庄交好，刘克庄曾作《李艮翁礼部祭文》④《李艮翁礼部墓志铭》⑤，说李丑父"眉宇英迈，翛然泽臞，不类贵介。即之甚温，叩之不穷"，人称"学问深醇，文采巨丽"，刘克庄也叹："其和可餐，其醇可饮，德性如玉，文字如锦。小而赋咏，意正辞葩；大而典册，崇雅绌哇。"

3. "一见知敬"的梁应庚。梁应庚（1178—1268），字本仁，自号止堂，曾在秘阁任职。生有异质，少时就以闻名于乡里，宝庆丙戌始擢第。生性秉直清廉如冰霜，百姓呼之慈父。林希逸曾为梁秘阁玉堂何似亭题诗，说梁应庚与世相忘真有道，自愧不如。二人在生活中颇有些交往，且"岁晚交情不暂疏"，梁应庚曾馈林希逸荔枝，林希逸赋诗以谢。林希逸与梁应庚一见知敬，交久而更亲，曾在"安乐窝中三度宿，往来溪上几回书"，二人曾多次一处共宿，并书信往来。梁应庚晚年"八九十翁健如虎"，后抱恙期间，林希逸多次去信慰问。梁应庚逝前，遗嘱"铭我必竹溪"，可见对林希逸之信任。逝后，林希逸作挽诗一首，挽文一篇，墓志铭一篇。

4. "一见而亲，愈久愈笃"的陈所翁。名陈容，字公储，号所翁。善

---

① 周瑛、黄仲昭著，清同治十年重刊，蔡金耀点校，莆田市地方志编纂委员会编辑审校：《重刊兴化府志》，福建人民出版社 2007 年版。

② 宋若霖等纂，廖必琦等修：《莆田县志》，据民国十五年（1926）重印本影印，成文出版社 1968 年版。

③ 何乔远编撰，厦门大学古籍整理研究所、历史系古籍整理研究室《闽书》校点组校点：《闽书（第三册）》，福建人民出版社 1994 年版，第 3209 页。

④ 刘克庄撰，王蓉贵、向以鲜校点，刁忠民审定：《后村先生大全集》，四川大学出版社 2008 年版，第 3640 页。

⑤ 同上书，第 4201 页。

用水墨画龙，中年擢第，比较坎坷。二人生活中多有往来，一起同游，陈所翁曾祠壁留题。林希逸称他是"胸涵万卷笔如虹"的奇才，是千百年中的豪杰。陈所翁多次赠林希逸食物，且只要有佳肴，就会邀请林希逸同食共享。陈所翁逝后，林希逸看到虾酱便想到所翁，洒泪赋诗《偶得虾酱怀所翁》，以慰想念。陈所翁也很喜欢林希逸之子林泳，曾为林泳画《玩珠龙》一副，林希逸后来睹物思人，赋《玩珠吟》以追忆。逝后，林希逸作挽诗二首，挽文一篇。

以上林希逸的文人雅士交友圈，从地域上讲，以福清为中心，包括在福清任职的外地人，福清本地人，他的学生、乡亲，还有僧人。从交往内容上讲，以文字相交为主要内容，覆盖了文人交往的各个领域。从层次上讲，是多层次的，这些人有朝廷高官，地方小官，还有几位密友是布衣，有江湖派文人的特点。他的交往体现了南宋末文人的文化生活，也是福建文人文化生活的典型代表之一。林希逸还与当时朝廷的高官权贵时有往来，下述之。

第三节　南宋士风与士林文化——
林希逸与诸权贵的交游

一　晚宋士风概论

（一）晚宋士人偷安奢靡的物质生活

在我们一般的想象中，随着南宋在边防上的失利，战场的失败情绪似乎应该蔓延到全国，人们整体的情绪基调以及生活，应该是时刻想着如何成功北伐，收复失地，并以此为指导生活的首要原则。但事实却不是这样。法国学者谢和耐（Jacques Gernet）在其名作《蒙元入侵前夜的中国日常生活》（*Daily Life in China：on the Eve of the Mongol Invasion*）中反复陈述："在公元 8 世纪的唐朝，中国有过最辉煌的岁月，而到了公元 12—13 世纪，情势就有了令人瞩目的扭转。在这四世纪中，发生过急剧的变化。一个尚武、好战、坚固和组织严明的社会，已经为另一个活泼、重商、享乐和腐化的社会所取代了。"① "然而显而易见的是，直至兵临城下之前，杭州城内的生活仍是一如既往的悠哉闲哉"。② "必须意识到，上流社会几乎总是一无例外地不负责任和一响贪欢。"③ "杭州似乎出于一种持续不断的节日气氛中"。④ 何俊和范立舟先生的《南宋思想史》⑤ 也持此观，多次反复申述。朱汉民的《中国思想学说史·宋元卷》⑥ 也赞同南宋末两浙人如上所述的生活情形。

如果用一个词语来概括当时浙闽一代人的生活，大概就是"偷安"。《宋史·袁甫传》载袁甫言："边事之病，不在外而在内。偷安之根不去，规模终不立。"⑦ 这让我们很自然地想到，在这样的偷安的物质生活中，南宋中后期的士风是怎样的，士林文化又是怎样的？

（二）晚宋士风特点

1. 宋代的士。"在宋人的笔下，士人就是读书人。一般来说，做了官的和没有入仕的读书人，都统称为士、士人、士大夫。"⑧余英时则赞同孔子的"士志于道"，强调士以道自任⑨。美国汉学家包弼德反复阐述："作为一个描述社会成分的术语，'士'在唐代多数时间里可被译为'世家大族'，在北宋可译为'文官家族'，在南宋时期可译为'地方精英'。"⑩ 实际上，"在南宋，士是为数更多而家世却不太显赫的地方精英家族，这些家族输送了官僚和科举考试的应试者"⑪。他又列表指明精英的身份属性，

---

① ［法］谢和耐：《蒙元入侵前夜的中国日常生活》，刘东译，江苏人民出版社 1995 年版，第 2 页。

② ［法］谢和耐：《蒙元入侵前夜的中国日常生活》，刘东译，江苏人民出版社 1995 年版，第 4 页。

③ ［法］谢和耐：《蒙元入侵前夜的中国日常生活》，刘东译，江苏人民出版社 1995 年版，第 4 页。

④ ［法］谢和耐：《蒙元入侵前夜的中国日常生活》，刘东译，江苏人民出版社 1995 年版，第 35 页。

⑤ 何俊、范立舟：《南宋思想史》，上海古籍出版社 2008 年版。

⑥ 张岂之主编，朱汉民分卷主编：《中国思想学说史·宋元卷》，广西师范大学出版社 2008 年版。

⑦ 《宋史》卷 405，中华书局 1977 年版，第 12238 页。

⑧ 陶晋生：《北宋士族——家族·婚姻·生活》，"中央"研究院历史语言研究所 2001 年专刊，第 5 页。

⑨ 余英时：《士与中国文化》，上海人民出版社 1987 年版，第 34 页。

⑩ ［美］包弼德：《斯文：唐宋思想的转型》，刘宁译，江苏人民出版社 2001 年版，第 37 页。

⑪ 同上书，第 4 页。

在唐代看出身，是门阀，在北宋看政事，是学者官员，在南宋则主要看文化，是文人，因为"在 1200 年，'文化'比出身更重要"①。"在士从门阀向文官，再向地方精英的转型中，'学'始终是作一个士所需的身份属性。"② 这些论述大致可以用来理解南宋时期士的特点。

2. 《宋史》中记载的士风。《宋史》中大量记载有这些地方精英的风范，当时几位宰相看法是这样的：

《宋史·吴潜传》中，吴潜上疏论国家安危治乱的根源说："近年公道晦蚀，私意横流，仁贤空虚，名节丧败，忠嘉绝响，谀佞成风。"③

《宋史·杜范传》中，杜范上疏言："今日之病，莫大于贿赂交结之风。名誉已隆者贾左右之誉以固宠，宦游未达者惟梯级之求以进身。边方帅臣，黄金不行于反间，而以刺探朝廷；厚赐不优于士卒，而以交通势要。"④

《宋史·贾似道传》记载理宗当政时，内侍董宋臣、虞允升"引荐奔竞之士，交通贿赂，置诸通显"⑤。贾似道买公田，使浙江中部百姓生活大大受到扰乱，但是，各个地方政府官员却置之不理，依然"争相迎合，务以买田多为功"⑥。"吏争纳贿求美职，其求为帅阃、监司、郡守者，贡献不可胜计。""一时贪风大肆"。⑦

不仅普通士人如此，大吏也是如此。《宋史·董槐传》载董槐上疏言时政有三弊："戚里不奉法，一矣；执法大吏久于其官而擅威福，二矣；皇城司不检士，三矣。"⑧

不仅大吏如此，宰相也如此，《宋史·丁大全传》载中书舍人洪芹参丁大全："引用凶恶，陷害忠良。"监察史朱貔孙论丁大全："姦回险狡，狠毒贪残。"⑨ 《宋史·史弥远传》记载史弥远在理宗朝时"不思社稷大计"⑩。

---

① ［美］包弼德：《斯文：唐宋思想的转型》，刘宁译，江苏人民出版社 2001 年版，第 36 页。

② 同上书，第 80－81 页。

③ 《宋史》，中华书局 1977 年版，第 12519 页。

④ 同上书，第 12281 页。

⑤ 同上书，第 13782 页。

⑥ 同上。

⑦ 同上书，第 13783 页。

⑧ 同上书，第 12431 页。

⑨ 《宋史》，第 13779 页。

⑩ 同上书，第 12418 页。

不仅宰相如此，皇帝更甚。《宋史·李宗勉传》载李宗勉上疏指陈皇帝："不闻减退宫女，而嫔嫱已溢于昔时；不闻褒录功臣，而节钺先加于外戚；不闻出内贮以犒战士，而金帛多靡于浮费。"①

在这样的上行下效的风气下，"彼风节素著，持正不阿、廉正有守、临事不挠者，论荐虽多，固未尝收拾而招之也"②。"其间亦岂无深忧远识高出众见之表，忠言至计有补圣听之聪者，固未闻采纳而用之者。"③

还有很多很多条痛陈士风之弊的史料，此不赘举，这一切，在《宋史》中有总结性描述："京朝官闻难，往往避匿遁去。"故谢太后愤而命人在朝堂上榜贴："我国家三百年，待士大夫不薄。吾与嗣君遭家多难，尔小大臣不能出一策以救时艰，内则畔官离次，外则委印弃城，避难偷生，尚何人为?"④ 可见当时朝野都意识到了士风的败坏。由是判断晚宋士风的特点，可谓直观鲜明。

3. 当代学术成果中的晚宋士风。对于这个问题，学者基本上持比较一致的意见。喻学忠发表了多篇有关晚宋士风的论文，其中一些论文⑤基本上都是其博士学位论文《晚宋士风研究》⑥ 中的一部分，他将晚宋士风归结为：隐逸之风，奔竞之风，奢靡之风，政争之风，空谈之风，变节之风，忠义之风。并且，他认为晚宋士风从主流上看，"变节之风远胜忠义之风，奸佞平庸之相对士风影响大于忠义之相的影响……时人对士风的激烈批评，反映了晚宋士风的主流为士风败坏"。在南宋绍兴和议（1141）的 20 余年间，高宗和秦桧"作为决定绍兴和议期间文学生态的环境因子，这一高压政治既使创作主体锐气顿失，灵光耗散，卓识幽闭，呈现出集体怔忡症与失语症，又诱发了其极易被政治异化的文化'基因'，产生了适应性的变异，使之奔竞于适应高压政治的以歌功颂德为内涵的话语系统

① 《宋史》，第 12236 页。
② 同上书，第 12490 页。
③ 同上。
④ 同上书，第 8659 页。
⑤ 如：《晚宋士大夫奢靡之风述论》，《江淮论坛》2006 年第 5 期；《晚宋士大夫隐逸之风述论——晚宋士风研究之二》，《重庆师范大学学报》2005 年第 2 期；《晚宋士大夫奔竞之风述论——晚宋士风研究之一》，《东南大学学报》2003 年第 2 期；《晚宋士风主流论析》，《北方论丛》2007 年第 1 期；《晚宋士大夫贪墨之风述论》，《重庆师范大学学报》2006 年第 3 期等。
⑥ 喻学忠：《晚宋士风研究》，博士学位论文，四川大学，2002 年。

中，创作了汗牛充栋的谄诗谀文，文坛呈现出一派'弥望皆黄茅白苇'之势，成了宋代文学史程中的一个转折点"①。这段概括简明清晰。

这之后的士风，在沦丧的道路上，越走越远。宋士大夫"无耻"的现象，"自上而下蔓延到士人各阶层，中下层士人已经成为官僚之外士风败坏的另一大群体"②。"文化秩序，道德沦丧，价值迷失，被儒家正统视为千古不移之圭臬的纲常伦理面临彻底崩塌之危险。"③ 在宋代社会工商业极大发展的背景下，"有一部分人的思想发生了微妙的变化，开始肯定工商业的社会价值，以至于传统的重义轻利、农本商末的观念开始遭到怀疑、批判甚至谴责"④。《中国思想学说史》将宋代士林风习的特点概括为："尚志节，重操守，成就光明俊伟之人格；贵隐逸，绝弃尘寰，独善其身；明体达用，力倡工商皆本。"并且说："两宋之际及宋元之际的士风间或夹杂着较为醒目的奔竞、华靡之风。"⑤ 叶适就对南宋士人重私轻公、蹈虚谈玄的风气提出批评。⑥ 似乎在整个社会，多数人已经失去了斗志，对胜利北伐收复失地失去了信心，"多数士大夫平时竞逐名利，临难责求保全身家性命，非降即走，上下解体，终至国亡"⑦。

4. 士风败坏的原因。有很多种说法，《宋史·程元凤传》中，宰相程元凤认为，士风不良，源于士大夫心术不正，所以"革士大夫之风俗，当革士大夫之心术"⑧。

宋代科举取士，举子风靡迎合，"士风败坏到极点"⑨。"宋代的荐举制度在选官中的地位较之前朝后代都有所增重"，因而，"士人为谋求荐举，造成'奔竞'成风的社会现象"⑩。也有人认为，"士大夫无耻源于皇

---

① 沈松勤：《从高压政治到"文丐奔竞"——论"绍兴和议"期间的文学生态》，《文学遗产》2003 年第 3 期。

② 刘婷婷：《宋季士风与文学》，中华书局 2010 年版，第 32 页。

③ 张岂之主编，朱汉民分卷主编：《中国思想学说史·宋元卷》，广西师范大学出版社 2008 年版，第 19 页。

④ 同上书，第 20 页。

⑤ 同上。

⑥ 杨光安、何兆泉：《论叶适对南宋士风的认识》，《宜春学院学报》2013 年第 10 期。

⑦ 陈得芝：《论宋元之际江南士人的思想和政治动向》，《南京大学学报》1997 年第 2 期。

⑧ 《宋史》卷 418《程元凤传》，中华书局 1977 年版，第 12521 页。

⑨ 王德毅：《宋代科举与士风》，《厦门大学学报》2005 年第 6 期。

⑩ 胡坤：《宋代荐举与士风》，《北方论丛》2010 年第 6 期。

帝暗弱"，"权相擅政毒害士风"①。当然，更多的认为是由于"士大夫道德沦丧"②。

此外，笔者想补充三个原因。

一是南宋末年时，随着南宋政权的萎弱，统治阶级对整个社会的控制力急剧下降，这从某个意义上说，给经济的自由发展提供了空间，统治阶级对人的思想控制也大不如前，人们似乎有了一个可以自由呼吸的短暂空间，因而对于上下阶级的等级限制，不再那么惧怕与信从，逾礼穿戴的事情时有发生也就不足为奇了。"宋代南方风俗的最大特点，就是在许多方面与封建礼法不相符合。这些非礼法性，使南方地区的风俗保持着一定程度的独立性。"③ 在思想控制放松、风俗习惯力量的左右下，人们更加在精神上趋向于自保，追求个人自由，这在某种程度上表现为个人欲望膨胀，追求享乐并伴随着风气败坏。

二是商品经济快速发展后，人的功利意识的觉醒膨胀，是促进士风败坏的重要推手。时代的末期，总是有相似的地方，我们可以从晚明得到印证，"中晚明江南整个社会弥漫的奢靡风气，使得人心在追逐享乐中逐渐破坏了国家的礼制纲纪"，"明中后期违礼越制行为在江南已经非常普遍，成为一种时尚"④。"明代中后期，整个社会在内忧外患中一片奢靡，而士人阶层，士风不竞、道德沦丧的现象尤为严重。"⑤ 读起来，这与晚宋的情形多么类似！类似的还有，晚明与晚宋时候商品经济的发达，之所以能奢靡，是因为经济充裕，经济充裕体现了江南经济发展的结果。商业社会的崛起，唤醒了沉睡在人们心理上千年的一个意识，就是追求物质、享受生活。有钱，就能够买到这一切，就可以在实际生活中，向统治规则发出无声的挑战。继而代之的，当然就是星火燎原式的违礼越制。

三是在宋代佛教的繁荣下，士大夫谈禅论佛，本来是想从混乱的政治斗争中解脱，事实上也带来了对现实生活的逃避和不负责任，虽然士大夫通过学佛自己在心理上求得了平衡，但表现出来却是对国家精神、栋梁身

① 张金岭：《晚宋士大夫无耻考论》，《中华文化论坛》2000 年第 4 期。
② 喻学忠：《晚宋士风研究》，博士学位论文，四川大学，2002 年。
③ 程民生：《宋代地域文化》，河南大学出版社 1997 年版，第 22 页。
④ 徐林：《明代中晚期江南士人社会交往研究》，上海古籍出版社 2006 年版，第 5 页。
⑤ 同上书，第 6—7 页。

份的放弃，对国家民族责任感的冲淡。

生活在这样一个时代风潮里的林希逸，又能好到哪里去呢！《续集》中所见他与晚宋末年五位丞相的诗文往来，是考察他与权贵关系的重要依据，现依据拜相先后，分论如下。

二 林希逸与诸相

（一）郑清之

郑清之（1176—1251），字德源，初名燮，后字文叔，别号安晚，今浙江宁波人。在史弥远掩众人耳目扶持理宗即位过程中，是其重要党羽。在理宗即位不久的绍定元年（1228）升为签书枢密院事，绍定三年（1230）升为参知政事。绍定六年（1233）史弥远死后，郑清之升为右丞相兼枢密使。1234年，金亡，从此宋元进入对峙时期。《宋史》对郑清之第一次拜相的施政业绩还是肯定的，到第二次拜相，则妻子弄权，清之名堕。"纵观郑清之任相时期的作为，虽无突出的政绩可言，但对人比较宽厚。"①

《续集》中有两篇林希逸写给郑清之的文章，第一篇是为其文集作序：《安晚先生丞相郑公文集序》。文章通过分析郑清之并非如欧阳修所言"文章事业，士不两鏊"，而是"其人如泰山乔岳，其文如黄钟大吕，纪诸旗常者骏闳，垂之简帙者炳耀"，赞美郑清之不仅位高权显，而且文章有盖世才华，写郑清之"早游太学，即有异声"，践职高位以后，"高文大册，流布人间。黼黻两朝，既极文章之用；敷陈九陛，无非仁义之言，乃若渊跃龙潜"，对郑清之的功绩尤加赞美："功言共立，不既伟乎！"不仅说郑清之有美文，且言其有美政："端明改纪，登良去凶，宇宙耀明，媲美元祐。"总结云郑清之"之所学所遭，颇与文正相类"。意即指郑清之恰若范仲淹之文学与政绩。郑清之初当政时，据《宋史》记载，还是一时之明相，但此文作于郑清之逝后十七年，即1268年，那时郑清之后期当政时的无力，早已遍传士林，林希逸能依然如此无节制溢美，令后人读来唏嘘不已。

第二篇文章是《文房四友除授集序》，在文下注曰："怀丙午、丁未同

---

① 何忠礼：《南宋政治史》，人民出版社2008年版，第330页。

黯，庙堂之量如安。琴瑟更张，独首诸贤而召；衣冠甚伟，有如四皓之来"。有德，博学，对下者仁，对上者忠，是拯救社稷灰暗的贤人，犹如汉代有高洁品行的商山四皓，这样的人，必然能让国家再现昔日之隆盛。

（四）江万里

江万里（1198—1275），名临，字子远，号古心，万里是其出仕后的用名，南康军都昌（今江西省九江市都昌县）人。是南宋的明相，博学多才，《宋史》载其"生性峭直，临事不能无言"①，故而与贾似道不合，南宋灭亡之际，自云要"与国为存亡"，带领左右投水殉国。

《续集》中有《贺江左相》，这篇文章应该作于江万里拜左相的咸淳五年（1269）。其中自然是颂扬江左相之英明俊伟，所谓"鼎承君之象，于以成鳌立极之功"。因为江相"气禀两间之浩，文为百世之宗。早似获麟，当世谓异人之间出；晚如翔凤，举朝望大老之来归。盖方行言行道之时，已有汝翼汝为之托"。"其居休休以有容，其进绰绰而余裕。"说江相有商代有名的贤臣甘盘之风范，且江相知兵知国，连敌国都称其为"江左之伟人"。在乾坤运际之中，江相是四海之皈依，背负一身之重荷。

（五）马廷鸾

马廷鸾（1222—1289），字翔仲，号碧悟，饶州乐平（今江西乐平市）人。自幼甘贫力学，咸淳五年（1269）进右丞相兼枢密使，荐能任贤，与贾似道不合，含恨引退。《宋史》中评价和叶梦鼎一样，也是哀其不幸处于末世，以致无力回天。《续集》中有《贺马右相》，当作于此年。依然是各种颂扬，说马相是商代之甘盘，当朝之司马光，品德高尚，学富四海，"禀德金明而玉粹，蓄学地负而海涵"，所以，"士闻风而自奋，物蒙润以不知"，马相之佐政，"明良胥会，气运有开"，举国期待太平之阶，自今以始。

林希逸和诸权贵之间关系的关键，在于林希逸和贾似道的关系。因为其他的几位宰相，据各路史书记载，总体评价都还都比较贤明，近朱者赤，无需辩解。林希逸与贾似道之间的关系，正类于刘克庄与贾似道之关系。自清代王士祯开始，多批刘克庄谄媚，近来评论却委婉起来，如李国

①《宋史》卷414，中华书局1977年版，第12524页。

庭认为："仅凭一般交往和几篇失误文字，就说他和贾结交、晚节有污点，实在是浅表之论，冤枉了作古数百年的爱国学者刘克庄。"① 更有人直言"刘克庄并未谄媚权奸贾似道"②。

一种有特别复杂原因引起的现象，就是越来越多的历史人物被现代人解构和重新评价。考虑到"在中国古代史学上有一个惯例：即凡被认为是'奸臣'的人，只有罪行，皆乏善可陈，或是所谓'晚节不忠，不足为训'，以前即使有值得肯定之处，皆不容提及，这恐怕也是另一种形式的'曲解'"③。如果真的证据充足，这种翻案文章也可为之。但怕的是，为文造情，无米而炊，曲为辩解。虽陈寅恪有名言，要对历史人物抱以理解之同情，同情之理解。这很有深意，但也只是帮助读者理解古人，并不能因此而改变历史的事实。对于历史人物的评价，当然是既要肯定他为国家民族发展所做出的贡献，也要客观冷静认识到他的缺点。既不能因一言而废人，也不能因一人而废言。即便其劣迹斑斑、臭不可闻，若他有所贡献，也应予首肯。即便其功勋卓著、声名远扬，若他有所失误，也应予批判。那种对于一个好人的不好处，进行全面翻案的文章，和那种对于一个坏人的好处，予以全面否定的观点，也许是幼稚心虚的不自信。在一个自由、丰富、健康的社会中，都不应该被提倡。

对于贾似道的误国、欺上瞒下、大德有亏，应予以批判。但对于他在历史文献的整理和刊印方面的贡献，也应予以肯定。对于林希逸对贾似道政治上的攀附也不必像封建社会那样考虑诸多因素而去隐讳，因为所有被隐讳的，都将真相大白于天下。仅从政治上讲，倘若真的有一天，贾似道这个"腐朽官僚集团的头目和代表"④，也被重新评价为一代功臣，那林希逸和刘克庄等也可能会被重新定位。但至少现在，无论有多少文人、学者和伟人，为林希逸和刘克庄的贺贾之作翻案或另立伟评，都不能改变在南宋"整个士人社会亦极力营造出一种'福华'的表象，君臣士人醉生梦死于这一表象之下"⑤，"程朱道学的门徒充斥各级军事机构，他们也像贾似

① 李国庭：《刘克庄生平三考》，《福建论坛》1991 年第 4 期。
② 明见：《刘克庄与贾似道》，《湖北三峡学院学报》1997 年第 5 期。
③ 何忠礼：《南宋政治史》，人民出版社 2008 年版，第 381 页。
④ 蔡美彪等：《中国通史（第五册）》，人民出版社 1978 年版，第 435 页。
⑤ 肖崇林、廖寅：《"福华编"：南宋末年贾似道执政时代述论》，《宋史研究论丛》第十四辑，河北大学出版社 2013 年版。

道那样，不谈理财备战，不顾国家的存亡、民间的疾苦，而只是苟且偷安，坐享富贵"① 的这种整体士人风气中，林希逸们攀附各路权贵的事实。

林希逸不只是贺贾，几乎那时上任的有名宰相，他都一一贺过去，恰逢其他几位贤明，无人提及，贾似道治国无力，贻羞万年，他才跟着遭殃。倘若贾似道也是一位贤相，那我们现在大概就能够看到《宋史·林希逸传》，也会跟着称颂他有多么贤达。承认林希逸这个缺点，有什么不能呢？人毕竟不是神，是个人，就必然会有缺点，可是有些人似乎总有造神的倾向，若某人好，就总希望他是十全十美的，反面就是，若其不好，就塑造他是恶贯满盈的，这其实反映了人思维的惰性，但实际上人们总是如此懒惰，并不选择智慧的理性。

在南宋上层社会无尽追求奢靡的物质生活中，文人士大夫道德沦丧，士风败坏，福建士林之间的交往较少受到南宋边防失利的影响，体现出多层次的交往内容。林希逸的交往圈，以中下层江湖文人为主，以与高层权贵交往为辅。先后与刘克庄、刘翼、林公遇父子三人、方大琮、王迈、薛梦桂、林彬之、李丑父、刘震孙等人交往甚密。由李丑父行状中，郑清之所云"某于莆得潜夫、实之、德润今又得兄，可谓缘熟"，可知郑清之、刘克庄、王迈、方大琮、李丑父、林希逸实为一派，这在朋党林立的有宋一代，也不是什么新鲜事，他们彼此之间走得较近，也就在意料之中了。林希逸在仕途中受到郑清之提携与帮助，并与佛门中人有较多往来。晚年攀附朝廷权贵：贾似道、江万里、叶梦鼎、马廷鸾，作诸多贺文，也是林希逸道德上的白璧微瑕。

综上所述，林希逸的交游情况，体现出典型的南宋士大夫的交游特点，在层次上讲，既有和上层权贵、士大夫的交往，也有和底层文人雅士的交往，和佛门僧人的交往。在内容上讲，有政治上、生活中、文化上三个方面。在地域上讲，主要集中于在朝所交朋友，和致仕后在乡村居住距离较近之友。

在此试简论林希逸的性格特点。林希逸幼年丧父，母亲守寡多年，抚养其兄弟姐妹三人，少年贫穷，晚年尤甚，他在许多首诗歌中描述自己的贫穷，但他也能安贫；喜欢读书，少年时读过不少佛书，中晚年则遍读诸

---

① 蔡美彪等：《中国通史（第五册）》，人民出版社 1978 年版，第 435—436 页。

家之书；不像刘克庄那样喜交往和提携后进，林希逸交际圈相对狭窄，多限于福清和莆田周边，对于后进也少见提携；以现代的说法，他受佛老思想影响较大，遇事比较与人无争，性情温和，如刘克庄常说林希逸"不争百草群芳长，宁殿千花万卉开"①；他曾言"千载英豪皆可数，未知约略与谁同"，可知他自视颇高，内心也比较骄傲，孤独感强，如他说："我不信书祇自信，千年未必有知音"；有些理想主义，云"生平耻作俗下文章"；他比较聪明，因家世低微，一生所获成就多靠自己努力，故一生都自强不息，至晚年尤奋力不已。情感上，由林希逸与刘克庄的交往中，我们也大致可判断，刘克庄的性格是倾向于外向型，热情活泼，情感丰富，不吝于表达自己的情感。而林希逸则比较内向，比较沉静内敛，温和恬淡，不常表达自己的感情；尘视冠冕，时常表现出逃禅的倾向，至晚年尤甚。

他性格中有许多矛盾。

一是出仕与入仕的矛盾。这种矛盾非常明显，一方面他最想要的是仕途进步，如云"有文字来，为文之士谁不欲用于世"，然后却不得，表示入仕之途"有不可必者，天也，非人也"，故而另一方面，他就转而出入佛老，求得心理平衡。

二是儒学与释道的矛盾。一方面被释道两家深深影响，他的释道思想，非常浓郁的、高频的、深入的体现在他的诗文作品，以及三子口义的注解中。另一方面，但自己却明确表示并不完全相信释道二家。关于他引儒释注三子，已有多人论及，他在老庄学说中，毫无顾忌地引入儒释学说见解，这也是对三家学说的自我调和。

三是接受佛学思想却不信佛的矛盾。以发展儒学为目的，视佛学为其工具，这种思想林希逸在《慧通太师真身阁记》中另有体现："汝以跌坐寂照得禅乎，我不然也；汝以持斋守戒求佛乎，我不然也。扫其窠臼，纳之炉锤，是又一机焉。"这是说，佛家的一些外在的形式，他根本不在意，所谓"讖袚禳禬，岂为我辈设邪；果报受持，正与俗人言也"。而林希逸自己遵循的是扫其窠臼，纳之炉锤，只是精神上的领悟和吸收。表面看来

---

① 刘克庄：《竹溪生日二首》，刘克庄撰，王蓉贵、向以鲜校点，刁忠民审定：《后村先生大全集》，四川大学出版社 2008 年版，第 1187 页。

是与佛学背道而驰的做法，实际上才是真正对佛学的光大。这与近代弘一法师临终前所云"君子之交，其淡如水。执象而求，咫尺千里"如出一辙，指万事看表象，总是浅薄的，甚至会得出南辕北辙的结论，因为只有内在精神上的继承、接受和交融，才是真正有价值的。林希逸旨在吸收、采纳佛学的思想，让佛学与儒学融合，在儒学发展壮大之时，亦正是佛学取得新发展之际。他这样的思想，正深刻的体现出对佛学的认同接纳和继承发展，可是作为南宋统治阶级的一员，他却也明确的表态，自己并不崇信佛学。这是他思想中很深的一个矛盾。

第三章　林希逸思想研究

宋代的学术思潮特点鲜明，即理学的生发与流行。自宋初周敦颐开始，理学经过二程、张载、朱熹，到南宋理宗时期被立为官学，走向了高潮，在这发展过程中，理学也一直保持着与释道两家思想的沟通与交融，可以说佛禅思想和道家思想，从未远离宋代士人的生活，尤其是南宋末年的士大夫，他们的思想体现出明显多元化。生活在南宋末年的林希逸，其思想既有鲜明的时代特色，也有独特的个人风格。"任何未被分辨清晰的事物，总是显得缺乏特点"①，大概是由于缺乏适度的审视，才使人们难于领略其思想的妙处。在此，我们将林希逸的思想，分为佛禅、文学、教育、悯农几部分，论述如下。

第一节　林希逸的佛禅思想

一　南宋士大夫与佛教

（一）南宋佛教的发展

北宋一朝，除徽宗个人"偏于信仰道教之外，其他各代皇帝都对佛教持友好态度，有一些皇帝甚至有较为明显的佛教信仰"②。在皇帝的支持下，佛教得到全社会认可，影响渐渐扩大。南宋基本沿袭了北宋的佛教政

---

① ［法］谢和耐：《蒙元入侵前夜的中国日常生活》，刘东译，江苏人民出版社1995年版，第1页。

② 赖永海：《中国佛教通史》（第九卷），江苏人民出版社2010年版，第16页。

策，"从总体上说，南宋朝廷仍然是支持佛教持续发展"①。宋孝宗是"宋朝皇帝中唯一尊佛胜过崇道的皇帝"②。到宁宗、理宗、度宗三朝，依然延续着先帝的政策，佛教因此得以持续发展。其中禅宗在唐代时，就已经明确"是一个教派"，而且，"禅宗，在一定意义上说，是一个封建知识分子阶层的佛教派别"③。"在特定意义上说，宋代的禅宗主要是为适应士大夫口味的禅。"④ 到南宋时，佛教徒的人数急剧增长，以至于政府要进行干预控制，如在秦桧为政时，他"以僧道太冗，乃不鬻度牒，暗消其弊"⑤，对于秦桧这样一心只想在宋金关系中通过附和高宗而谋取私利的佞臣来说，他都能注意到僧道人数太多，可见这种情况已经到了非常严重的地步。无论是禅宗的发展，还是禅宗思想的特点，都为士大夫参禅，提供了很好的条件。

（二）南宋士大夫之参禅

文人士大夫参禅的现象在唐代已经出现，到宋代就很流行了。北宋时，"士大夫颇多与僧道交游"⑥，宋代"佛道之学也很盛行，特别是禅宗对作家和文学影响更大"⑦。在《中国佛教通史》第九卷⑧中有专门一节，论述两宋朝臣的禅林交游，其中列举数位与禅僧往来甚密的士大夫。他们编写佛教文献，我们熟知的杨亿，就编定了第一部禅宗传教文献《景德传灯录》，王安石曾作《维摩经注》《楞严经疏解》；他们以佛门俗家弟子自居，欧阳修就自号六一居士，其文集称为《居士集》；他们的诗文浸染着浓浓的禅味，后人非常熟悉的大诗人苏轼，他的诗作中那种随缘放旷、雪泥鸿爪的情绪，随处可见，这些都表明士大夫与禅宗深厚的思想关联。

---

① 赖永海：《中国佛教通史》（第九卷），江苏人民出版社 2010 年版，第 60 页。

② 彭琦：《南宋孝宗与佛教》，《浙江学刊》2002 年第 5 期。曾其海：《南宋孝宗崇佛的史料、思想及其影响》，《台州师范学院学报》2003 年第 4 期。

③ 郭朋：《宋元佛教》，福建人民出版社 1981 年版，第 31 页。

④ 杜继文、魏道儒：《中国禅宗通史》，江苏古籍出版社 1993 年版，第 379 页。

⑤ 李心传：《建炎以来系年要录》卷 169，绍兴二十五年十月丙申条，据《国学基本丛书》本重印，中华书局 1988 年版，第 2772 页。

⑥ 陶晋生：《北宋士族家族·婚姻·生活》，"中央"研究院历史语言研究所专刊，2001 年，第 206 页。

⑦ 马积高、黄钧主编：《中国古代文学史》（中），人民文学出版社 2009 年版，第 322 页。

⑧ 赖永海：《中国佛教通史》（第九卷），江苏人民出版社 2010 年版，第 78 页。

到南宋，士大夫的参禅之风愈加盛行，理学家出入佛老，亦为人广泛接受，"朱熹早年泛滥辞章，出入佛老，对各种学问有着极为浓厚的兴趣"①。大多数士大夫"都与佛门中人有较多来往"②，他们焚香煮茗，共谈空寂。晚宋名士林希逸，也出佛入道，敬佛好禅，下面具体论之。

二　林希逸的佛门际遇

（一）林希逸与僧人之多维度往来

1. 与僧人诗文相交。林希逸自己曾说方外友很多③，据林希逸现存文集相关内容可知，其一些僧友大概仅止于谈禅论佛，具体内容无从考证，另有一些文化水平较高的僧友常与希逸诗文往来，大致有以下几人。

（1）雪岑行海法师。释行海，号雪岑，浙江嵊县人，佛光照法师的法嗣，他现存的《雪岑和尚续集》二卷，出版于日本宽文五年（1665），出版者为饭田忠兵卫，存诗 289 首，由林希逸编辑并作序，现存于日本国立国会图书馆。在《雪岑和尚续集》中有林希逸所撰《雪岑诗序》，其中提到"《雪岑诗集》本有十二巨编，凡三千余首"。林希逸长子林泳首拿到诗集后，送给其父阅读，于是林希逸"有暇必详味之，又随予所喜而选摘之"。读至中途，未及尽卷，林希逸拜起居舍人之命，"故此选才得二百余首"，由此可见，雪岑不只是和林希逸熟悉，也和林希逸长子林泳相交。林希逸的《续集》中有《题僧雪岑诗》："本自无须学捻须，此于止观事何如。诗家格怕无僧字，圣处吟须读佛书。得趣藕花山下去，逃名枯木众中居。早梅咏得师谁是，见郑都官却问渠。"其中指出诗歌要有格调，就要有与僧相关的文字，圣贤的诗歌要有滋味就必须读些佛书，文中郑都官是指唐代诗人郑谷，曾给僧人修改歌咏早梅的诗歌，因为修改的精准而被传颂为"一字师"，这里写到歌咏早梅的老师郑都官，却要在人前打探雪岑，因雪岑写过多首歌咏梅花的诗歌，以此映衬雪岑诗歌水准之高。

（2）僧宗仁。《大正藏》里记载有僧宗仁所写的诗歌，林希逸《续集》中有《赠僧宗仁回江西》："少别溪干去，于今识者稀，腰包留一钵，

---

① 陈来：《宋明理学》，华东师范大学出版社 2004 年版，第 124 页。
② 马积高、黄钧主编：《中国古代文学史》（中），人民文学出版社 2009 年版，第 322 页。
③ 林希逸：《剑关和尚语录序》，曾枣庄、刘琳：《全宋文》卷 7732，上海辞书出版社 2006 年版，第 345 页。

顶相称三衣。未得逢渔住，还如化鹤归。马驹江上有，着意访禅机。"由诗中可推测，僧宗仁是福清人，少年时期离开家乡，后出家多年归来，认识他的人已经很少了，僧宗仁也只有包中的一个钵和三衣。顶相，是佛教肖像画名词，指佛弟子为祖师画的遗像，宋元之际此风盛行，顶相上多有祖师自题赞语，亦有禅林名师题赞的，三衣，指比丘可拥有的三种衣服，即上街托钵或奉召入王宫时所穿之衣——僧伽梨，又称九条衣；专门掩盖上半身而披之衣——有哆罗僧，又称七条衣；做日常劳务时或就寝时所穿上衣——安陀会，又称五条衣。由诗中娴熟引用的佛学术语，可知林希逸对佛教戒律十分了解。

（3）震上人。《大正藏》里记载有震上人所写诗歌，林希逸《续集》中有《二偈赠余干震上人》："芝云深处远携筇，行遍闽山访野农。问我旧游诸大老，云渠识涧住依松。老漆园仙数卷书，最佳公案是观鱼。濠梁水上宁无影，悟得应知我与渠。"诗中概述了震上人在福建的行踪，以及自己与震上人的交情，今江西省东北部有余干县。

（4）玉上人。林希逸《续集》中有《和柯山玉上人三首》："身如孤鹤万缘空，吟得交情底许浓。我老学禅无长进，相逢却讲少陵宗。""闻说高人意已消，非坡谁解识参寥。何年共赋浮花雪，一棹清溪两岸苕"。"赞尽俱佳见似亲，殷勤远寄证前因。虽然说我梦中梦，却要知渠身外身。"诗中所写缘、空、禅、前因、梦都是鲜明的佛学术语，诗人说虽然自己身如孤独的野鹤，感慨万缘皆空，但与玉上人的交情却依然很浓厚。自己因年迈学禅无甚长进，故而一味谈论杜甫诗学，不想玉上人诗心已逝，因而自己尤加感到寂寥。这三首诗只是对玉上人诗歌的和诗，可惜暂未见到玉上人之诗，不能总体观之。柯山，在今绍兴一带。

（5）白沙和尚。林希逸《续集》中有《三偈寄白沙和尚》："迭石为梁岁月遥，溪神毒发恣飘摇。万事有缘人赞叹，白沙师造赵州桥。""桥长百丈架溪横，半水工夫次第成。人言不是慈悲力，那得霜冬暖又晴"。"作缘道者信难哉，小工石匠亦持斋。世间苦行谁能此，为向白沙会下来。"宋代佛教的寺院经济也比较发达，其中僧人的待遇也相应提高，历来寺院都会参与社会的一些公共建设，兴办各种社会福利事业。由诗中可知，白沙和尚就赞助修建了石桥，作者感叹法师的慈悲之力，给人们带来了方便。福州市闽侯县西北部有白沙镇，考虑到林希逸老年活动都在闽东一带，白沙和尚当是今闽侯白沙镇人。

（6）介石智朋禅师。林希逸为《介石禅师语录》作序，整篇文章就像是一则禅宗公案，禅意深厚。提到介石师曾拜访杭州径山万寿寺浙翁如琰禅师，并经黄龙慧南禅师的三问，学问高深。倘若林希逸无一定佛学素养，恐怕介石语录连读懂都有困难，遑论为其作序。

（7）剑关子益禅师。《全宋文》录有《续藏经》第二编第二十七套第一册《剑关子益禅师语录》中，记载有林希逸咸淳庚午（1270）撰《剑关禅师语录序》①，简述了与禅师的相识因缘，评述了语录的特点。剑关，名子益，剑州（四川省剑阁县）人，弟子叫宗泽。

（8）断桥妙伦和尚。断桥和尚，名妙伦，俗姓徐，今浙江天台人，于广慈寺出家，晚年居净慈寺，《全宋文》录有《续藏经》第二编第二十七套第三册《断桥妙伦禅师语录》卷首，有林希逸咸淳初元（1265）人日撰的《断桥和尚语录序》，称语录"老辣痛快，险怪奇绝，实语诳语，句句皆破的"②，有大机大用。另《全宋文》还录有《佛法金汤编》卷一五《续藏经》第二编乙第二十一套第五册中，有《断桥妙伦禅师塔铭》③，可知林希逸与断桥妙伦禅师气味相投，文学往来密切。

（9）枯崖和尚。名圆悟，字肯庵，号枯崖，称悟上人，福建福清人，曾为偃溪径山掌记，偃溪以高第称之，与朱熹友善，能诗会画，有《枯崖和尚漫录》《枯崖集》。林希逸《续集》中有《悟书记小稿序》，其中提到上人有《枯崖集》二编，请林希逸序之，即此文。后上人捐资重修泉州兴福寺，林希逸作《泉州重修兴福寺记》，另有现存于日本的《枯崖和尚漫录》，《全宋文》中还记载林希逸为上人还作《枯崖和尚漫录跋》④，《枯崖集》《枯崖漫录》皆非同时之作，加之枯崖和尚捐资修建兴福寺，这些事件应该是在一个较长时间段内发生的，可知林希逸与枯崖和尚的交往时日较长。

（10）育王寂窗有照禅师。福建闽县人，俗姓邓，是天童镜禅师法嗣，后移至福清之黄檗山，这时林希逸时常与禅师论心法，拳拳服膺，后禅师

---

① 曾枣庄、刘琳：《全宋文》，上海辞书出版社 2006 年版，第 345 页。
② 同上书，第 345 页。
③ 同上书，第 96 页。
④ 同上书，第 350 页。

欲往西禅寺，疑在福州，今福州有西禅寺，林希逸《续集》中有《送黄檗老子住西禅》，云与禅师"老来得友如师少，别去伊谁伴我闲"，表达对禅师之欣赏留恋。可知林希逸在年纪比较大的时候与禅师相识相知，一见如故。

2. 为僧诗、佛画撰跋。宝峰禅师的弟子与林希逸同乡的僧人有诗集，林希逸撰《乡僧诗集跋》。另撰有跋诗《清古源以隆茂宗画华池佛求跋》："画如禅有派，此派自公麟。试我银丝法，幻渠金色身。淡无脂粉气，清与雪霜邻。具眼须珍惜，休将示俗人。"还有《得大慧顶相有亲笔赞》："见师画像如师活，聚散如何呼又喝。似与不似吾不知，却是梦中青直裰。"能为乡僧诗集撰跋文，可知林希逸礼佛在当地是人所共知的，乡僧才会找上门来。有人能赠送禅师的顶相，可知其人知道林希逸对禅师画像必有浓厚兴致，对禅师画像的兴致直接表明了林希逸对佛禅的兴致。

3. 喜读佛书。林希逸曾说："我学之癖，公讥近禅。"公，指刘克庄，林希逸自云学问的癖好，所谓癖好，就是特别、尤其偏爱之处，刘克庄云近禅，可见林希逸受佛学影响之深。林希逸文集中运用佛学术语极其娴熟，诗文中也有浓厚的佛学思想，显而易见是读了许多佛学的书。在林希逸《续集·见陈贵谊》中，他明言自己"得禅关"，"好佛书"，在《续集·书窗即事》中，他亦说自己"喜读佛书"，在《续集·重建昆山县广孝寺记》中说"余观《高僧传》"，并从整体上评价高僧的行为。在《悟书记小稿序》中说"余以书生而喜古尊宿言句"等，对于自己好读佛书，林希逸一表再表。不仅如此，他还点评前人与佛有关的诗歌。《续集》中有《读子厚李华释氏二碑作》："佛学纷纷半是非，若为疑议到昌黎。柳推性善碑南岳，华指心宗传左溪。有诞有微须自别，或排或赞总非迷。痴人但道书皆好，读得明时论易齐。"分别是对柳宗元的《南岳弥陀和尚（承远大师）碑》和李华的《故左溪大师碑》的文字，进行纯粹是佛学派别教义的点评。

4. 为圆寂僧人作塔铭。"塔铭，是一种刊刻在塔上或埋葬于塔中的文本，主要以记录起塔概况或葬者生平。"[①] 林希逸所写塔铭，多记录禅师生平，他为五位禅师撰写了塔铭，其中一位是为断桥妙伦禅师撰写，前已述

---

① 潘高凤：《唐代塔铭研究》，硕士学位论文，浙江大学，2010年，第5页。

及，另四位是：径山偃溪佛智禅师，《续集》中有《径山偃溪佛智禅师塔铭》；鼓山愚谷佛慧禅师，《续集》中有《鼓山愚谷佛慧禅师塔铭》；前天竺住持同庵法师，《续集》中有《前天竺住持同庵法师塔铭》；慧通太师，《续集》中有《慧通太师真身阁记》。其中都简述了禅师的生平、与高僧的法缘及佛学造诣，可见林希逸对法师的熟悉，对佛门弟子的关注。

5. 好友多为好佛禅者。人以群分，物以类聚，有共同价值观的人，很容易走到一起，并引起共振。如林希逸好友刘翼，在其《心游摘稿》中，可发现他思想中有深深的佛禅味，如《心游楼即事》："禅坐宁离此意行。"《癸卯十月同林子宜拜扫先师乐轩墓因和南谷寺壁间韵》："对佛拈花亦偶然。"《答林昌宗诗筌韵》："老去仍知默是禅"。《山寺听雨》："烧柴煨芋佛家风。"《梦呈乐轩先生既觉不失一字录呈竹溪玉堂》："当年四海从游者，报佛深恩有几人。"《题平远轩呈竹溪玉堂》："来扣佛三昧。"处处体现出佛学蕴意。

如林公遇，在青年时期就开始隐居，终生不仕，将思想中的隐逸情怀付诸行动，这样的人是林希逸一生最密切的朋友。如刘克庄，也和"僧人的交往十分频繁，关系甚为密切，因而他写到僧人的作品也甚多"①。作为林希逸挚友，"刘克庄所交往的僧人皆有极高的文化素养，而且都是刘克庄的诗友"。"可以说，这些僧人主要是文化人士，而绝非一般意义上的佛教徒。"② 刘克庄的佛禅友人甚多，综观林希逸所交之僧友，与刘克庄如出一辙。这些僧人文化水平较高，能吟诗作文，多数有诗稿传世，是僧人中知识水平较高的一个群体，而非只知吃斋念佛、胸无点墨的下层贫苦僧侣。

（二）对佛事的热心

仅在《续集》中，可见到"寺"字出现 83 次，可知林希逸与寺院关系之密切。他时常去寺院，有时是游览，如《游应天寺》，有时是休闲会友。在实际生活中对佛事的关心，主要体现在为寺院撰写多篇记。具体有：《重建昆山县广孝寺记》《重建敛石寺记》《泉州重修兴福寺记》《重造应天寺记》《潮州开元寺法堂记》《开元寺法堂记》《西亭兰若记》《重

---

①　王述尧、刘克庄：《与南宋后期文学研究》，东方出版中心 2008 年版，第 121 页。

②　同上书，第 122 页。

建永隆院记》《寿圣禅寺记》《行在仰山孚惠二王庙记》。其中多是简介寺院的历史，修建的过程，寺院的布局，以及其中各种矛盾和艰难。建寺，当然是一件大事情，无论是对于当地百姓还是对僧侣本身，对建寺的关心，自然也是对僧侣、对佛教的关心，林希逸有机会撰写如此多的建寺记，说明他关心寺院的名声在外，相关人员才会来请记，林希逸会认真的撰写出这些记，自然是体现了他对僧佛之事的关心与悲悯。

（三）大量引佛禅入诗

从字面看，在《续集》中，"禅"字共出现82次，"佛"字共出现85次，"僧"字共出现89次，"缘"字共出现68次。在汲古阁本的《竹溪十一稿诗选》中，这几个字分别出现7次、4次、5次、5次。

《续集》中提到"贝叶"4次：《和后村口占一首》："休梦笔花寻砚滴，但看贝叶守灯龛。"《和桃巷吏部用鄙韵》："应笑溪翁耽贝叶，但寻破寺访丰干。"《金天移文》："何怀贝叶书，有意采莲曲。"《见陈郎中（贵谊）》："自解芄兰之佩，即贪贝叶之书。"其中贝叶的意思，都是指佛书，几乎是从青年时期开始，就对阅读佛经有浓厚的喜好。

《续集》中提到"维摩"3次，《和后村记颜》："但拥维摩几，时时阅贝多。"《和后村喜大渊至》："问疾维摩本不任，招延多谢屡挥金。"《有感》："坐蒲团守书卷，长年恰似病维摩。"其中维摩的意思，都是指代早期佛教著名居士、在家菩萨——维摩诘，其佛意不言自明。

以上所计佛、禅、僧、贝叶、维摩，基本无歧义，非常直接地表明林希逸对佛禅的喜好，其分散在文集中，合计的密度是很高的。在《老子鬳斋口义》《列子鬳斋口义》《庄子鬳斋口义》中，也有大量援引佛禅入文的例子，这一点放在下一章再论。

三　佛学态度与根本原则

（一）对佛学的基本态度

林希逸诗文中，多处流露出一种佛学韵味，体现了他对佛学思想的接纳和基本态度。主要体现在以下几个方面：

1. 人生如梦之叹。在林希逸《续集》中，仅"梦"字就出现143次，其中多数意思，即是表明人生的虚幻。《竹溪十一稿诗选》中，这种情绪体现得也非常明显且频繁。仅举数例："人世空花，短长皆梦。""人世空花，翕然聚散。""人世匆匆，千载一梦。""佳客过从聊把酒，浮生聚散似团沙。""万劫总如萍聚散，一身几见树荣枯。""人间万事皆儿戏，注目长空送暮鸿。""闲寻往事浑如梦"，"聚散萍来去，悲欢梦短长"。"一别三秋喜我过，旧游如说梦南柯。""事随鸿去今如梦"，"旧游回首梦炉亭"，"闲寻往事浑如梦"，"我思宫锦袍如梦"，"紫薇旧伴今如梦"，"千古纷纷皆梦事"，"匆匆四十年间梦"，"人间梦先破"，"虽然也作人间梦"，"跃马卧龙皆梦事"等。读这些诗句，不由得感到人生就是一场梦，千年的历史也是一场梦，名利也是一场梦，过去的事情也是一场梦，人间万事都是一场梦。他说人生如客，寄居在这尘世间，一切看起来都是一场梦罢了，在《竹溪十一稿诗选·晴窗放言》云："真宰良自劳，人生况如客。"说人生如露亦如电，如"人生如露可奈何"等。这些诗句，都体现着万事万物如一场梦，一场戏，其中很明白地体现出一种"是身如幻本来空"的佛学内蕴，因为他以为"万缘总是假非真"，更明言"壮怀何必风云入，净念须看露电如"，这很明显是来自《金刚经》中有名的四句偈子，所以人生如梦、如空、如客、如露亦如电，应作如是观。

2. 淡泊名利之态。既然人生如梦，那么所谓的功名，也就终是竹篮打水一场空，是些虚名假利，所以不必留意，因而自己"不求名贵显达，只求闲云野鹤"。更有多处表明对于人间名利的淡漠："蝇头蜗角人间事"，"渔翁学士皆闲梦"，"何必红云班立鹄，只愁赤壁网无鲈"。"浮生宠辱浑闲事"，"生来虽欠封侯骨，未羡凌烟阁上图"。他认为对于自己来说，"功名只怕命元无"，"功名会上前缘薄"，"生涯宁薄吾无愧，分外求多天亦嗔"。"已喜尘缘断"等，自己的前世大概已经注定了与功名缘分浅薄，所以也不打算多求，否则只恐老天嗔怪，因而表示出对名利的淡漠不强求，一切名利，只是一场梦，只有真正的道，才能让他感到深厚长远的意义，所谓"可但功名须久远，也知道味更深长"。只有隐逸山林，才是真趣味："既得林间趣，甘为局外人。"

视竹林七贤为理想对象。在《竹林七贤》中云："赏静偏怜竹，宜人况有林。七贤同远趣，千载有遗音。避俗来深处，披衣卧绿阴。玉人三四辈，风箨短长吟。翠入刘伶酒，声随叔夜琴。溪干唐六逸，先后许论心。"《山有仙则名》："旧闻终缥缈，何似竹林贤。"表明自己与七贤同趣，喜欢避俗，隐居山林。唐六逸，指李白居鲁，与孔巢父、韩准、裴政、张叔明、陶沔在徂徕山竹溪隐居，世称"竹溪六逸"。七贤与六逸，都隐名利之外，以七贤为知音，写出他对逃离俗世，忘却名利的梦想。

3. 安于贫困之心。由《续集》可知，林希逸老年生活比较贫困，其中"贫"字出现90次，林希逸屡屡直白生活的贫困，他贫到要去典当衣服："屡典衣偿直，因痴不恨贫。"他家里经常没有钱："家苦长贫恨少钱"，"列屋饥贫几似鹤"，"华门鼠忧多唧唧，我贫不厌爪牛窄"，"中年为拙辞宫锦，晚岁虽贫笑汞金"，"贫惯人人嗤不管"。他贫到饮食清淡："淡薄杯盘莫厌贫"，"相看各喜贫强健"。他贫到无钱买药、吃饭："仆贫何计求珍剂"，"来往莫嫌贫问讯"，"我贫冬春苦不足"，"清贫聊且守家传"。贫到没有酒喝："樽中美酝为贫空"，贫到家徒四壁："柴门四壁愧贫居"，贫到过生日都没有像样的食品："樵风泾之陈人，贫无汤饼；仆诵子平之《易》，自乐一贫"，虽然为官几年，但依然"几年漫仕贫如故"等。

虽然很贫，但林希逸却安于这种贫，他主张"世缘随顺不妨贫"，也许没有人会理解他这种贫，"他年谁解傅寒贫"，但自古至今的贤人，多数都贫："山深林密乐吾真，从古吟人例是贫。"他忧愁的是道如何行之，而非自己个人的贫："老守寒溪作逸民，未尝忧道况忧贫。"认为这种贫是千金难买的："千金犹莫买，一字实堪贫"，鉴于此，自己很能安于这种贫的境况："痴人多见算穷通，我亦痴人却耐穷。"

安于贫困，与之前所论思想近佛禅是一致的，因为深受佛学思想的影响，而感到人生空幻，所以才看淡名利，追逐山林隐逸之趣，所以心理上完全能够接受贫穷的状态，且乐于此。

（二）对佛学的根本原则

林希逸与佛门有如此深的缘分，他深信佛学理论，并看似完全认同佛学，而在他的思想深处，对佛学的态度，却不能由上述直接推出一个结论，实际上他对佛学的根本态度，与他的表现甚至是相悖的。

1. 喜读佛书非佞佛。佞佛，指谄媚佛，讨好于佛。林希逸《续集》中有《和后村二首》云："但喜僧歌不坏庵，可曾佞佛学和南。"《书窗即事》："喜读佛书非佞佛，赋游仙曲岂求仙。"和南，有稽首、敬化、度我等意思，指自己不会因为要讨好佛而去真的出家。他只是喜欢读佛书，赋仙曲，并不是为了要讨好佛家，或是讨好道家。《东涧以且静坐三字赠莆阳郭堂长阳岩谓莫作禅会名言也用韵一首》："作镜如何砖可磨，个中方法似无多。定而能静吾师也，不比伽趺佞佛何。"伽趺，是佛的一种坐法，他说安定，然后能静，就是自己的老师了，不用为了讨好佛而真的去结伽趺坐。所以，虽然"枯铛了尽残生事，暗想空山老衲衣"，对于出家，只是心里想想罢了，不会真的付诸行动。

在《见陈郎中（贵谊）》中，林希逸比较明确地阐述了自己对佛学的一些看法，他"自解芄兰之佩，即贪贝叶之书"，自青年时期开始，就喜欢读佛书，年长后，"痴因好佛蒙嗤诮"，因为好佛遭人嘲笑，他依然如故。但也仅止于此，他说自己实际上是"得禅关而不谈禅，好佛书而不事佛"，以林希逸之聪慧，也领悟了诸多禅学的奥妙，他相信佛主张的"万事信前缘"，可是，他还是不会真的在实际行动中奔赴、从事、发展佛的事业。这是他对佛学态度的重要体现之一。

2. 在世界观上排佛。从根本上讲，理学家们信奉的还是儒学，对佛教的批判从宋初就开始了，他们批判佛教剽窃老庄，批判佛教破坏纲常，批判佛教的世界观和人生观①，虽然理学内部存在分歧，但在批判佛教这一点上，理学家的态度却是基本一致的。林希逸在《续集》中亦明言："释氏之道亦幻矣。"这是对佛教的万物虚幻的理论的明确驳斥。他说佛教"其书固至矣尽矣，不可有加矣；其心亦愚之侮之，而一切诳之。佛之至意，则无愧于孟子舆；佛之不恭，则有甚于柳下惠"。这里的批评就很严厉了，说佛的一套理论，只是为俗人所设，其书所云一切皆是欺骗、瞒哄蛊惑人心的错误言论，甚至说佛的不恭敬比柳下惠过分多了。儒家以为"形骸内也，而佛以为外"；儒家以为"食色性也，而佛以为邪"，儒家以为，善者，元之长，创造出世界是最大的善，可是佛家却认为毁灭一切是最大的功，即儒家"以乾坤之德生生"，而佛家以"涅槃之功灭灭"。林希逸以儒学为范来规佛学，则发现佛学是与儒家完全相反的一套歪理邪说。既然得出这样的结论，想要林希逸去从根本上认同，显然是不可能的。但是，他为什么还是会读佛书，用佛语，与佛门多有往来呢？那是因为下面这一点。

---

① 赖永海：《中国佛教通史》（第九卷），江苏人民出版社 2010 年版，第 63—70 页。

3. 将佛学思想当成一种工具。在南宋中后期，"既然理学受到朝廷的重视，信奉理学成为做官入仕的必要途径，于是南宋末年的官员几乎都自认为是理学的信徒"①。林希逸也一直把自己的思想定位为理学一家，所以对于佛学，他认为只是儒学的一个辅助。

"盖帝王之世虽不容妖幻之谈，而天地之间实难去清虚之说。"尤其是在宋代，"佛教已经被社会广泛接受"②，从皇帝到士大夫，从商人到平民，想要从社会上去除掉佛学思想，几乎不可能，但广泛接受，并不等于全部认同。从皇帝来说，"宋孝宗敬佛礼僧，但并未放弃以儒学为治国之本"③，对佛教策上的扶植，目的只是为了利用，将佛学思想作为一种工具，维持其统治，"英宗、神宗、哲宗也都把佛教视为可资利用的思想工具而大力提倡"④，到南宋时期，更是如此。从士人来说，"不少人认为，学佛是学儒成圣贤的捷径"，"到南宋时期，这种情况更加严重"，甚至连学校、科举都受到影响⑤，由此可见佛学深入社会的程度。

林希逸认为："六经之力微而释氏作。仲尼以庄说，而释氏以矫说。仲尼化善人，而释氏化恶人。"可见是将佛学看作儒学的补充而已，佛学在思想构建中是工具性、借鉴性，而非主体性，更没有取儒学而代之的可能。从功利方面讲，学习佛学，士子为的是更快成贤入圣，更快升官发财；从思想方面讲，是为了更好地研习儒学，更好地丰富儒学体系，所谓"诗家格怕无僧字，圣处吟须读佛书"，而占据他们思想根基的，依然是儒学。

综上所论，从所有可见材料上看，林希逸都与佛门缘分稠密，他思想上有深深的佛禅思想烙印，但却又明确表示不崇信佛学，他将自己的思想根基明确定位为儒学。这无论是对于理学，还是佛学，他都是一个不彻底主义者。对于这种矛盾，早有学者指出："在中国思想史上就出现另一种非常奇特的现象：一方面，他们进来装扮出'辟佛'者的模样，以维护自封的儒学'正统'地位；另一方面，却又对佛教、对禅宗倍加赞誉，感叹

---

① 何忠礼：《南宋政治史》，人民出版社2008年版，第350页。
② 闫孟祥：《宋代佛教史》（上），人民出版社2013年版，第53页。
③ 赖永海：《中国佛教通史》（第九卷），江苏人民出版社2010年版，第71页。
④ 郭朋：《宋元佛教》，福建人民出版社1981年版，第5页。
⑤ 闫孟祥：《宋代佛教史》（上），人民出版社2013年版，第90—91页。

良深，甚至在语言、文风上也尽量地模仿。"① 鉴于儒家思想的官方统治地位，以及林希逸阶级立场的束缚，林希逸自己一直以儒学为思想正宗，以佛学为外在工具，目的是为了辅佐儒学匡扶正道。他和许多宋代的理学家一样，"出入于释老，在吸收佛道两教尤其是禅宗思想精华的基础上，构建儒学的本体论和道德修养体系，完成儒学重建的任务"②。这是林希逸好佛的原因之一。

其次，"宋代士大夫通过其佛教活动中的知识性探求（如经教阐释）与信仰性实践（如佛教修行、宗教结社），试图超越当时朝政所充斥的朋党之争、党禁之锢，在政治活动与文化意识中寻求思想自主、信仰开放的平衡"③。另外，也是作为平衡心理的手段，"把丛林当做避世、逃世的退路，为政治失意者提供精神上的慰藉和人生出路"④。这一点已有前辈论述的很清楚了，在此不再展开。

按包弼德所云，要正确的为人归类，"思想意识是确定身份的关键"⑤，如果从林希逸自己本人来说，他一定毫不犹豫地将自己归为儒家，但若客观依据他思想的实际情况来看，恐怕他也可能属于佛家，考虑到"程朱理学，在很大程度上，是外儒而内佛的"⑥，所以说他是一个理学家，是符合实际的。

第二节 林希逸的文学思想

林希逸现存的文集《竹溪鬳斋十一稿续集》，其中收录的多是文学作品，《竹溪十一稿诗选》中就完全是文学作品了。他的文学理论和成果，也多是体现在这两部书稿中，本节所论林希逸的文学思想，重点围绕这两部著作展开。

---

① 郭朋：《宋元佛教》，福建人民出版社 1981 年版，第 99 页。
② 赖永海：《中国佛教通史》（第十卷），江苏人民出版社 2010 年版，第 61 页。
③ 赖永海：《中国佛教通史》（第九卷），江苏人民出版社 2010 年版，第 87 页。
④ 杜道文、魏继儒：《中国禅宗通史》，江苏古籍出版社 1993 年版，第 379 页。
⑤ ［美］包弼德：《斯文：唐宋思想的转型》，刘宁译，江苏人民出版社 2001 年版，第 20 页。
⑥ 郭朋：《宋元佛教》，福建人民出版社 1981 年版，第 73 页。

一　诗文概论

在风格上，"自黄庭坚开创江西诗派后，北宋末叶以迄南宋中期的诗坛差不多都是黄氏及其后劲的天下"①，在主题上，南宋文坛最值得注意的现象，恐怕就是爱国主义思潮在诗文中的体现，也涌现出了一批以表达时代精神为主题的著名诗人，如范成大、杨万里、陆游、辛弃疾等。到南宋后期，这种潮流依然如是，但著名者寥寥，仅有文天祥等少数卓越者，反倒是永嘉四灵和江湖派诗人占据了鳌头。永嘉四灵以反对江西诗派的态度出现，主张诗歌应该抒写性灵，一样的反对江西诗派，而出自社会底层的江湖诗派，则多抒写忧国忧民之怀、行谒江湖之悲、羁旅之苦和友谊之求②，这两者的共同点是，诗人们大多生活范围狭小，见识有限，才气不富，必然导致诗歌的气象不会宏大壮美。张宏生依据社会地位较低、活动在南宋中后期、作品被大部分江湖诗集收录、与陈起有唱酬以及传统看法这五条原则③，考证了 138 位江湖诗派的成员，其中包括林希逸。

林希逸诗文在当时小有声名，一是因为他的诗文本身有自己的特色，二是刘克庄的极力推崇。但影响力甚微。在之后各类的宋诗选注中，林希逸的诗歌极少被选入，只有当某个宋诗选注的版本数量极大时，才会出现林希逸的诗歌。陈起编辑的《宋五十六家诗集》④ 等其他著名诗歌选集中，都没有林希逸的诗作。连《宋诗钞》⑤ 这样大型的诗选，也不曾收入林希逸的诗作。在近代以来的各类宋诗选集中，最著名的当属钱钟书的《宋诗选注》，其中选了刘克庄的诗，并尖锐指出刘克庄诗歌的不足，但却并未选让刘克庄十分崇拜的林希逸。《千首宋人绝句校注》⑥ 中，见到收有林希逸两首诗《乐轩先师挽词》《物理（二首）》。《积书岩宋诗选二十五卷》⑦选林希逸五言排律两首：《杜鹃》《山村暮归》。诗名与小抄本略有差异，这大概是不多的选录了林希逸诗歌的选本。林希逸的诗论，曾被收入吴文

①　孙望、常国武：《宋代文学史》，人民文学出版社 1996 年版，第 201 页。
②　参见张宏生《江湖诗派研究》，中华书局 1995 年版，第 44—76 页。
③　同上书，第 296—297 页。
④　《宋代五十六家诗集》，宣统庚戌刻本。
⑤　吴之振、吴留良、吴自牧选，管庭芳、蒋光煦补：《宋诗钞》，中华书局 1986 年版。
⑥　吴战垒：《千首宋人绝句（修订本）》，浙江古籍出版社 1988 年版。
⑦　顾贞观：《积书岩宋诗选二十五卷》，国家图书馆藏清康熙刻本。

治主编的《宋诗话全编》①。而迄今为止的几乎所有的图书馆所藏的各种版本的文学史中，都未见有提到林希逸，即便是宋代的断代文学史，如《南宋文学史》②《宋代文学史》③，也只字不提。由此可见林希逸的诗歌影响不大，但这并不意味着林希逸的诗歌不值一提。

关于他诗文的研究，直到近几年才被关注。比较详细的有两篇硕士论文，题目都叫《林希逸诗歌研究》，具体内容绪论部分已有介绍。在此基础上，本书试拾遗补阙，在林希逸的文学思想方面，有所推进。

二　文学思想渊源

（一）崇尚杜甫

杜甫，字子美，自号少陵野老，后世也称其杜少陵，杜草堂。林希逸在《续集》《诗选》中计提到"子美"16次，他自比如子美之贫："羞涩囊如子美空"，"老我阨穷如子美"，也以子美之文论文："断无子美警人语"，"其飘洒即谪仙，其浑重即子美。"提到"少陵"10次，提到"杜翁"1次。明言喜欢少陵之文："我老学禅无长进，相逢却讲少陵宗。"多处以少陵自比："堪笑少陵高自比，到头老大始知愚。"提到"杜陵"5次，有"许身却笑杜陵翁""杜陵野客之家，谁来剥啄"等。

在林希逸的老师林亦之不多的诗话中，也能看到他对杜诗的赞许："君今失意还山窟，少陵诗集如明月。"④ 在陈藻的诗话中，也能看到同样对杜诗的推崇："谁解吟诗追李杜，何须涉海访蓬壶。""麻鞋奔走杜陵翁"，"杜陵尊酒罕相逢"⑤。可知林希逸对杜甫的尊崇，不仅来自当时诗坛的影响，更是师门风格的余响。

（二）崇尚黄庭坚

黄庭坚，字鲁直，号山谷道人，晚号涪翁，洪州分宁（今江西修水县）人。《续集》中计提到"涪翁"7次。在《竹溪十一稿诗选·读黄诗》

---

①　吴文治：《宋诗话全编》，江苏古籍出版社 1998 年版，第 8642 页。

②　王水照、熊海英：《南宋文学史》，人民出版社 2009 年版。

③　孙望、常国武：《宋代文学史》，人民文学出版社 1996 年版。

④　王传明：《林亦之诗话》，吴文治：《宋诗话全编》，江苏古籍出版社 1988 年版，第 6267 页。

⑤　同上书，第 8895—8896 页。

中云："我生所敬涪江翁，知翁不独吟诗工。逍遥颇学漆园吏，下笔纵横法略同。自言锦机织锦手，兴寄每有《离骚》风。……颉颃韩柳追庄骚，笔意尤工是晚节。……当时姓名比明月，文莫如苏诗则黄。"另在《黄绍谷集跋》中云："余初学诗，喜诵涪翁诸篇，谓其老骨精思，非积以岁月不能也。"都直率坦白的表示喜欢涪翁。

提到"山谷"19次。他引用黄庭坚的话："山谷云：'东坡简札，字形温润，无一点俗气。'""山谷谓右军《兰亭》，无一字一笔不可"，评论诗坛以黄庭坚为标准："今言诗于江西，大抵以山谷为的。""山谷所谓文章切忌随人后，正此戒也。"为黄庭坚帖撰《跋山谷与魏彭泽四帖》等，都表明对黄庭坚诗歌的认可。

而黄庭坚诗风的来源，胡云翼早有高见，认为"第一个给影响于山谷的是陶渊明"，"第二个给影响于山谷诗的要说是杜甫"①。这就容易理解，林希逸也同时受到这几个人的影响。

（三）崇尚陆游

陆游，字务观，号放翁，今绍兴人。林希逸在《续集》中共提到"放翁"17次，对陆游极尽赞美，试举数例："纵令经有千名佛，敢道诗无两放翁。"林希逸以为，可以讲诗坛上没有第二个人作诗有陆游这么好的。"中兴以来，诗之大家数惟放翁为最，集中篇篇俱好，其间约对诸史诸书，搜索殆尽，后村已尝言之，余尝于其七言律诗中得其警联"，提到自宋中兴以来，作诗的大家，陆游堪称第一，林希逸将其中"有天矫不穷之妙者"，录在其《续集》中。又云："东坡之文人皆知敬之，而公之诗犹有妙处，尤长于叙事，即其文法也。"又在诗评中引陆游语："放翁曰：'俗人为俗诗，佛出救不得。'"可见林希逸对陆游诗歌成就的肯定，以及对陆游文学成就的向往。

（四）崇尚陶渊明

林希逸在《续集》中提到"渊明"5次，主要是钦慕渊明远离世俗之风格，有"归爱渊明之菊"，"宁荷渊明之锄乎"等。在《竹溪十一稿诗选》中他用陶渊明来比喻好友林公遇，《寄林寒斋》："此是渊明向上人，

---

① 胡云翼：《宋诗研究》，巴蜀书社1993年版，第61页。

少年早已谢簪绅。"林公遇是最得林希逸心的朋友，他用陶渊明来比喻他，可见他对林公遇感情真实而深厚，这种对渊明诗风的倾慕，自然会体现在他自己的诗歌创作中。

林希逸在《己巳生日回新建安徐山长启》中对徐山长："文擅众长，学参诸老"表示赞同，他自己在文学上也是遍参诸老，以上名家的诗文成就引起林希逸深深的敬佩，也影响林希逸的诗文创作，他会在自己的文学实践中学习，同时，这种影响也体现在他对诗文的评价。

三　文学价值观

有关文学的价值，是一个古老的话题，历来有各种主张。林希逸的文学价值观，集中体现在他对文道关系的认识上，可概括为：文道并重。

（一）文寄于道

林希逸在《陈西轩集序》中云："士莫难于知道，文直寄焉尔。因其所寄，而后知者存焉，然则文亦不可忽也。茫茫宇宙，知道者能几，苟有矣，存而用不见于时，没而文不垂于后，是非尚论人物者所惜哉！"这段话表明了林希逸对于文寄于道的看法。对于士来说，道是隐秘难知的，知道是最难的，道是文辞的宿主，文寄托于道而存在。因为这种寄托，人们才知道文的存在，然而，文也是不能忽视的，因为知道者毕竟是微乎其微的，即便有，若不被世所用，去世后，没有文字来记载其思想，那也是非常可惜的事。所以他对有道有文者，非常敬重，赞扬西轩陈先生是"有道有文者也。生游洋万山中，而学得圣贤之心，文接神明之奥，趣诣幽眇，出吻芬葩，率皆蝉脱于尘浊之表"。有道有文，游于万山之中，学得圣贤之心，这是很高的评价了。

（二）道先文后

在《续诗续书如何》中林希逸云："圣经之终始，盖与造化参焉，非人力所能与也。夫圣人作经，非以自求名也。古今天下有不容无者，圣人亦不得而自己也。造物者发其机于千百年之前，圣人者成其书于千百年之后，圣人与造化相为期也。是机既息，虽圣人复生，亦无所措其笔矣，况区区言语文墨之士哉！"道是造化之秘，非人力所能及，圣人与造化相期许，故书之以文，并非为求得声名。待玄机已逝，即便圣人再现，也难以以文释道，更何况一些专门舞文弄墨的浅薄之徒呢。这依然强调的是，道是主体，借文以表达。

（三）文道结合

学不害道。在《读昌黎与孟简书作》："学能害道义当排，深浅还须究竟来。动静理如双转毂，危微心要两俱灰。"有人认为学能害道，林希逸认为这种说法是不对的，还是要看具体的情况，动静之理恰如转动的车轮，车轮在动，而车轮中心的车轴却是不动的，人心惟危，道心惟微，这两个都是理论上的说法，实际的情形与此有差异。

文宜世用。"宋人对'文'的要求，一言以蔽之曰'文以载道'。"①这也是王水照所总结的宋学之"道"的文学表现：载道与用道。② 林希逸也持这种观点，他在《己巳生日回黄掌祠启》中说黄掌祠："学得亲传，文宜世用。"在《汉之为天数者如何》中云："论一代步占之学，而取其有益后世者言之，此儒者著书之盛心也。"用文字著书，阐述一代学问，以有益于后世，这才是儒者著书的出发点，也是文字实际应用，与道结合的结果。在《前天竺住持同庵法师塔铭》中云："苟获造其玄微，岂必离于文字？"指要获得天地间之玄机，不是必然要离开文字去求得，文中也有道。

四　文学创作观

（一）文亦难工

在《续集·刘侯官文跋》中林希逸云："文亦难工矣，虽从前大家数，亦未尝不磨以岁月，而后得之。自韩退之有'如是者有年'之说，至老泉乃曰：'其始也骇然以惊，其久也豁然以明。及其胸中之言日益多，不能自制，试出而书之，再三读之，然后浑浑乎觉其来之易也。'此非沈潜之深、悟入之奥，无缘有此语。"要写出好文章，是很不容易的事情，即便是一些文学大家，也都要经历生活的磨砺才能得之，连韩愈都说自己常年如此，这个观点，古今皆然。文亦难工，是林希逸为文的总体观点。

文字有玄机。对于终生和文字打交道的人来说，对文字都会有自己的

---

① 张伯伟：《中国古代文学批评方法研究》，中华书局2002年版，第58页。
② 王水照：《宋代文学通论》，河南大学出版社1997年版，第265—268页。

一点认识。林希逸就认为："文字无古今，机键则一，是岂不可两能哉，直患不用力尔。"又说："文字一机尔"，作文虽难，但还是有玄机可捉的，准确理解、掌握文字的规律，洞察玄机所在，佳作也就水到渠成了。下面，就是他提出的一些方法。

（二）学诗如参禅

宋诗中有浓厚的佛禅意味①，无论是士人之诗，还是僧人之诗②。宋代的诗学中，人常以禅论诗，"宋人多好比学诗于学禅"，"盖比诗于禅，乃宋人常谈"③，最著名的莫过于严羽的《沧浪诗话》④，"佛道哲学得以渗透到宋代文学作品之中，创立了'诗禅说'。禅和诗都崇尚直观，通过妙悟，以具象显示抽象，以有限显示无限。正如严羽所说：'大抵禅道惟在妙悟，诗道亦在妙悟'"⑤。"宋代诗话理论中受禅学影响最大者，概括地说就是'以禅喻诗'。"⑥ 此外，禅宗本身的发展，也和宋诗有脱不开的关系⑦。林希逸受到佛学思想很深的影响，前已论及，他的这种佛禅思想，与其他同时代人一样，也自然地体现在文学创作观上。

1. 诗禅一体。在《续集·黄绍谷集跋》中林希逸云："余则曰：学诗如学禅。"他认为学习诗歌，就如学禅，作诗的方法是："彻底书须随字解，造微诗要似禅参。"要仔细体会诗句的妙处，正如"参句似禅诗有眼，还丹无诀酒全身"。他在《痴翁》描述自己在生活中"半似禅宗半似仙"，完全是一个方外高人的形象，不仅是如参禅那样学诗，而且也可以在诗句里体会禅意，"寄心诗句里参玄"，在参禅中学诗法，在学诗中同时参禅，学禅与学诗，已经水乳交融，分不清彼此了。他在《题国清林氏海山精舍》中云："白醉吟翁颇似痴，当仁一见却无疑。但寻来处知归处，莫把迷时待悟时。风过更看云不尽，潮生长与月相随。海山此趣谁能会，也是禅关也是诗。"在外出游览中，他将所看到的美景之趣，风与云相伴，潮

---

① 可参看张文利《理禅融会与宋诗研究》，中国社会科学出版社2004年版。
② 可参看黄启江《一味禅与江湖诗：南宋文学僧与禅文化的蜕变》，商务印书馆2010年版。
③ 钱锺书：《谈艺录》，生活·读书·新知三联书店2001年版，第740—741页。
④ 可参看金燕萍《沧浪诗话研究》，硕士学位论文，浙江师范大学，2009年；刘万辉《〈沧浪诗话〉诗学创新及其对宋元诗学的影响》，硕士学位论文，山东大学，2011年。
⑤ 马积高、黄钧主编：《中国古代文学史》（中），人民文学出版社2009年版，第322页。
⑥ 张伯伟：《禅与诗学》，浙江人民出版社1992年版，第39页。
⑦ 可参看周裕锴《文字禅与宋代诗学》，高等教育出版社1998年版。

与月相随，这种景象既是参禅的关口机锋，也有诗歌的兴味意蕴，诗禅一体相融相交。

2. 顿悟之法。"禅宗教义以悟为本，把悟作为顿见真如本心的根本法。"① 林希逸云："余曰：佛学莫难于顿悟。"在《续集·黄绍谷集跋》中云："禅有顿教，譬之卷帘见道，灭教明心，是所谓一超直入者。固有八十行脚如赵州，白发再来如五祖；而善财童子、临济少年，楼阁一见，虎须一挃，直与诸祖齐肩，是岂可以齿论哉？抑彼宗之法，又有曰善自保任者，有曰长养圣胎者。以吾儒论之，被褐而怀，韫椟而沽，韬而不耀，暗而日章，是则保任长养之道也。"受到佛学思想深刻影响的林希逸，在诗歌创作上，认为诗法如禅法，也要顿悟方能自得，小悟必小得，大悟必大得。只有自悟，才能真正体会到诗法的奥妙。不仅林希逸如此，深受理学的格物致知的认识论，和禅宗的顿悟法影响的宋代诗学，也主张妙悟是宋人诗歌构思的思维特征之一。

（三）以学为文

以才学为诗，这是宋代，尤其是南宋诗为人诟病的一个方面，严羽在《沧浪诗话》中指出："诗有别材，非关书也；诗有别趣，非关理也。"② 其实，这正是针对当时晚宋以才学为诗的缺点而发，而林希逸坚持的，正是以学为文观，具体有以下方面：

学得好，才能写得好。林希逸不止一次地在文中说："学问功深笔砚灵"，只要学问作得好，下笔就会如有神。在《刘侯官文跋》中林希逸云："山居刘君，少掇高科，而学问不少辍。其为文日锐日进，正如秋水方至，而波洄澜激，姿态横生。"他认为刘君为文锻炼华美的原因，正是因为其学问精湛。

要苦学。因为深厚广博的学问，是为文的前提，所以必须要先学问好。而如何学问好，方法是苦学。这一点在林希逸教育思想部分再述，此不赘论。

五 文学批评观

一个人的诗学理想，总是影响着其对诗歌的评判。上述林希逸所崇尚

---

① 张文利：《理禅融会与宋诗研究》，中国社会科学出版社 2004 年版，第 136 页。
② 严羽：《沧浪诗话》；何文焕：《历代诗话》，中华书局 1981 年版，第 688 页。

的几位文学大家，正是其在诗学方面的理想，他们的诗歌风格，正是林希逸所认为的典范，他不仅在自己的写作中学习模仿，而且也以这样的典范来评判诗文。

（一）渔樵气象

林希逸以渔樵自比，《新剑浦郑主簿》："念及渔樵之叟，不厌低眉。"《丙寅回三文书堂尹启》："何意老渔樵之士。"在谒《林郎中》文中，谈道："文辞既非场屋之章程，而言语又有渔樵之气象。"这种气象，主要体现在以下方面。

1. 清。这种诗风，一向被古代文人视为典雅的理想，关于"清"的诗歌风格，蒋寅在《古典诗学的现代性阐释》中有了非常精彩的论述，是近年来关于清的艺术风格论述中的佼佼者。他指出："审美意义上的清，尤其是作为诗美概念的清，首先是与一种人生的终极理想和生活趣味相伴而生的，其源头可以追溯到道家的清净理想。"① 诗人笔下的清，大概有：风景，气氛，境界，情兴，气度，心境，声律，诗风之清几种类型。认为："正因为清是超脱世间庸俗氛围的胸襟和趣味，所以对具体情境的清的感受很大程度上就成了心境的玩味和投射。环境的清也就是心境的清。这种泯灭了世俗欲念、超脱于利害之心的心境正是审美观照的前提，也是诗意的开始。"② 他将清定义为：纯而不杂，文辞简要，超俗高蹈，经久磨炼而成的技巧。认为清的内涵有：明晰省净，衬托尘俗而不猥琐，清绝的凄凉感，新颖，精纯，古雅，弱，这么几种。我们用他的理论去反思林希逸诗文中清的寓意，发现不外乎此。

"清"在《续集》中，一共出现有 217 次之多，除去一些无关于此的，大部分都是表示一种诗歌的审美理想。仅举数例：

形容人之清："可人忽及门，莹骨清照胆"，"清思如君真可爱"，"雅抱清如瀗明月"，"清矣仁未知"，"知君风月满清襟"，"清姿乍见似兰芽"，"见似臞仙清可掬"，"月评甚美况清才"，"贤要思齐慕尚清"，"雅知金耀要清才"，"玉肺冰肠彻底清"，"今君酷喜吟而有清思"，"清名独鹤之标"，"清能见肝胆"，"觌面兴偏清"，"清思竹碎金"，"秀骨清姿玉

---

① 蒋寅：《古典诗学的现代诠释（增订本）》，中华书局 2009 年版，第 61 页。
② 同上书，第 65 页。

雪同", "岭海清声玉雪如", "冰清又玉温", "厚性清达而规模宏远" 等。另有：清使，清名，清谈，清俭，清贫等。理想审美中的清加上心境之清，让林希逸会观察并审视生活中具有清的特点的人，形象雅致淡薄显风采，思维纯洁清晰有条理，不浓厚，亦俭贫，正是人身上清之美的体现。

形容自然景色之清："清晨玉帐方违拜", "清晓秋声枕上闻", "清晓焚香罢", "清晓奴传事异常", "清晓深衣来会拜", "清晓沉思自点头", "一派清流绕屋长", "清与雪霜邻", "秋来余暑未能清", "清晓霜晴不似冬", "清水仁如姑射仙", "云收撤夜清", "独照有余清" 等。另有：清秋、清凉、清风等。环境之清，正反映出心境之清。

形容文辞之清："绝清词翰赋薇花", "吟清字字使人冰", "清吟惠我气舒虹", "清吟思涌似回澜", "其词清放而意闲适", "网山奥而清", "思清而兴远", "其诗清婉而有味，俪语极清新", "琴思清于五柳陶", "赋典丽而诗清新" 等。文辞之清，正是由于思维之清。

形容政治之清："清朝有道吾君福", "无愧是清忠"，另有：清都，清野等。政治清明是其理想。

可见林希逸对诗文之清，这种审美的喜爱。他云："陶谢，诗之典刑也，不假铅华，不待雕镂，而态度浑成，趣味闲适，一字百炼，而无炼之之迹，学者亦难矣。" 以蒋寅对清的寓意的分析，结合林希逸自己的生平经历，他出身社会底层，朝中无人，仕途并不很顺，有浓厚的佛学思想，还有一些性格方面的因素，他尤其偏好这种审美，大致也可以理解了。

2. 淡。宋代理学家的诗，整体体现出一股淡的倾向，"宋代理学家所倡导的审美观有一个较为核心的概念，就是平淡的美，自然流畅的美"[①]。许多理学家，如朱熹[②]、包恢、真德秀等[③]，陈傅良[④]，都体现出追求冲和古淡、平淡雅正[⑤]的诗风。林希逸自云："实中有虚，虚中有实，正诗笔妙处。" 这种求虚的意味，体现出来，正是一种 "淡"。

"淡" 在《续集》中约有以下数端："殷勤妆点淡生涯", "淡云笼昼

① 张秀玉：《宋代理学诗派研究》，硕士学位论文，扬州大学，2007 年。
② 陈庆元：《宋代闽中理学家诗文——从杨时到林希逸》，《福建师范大学学报》1995 年第 2 期；孙望、常国武：《宋代文学史》，人民文学出版社 1996 年版，第 182 页。
③ 参见石明庆《理学诗论与南宋诗学》，博士学位论文，南开大学，2000 年。
④ 崔晶：《南宋理学家陈傅良诗歌研究》，硕士学位论文，广西师范学院，2010 年。
⑤ 王水照、熊海英：《南宋文学史》，人民出版社 2009 年版，第 177 页。

雨丝轻"，"淡薄杯盘莫厌贫"，"浓浓云来去"，"淡无脂粉气，清与雪霜邻"，"长年冷淡似难堪，""以其浅淡，则曰玄酒太羹"，"名香淡墨，赋已压于邹枚"，"衔杯时对饮，冷淡共园蔬"，"珠凝光细碎，墨淡字稀疏"，"唾手两科名淡墨"，"淡然而足，虽下不辱，是曰谷"，"餐不重味，身无鲜衣，所趣极枯淡"等。

如果是以"清"为审美理想，那么必然会体现出"淡"的特征，这两者有内在的关联，都表明对远离红尘浊世，走向文人无所牵挂、清清浅浅、任我风流的向往。有学者提出江湖诗人的诗风有"寒俭之态"与"卑俗之貌"①，这大概是"清"的风格的另一面。

有学者甚至说"平淡美：宋人心目中普遍的和最高的审美理想"②，纵观北宋中期以前，南宋初到中期，宋诗也都有非常明朗、激荡的格调，即便是到南宋末，平淡诗风也依然并非诗坛的全部。但"平淡恬静的审美观，的确是宋代社会在理学和禅学融会后形成的普遍审美追求"，③ 到南宋末期，尤为如此。

（二）提倡性情

南宋理学家诗文的另一个显著特点，就是以理为先，他们为了"穷理尽性，是言理不言情的"④，诗歌主题的取向上，也多以义理诗、述志诗为主⑤，言情诗不多。所以理学家的诗歌，除少数如朱熹那样才气富赡者，能将充满理趣之诗写的妙趣横生，多数理学家诗歌读来枯燥无味。这种情形到林希逸时有所改变。"反对理学，提倡性情，是刘克庄风雅观的基石。"⑥ 刘克庄还在《竹溪诗序》说："要皆经义策论之有韵者也，非诗也。"在这一点上，林希逸与刘克庄完全相同，他有自己关于诗歌性情的看法。

义要当行。林希逸在《论义有感》中云："识在雷从起处起，义如泉但行当行。均为千载无双士，莫问三苏与二程。丹井红泉南谷老，似渠宗

---

① 刘婷婷：《宋季士风与文学》，中华书局 2010 年版，第 149—150 页。

② 王顺娣：《宋代诗学平淡理论研究》，巴蜀书社 2009 年版，第 36 页。

③ 张文利：《理禅融会与宋诗研究》，中国社会科学出版社 2004 年版，第 100—106 页。

④ 陈庆元：《宋代闽中理学家诗文——从杨时到林希逸》，《福建师范大学学报》1995 年第 2 期。

⑤ 参见张秀玉《宋代理学诗派研究》，硕士学位论文，扬州大学，2007 年。

⑥ 王锡九：《刘克庄诗学研究》，黄山书社 2007 年版，第 121 页。

旨更难明。"指诗要有诗的特点，文要有要文的规矩，要有行业风范。

文要发乎情。若文不向性情中求取，则会失真。林希逸云："求于笔舌，而不索于性情，无怪乎昧真而失实也。"人有性情，才有诗词歌咏。"自有性情以来，则有咏歌嗟叹之辞。"发乎人心真情的诗文，才是当行的诗文，换句话说，也才是诗文应该的样子。"夫内怀忧愤，情不自达，驾言出遊，以写我忧，而寄情于无何有之地，此诗人之逸兴也，何有于谲怪？夫遭穷遇厄，岁月易暮，怀疑蓄恨，委命于天，而欲求讯于冥漠之内，此诗人之真情也，何有于虚诞？"感情才是诗歌的命脉，这个不能由外在得之，"言语血脉有不可以文字格律求者"，"诗法如书法，临摹恐未真"。他对于诗歌应抒发性情的观点，表示赞同，"知子吟情美，工于学选诗。音惟追正始，派不入旁支"。人的感情是情绪的源头，情绪跌宕需要表达，才有诗歌吟咏，人的性格决定了表达方式，性格和感情融为一体不可分割，互相生发引领，有鲜明的性格和充实丰沛的感情贯穿在诗文中，诗文才有可能真实而感人。人的真情，是诗文命脉。

刘克庄就评价林希逸的诗歌与本学派，实际上不只是与本学派，是与所有的理学家诗文相比，林希逸的诗歌都相对的是"槁干中见华滋，萧散中见严密，窘狭中见纡徐"。槁干，用在诗中，大致就是指表达理学思想枯燥，华滋，就是温润秀美，加上闲散舒适中却不失严密，窘迫狭窄中有从容舒缓，作为一个理学家，林希逸的诗歌算是一个反动了。

林希逸的确有一些诗文写得十分动情，除前已提及的《梦寒斋》，再举几例：

中秋后三日寄吴景朔
离鸿影断中秋月，病鹤心愁薄暮云。为语白莲同社友，得君书后愈思君。

尤其是后两句，本来通过分散精力，可能已经化解了部分的想念，但是友人来信，却一下子唤醒了所有被遮盖和似乎已隐隐消失的情感，让诗人对友人的牵挂瞬间倍增，体现了思念独有的特点，引人联想。

怀后村作
无端对酒忽愁生，酒欲浇愁愁未平。老我阨穷如子美，故人忧病似丘明。

尤其是前两句，往日一起喝酒的挚友，再也不能相见，无法言说，不明就里，故而毫无征兆端绪的就发起愁来，喝再多的酒都无法化解，细想来才体会到是因为朋友的离世，这种生死苦闷的惆怅任谁也无能为力，是人人都有的烦恼，此种愁绪永远也消平不了。

另有在其子林泳和林晦赴任前，所赠予的两首诗，写的也是发自肺腑之言，既有一个父亲的叮嘱，也有一个士大夫的政治理想。为刘克庄所写的《行状》，也非常深情。

反对诗歌的功利性。大概是看到当时学术气充斥于诗坛中，林希逸曾担忧诗歌因此而消亡，"诗，雅道也，几败于唐，唐人以为进士业也。然而不败者，李、杜、韩、柳、元、白诸贤，不可得而束缚也。今世之诗盛矣，不用之场屋，而用之江湖，至有以为游谒之具者。少则成卷，多则成集，长而序，短而跋。虽其间诸老亦有密寓箴讽者，而人人不自觉，所以后村有锦裹刀之谕，余常恐雅道微矣"。他对于诗歌的功利性，表示严重的怀疑。艺术是否有功利性，这是一个很大的话题，本书无力展开探讨。林希逸认为，作为诗歌的艺术，是无功利的，如果将实际的功利与诗歌结合，诗歌恐怕就会因此受到坏的影响。

（三）以浑正为美

以浑正为本。他在《学记》中提出："文字以浑正为本，如范文正《严子陵祠堂记》，濂溪《爱莲说》，伊川《易传叙》，李泰伯《袁州州学记》，此固不可掩者，穆伯长、尹师鲁以古文为倡，在欧、曾、苏、王之先，严洁雅正而后人不甚传诵者，岂非精神风采有未备乎，二公专慕韩柳终未及之。"韩柳之文，文风浩荡，大气磅礴，是为浑正。这种艺术美，也是林希逸倡导的。

要浑然天成。在《续诗续书如何》中林希逸提出："《国风》《雅》《颂》，正声谐《韶濩》，要妙通鬼神，浑浑若天成，浩汗若河汉，有非人力所得为者。"浑正之文，正妙若天成，似通鬼神，有天工之美。

浑重若子美。浑重之美的典范，就是杜甫。在《次云方先生诗集序》中林希逸云："其飘洒即谪仙，其浑重即子美。"以此来赞扬方次云诗歌之佳。诗文浑重之美，整体来讲，林希逸也认同向往，但既非他自己所擅长，又非他所最力主。实际上林希逸自己的诗歌，几乎没有体现出这种风貌，他自己的成长经历，思想视域和审美情怀，都决定了他和浑重之风，相差甚远。渔樵气象和性情说，在他的诗歌中倒是体现明显。另外，林希逸诗歌的一个重要风貌，就是禅理交融，援佛禅入诗，随处可见，理学意味也格外强烈。

以上所论是林希逸在诗文方面的主张，实际上林希逸自己的诗歌，并非那么符合他的理想。本书以为，林希逸的诗歌，至少有以下明显特点：

（一）道气浓重

许多的诗读来根本不像诗，就像是在讲道，是押了韵的布道文，在讲学谈理，就是没有诗味。这是理学家作诗的普遍缺点，尤其是到南宋后期，"道统盛而文脉衰"[1]，理学学术思潮深深地影响着文学创作。王士禛的《居易录》中评价林希逸诗歌曰："鬳斋为林艾轩理学嫡派，而诗多宗门语。"[2] 这是恰当的。仅举林希逸此类诗歌数例：

> 嗜古心痴迷黑鬼，养生胎息学玄夫。《遣兴》
>
> 殷勤话旧溪干去，好友相期向道山。《山长潘同舍南归袖诗为惠奉和》
>
> 可但功名须久远，也知道味更深长。《题陈道古留远堂》
>
> 六爻万象理俱陈，物物皆诚在反身。飞鸟音遗鱼信及，《中庸》尽性《易》穷神。《和吴检详飞跃亭韵》
>
> 理谈经独妙，诗当札尤真。《用韵答徐古为》
>
> 晦庵南北象山西，道学年来入品题。可惜六经真脉络，红泉三世两幽栖。《乐轩先师挽歌词》
>
> 《易》言不动功夫密，《书》说惟微体段彰。仙谩有方求气母，禅非无见指心王。灵根本要行藏在，槁木宁于应感妨。一语何思千古训，莫言为陆背程张。《心王》
>
> 至学玄谈理取微，负门粗细有谁知。蛇生弓影心颠倒，马齿茸声梦转移。须信风幡元不动，能如水镜却无疵。咸经四字分明训，截断

---

[1]　王水照、熊海英：《南宋文学史》，人民出版社2009年版，第230页。

[2]　王士禛：《居易录》卷17；周光培编：《历代笔记小说集成》（第67册），《清代笔记小说》（第6册），河北教育出版社1996年版，第651—652页。

憧憧未感时。《至学》

这些诗歌，读来乏味干槁，是他理学思想的诗歌形式的体现，只是运用了这种体裁去表达，并非有了诗的感受。就像是给一个小孩，随便穿上大人的衣服，怎么穿，都是可以穿上去的，但却不合适。

林希逸在"三十年前尝与陈刚父论诗，云本朝诗人极少荆公绝工致尚非当行山谷诗有道气，敖臞庵诸人只是侠气，余甚以为知言，追怀此友，因以记之"中，也指出当时诗坛道气浓重之风："目断千山嗟宿草，言犹在耳奈从何。文人纵有诗人少，侠气不如道气多。哲匠久埋泉下骨，吟徒今似法中魔。吾非具眼空饶舌，自掩柴扉适意歌。"他认为当时文人不少，但是真正的诗人却很少，诗歌中需要的豪迈、任侠之气，不如理学、道术之气多，表明对这种诗风的排斥，可惜他自己的诗也难逃此种窠臼，并不如他所愿的那样，都诗味悠长，侠气浩荡。

（二）气象细微

诗歌主题、语象、物象、意象、意境等狭小。蒋寅对这几个名词有精到的定义："语象是诗歌本文中提示和唤起具体心理表象的文字符号，是构成本文的基本素材。物象是语象的一种，特指由具体名物构成的语象。意象是经作者情感和意识加工的由一个或多个语象组成、具有某种诗意自足性的语象结构，是构成诗歌本文的组成部分。意境是一个完整自足的呼唤性的本文。"[1] 这几点，在林希逸的诗歌中的体现，整体体现出一种共性：偏狭，窄小。林希逸的绝大多数诗歌，都只关注自己身边的事物和生活。与南宋前期那种豪气毫不沾边。丁丹将林希逸诗歌内容概括为：关怀民生、山水田园、咏物、思亲怀友四个类型[2]，周兰将林希逸诗歌内容概括为：题咏、赠答、田园、纪游、挽诗五个类型[3]，看看这些分类就知道，林希逸的诗歌就是围绕着他自己的日常生活。通读他所有的诗歌，会发现林希逸几乎没有明显体现出边防之痛、北伐之望的。他那么崇尚杜甫、陆游，他多是表现自己有杜甫之贫寒，陆游之老寿，却没有学到杜甫之忧

---

① 蒋寅：《古典诗学的现代诠释（增订本）》，中华书局2009年版，第25页。
② 丁丹：《林希逸诗歌研究》，硕士学位论文，南京师范大学，2010年。
③ 周兰：《林希逸诗歌研究》，硕士学位论文，广西师范大学，2011年。

国，陆游之渴望国家统一的强烈爱国之情。从整体上讲，宋诗的确体现出对"表现幽微琐细题材的兴趣"①。

风格柔弱。"江湖诗人的时间意识中，多缺乏历史感。在他们的诗中，怀古咏史的作品比较少，偶然有一些，也很平泛，没有深沉的思想内涵。"② 这样的诗歌，其风格必然是欣赏纤巧、真率、清的趣味③，这些风格，其实都是柔弱的体现。加上"意象偏小，这是江湖诗的总体特征，也是江湖诗人的总体性格的体现"④，正是讲文如其人，林希逸自己亦云："学问之殊，亦其禀赋之不同者为之也。"能够写出强烈爱国风格的诗人，从身体上讲，一定是体格强健，从性格上讲，一定是情感充沛，爱憎分明的。只有这样的人，才有可能有饱满的感情，热烈的温度，才能对收复失地，对浩大的气象有关注的可能。因为他自己首先得能够心若大海，才能观想到大海一样的视域。而林希逸，本书在前面已简单提到，他是一个性格沉静，情感内向的人，虽也比较长寿，但从体质上讲，应该并非那种阳气旺盛的健壮者，他所追求的诗歌的味道，比如清的趣味，正是他自己的体现。无论是他生活的范围，层次，思想的境界，高度，都是比较偏向小、低、弱的，他自己也同意陆游所云功夫在诗外，所以他在诗外的修行和身体禀赋，决定了他不可能写出大气震撼、豪迈奔放、雄健跌宕的诗文。

林希逸的诗文，在宋代理学家中，还算是不错的，在本学派，应该是最佳的，这一点《四库提要》中已有明确评价。他的文学思想渊源于杜甫、黄庭坚、陶渊明、陆游，他的佛学、道家思想，深深影响着他的文学价值观、文学创作观和文学评论观。实际上他的诗歌并未完全体现出他的诗歌主张，虽然一些诗文声情并茂，真挚感人，用语清新美妙，但诸多诗有明显的南宋理学家诗歌道气浓重，和江湖派诗人气象逼仄等缺点。

---

① 张文利：《理禅融会与宋诗研究》，中国社会科学出版社 2004 年版，第 174 页。
② 张宏生：《江湖诗派研究》，中华书局 1995 年版，第 150 页。
③ 同上书，第 88—140 页。
④ 同上书，第 152 页。

第三节　林希逸的教育思想

整个宋代的教育事业最突出的特点之一，大概就是书院的兴起。李弘祺概括宋代教育的四个特点为：教育的普及平民化，考试制度成为登仕最重要的途径，理学之兴起及书院理想之形成，学校（书院亦不例外）成了训练举子的场所。① 由此可约略感知宋代教育史无前例的兴荣气象。其中书院在宋代也并非一直昌盛，宋初勃兴若昙花一现，即掉入百年沉寂，直到南宋朱熹修复白鹿洞书院后，"书院又大盛"②，"在各方面都比北宋有长足的进步"③，"可谓登峰造极了"④。书院的兴起，与理学的繁荣关系密切。"传统私学的繁荣总是因为它和一种新兴的学术思潮联系在一起，如先秦私学是与春秋战国的诸子百家联系在一起的，汉代精舍又是与经学思潮联系在一起的。书院是中国私学发展到高级阶段的产物，它应该而且必然会与一种新兴的学术思潮结合起来，这样，才会有独立的存在价值和蓬勃的生命力。事实上，这种新兴的学术思潮已经形成，它就是理学。"⑤ 这种"书院和理学的一体化，是南宋书院发展的最大特点"⑥。一生政治活动主要在理宗时期的林希逸，其教育活动，始终围绕着书院、理学展开。从现有资料来看，林希逸并不像南宋一些著名的理学家，有完整系统的教育理念和浩大显著的实践活动，他也没有专门论及教育的文章，他有关教育的思想，都分散在文集各处。在此，我们将林希逸的教育思想辨析如下。

一　教育实践活动

（一）建三文书院

三文书院也称三文书舍、三文书堂。在《将仕林君父子墓志铭》中，

---

① 李弘祺：《宋代教育散论》，东昇出版事业公司 1970 年版。

② 毛礼锐、瞿菊农、邵鹤亭编：《中国古代教育史》，人民教育出版社 1983 年版，第 315 页。

③ 李国钧、王炳照总主编：《中国教育制度通史》（第三卷），山东教育出版社 2000 年版，第 240 页。

④ 顾树森：《中国历代教育制度》，江苏人民出版社 1981 年版，第 153 页。

⑤ 朱汉民等：《中国学术史》（宋元卷），江西教育出版社 2001 年版，第 592 页。

⑥ 邓洪波：《中国书院史》，东方出版中心 2004 年版，第 136 页。

林希逸自云："余筑三文书舍溪干，致名师，聚学侣。"可见三文书舍的地理位置就在林希逸所居之渔溪，目的是招致名师以教育学生。古代往往书院里会建有祠堂，供奉往圣先贤，林希逸的三文书院就建有三文祠堂，在《三文祠堂七月二日礼成作》中，林希逸指出祠堂中敬有三位老师，即艾轩、乐轩与网山，这正是艾轩学派的三位祖师，书舍聘好友刘翼运为主席，教授生徒。在学生赴京赶考时，林希逸会赋诗相送，如《送三文书院陈上舍入京》，期望其"殷勤拭目看双凤，同向龙飞榜策名"。同时，林希逸还与三文书院的学生有诸多往来，如刘达卿、方岩尹、刘智翁等。

另据在渔溪镇实地考察时当地人讲，历年来渔溪镇就有一座禅寺，称为竹溪禅寺，在实际用途上称作竹溪书院，由林希逸创办并亲自讲学其间。因古代资料无迹可寻，故推测此竹溪书院很可能就是三文书院，后人为了纪念林希逸，故而方便的改称其为竹溪书院。

林希逸自己少年时期曾在莆田艾轩学派讲学的红泉书院学习，所以对书院的建制并不陌生，并且应该是怀有较为深厚的感情。正如邓洪波先生说"南宋理学家大多有很深的书院情结"①，这大概是源于宋代这个"科举社会中，士人文化价值的转变"②，从侧面也促成了书院理想的形成，让士人脱离科举文化，有了自身的立足点，这是他创办书院的更为深刻的原因。加之他一生恪守师传，极尽所能传播艾轩学派精神，他创办书院也就在情理之中了。还有其他理学家创办书院的原因，朱汉民等在《中国学术史》③ 中已有精到的论述，可参看。

（二）为学校撰记

林希逸对学校的事情比较上心，很乐意为此挥洒笔墨，曾为学校写有四篇记。他将京山书舍的修建过程，写成详细的《潮州海阳县京山书舍记》，并有《寄题京山书院》，其中指明京山书院是由胡申甫新建，并在其中祀有韩愈和胡瑗，即文公与安定。林希逸很欣喜地看到"昌黎教法依然在，安定家声喜复还"。韩愈和胡瑗分别是唐代和宋初有名的教育家，韩

---

① 邓洪波:《中国书院史》，东方出版中心 2004 年版，第 142 页。
② 陈雯怡:《由官学到书院——从制度与理念的互动看宋代教育的演变》，联经出版事业股份有限公司 2004 年版。
③ 朱汉民等:《中国学术史》（宋元卷），江西教育出版社 2001 年版，第 595–597 页。

愈的师道说、教学相长以及因材施教的方法①，至今为人所研习。胡瑗所开创的多种灵活的教法，称为"苏湖教法"，有人总结为十种具体的教学方法②，大致有：因材施教、直接讲授、分科教学、娱乐教学、游历教学、激励教学、研讨教学、联系实际现场教学、言传身教人格感化教学、情感投入教学。可知，林希逸很愿意看到学校建设与发展，也关心学校的教学与实践。

林希逸的学生林式之曾主政潮州多年，林希逸多次为潮州政事撰记。在林式之重修韩山书院后，林希逸撰有《潮州重修韩山书院记》，陈述了书院的修建历程，再次提到对韩山书院所祀韩愈之钦佩，并赞扬了林式之尊重教育的做法。作为福清人，福清县学重修，自然也是请林希逸撰记，即《福清县修学记》。时福清知县是林希逸好友薛梦桂，文中多次强调修学的重要性，以及教育的重要性，"本之不立，乌知政所以先后哉？知所先后，则近道矣"。林希逸认为，教育，正是这个"本"。

二　教育内容

林希逸没有集中阐述其教育思想的文章，所以他对教育内容的介绍，都是笼统而宽泛的，林希逸主张的教育内容可概括为：圣贤之道。宋明时期的教育思想，郭齐家在《中国教育思想史》中总结为理学教育思想③，林希逸主张的教育内容，正是这种思想的体现。

在《文武之道大小如何》一文中，林希逸比较系统地阐述了对圣人之道的思考。认为"济一世之溺者道矣"，"道散于天下，惟圣人为全得之"。因为"圣人不作，而道术为天下裂"。他谈论了道散在天地间的各种表现。"圣人而不作则已，苟作焉，岂能外斯人以求道，而遁是偏以求全哉？"既然要学圣贤之道，林希逸提出了两个途径。

---

① 韩晓娟：《韩愈的教育思想及对现代教育的启示》，《西北工业大学学报》2005年第2期；[马来西亚] 李秀兰：《韩愈的教育思想研究》，硕士学位论文，浙江大学，2011年；潘石瑛：《韩愈的教育思想与其从政期间的教育实践研究》，《兰台世界》2014年第1期（下旬）。

② 李瑞：《引领宋代教育改革之风：胡瑗的教育思想与实践》，硕士学位论文，河南大学，2004年；刘建国：《胡瑗"苏湖教法"及其现代价值研究》，硕士学位论文，华东师范大学，2011年。

③ 郭齐家：《中国教育思想史》，教育科学出版社1987年版，第217页。

（一）礼教

圣贤之道中的重要内容，就是要讲"礼"，从三礼被视为十三经就可知了，传统文化中，人人必须是知礼，遵礼，守礼的，这样才能构建一个有秩序的社会。"礼教制度与礼教思想，是中国传统思想文化的一个主轴，不论政治、法律、教育……无一不受到礼教的影响。"① 随着礼教在封建各朝代的发展，"其形式逐渐丰富，其内涵逐渐深化，其社会功能也逐渐由外而内，从注重外在的规范性到越来越强调内心的认同感，成为维系封建社会统治的重要方式和文化教育的重要内容"②。林希逸所主张的教育，首要的内容，就是教人以礼。

在《莆田义庄方氏义庄规矩序》中，林希逸陈述了礼教的重要性。知礼，才会知圣贤之道，"故器必如礼，欲其因俎豆之数，而知有作圣之学焉"；知礼，才会知仪容仪表，"服必如礼，欲其因衣冠之制，而知有修容之学焉"；知礼，才会知朝廷祭祀之重，"登降祼献有节，则朝廷宗庙之事习焉"；知礼，才会家庭和谐，"尊卑饮拜有序，则闺门孝睦之义著焉"。

在三篇《春秋义》中，林希逸陈述了不同场合中礼的教育意义。礼是要有节制的，在不同的场合，礼有不同的表现，因而给人不同的教育启迪，如："享以仪观，而燕以情亲。备物而陈，登杀有数，使之视而知共；盈而不饮，干而不食，使之视而知俭。"而"献酬之交错，尊卑之忘分，非慈而何？俎豆之所交，珍羞之所逮，非惠而何？"这些教育的意义，都在礼中，只是担心人们不能理解，所以才需要教育。更重要的是，在这些所有的宴享礼仪中，都不是仅仅虚空的礼仪，而是有很深的寓意，"享不徒享，而必有训焉；宴不徒宴，而必有示焉。则唐虞三代之圣人所以制礼者，莫不有深意也"。这些寓意，都需要教育才能深入被理解。

（二）理教

因为"理外无心，性外无道，虽所得有精粗，所学有深浅，所造有远近，而围于宇宙之间者，莫非游于斯道之内者也"。所以，人一定要明理，明理才能体道，因"道存于太极，而理散于人心，家庭唯诺，无非理也，洒扫应对，无非教也"。生活中人际关系的处理，需要明理，工作事务的

---

① 蔡尚思：《中国礼教思想之我见》，《学术界》2008 年第 4 期。

② 李宜蓬：《从礼器到礼教：礼乐文化推衍的内在逻辑》，《孔子研究》2014 年第 4 期。

处理，也需要明理。所以在《尤揆父字说》中，林希逸说："学必乡道，此士君子之事也。"

以上两条的逻辑是，以礼求理。因为"理隐于太虚，而寓于神明。太虚之理隐于人心，而神明之道显于天下"，所以，可以由施礼去尊敬神明，由神明而理解太虚，最终由太虚而明理，"学得圣贤之心，文接神明之奥，趣诣幽眇，出吻芬葩，率皆蝉脱于尘浊之表"，这就是成功的教育了。

三 学习方法

林希逸说"文字一机尔，岂有难能者哉"，为此，他提出了几个学习的方法。

（一）博学而精思

对于博学的人，林希逸很崇敬，自云"博书著文，千载而上有若扬子云者，吾当敛衽矣"。对于别人能够在注书时援引广博，他表示赞扬："今徐君少章以后村翁《百梅》绝句注之和之，援引博而用韵工，胜于人远矣。"只有博览群书，学穷圣域，才能运筹帷幄。他以诸葛亮为例："孔明高卧草庐，筹量当世之事，思与伊、傅、周、召共传，舍书何以哉？博以古今，而求其要领，此武侯所以用其书者。"攻读古今之书，天文地理，无所不知，可谓博矣。想要做到博览，就必须：胸襟要大。他推心置腹地说："为语隐山同社友，读书根本是胸襟。"在《寄题名登楼》中说："惊人姓字层层见，作圣功夫级级高。直要襟怀如范老，岳阳楼上赋云涛。"他更指陈襟怀要像范仲淹那样，胸怀天下，先天下之忧而忧，后天下之乐而乐，才能写出千古流传的佳作。

但仅仅博是不够的，能放开，还要能收回来，这就要精思。甚至精深的，专注的，升华式的思考，比广博的读书还要重要。"今集中有以《骚》发策者，议论颇相出入，岂非究其纤悉而后尽其底蕴乎？此真读书法也。"博览而后精思，这才是真正的读书好方法。不精思，就不能知道深刻的意蕴。"侯之略，孟之约也，是岂易能哉！史氏谓其不求精熟，误矣，不精熟，何其得大略哉？"

精思不厌精。思考，是不嫌多的，要精益求精，深刻的、集中精神的、把自己最精深的智力拿去思考一个对象，这样的思想行为，是多多益善的。林希逸在《食见尧于羹》中说："隐几看尧典，身惭不并生。道如知所味，食亦见于羹。饱学宁求饱，精思不厌精。垂衣虽已远，失箸恍然惊。"

（二）抠衣请师

林希逸认为历来是"文成家教，学有宗师"，"然士莫难于学，学莫难于师"。一个人要愿意请教老师，且遇到好的老师，是不容易的，而想要学到理想知识，必须要：亲自向老师请教。读书总有不解时，遇到困惑，通过冥思苦想尚不能解决，就必须请教老师。即便读老师的书，都不能获得最深刻、最启发、最升华的指教，只有亲自走到老师面前，与老师当面来回反复辨析，才能达到请教的最佳目的。即林希逸所谓"读书不如一谒"。林希逸自己非常佩服当地著名学者郑樵，他在《续集》中引述了多篇郑樵的诗文，但是遗憾自己不能向他当面求教："溪西字学最精，恨不得抠衣而请之。"

最好是请教最高明的老师。如同庸医误人一样，遇到庸师，不仅学问不会增长，甚至会带来负面的影响，如同学禅就要学禅宗里的沩仰宗，学医就要向扁鹊、俞跗这样著名的医生求教一样，学习，就要向最高明的老师请教，正如所谓"学如禅派求沩仰，师比医宗要扁俞"。我们知道，沩仰宗是中国禅宗五家中最早的一家，而扁鹊是春秋战国时的名医，俞跗则是上古时的名医，相传擅长外科手术，是黄帝的臣子。林希逸自己也一直注意向本学派创始人林光朝学习，反复提及艾轩的学术及自己的仰慕之情。

（三）苦学而自悟

学习是一个很辛苦的过程，无论古今。林希逸在《续集》中多番表示，想要学有成效，就必须经历这样的一个过程。他在《即事》中写道："学必苦心非易事，世多抵掌是痴谈。彻底书须随字解，造微诗要似禅参。"只有亲自去学，一字一句去理解，才能真正了解书本的意思，那些想要通过高谈阔论去达到的，都是痴人说梦。

少时应苦读。这一点人们早已达成共识，林希逸说自己"少曾苦学鬓今华"，"苦学无功鬓已华"，"少时攻苦已成翁，学似无功亦有功"。只有少时的苦读，才能打好深厚的基础，在青年时期才会有良好的选择。

学得好，才能干得好。学习好的重要体现之一，就是动笔作文，"学

问功深笔砚灵",学得好,自然下笔如有神;学得好,才能体道得民,"学
问功深道得民,但曾补处誉俱新";学得好,才能心里有谱,步步为营,
"能奇却怕翻空病,得妙还须苦学功";学得好,才能有精彩的思想。如杨
雄那样,举世闻名,但的确是苦学的结果:"子云之文笔,自圣贤不作之
后,诚为独步当世。研精覃思有得,于是借之以擴其才,虽未免于好名之
累,实苦学之用心。"

学习更要自悟。子曰:"不愤不启,不启不发。"正是对学生自悟能力
的要求,自己不能思考体悟,再好的老师指点,收效也不会太大。如林希
逸云:"然学贵自知","文字要须心自肯"。只要知道学习贵在自己体悟,
不管什么时候认识到这一点,都是早:"万善皆由一念基,学能自悟不妨
迟。得他渊默天游处,何异抠衣侍子思。"

(四) 心虚而无我

林希逸注解《老子》,必然受到其思想的影响,老子所云"致虚极,
守静笃"的状态,用在林希逸的学习态度上,再合适不过了。他认为:

心虚才能领会道之奥妙。心静,才能看清,心虚,才能看见。思考人
心的精妙之处,不在虚静的状态里,是很难领悟的。《读昌黎〈与孟简书〉
作》:"学能害道义当排,深浅还须究竟来。动静理如双转毂,危微心要两
俱灰。"《尚书·大禹谟》中提出的"人心惟危,道心惟微;惟精惟一,允
执厥中",这十六字心法,是道学家们一贯高倡的,要懂得危微之心,就
必须要心无杂念,无私欲,安静,空虚,所谓灰也。

心虚才能求益。心若是满的,什么东西就都放不进去,因而即便是读
再多的书,也不会有所提高与进步。在《太玄精语》中,林希逸这样解释
其中一节:"次五,繘陆陆,瓶置腹,井潢洋,终不得食。测曰:瓶置腹,
非学方也。繘,音橘,汲索也。陆陆,索下之貌。置,音田。瓶,腹先填
满也。潢,音黄,潢洋犹汪洋也,索虽下,井水虽多,瓶既满,何以得
水,非虚心以求益也。"一个满瓶,是无法再加水进去的,只有空瓶,就
像虚的心,才能有新水、新的知识增加进去,人才能获得提高。

虚到无我。心虚,就要忘记自己,排除个人先见,以谦逊、虔诚的态
度面对所学,否则就不能深入的走近对象,与要了解的对象总是隔着,当
然也就不能领略所学的妙处。林希逸在《和吴检详飞跃亭韵》中云:"有
我何能与物亲,物无非我学方淳。不知目送飞鸿者,何似观鱼濠上人。"

有个我在，就如佛家所讲的我执，这个我，就一直隔在物与己之间，学习只有无我，忘记自己的身体与先期的偏见，沉醉于所学之中，才能收获淳厚又纯净的学问。

（五）以学为乐

一个人只有不以苦学为苦，以苦学如甘，才有可能体悟到独步当世的思想。林希逸晚年尤其喜欢读书，我们在《续集》中随处可见他自表："好读书多昼苦短，细行历到岁其除。""幸有读书闲日子"等。在《和吴检详飞跃亭韵》中，他更是完整的表达了这一观点：

心有灵渊性有天，得渠乐处自难言。谁传仙去曾骑鲤，况说南征看鸩鸢。

圣师知远又知微，率性而修教迪彝。物性高高还下下，与渠相赏莫相违。

梦如为鸟何妨乐，计得于鱼底是愚。化化生生机在目，紫阳深意注阴符。

跃跃飞飞共太虚，痴人底解见遗余。师传吃紧知何处，乐在中心不在书。

这其实也正是周敦颐教二程所寻的孔颜乐处。以苦学为乐，这不仅是一种读书的态度，更是一种学习的方法，如此才能更加有兴趣、更加持续的在学海泛舟，才有可能穷有生之涯，尽无限之学。

四 师道观

林希逸的师道观，突出的体现在学生对老师这一方面，他非常重视老师的作用。在个人学习方面，林希逸比较注重"学有所传"，因而他时常表扬别人能够像刘翼一样，做到这一点，如他赞吴子谦："君家学问富源流"，赞黄君遇："学得亲传"，赞陈应庚："公伟人也，学问有源委，取舍义利明。"赞陈求鲁："学问有渊源"，赞刘克庄："公负间世之才，问学所积，源流三世，公探索涵泳，又深造而自得之。"他对老师的态度，主要体现在：

（一）敬师如师在

林希逸有非常明确的学派意识，他以艾轩学派的第三代传人自居，且非常有意识的多次强调自己的学派。因而，对于学派的创始人林光朝的崇拜，可谓是高山仰止。

千载艾轩吾敬慕。林希逸长敬艾轩，在《续集》中，有43次提到艾轩，有13次提到老艾，作为一个已经与自己隔了三代的人，这种仰慕，算是非常的热情了。他明言："千载艾轩吾敬慕，袖中锦轴两诗存。"认为"艾轩之文，视乾淳诸老为绝出"。

艾轩写过的文章，林希逸也喜欢。他为艾轩的《富文方公行状》作跋。为艾轩的《读离骚遗迹》撰跋，表达仰慕："盖莆之前辈，风流慕尚，学艾轩笔札者甚众。"

对于艾轩的后人，林希逸爱屋及乌。如叔谦、平父，皆艾轩诸孙，林希逸多次提到他们，且又是写记，又是撰跋，对这些人有求必应，主要原因就是因为他们是艾轩的后人。在《跋忠定晦庵与井伯林金判诸帖》中，反复提及艾轩与井伯林公之关系，"艾轩先生犹子也"。在《诸贤与东峦书跋》中说："东峦为艾轩先生犹子，获交诸老间。"撰写此跋，也是因为艾轩的关系。

艾轩住过的地方，林希逸也喜欢。"余尝诵艾轩双阙之记，想慕其人，每过其庐，必踌躇不忍去，幸而识之，如一见焉。"孤青，为艾轩所筑，林希逸颇为留恋。《游孤青作》："野水茫茫去，渔歌远远听。醉酣觞大白，乘兴棹孤青。明月长如此，浮云不暂停。拜经遗趾在，谁与拾残萤。"

林希逸也提到林亦之和陈藻，在《题刘某诗集》中提到，因为这位陌生的刘姓邻居曾拜谒网山之坟，因而觉得感动而为之题诗："邻居前此未相闻，到手新编喜得君。一事更令人动念，曾吟诗谒网山坟。"这大概是因为艾轩是创始人，且声名显著，林亦之和陈藻就比较一般了。

事师如父，虽死犹生。在《乐轩远日之祀岩尹方兄赋以七言用韵一首》中云："事师如父理云然，到头难忘讲席前。身在必忧惟忌日，义存虽死似生年。亲祠执奠疑容见，浅学孤恩枕膝传。长愧后生香一瓣，玉楼十二抵三千。"表明自己对老师的尊敬，不因其生死而改变。在文中多次引用"网山先生尝曰"，"先师乐轩尝云"这样的话，表明对老师的怀念，更表明对老师所传之道的坚守。

（二）恪守师道

死守乐轩书。林希逸在《王日起谋请乐轩先生主席其乡隐山堂喜以诗赠之》中说："出弹齐士铗，归读乐轩书。"在《适轩黄革叟》中云："晚凭居士几，死守乐轩书。"在《陈判官墓志铭》中，他担忧乐轩之门流传之寥落："乐轩之门寥落久矣，使其年幸而及耄，使其学幸而及试，岂不为程门尹和靖，独殿诸老，以寿斯传。天不慭遗，惜哉若人也！"守师之书，当然首先就是守师之道，守师之道，当然首先就要守师之学。

生平守师学。林希逸自云为："艾轩之裔也，所读者艾轩之书，所守者艾轩之道。"他也赞许能够这么做的其他人，在《适轩黄君墓志铭》中，林希逸说其："生平守师学，鄙夷流俗缁黄占卜之事，至死不变。"他赞陈焯"以父仕，守其学终身，忍贫以死"。在《代怀安王林丞上杨安抚》干谒杨万里之子时，说："彼必曰：诚斋、艾轩，以道相高于南北。子为艾轩之末裔，而不见录于诚斋之嫡孙，子绝长者乎？长者绝子乎？"表明作为艾轩学派传人，就应该有光大师门学说的使命感。

林希逸尊敬、怀念自己的老师，并为其师求追赠。在《将仕林君父子墓志铭》中，他说："余待罪秘书监，乞以元士一阶移秩网山林先生、乐轩陈先生，既特赠迪功郎，仍许以文介、文远易名。"并因"二师嗣皆绝，旁支无一家"，所以两位老师的墓地即无人愿意守护，后林鹗翁主动提出将自己的田产分一半到文介户下，让其子林胄守护，故在林胄英年早逝后，希逸铭之曰："矧曰胄乎，文介之裔"。由上可见，林希逸对三位老师的感恩尊敬，渗透到了各个方面。

综上所述，宋代是教育发展的一个全新阶段，许多理学家都非常重视教育，从小学教材，如朱熹编选的蒙学教材，到教育制度的革新，如书院的涌现，这体现出儒家对于用世和事功的重视，也是理学要求结合实际的体现。林希逸重视教育，自身终生不厌学，至老弥笃。他尤其崇敬自己学派的创始人林光朝，并一生坚守艾轩学派之道。他认为"士患无学"，要有学，就必须要读书，且读尽可能多的书。他不仅为此建书院，积极参与到各地的学校教育的活动中，而且提出了自己深有体会的学习方法。但林希逸并非宋代理学家中教育思想的佼佼者，他的思想散乱无章的分布在多个诗文中，不成体系，只可称之为点点星光。

第四节　林希逸的悯农思想

南宋末年的福建，虽然远离战争的侵扰，经济发展速度也较快，中上层士大夫阶层的物质生活较为安逸，但底层农民的生活，在官吏、岁币、税赋的压榨下，生活是不容易的。林希逸童年、少年、晚年生活，均在福清的农村度过，对农民的生活有切肤之感，他在《再和前韵谢后村惠生日词》中说："野客相过坐马鞯，论谈大半是农田。"也写作了大量描绘农村生活的诗歌，在《行田间见新秧作》中描述闽东农村田园生活的宁静与快乐："新秧成段见连连，风弄轻柔雨后鲜。细出水如青缕线，平铺田似绿毛毡。""试问维鱼谁入梦，牧童三五涧头眠。"那种风调雨顺的祥和，青青水稻的茁壮成长，还有三五牧童水涧边的小憩，是那样的亲切喜乐，而其中，依然有诗人远虑的担忧。

江湖派诗人"对朝廷执政者的不满情绪，反映他们厌恶仕途、企慕隐逸的人生态度，但又比较关心时事，关注民生"[1]，其"忧民，主要是关心农民"[2]，林希逸正是如此。他写作了诸多悯农诗文，在《续集》中有明确的悯农思想的诗，约有 29 首，还有一些悲悯农民生活的文章，以及在诸多文章中体现出对农民的深切同情，主要体现在以下方面。

一　忧旱愁雨

这是林希逸悯农思想的最重要体现。今天福清市第一产业以种植水稻为主，所以对雨的需求非常大，而在宋代，人工灌溉技术还不够先进，人们多数时候还是靠天收获。尤其到"南宋后期，水利长年失修，水旱灾害频频发生"[3]，这时，长时间的干旱少雨，或是久雨不晴，都成为农民的灾难。林希逸以同情的笔墨，表达了祈愿农业风调雨顺的期望。

（一）忧旱

旱灾，在古代农业社会，是最大的自然灾害之一，人工能改善地幅度

---

[1]　马积高、黄钧主编：《中国古代文学史》（中），人民文学出版社 2009 年版，第 506 页。

[2]　张宏生：《江湖诗派研究》，中华书局 1995 年版，第 45 页。

[3]　何忠礼：《南宋政治史》，人民出版社 2008 年版，第 368 页。

很小。旱灾的直接后果就是，人们的温饱问题得不到解决，饥民引起的小范围暴乱，也就随后发生了。所以，对于旱灾，稍有良知的士大夫官吏，都会有慈悲体恤之情。《续集》中，林希逸在《前日苦旱禾恐立槁今雨太多已获者生芽未获者欲烂因叹耕者之苦辄赋》中就表达了这种感情：

老守田畴正学耕，寻思一粒也难成。晴干久叹头未下，雨过还忧耳渐生。

斗米三钱何日见，五风十雨望时平。村居饱饭犹难必，更敢痴迷望糁羹。

少时贫苦的林希逸，对于农民的生活是很熟悉的，旱灾长时持续，收成不好，物价自然上涨，村民想要吃饱饭，就会变得困难，其他的美食，就更不敢奢望了。《七月十二日作》："三旬不雨田俱涸，一月先秋暑未除。此念却难排遣在，家无大小仰犁锄。"三旬不雨，田地干涸，家里无论大小，就都要开始为此发愁了。《七月苦旱》："遍走仙坛与九渊，三旬涸尽涧中泉。坚无鸣鹤嗟何及，古有刑鹅法孰传。父守井槔形似鹤，儿归市籴瘦拎猿。旁人若识农家苦，粝饭藜羹直万钱。"《六月二十四日雨后苦热作》："今年一旱热良苦，既雨才晴热如故。桔槔暂闲稍解忧，赤日当空蒸湿土。晚田切切更望霖，早禾已失十四五。溪泉渐涸众撮眉，老我垂头汗如雨。有身有患信可怜，亦既忧农还畏暑。"晚稻巴巴的盼雨霖，早禾已死去了百分之四五十，大家都愁得皱着眉头，苦不堪言。

不只是干旱，台风也会影响收获。《七月十五日作》："连日秖愁穗落空，松飘竹断似飞蓬。喜看密密漫天雨，止得萧萧卷地风。俭岁久难禁贵籴，早秋今幸有全功。田家更仰冬收好，倚柱攒眉祝化工。"这首诗前林希逸有小序："早禾已熟，连日风猛，颇以田间为忧，朝来得雨，虽小而风止矣，喜而赋之。"福清市属于滨海城市，到夏天时候，台风骤雨颇多，尤其是在水稻成熟的季节，如果起台风，或是大暴雨，就很可能吹断稻穗，导致已经成熟的稻谷无法颗粒归仓。时值老年的林希逸这样关心农民的情怀，现在读来，依然让人感动。

（二）愁雨

久旱逢甘霖的喜悦，今古无异。在一年的六月二十日到二十九日，林希逸连续写作多首诗歌，担忧雨情：

喜雨（六月二十日）

闽南为雨久嗟吁，守令焦劳已月余。儿在蓝溪祈更苦，翁缘忧旱又忧渠。

黄檗山前五百仙，诸村迎祷过溪边。阴云竟日凉如水，不待仙回已沛然。

晓云如墨幕诸山，飞瀑倾河顷刻间。一喜令人无着处，长歌敧枕听潺潺。

望望蓝溪未得书，痴儿见说为斋瘝。逢人多问南来者，紫帽山前雨有无。

志喜（廿三日作）

溪邑儿因旱久劳，正愁无处问如何。童奴忽报行人说，中澣泉南得雨多。

溪桥作（廿八日）

闻说溪流涨，看来势渐停。云笼山际白，水没野畦青。

旱久知天悔，祠多诧佛灵。老农忧雨过，四望尚冥冥。

连日雨骤颇以关心（廿九日）

旱余虽喜见滂沱，可奈连朝不已何。万事人间如此雨，无时太啬有伤多。

今日多愁后日悭，晚田要见是秋残。过犹不及天谁管，世事终求恰好难。

　　他描写了人们祈祷雨停的情形，不只是自己，他的儿子也在祈祷雨停，他四处打听其他地方的雨势，其中可看到林希逸殷切的形容，这种对雨情的持续性关注，充分表现了林希逸对农事和农民的关心。

　　不仅担心自己所在福清的雨旱情，也担心儿子任职之地的雨旱情。林希逸在上文《喜雨（六月二十日）》中云，每逢见到南来的人，他就立即询问泉州可有雨下，一个父亲的形象跃然纸面。在《志喜（廿三日作）》诗中，他四处打听林泳为官的泉州是否有雨，在听说已经下雨解旱后，他才放下心。

久雨不晴，亦让人忧。同是雨声，却是一样的声音，两种心情。在《夜雨不止枕上作》中，林希逸写自己"得雨初愁雨暂停，如今彻夜怕泠泠。此心果是谁差别，一样声成两样听"。同样是雨，久旱得雨与久雨不止之雨，听起来人的心情迥然有别。这首诗颇有感情，对田间农事的担心，亦坦然流露。

雨量总到恰好难。《既旱得雨连日不小住》："旱余得雨又伤多，尘世因饥百种魔。便使有方能辟谷，我虽独乐奈人何。喜雨还忧雨过多，人生可煞是多魔。事难恰好天谁问，天本无心可奈何。"干旱需雨，雨来喜悦，雨多却怕。在上文所引《连日雨骤颇以关心》诗中，他感慨天不仁，以万物为刍狗，所以往往过犹不及，难恰到好。

最忧新秧逢大雨。真是"滴碎愁人心，不滴愁人耳"。《苦雨》："一春苦淋漓，既晴差自喜。四郊遽如壑，晴日共能几。人言山雨骤，每点大如指。新秧过半空，农泣向妻子。今年种如金，典质到衣被。忍饥事犁锄，岂料今乃尔。一饱强营营，天公难指拟。先淫后必涸，我虑非止此。可奈漫空云，如墨来未已。长宵欹枕听，揽衣四五起。滴碎愁人心，不滴愁人耳。"大雨会将秧苗的叶子打断，严重影响水稻生长，而随着种子价格的抬高，人们不得不去典卖衣服被子以换取种子，忍饥挨饿的耕种，谁想，终于种上以后，又遭逢大雨，这种忧愁，让诗人彻夜难眠，躺下睡不好，细听雨声是否有变小，不由得焦虑，至于一夜起身四五次，无雨愁旱，大雨愁涝。

最怕水稻收时雨未干。《六月频雨》："雨患先淫后必悭，春来数月为眉攒。如今早稻黄几遍，却怕收时雨未干。春雨伤多众虑深，那知六月似梅霖。天公事事俱难准，扫尽闲愁信意吟。"水稻若已成熟，必要及时收回，此时若久雨不干，已熟的水稻就会膨胀，并在干秧上发芽，即便收获，也难以食用。

水利设施，对于农民是那样的重要，所以林希逸说："限水以滋田者，智也"，并在《福清县重造石塘祥符陂记》《重造林埔斗门记》中表示对知县治水，"为民更作"，"惟民是福"的赞扬。

林希逸的忧愁，已超越了雨旱本身，"其忧虽小，忧之大者"，他总是能透过雨旱，看得更远。在"布谷催耕叹雨干"时，诸贤欢咏，而诗人感到的却是辛酸。因为雨神之翼并未能均衡施泽，若无往年储备存粮，人民一样要忍受饥饿，更不用说要上交的新租了。他最主要的心志在于"悃切忧民志，勤拳在庙时"。这是典型的儒家封建士大夫的忧民情怀。

二　使民养生送死无憾

人活一世，草木一生，能够丰衣足食的活过一生，然后顺利入土为安，这大概是生之为人最低层次的要求了，而这个最低的要求，在南宋末年，并非人人都能实现。使民养生送死无憾，是林希逸的悯农思想中的另一个方面。

（一）让民足以养生

林希逸提出了两条途径，一是成立民间义仓。南宋后期，"原来所建立的义仓等赈济措施，都已破坏殆尽"①。所以等待政府赈济，时常会落空。加之"岁俭乡贫，助施能几"（《重造应天寺记》），于是，有一些民间仗义之人，会在民间成立义仓、社仓，使赈济由政府走向民间，避免了政府设常平仓时，赈济在官的腐败，由积粟走向积田，避免了粮食储备的腐败。"当益之时，而为凶年之备，虽凶年吾固有之矣，吾何虑为？"林希逸非常希望这种民间义仓能够有机会在闽地实施，以救助穷甚之民。况且义仓，也是"尧、汤之遗法"，成立义仓，正是领会了尧、汤之用心。

二是解决温饱问题。林希逸有《为麦祈实》诗："麦事家家作，宸旒轸意微。无虚民所望，为实我先祈。见白欣舆诵，烦黄屈衮衣。要他春日饱，莫使敛时稀。饼饵香深觊，牷牲荐必肥。礼成农共庆，加额对龙旗。"在《嘉禾瑞于丁卯此粟瑞于戊辰两年之间嘉瑞迭见所产之地其名亦美琴化所感盛矣哉再赋此为梯飙明府贺》中他写道："大贫忍口活小贫，仰天但冀田中熟。"两首诗，皆表达自己对农民能够吃饱饭的祈愿。"去年已喜见嘉禾，今年得粟喜奈何。一茎六穗最奇者，四四三三云更多。禾生之乡曰太平，粟生之里曰永福。天公此意岂偶然，拍手歌之仍鼓腹。"表达丰获的喜悦心情。

裕农以致养者，仁也。能够让农民富裕，并且可以养活其家的人，可以称得上仁。这是林希逸对官吏的一个评价，也是一个期盼。所以他希望

---

①　何忠礼：《南宋政治史》，人民出版社 2008 年版，第 368 页。

"事有毫缕便民，切切行之"。这不仅是一种政治理想，更有一种忧农情怀。

（二）送死无憾

一个可行的渠道是设立义阡。"古之为政，其加惠斯民也，必使之养生送死而无憾。逮德衰，而此意薄，寒者不能为之衣，饥者不能为之食，况死骨乎！"在《福州新创义阡记》中，林希逸较为痛彻的检讨了当权者的无能给人民带来的痛苦。时常温饱不能满足的底层人民，艰苦的活过一生，到死后连下葬都无力实现，"贫者无以掩其亲"，这样的世界，是多么让人感到悲怆！因而，"义阡之名出焉，是诚今世盛德事也"。福州府帅吴公，集成朱文公之法，在福州创设义阡，让贫无立锥者，安葬于此，使民送死无憾，故而"闻者莫不加额"。

关于林希逸关注的社会救济，有学者论曰："宋以来儒者极多究心于社会救济事业，固源于理学理论之必然，殆亦有其实际情势之不得不然者也。"① 因为宋代政策是"以宁结怨于民，而未肯失欢于官"②，从而使得宋人不得不"轻政治制度，而重社会事业"③。这可视为一说。

三　国贫民困忧无日

摇摇欲坠的政权，连连失利的边防，庞大数目的岁币，奸佞无良的官吏，使国将不国，民无佳期，诗人因而"国贫民困忧无日，身远心存冀有年"。

（一）忧国贫

处在晚宋的士大夫，稍有良知者，恐怕都会如林希逸这样"忧国长无寐，怀忠我独醒"。国家的贫困，体现在地方，就是一州一郡的贫困，林希逸多次慨叹"郡贫民病待公瘳"，"民病盖知渠即我，郡贫应念昔非今"，"七聚人人苦恋行，吾乡一事更关情。郡贫已极民县罄，岁计祇于寺取盈"。政府的贫困在当朝已到了最严重的时候，这也是林希逸最关切的一件事。但这在林希逸的作品中，与忧民相比，比例是少的一方。

① 蒙文通：《儒学五论》，广西师范大学出版社 2007 年版，第 133 页。
② 同上书，第 132 页。
③ 同上书，第 133 页。

（二）忧民困

林希逸更加担忧的是人民的穷困，能保民则能保国，他说"民穷甚矣"，"东南民力闽尤困，到日论思首及之"，"民贫甚矣吏奸深"，因为他意识到人民才是国家富强的希望，如果人民贫困，国家必定是贫困的。在《太玄精语》中，林希逸这样解释其中一赞：

次五，蛡大螽小，虚。测曰：蛡大螽小，国虚空也。

蛡，蜂房也，螽，房之带也。房大而带小，不足以系之，则蜂必散乱，而蜂窠虚矣。为国而不知其本，必失其民，以此喻之。

意即，人民如蛡，国家如螽，如果国家的统治能力太小，就不能笼络收拢其子民，则人民必定流散而去，从而国家亦必然消亡。所以统治者要时时知道，人民才是国家的根本。

（三）要儿为官知民困

因为"长官于民如父母"，"民困官谁察，兄贤政必和"，因为民困的部分原因是因为官吏太坏，所以，林希逸对自己的两个儿子：长子林泳，次子林晦的为官之道，寄语最为深切的厚望，其中不仅体现出一个父亲的谆谆教诲，肺腑之言中更有一个封建士大夫的从政理想。

《送泳宰安溪（三首）》

好为君王去字人，乃翁知汝耐清贫。求民疾痛当如子，有道弦歌是悦亲。

月解前期须趣办，日生公事怕因循。扫除诗癖只勤政，最急无如赋役均。

邑小虽贫亦自嘉，遥知深僻似山家。我思宫锦袍如梦，汝向黄绸被放衙。

守忆旧游须易事，吏存古意要无华。但令禾麦季季好，肯羡河阳一县花。

此邑先曾有美传，雨旸仰佛令多贤。复斋名比太丘长，清水仁如姑射仙。

廉白不惭居补处，精虔更为祝丰年。殷勤办此身心去，莫怕溪滩稳放舡。

《送子晦宰南安》

送子南征爱子深，殷勤听取拙翁吟。为儒但有书堪信，试邑元无谱可寻。

民病盖知渠即我，郡贫应念昔非今。圣门絜矩真良法，彼此秤停要尽心。

此邑曾为掾往还，昔云优易近雕残。士嗟前辈风流远，吏苦专人月解难。

琴以道鸣宁择地，篙如手妙岂愁滩。竹湖亲授侯心印，不比他时事上官。

紫帽山前墨绶新，此行一喜异于人。公交荐口多诸老，便邑怡颜奉二亲。

伯氏横经如共室，吾儿学制不为邻。书邮见说无三舍，细大相规莫厌贫。

在这四首诗歌中，林希逸指出对林泳政治上的五点期望，也是对当时官吏的普遍期望：一是为官若能耐得住清贫，且乐于此贫，自然可以避免自身的贪贿腐败，减轻人们负担；二是若能医治民疾病痛苦，如给自己的小孩求医那样，所谓视民如伤，那必然深得民心，会成为有道之君；三是干事赶早不赶晚，更怕因循守旧，无有创新；四是砍掉无用的娱乐爱好，比如作诗这等闲杂事情，要一心勤政爱民，最要紧的，莫过于要赋税劳役要安排的公平；五是要尽力解决人民温饱问题，如果人民的收成能够年年都好，其他的都不必再去羡慕了。其中前四点，就是放在当代社会，也依然有借鉴意义。

综上所述，南宋江湖派文人，因为他们生活的地域、阶层，决定了他们与农民有着不可分割的联系，他们了解农民的生活，甚至部分人自己就是农民，所以他们对农民充满着深深的同情。林希逸的悯农诗文，主要写作在他晚年在福清生活的时期，他自身贫困，加上所闻所见，就更加能够体会农民生活的艰难。他为农民的收成而忧雨愁旱，因农民的贫困而忧国忧民，作为一个已垂垂老矣的老人，他能够寄望的，就是自己的小孩在从政中知民困，继承并实现自己的政治理想，造福一方。这些都体现了一位封建士大夫的治世理想。

第四章　林希逸著述考

第一节　概论

有关林希逸著述的数目、存亡等情况,《淳熙三山志》①《福清县志》②《八闽通志》③ 《福州府志》④ 等有述。杨黛先生曾在《林希逸〈庄子口义〉知见版本考述》⑤ 一文中,对《庄子口义》的版本情况第一次做了考述,绪论已提及,本书在前辈研究基础上,对林希逸著述在世界范围内,重点是在东亚各国的情况,作详细考辨。

一　经类著作

1. 《鬳斋考工记解》,存。《福清县志·奏疏志》有载。

2. 《春秋三传正附论》十三卷,无存。《宋史·艺文志一》记载此书为林希逸与陈藻合著 ⑥。《福清县志·奏疏志》有载。

3. 《春秋义》,存。

4. 《易讲》四卷,无存。《福清县志·奏疏志》有载。

---

① 梁克家:《淳熙三山志》,台湾商务印书馆 1976 年版。

② 饶安鼎、邵应龙修,林昂、李修卿,福建省福清县志编纂委员会:《福清县志》,内部发行 1989 年版。

③ 黄仲昭编修,福建省地方志编纂委员会主编:《八闽通志》,福建人民出版社 1991 年版。

④ 徐景熹修,鲁曾煜等纂:《福州府志》,成文出版社据乾隆十九年刊本影印 1967 年版。

⑤ 杨黛:《林希逸〈庄子口义〉知见版本考述》,《文史》1999 年第 2 辑(总第 47 辑),中华书局 1998 年版,第 179—186 页。

⑥ 《宋史》卷 202,中华书局 1977 年版,第 5066 页。

5.《易外传》一卷，无存。徐㷀藏并撰《徐氏家藏书目》卷一录有
"《易外传》一卷，宋林希逸"①。

6.《两朝宝训》二十一卷，无存。《乾隆福州府志·艺文志》② 有载。

7.《周礼说》，无存。刘翼《宋竹溪鬳翁林先生之墓》碑文有载。

8.《述诗口义》，无存。刘翼《宋竹溪鬳翁林先生之墓》碑文有载。

9.《春秋传》，无存。日本宽文四年释即非如一校刊本《老子鬳斋口
义》中的《老子鬳斋口义序》中有载。

二　史类著作

《野史》八卷，无存。《乾隆福州府志·艺文志》③ 有载。

三　子类著作

1.《老子鬳斋口义》，存。

2.《列子鬳斋口义》，存。

3.《庄子鬳斋口义》，存。

4.《楞严维摩注疏》，无存。日本宽文四年释即非如一校刊本《老子
鬳斋口义》中的《老子鬳斋口义序》中有载。

四　集类著作

1.《竹溪集》九十卷。《福清县志》④《乾隆福州府志·艺文志》⑤ 都
有记载，刘克庄曾在《竹溪集序》⑥ 中提及见到林希逸"未第时所论著二
巨编"，而此次所见到的"视前二编且数倍"。由以上两条资料可知，林希
逸在脱白之前，曾有文集两部，《竹溪集》是其中一部，另一部惜已无从

---

① 徐㷀藏：《徐氏家藏书目》，《续修四库全书》编纂委员会编：《续修四库全书》，第 919
册，《史部·目录类》，据北京图书馆藏清道光七年刘氏味经书屋抄本影印，上海古籍出版社 1995
年版，第 112 页。

② 徐景熹主修，福州市地方志编纂委员会：《乾隆福州府志》，海风出版社 2001 年版。

③ 同上。

④ 福建省福清县志编纂委员会：据饶安鼎、邵应龙修，林昂、李修卿等《福清县志》整理，
《福清县志》，1989 年版，第 471 页。

⑤ 徐景熹主修，福州市地方志编纂委员会：《乾隆福州府志》，海风出版社 2001 年版。

⑥ 刘克庄撰，王蓉贵、向以鲜校点，刁忠民审定：《后村先生大全集》，四川大学出版社
2008 年版，第 2486—2487 页。

查考。

可推测的是：刘克庄所见到之《竹溪集》，是否是《竹溪鬳斋十一稿集》的简称？如果是，则应是指《竹溪鬳斋十一稿前集》。如果不是，则这是林希逸的另一部文集，则林希逸的文集总数，又会增加一部。笔者较倾向于认为，这个《竹溪集》即是《竹溪鬳斋十一稿集》的简称，相对于现存的《竹溪鬳斋十一稿续集》，本集则可称为《竹溪鬳斋十一稿前集》，只是卷数上有疑。

2.《竹溪鬳斋十一稿前集》六十卷，无存。林同在《竹溪鬳斋十一稿续集·序》中提到，林希逸有《鬳斋前集》六十卷，有《后集》。林希逸在《续集》中《和效颦一首（屡劝吟多恐妨目瞀答以自乐不为劳）》诗中也说："生平酷好乐何苦，集本多传续又新。"说明他在《续集》之前，确有《前集》。

另有九十卷之说，见于焦竑《国史经籍志》，卷五录有："《林希逸十一集》九十卷。"① 倪灿撰，卢文弨订正《宋史·艺文志补》，录有："林希逸《竹溪鬳斋十一稿》九十卷，《续稿》三十卷。"② 可知，在清乾隆末年，九十卷《前集》尚存。也有一种可能是《前集》六十卷，《后集》三十卷，合称《竹溪鬳斋十一稿》九十卷。

按，周启成在《庄子鬳斋口义校注·前言》中云林希逸有"《鬳斋前集》六卷"，疑作者本意是指有"《鬳斋前集》六十卷"。

3.《竹溪鬳斋十一稿续集》三十卷。存。

4.《竹溪十一稿诗选》，存。

5.《山名别集》及《水木清华诗》一卷，无存。杨黛《林希逸〈庄子口义〉知见版本考述》中提到《后村先生大全集》卷九十四、九十六中有记载刘克庄为此两种集所做序，认为这两部文集的作者是林希逸，对此笔者存疑。

有关《山名别集》。四川大学出版社 2008 年出版的《后村先生大全集》中根据翁同书校秦氏石砚斋抄本认为，在《山名别集》中有 480 字乃

① 焦竑：《国史经籍志》，王云五主编：《丛书集成初编》，据粤雅堂丛书本排印，商务印书馆 1935 年版，第 273 页。

② 倪灿撰、卢文弨订正：《宋史·艺文志补》，王云五主编：《丛书集成初编》，据金陵丛刻本排印，商务印书馆 1935 年版，第 42 页。

是另一篇《竹溪集序》的内容，因而将这些文字单另列出，并将《山名别集》改为《山中别集》。据具体文章内容，我们认为这种做法是对的。根据《山名别集》第一句："始余请南塘选仲白诗，南塘更以属余，苦辞不获。"加上文章其余内容，以及刘克庄曾写过《过永福精舍有怀仲白二首》，可推断《山中别集》的作者是仲白，而非林希逸，刘克庄是为仲白的诗集所做的序。

《水木清华诗》，即指《竹溪诗》，作者林希逸，刘克庄为之做序《竹溪诗》①，杨黛文中言"《融霞·历代福清人物志·南宋部分》记载有《水木清华诗》一卷"②，此书笔者暂未亲见，存疑于此。

6. 《奏议》，无存。刘翼《宋竹溪鬳翁林先生之墓》碑文有载。

7. 《讲议》，无存。刘翼《宋竹溪鬳翁林先生之墓》碑文有载。

8. 《内外制》，无存。刘翼《宋竹溪鬳翁林先生之墓》碑文有载。

9. 《诗文四六》，无存。刘翼《宋竹溪鬳翁林先生之墓》碑文有载。

10. 编辑之书。一是《心游摘稿》，刘翼著，存，林希逸编辑并作序。二是《雪岑和尚续集》二卷，宋释行海著，存，林希逸编辑并作序。三是《文房四友除授集》，与胡谦厚合编，本条据祝尚书《宋人总集叙录》，③现藏于日本静嘉堂文库。

11. 各诗文集未见的单篇诗文，《全宋文》④ 有收录 21 篇，周兰辑有林希逸佚诗 12 首⑤，现存目于此：《断桥和尚语录序，咸淳元年正月》《断桥妙伦禅师塔铭》《甫里先生文集序，宝祐六年十一月》《网山集序，嘉熙二年》《后村集序，淳祐九年二月》《后村先生大全集序，咸淳六年九月》《剑关禅师语录序》《枯崖和尚漫录跋》《鄱阳刊艾轩集序》《诗缉序》《寿圣禅寺记》《宋故朝奉大夫直龙图阁金公文刚墓志铭》《文房四友除授集序》《西亭兰若记》《孝宣厉精为治论》《心游摘稿序》《御赐宸笔道山堂大字记》《乐轩诗筌序》《浙西安抚司干办公事厅璧记》《重建永隆院

① 刘克庄撰，王蓉贵、向以鲜校点，刁忠民审定：《后村先生大全集》，四川大学出版社 2008 年版，第 2438—2439 页。

② 杨黛：《林希逸〈庄子口义〉知见版本考述》，《文史》1999 年第 2 辑（总第 47 辑），中华书局 1998 年版，第 179—186 页。

③ 祝尚书：《宋人总集叙录》，中华书局 2004 年版，第 636 页。

④ 曾枣庄、刘琳：《全宋文》，上海辞书出版社 2006 年版。

⑤ 周兰：《林希逸诗歌研究》，硕士学位论文，广西师范大学，2011 年。

记》《诸贤与东峦书跋》《水月岩诗》《游玉华洞》《石竹山》《半山亭》《普陀岩》《丹灶》《宝所石》《济贫笋》《游石竹紫云洞》《石室》《双鲤石》《洗耳泉》。

另，笔者在考索日本古籍文献时，在《雪岑和尚续集》① 中见到林希逸另一篇序文《雪岑诗序》，书影如下：

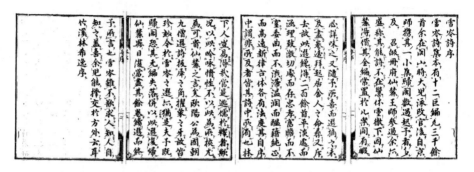

图4—1 林希逸《雪岑诗序》书影

此文不见于目前各文集中，现录全文于此：

《雪岑诗集》本有十二巨编，凡三千余首。余在闽山时，大儿泳改官后，自京师携其一小集归闽，数过起予者多。及召赴册府，仙麓王帅参过余，亦盛称其能诗，不在慧休、灵彻下。因仙麓得借其全编，常置于几案间，有暇必详味之，又随予所喜而选摘之。未及尽卷，适拜起居舍人之命，寻又斥去，故此选才得二百余首。平淡处而涵理致，激切处而存忠孝，富赡而不窒，委曲而不涩滞，温润而酝藉，纯正而高远。新律古体，各有法度。其自序中谓"非所及"者，皆其诗中所循也，林下人岂易得哉？当是逃儒于释者欤？况以此吟咏情性，不以此为所挟，尤为可贵，仙麓之言矣。欧阳公为国朝九僧选诗，拔犀之角，擢象之牙，故皆珍妙，今于雪岑之选亦犹是夫。予既归闽，恐其元编失落，并以此选复归仙麓。异日复当尽其余卷，续选而终予所言也。雪岑虽不欲求人知，人自知之，盖喜余儿能择交于方外云耳。竹溪林希逸序。

---

① 释行海：《雪岑和尚续集》，日本宽文五年（1665）饭田忠兵卫刊本，现藏于日本国立国会图书馆。

以上是林希逸著述简况。在其现存著述中，林注三子口义，明代人张四维认为"较诸家为善"①，在《老子》的各家注解中，日本古代学者林罗山认为"希逸视诸家最为优"②，渡边操认为"今世人读《老子》者，多赖林鬳斋口义"③，林注在古代东亚的影响可见一斑。本章对林希逸现存著述自宋至今，在海内外的版本和流传情况，详作考辨。东亚以中国及中国台湾、日本、朝鲜半岛为重点，略及中国香港、新加坡、越南，西方以美国和欧洲为重点。所有亲见版本，都尽可能附上书影，唯个别不许复制影像的版本，只好全赖文字说明。未得亲见之版本，则简略叙述之，亦不附书影。

第二节　《老子鬳斋口义》版本考

约在宋景定二年辛酉（1261），林希逸《老子鬳斋口义》成书，他作《老子口义成》诗，表达自己注口义之初衷及思考："见彻深微字字精，五千言在与谁明。事因借喻多成谤，经不分章况立名。数十有三元是一，道虚无实始为盈。苏云近佛非知老，老说长生佛不生。"认为《老子》字字精华，见微知著，可惜这五千言没有多少人明白，又因为书中采用了很多借喻的手法，引起了很多误会，而且各个经也没有分出篇章，也没有名称，天地万物运行的规律都包含在一中，这个一，是道，是几，也是生死万物的众妙之门。道是无虚无实的状态，虽然是虚无的，但蕴含化生天地万物的作用，所以道又是充盈的。苏辙在其著作《老子解》中儒释道并举，朱子评苏辙《老子解》说："苏侍郎晚为是书，合吾儒于老子，以为未足，又并释氏而弥缝之，可谓舛矣！……诚惧其乱吾学之传，而失人心之正耳。"林希逸评价苏辙认为的老子接近佛学，这是不懂《老子》，老子

① 张四维：《重刻三子口义序》，宋林希逸撰，明张四维补，明何汝成校订：《鬳斋三子口义》，明万历二年（1574）敬义堂刊本。
② ［日］林道春：《重刻老子鬳斋口义序》，林希逸撰，［日］林道春批点：《老子鬳斋口义》，日本庆长（1596—1615）年间木活字印本。
③ ［日］渡边操：《老子愚读》，日本延享五年（1748）风月堂刊本。

主张长生，而佛教主张不生，这是不同的。出于这些考虑，林希逸对该书进行了分章、取名、注释等工作，开当时用口语注释经典的新风，并远播东亚，一度成为朝鲜半岛和日本知识人阅读《老子》的首选版本。该书版本众多，分布面广，主要集中于国内、日本、中国台湾和朝鲜。根据该书在中国的流传刊刻情况，我们将其版本按照国别和时间分辨如下。

一　中国刊本

（一）宋刊本

1.《老子鬳斋口义》二卷，宋林希逸撰，白口宋刊本

附：林希逸《老子鬳斋口义发题》。

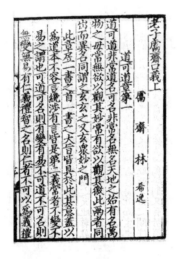

图4—2　《老子鬳斋口义》
白口宋刊本书影

版式：四周单边，白口，双黑鱼尾间题有"老子"或"老子口义"、卷次及页码，每半页十行，行二十一字，有界格，注文比原文低一字格。每卷标题下署："鬳斋林希逸。"卷首为《老子鬳斋口义发题》，次为正文，卷端题作"老子鬳斋口义上"。

按：严灵峰《无求备斋老子集成初编（第47册）》① 据此影印。此版笔者见于美国康奈尔大学图书馆，中国国家图书馆（以下简称"国图"）有藏。

2.《老子口义》二卷，宋林希逸撰，黑口宋刊本

版式：黑口，每半页十一行，行十八字。

按：本条据杨守敬、李之鼎《增订丛书举要》卷十二子部一 ②。杨守敬（1839—1915），字惺吾，又作星吾，谱名开科，字云朋，号心物，榜名恺，后更名守敬，晚年自号邻苏老人，今湖北省宜都市陆城镇人，民初

---

① 严灵峰编：《无求备斋老子集成初编》，艺文印书馆1965年版。

② 杨守敬、李之鼎：《增订丛书举要》，据宜都杨惺吾先生原本，戊午（1918）季夏宜秋馆校印于南昌。

目录版本学家、藏书家①。李之鼎（1864？—1928？），字振唐，江西南城人，集著书、藏书、刊书于一身，是有名的藏书家、目录学家。②

另：严灵峰《老列庄三子知见书目中》记载《老子鬳斋口义》有宋景定二年辛酉（1261）建宁刊本③，只有一个条目，无具体信息，不详与上述两版本之关系。

另：下述中国台湾图书馆藏宋刘辰翁批点《鬳斋三子口义》十四卷四册中的元刊本（1280），与本条已知关键信息一致，皆为黑口，行数字数皆一致，刘辰翁生活于宋元之际，他的著述或可称宋，或可称元，不能一概而论，故本条有与中国台湾图书馆藏宋刘辰翁批点《鬳斋三子口义》十四卷四册中的元刊本（1280）为同一版本的可能。

（二）元刊本

1.《老子鬳斋口义》，宋林希逸撰，元刊本

附：林希逸《老子鬳斋口义发题》，秦更年《跋》。

版式：四周单边，白口，双黑花鱼尾间题有“老子”卷次及页码，每半页十行，行二十一字，版框大小为 19.4 × 13.1 厘米。卷首为《老子鬳斋口义发题》，次为正文。卷末《跋》文对于此书的收藏源流略作说明，书稿初为李廷相（1485—1544，字梦弼，明濮阳开州人，好藏书，卒谥文敏）藏，后经孙星衍（1753—1818，字渊如，号伯渊，清代藏书家、目录学家），流传到袁芳瑛（1814—1859，清代藏书家，谱名袁世矿，字挹群，号伯刍，一号漱六，湖南长沙人）。有“袁氏卧雪庐藏书”“孙氏万卷楼印”等藏印。

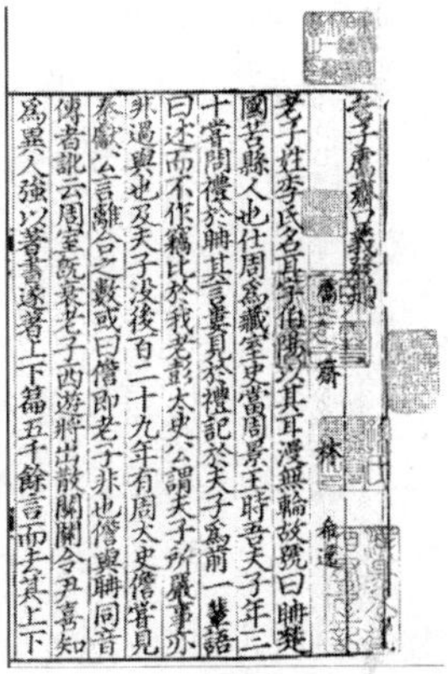
老子鬳齋口義發題
鬳齋 林 希逸
老子姓李氏名耳字伯陽以其耳漫無輪故號曰聃楚
國苦縣人也仕周爲藏室史當周景王時吾夫子年三
十嘗問禮於聃其言曼見於禮記於夫子爲前一輩語
曰述而不作竊比於我老彭太史公謂夫子所嚴事亦
非過與也及夫子沒後百二十九年有周太史儋嘗見
秦獻公言離合之數或曰儋即老子非也儋與聃同音
傳者訛云周室既衰老子西遊將出散關關令尹喜知
爲異人強以著書遂著上下篇五千餘言而去其上下

图 4—3　《老子鬳斋口义》元刊本书影

按：卷末《跋》题有：“庚申八月婴庵。”清末藏书家、书画家秦更年（1885—1956），原名秦松云，字曼青、曼卿，号婴訚，别号东轩、婴闇居

① 关于杨守敬生平，可参见郗志群《杨守敬传略》，《首都师范大学学报》1999 年第 4 期。

② 关于李之鼎生平，可参见谢海林《李之鼎与辑刊宋集考论》，《新世纪图书馆》2008 年第 5 期。

③ 严灵峰编：《老列庄三子知见书目》（下），中华丛书编审委员会 1965 年版，第 231 页。

士，据该文下署"秦更年""曼青"二印判断，此"婴庵"即秦更年，婴庵也许是他的另一个字，秦更年《婴闇题跋》① 中也记有该条信息。《中华古籍再造善本》② 据此影印，笔者见于美国哈佛大学燕京图书馆、耶鲁大学图书馆，国图有藏。

2.《老子口义》二卷，宋林希逸撰，元刊本（1280）

附：宋理宗穆陵付林希逸《宸翰》，刘辰翁《跋》。

版式：版框大小为 15.4×11.8 厘米，每半页十一行，行十八字，注文小字双行，四周单栏或左右双栏，附刻圈点墨线，黑口，双鱼尾下间记大小字数。有藏印："莐圃/收藏"朱文方印、"求是/室/藏本"朱文方印、"文瑞/楼"白文方印、"金星轺/藏书记"朱文长方印。卷首为宋理宗穆陵付林希逸宸翰，此为三子口义合刊本，其中在《列子口义》卷末有墨匡一方。刘须溪跋云："非列子自为书，子列子为之，其妙处，庄子用之悉矣，其余间见淮南子者，又胜其名言自多，设喻尤近，虽稍杂伪，无怪诡，须溪。"按此帙审其字体、刀法及版式，中国台湾图书馆认定为宋末元初间建阳坊刻本。

按：此条据中国台湾图书馆藏《鬳斋三子口义》十四卷四册，宋刘辰翁批点，以林希逸口义为底本进行评注，并对林注时有评价。刘辰翁（1232—1297），字会孟，别号须溪，门生后人称须溪先生，庐陵人，生于南宋末，主要活动在宋元之际，卒于元代，著有大量评点著作，其中包括林注三子口义③。刘辰翁批点本在明代又有多个印本：明天启四年闻启祥刊本，明刊刘须溪批注"三子"本，明小筑刊"刘须溪先生校书九种"本。

3.《老子鬳斋口义校注》，宋林希逸撰，黄曙晖点校，华东师范大学出版社 2010 年出版

按：据中国国家图书馆藏《老子鬳斋口义》元刊本点校，并与道藏本通校，繁体竖排。

---

① 秦更年：《婴闇题跋》（四卷），学苑出版社 2009 年版，据 1959 年上海油印本影印。
② 林希逸：《中华古籍再造善本·金元编·子部·老子鬳斋口义》，北京图书馆出版社 2005 年版。
③ 焦印婷：《刘辰翁研究》，博士学位论文，四川大学，2007 年。

（三）明刊本

1.《道德真经口义》，宋林希逸撰，明刊正统道藏本

附：林希逸《发题》。

版式：首为《发题》，次为《道德真经卷之一》。

图4—4　《道德真经口义》明刊正统道藏本书影

按：《中华道藏·第二部类·四辅真经·道德真经（第12册）》①据此影印。

2.《老子鬳斋口义》二卷，明正德十三年（1518）胡昃铜活字排印本

附：林希逸《老子鬳斋口义发题》。

版式："老子"顶格，"口义"低一格。

按：此本是《三子口义》（残本）合刊本，共八册。本条据严绍璗《日藏汉籍善本书录》②，所提《老子鬳斋口义》的版式记载依据《仪顾堂序跋》（应指《仪顾堂书目序跋》），无更多详细信息，日本静嘉堂文库藏本。严灵峰《老列庄三子知见书目》记有此本③，二者可互相印证。

胡昃，明代人，私人藏有活字印，该印曾被借去用来印刷三子口义。④

3.《老子鬳斋口义》明正德间刊本

本条据严灵峰《老列庄三子知见书目》⑤，日本静嘉堂文库藏。

另据《日本藏汉籍善本书志书目集成》⑥，日本藏有《三子口义》八册，明正德刊，其中有《老子口义》二卷，具体信息不详，可互证。

4.《老子口义》，宋林希逸撰，明嘉靖四年乙酉（1525）广信知府张士镐刊本

附：林希逸《老子鬳斋口义发题》。

①　《道藏》，文物出版社、上海书店、天津古籍出版社1988年版。

②　严绍璗编：《日藏汉籍善本书录·子部·道家类》，中华书局2007年版，第773页。

③　严灵峰编：《老列庄三子知见书目》（下），中华丛书编审委员会1965年版，第231页。

④　李伯重：《明清江南的印刷出版业》，《中国经济史研究》2001年第3期，第94—107、146页。

⑤　严灵峰编：《老列庄三子知见书目》（下），中华丛书编审委员会1965年版，第231页。

⑥　贾贵荣编：《日本藏汉籍善本书志书目集成》，北京图书馆出版社2003年版。

图4—5　《老子口义》明嘉靖乙酉广信知府张士镐刊本书影

版式：上下单边，左右双边，白口，单黑鱼尾下题"老子"、卷次及页码，每半页十行，行十八字，有界格，版框大小为 18.4×13.6 厘米，有朱笔点读。版心下方记刻工名：尤、士、玉、王、人、中、丁、求、先、上、黄龙、黄琢、大、晨、黄作、黄铣、珀、文、珏等。

扉页上有一段手书：

清初查初白跋宋刊本《虞斋考工记解》云："林希逸字肃翁，又号鬳斋，福清人，乙未吴榜由上庠登第，凡三试皆第四，真西山所取士也。是岁以尧仁如天赋，预选时称林竹溪，周草窗杂志中载其登第事甚详。"丙子闰月许承尧录。

此处"周草窗杂志"即指周密《癸辛杂识》。卷首为《老子鬳斋口义发题》，次行署"鬳斋林希逸"，正文卷端题作"老子鬳斋口义上"，次行署"鬳斋林希逸"。

按：此版据刘辰翁批点本整理，为三子合刊本。张士镐，字景周，明正德六年（1511）进士，曾修《广信府志》。查慎行（1650—1727），初名嗣琏，字夏重，号查田，后改名慎行，字悔余，号他山，赐号烟波钓徒，晚年居于初白庵，所以又称查初白，浙江海宁人，清代诗人。国图、辽宁大学图书馆及中国台湾图书馆有藏。同年，江汝璧据此重刊。

5.《老子鬳斋口义》二卷二册，宋林希逸撰，明张四维、陈以朝校订，明万历二年（1574）敬义堂刊本

附：张四维《重刻三子口义序》，林希逸《老子鬳斋口义发题》。

版式：四周单边，有界格，花口，单白鱼尾，版心题有"老子口义"、卷次及页码，每半页十行，行二十二字，版框大小为 21.1×14.6 厘米。卷首为《重刻三子口义序》，次为《老子鬳斋口义发题》，正文卷端题为：

"老子鬳斋口义卷上"，另分三行署："宋宝谟阁直学士主管玉局观鬳斋林希逸注，明吏部左侍郎兼翰林院学士凤磐张四维校，凤隅陈以朝次。"有藏印："岁行尽矣/风雪凄然/纸窗竹屋/萤火青灯/时处此间/得少佳趣"白文方印。

按：此本中国台湾图书馆题为刘辰翁批点本，张四维《重刻三子口义序》文末署："万历甲戌冬十一月朔旦蒲板张四维序"，版心下方记有"敬义堂刊"四字，"疑是陈以朝堂名"①。故据以题为"明万历二年（1574）敬义堂刊本"。

陈以朝，明隆庆五年（1571）进士。张四维（1526—1585），字子维，号凤

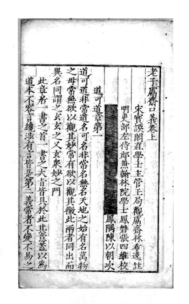

图4—6　《老子鬳斋口义》明万历二年敬义堂刊本书影

磐，世称凤磐先生，山西芮城人，

明朝内阁首府。张四维《重刻三子口义序》中言："宋竹溪林希逸所著三子口义，嘉靖初刻于信州郡，守分宁陈大夫携一帙至蒲，余得而卒业焉。"② 信州郡为明代广信府雅称，广信府治在上饶，这里所云刻于嘉靖初年的版本，当是指张士镐广信府所刻三子口义本。中国台湾图书馆有藏。

6.《鬳斋老子口义》，宋林希逸撰，明万历二年（1574）施观民刊本附：林希逸《老子鬳斋口义发题》，赵

图4—7　《鬳斋老子口义》明万历二年施观民刊本书影

①　《庄子鬳斋口义》敬义斋刊本，http//blog. sina. com. cn/s/blog_ 7022093e0100s0bl. html。

②　张四维：《重刻三子口义序》，宋林希逸撰，明张四维补，明何汝成校订：《鬳斋三子口义》，明万历二年（1574）敬义堂刊本。

秉忠《重刻三子口义序》。

版式：四周单边，白口，单白鱼尾下题卷次、页码，上题"鬳斋三子口义"，每半页十行，行十二字，林注小字双行，有界格，版心下方有刻工姓名。卷首为《发题》《序》，次为正文。

按：此版为三子口义合刊本。赵秉忠在《重刻三子口义序》中陈述此次刊刻缘由，文末题署："万历二载腊月"所撰，故据以题为"万历二年施观民刊本"。国图及中国台湾图书馆有藏。施观民，字于

图4—8 《老子鬳斋口义》明万历四年丙子陈氏积善书堂刊本书影

我，福建福清人，《闽书》中有记载其生平①。

7.《老子鬳斋口义》，宋林希逸撰，明万历四年丙子（1576）陈氏积善书堂刊本

附：万历二年腊月闽瓯宁赵秉忠《刻三子口义序》《庄子释音》，林经德《庄子后序》。

此为三子口义合刊本，共计四十二卷，内有《老子鬳斋口义》。黑口，四周单边，有界格，单黑鱼尾下题卷次、页码，每半页十一行，行十九字，《老子》原文大字单行，林注小字双行，卷首为《刻三子口义序》，《三子口义总目录》，正文卷端题作"老子鬳斋口义上"，次行题"鬳斋林希逸注"，卷末有《庄子释音》，《庄子后序》。

按：《庄子口义》部分卷端题为："宋福清鬳斋林希逸注，明同邑后学施观民校"，加之卷首所附万历二年腊月赵秉忠《刻三子口义序》，可知这是重刊万历二年施观民（1574）刻本。卷末有牌记："万历四载岁次丙子孟春上浣之吉陈氏积善书堂崑泉子梓。"故据以题为"陈氏积善书堂刊本"。现藏于郑州大学图书馆。

---

① 何乔远编，厦门大学古籍整理研究所，历史系古籍整理研究室《闽书》校点组校点：《闽书》（第三册），福建人民出版社1994年版，第2430页。

陈氏积善堂，为明代福建建阳书坊，为陈氏家族所掌，主人为陈云岫，字奇泉，刻书家有陈孙安、陈贤、陈含初、陈德宗、陈耀吾、陈国旺等。据严灵峰《老列庄三子知见书目》记载，《老子鬳斋口义》有明隆庆四年庚午（1570）陈氏积善书堂"京本标题鬳斋注解三子口义"本，后在万历丙子四年重印，重印的版本应该指的就是此版本。

8.《老子口义补注》，宋林希逸撰，明张四维补，明万历五年（1577）何汝成校刊本

附：万历甲戌张四维《重刻三子口义序》，万历五年何汝成《重刻三子口义序》，林希逸《老子口义发题》，景定改元林经德《序》，正德戊寅夏汪伟《跋》，嘉靖乙酉江汝壁书。

版式：四周双边，花口，单白鱼尾上题"老子口义"，下题卷次及页码，有界格，每半页十行，行二十二字，版框大小为 21.5 × 14.6 厘米。版心下方记刻工名：中、七、宗、士、太、上、斤等。有藏印："蜗庐/藏书"朱文方印、"桂隐/楼印"白文方印、"弘均/之印"朱文方印、"甬上林集虚记"朱文椭圆印。

此版为三子口义合刊本，卷首为万历甲戌张四维《重刻三子口义序》，标题下有四枚印章，次为万历五年何汝成《重刻三子口义序》，林希逸

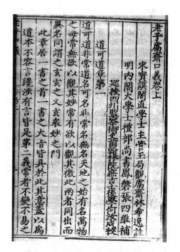

图4—9　《老子口义补注》明万历五年何汝成校刊本书影

《老子口义发题》，标题下有两枚印章，正文卷端题为"老子鬳斋口义卷上"，每卷标题下分三行署名，分别是："宋宝谟阁直学士主管玉局观鬳斋林希逸注，明内阁大学士礼部尚书凤磐张四维补，巡按四川监察御史前翰林院庶吉士后学何汝成校。"在《庄子鬳斋口义》卷尾有此次重刻之跋。

按：中国台湾图书馆将此版题为刘辰翁批点本。这是明万历二年（1574）敬义堂刊本的一个补注本。在张四维《重刻三子口义序》及何汝成《三子口义序》文末，均注明万历五年，故而题为"明万历五

年何汝成校刊本”。何汝成三子口义校刊本是对张四维万历二年刊本的重印和重校，何汝成是张四维的学生。此本现存于国图和中国台湾图书馆，美国哈佛大学燕京图书馆有中国台湾图书馆制作的缩微胶卷。

9.《道德经注》二卷一册，宋林希逸撰，明万历十四年丙戌（1586）商阳程兆莘校刊本

附：万历丙戌程见父《刻老子解序》，林希逸《道德真经发题》。

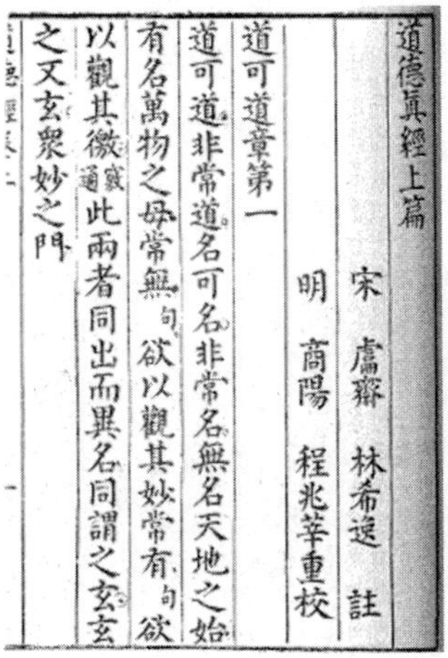
道德真經上篇
宋 鬳齋 林希逸 註
明 商陽 程兆莘重校
道可道章第一
道可道非常道名可名非常名無名天地之始
有名萬物之母常無欲以觀其妙常有欲
以觀其徼此兩者同出而異名同謂之玄玄
之又玄衆妙之門

图 4—10 《道德经注》明万历丙戌程兆莘校刊本书影

版式：四周单边，白口，无鱼尾，版心上方题有“道德真经”卷次及页码，每半页八行，《老子》原文行十八字，林注小字双行，行十七字，版框大小为 18.8 × 13 厘米。卷首为《刻老子解序》，次为林希逸《道德真经发题》，《道德真经篇目》，正文卷端题“道德真经上篇”，次两行题：“宋鬳斋林希逸注，明商阳程兆莘重校。”有刻工名：“铅”。有藏印：“德寿/印信”朱文方印。

按：因标题下题署“商阳程兆莘重校”，故题为“商阳程兆莘校刊本”。严灵峰《无求备斋老列庄三子集成补编》[①] 中国子学名著集成编印基金会编印的《中国子学名著集成·道德真经注》[②] 据此影印。国图有藏。

10.《道德真经口义》四卷，宋林希逸撰，明天启六年丙寅（1626）刊袖珍本

按：本条据杨守敬、李之鼎《增订丛书举要》卷七十九道家部一[③]。正统道藏和续道藏刊印于正统九年（1444）和万历三十五年

---

① 严灵峰编：《无求备斋老列庄三子集成补编》，成文出版社 1982 年版。

② 中国子学名著集成编印基金会：《中国子学名著集成·道德真经名注选辑（三）·道德真经注》，中国子学名著集成编印基金会 1978 年版。

③ 杨守敬、李之鼎：《增订丛书举要》，据宜都杨惺吾先生原本，民国七年戊午（1918）季夏宜秋馆校印于南昌。

（1607），可知此次的刊本，与前两者不同，是一个新刊本。

11.《老子鬳斋口义》二卷二册，宋林希逸撰，明刊十行白口本

附：林希逸《老子鬳斋口义发题》。

版式：四周粗黑单边，白口，十行，行十八字，有界格，双黑鱼尾方向一致，并不是彼此相对，之间题"老子口义"及页码，有四枚印章，版框大小为 15.6×20.6 厘米。

书名题为"老子经"，包背装，上册 39 张 78 页，下册 42 张 84 页，多处破损，纸质薄脆易断，可见多处修补痕迹。原文顶格书写，林注低一字格。页面头部有后人手补简注于其上，部分可见朱笔点读。版心下方记有抄工名：黄、而、端、王、佳、伍、林回、车、王仪、真等。扉页有收藏者杨守敬像，旁附印章："星吾七十岁小像。"卷首为《老子鬳斋口义发题》，次行题"鬳斋林希逸"，次为正文，卷末题"老子鬳斋口义下"。

按：该本为抄本，旁有日文训读，为明初刊本，该本与下文《列子鬳斋口义》明刊十行白口本应为同一系列，藏于"中国台湾故宫博物院"文献馆，仅限馆内阅览。笔者于 2016 年 5 月前往观看，因规定不许复制影像，故无法附上书影。

二 日本刊本

1.《老子经》一卷一册，宋林希逸撰，日本林道春训点，日本宽永六年（1629，明崇祯二年）刊本

附：林希逸《老子鬳斋口义发题》。

版式：四周双边，黑口，双花鱼尾间题有"老子经"、卷次及页码，每半页九行，行十八字，版框大小为 15.5×21 厘米。卷首为《发题》，次行署"鬳斋林希逸"，次为正文。

按：每行旁注有小字日文，是日本现行标准书写形式"汉字假名混合文"中的片假名（有含义，也可标注发音），是日本人依日语文法解读汉文的方法，日本人读汉文的辅助手段，称作训读。"训是汉字与日语意义之间的对应"①，"在最初用汉字来表达汉语中没有的事物

---

① 潘钧：《日本汉字的确立及其历史演变》，商务印书馆 2013 年版，第 26 页。

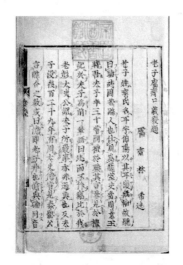

图4—11 《老子经》日本宽永
六年刊本书影

或概念时，日本人想到的一个方法是取其字音和字形而不顾义"①，只借用汉字的形和义，不采用汉语的音，后来产生了训假名，有正训和借训之分，以奈良大寺为中心开展的佛经的训读直接导致了片假名的产生。这是"日韩两国人在古代接触中国典籍之后"，为解决因语言系统不同而造成的障碍和困扰，"发明了一套用本国语言系统来诠释中国文言文的独特方法"，金文京有专文介绍有关日韩翻译中国典籍的方法，训读方式大致有：字音的训读，语序的训读，训点。② 这几种在林希逸三子口义的日韩刊本中，皆有所见。文末有牌记："宽永六己巳岁正月吉日新刊本"，故据以题为"日本宽永六年刊本"。严灵峰《无求备斋老列庄三子集成补编》③ 据此影印，其中书稿题名为《老子鬳斋口义训点》二卷，国图有藏。

林罗山（1583—1657），名：信胜、忠、道春，幼名：菊松麻吕，字：子信，通称：又三郎，民部卿法印，号：罗浮子，罗山，罗洞，浮山，蝴蝶洞，梅花村，林提学，思维山长，夕颜巷，颜巷，尊经堂，云母溪，麋眠，文敏先生，白云斋，江云渭树，二李。④ 其家本来姓藤原，因祖先居住在加贺的林乡，改称姓林。日本京都人，著名儒者，出入儒释道三家，13岁入京都建仁寺大统庵，跟随长老古涧慈稽学习，15岁时，为避免被寺僧强行剃度而逃回家，22岁拜藤原惺窝为师，为藤原惺窝门下第一高足，25岁时，被德川家康聘为顾问，奉德川家康之命剃发为僧，更名道春，后以儒官身份参与德川幕府政治很

---

① 潘钧：《日本汉字的确立及其历史演变》，商务印书馆2013年版，第25页。
② 金文京：《试论日韩两国翻译中国典籍的方法》，郑吉雄、张宝三：《东亚传世汉籍文献译解方法初探》，台湾大学出版中心2005年版，第265—271页。
③ 严灵峰编：《无求备斋老列庄三子集成补编》，成文出版社1982年版。
④ 参见［日］铃木健一《林罗山年谱稿》，东京ぺりかん社出版1999年版。

深，历仕四代将军，有"黑衣宰相"之称，其子林鹅峰、孙林凤冈继承他的事业，世袭幕府官学总监，在儒学方面均颇有造诣，后人称"林氏三代"。林罗山在 36 岁时著《老子口义跋》一篇，庆安元年（1648）66 岁时，校点的《老子口义》再次刊行①，林道春是《老子口义》在日本的重要传播者。

2.《老子鬳斋口义》，宋林希逸撰，日本林道春批点，日本庆长（1596－1615）年间木活字印本

附：林道春《重刻老子鬳斋口义序》，林希逸《老子鬳斋口义发题》。

版式：四周双边，黑口，双花鱼尾间题有"老子口义"、卷次及页码，每半页九行，行十六字，版框大小为26.9×19.1 厘米。卷首为林道春《重刻老子鬳斋口义序》，其中有林道春在 1618 年用黑笔所作训读和用朱笔所作的人名地名标记，次为《发题》，次为正文。

按：卷首之序无标题，标题为笔者加，字句间有日文训读，此本见于日本国立国会图书馆，在该书解题中，有如下说明："本版は庆长年间（1596—1615）木活字印本。古活字版。比较的小型の活字には、かなりの摩灭があ

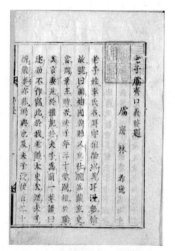

图 4—12　《老子鬳斋口义》日本庆长年间木活字印本书影

る。卷首に、儒者・林罗山（1583—1657、名道春）の元和 4 年（1618）の蓝笔识语 1 丁が挿入され、それまでの注に比べ本注が最优と评し、和训を付しておくと记されている。全体にのこる墨・蓝笔书入れ、朱・墨训点は林罗山自笔のものである。"其中指出此版本是庆长年间的木活字印本，小字一般都是同种的，大字集合了多种活字来使用，是木活字本，同时，在卷首《老子鬳斋口义序》末有注明"元和戊午孟春吉日"，故据以题为"日本庆长年间木活字印本"。严灵峰《无求备斋老列庄三子集成

①　参见龚颖《"似而非"的日本朱子学——林罗山思想研究》，学苑出版社 2008 年版。

补编》①据此影印，国图有藏。

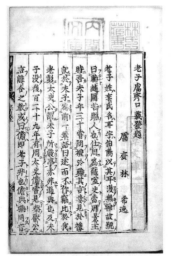

图4—13　《老子鬳斋口义》日本宽
永四年安田安昌刊本书影

图4—14　《老子鬳斋口义抄》
日本宽永间刊本书影

3.《老子鬳斋口义》二卷二册，宋林希逸撰，日本宽永四年（1627，明天启七年）安田安昌刊本

附：林希逸《老子鬳斋口义发题》。

版式：四周双边，黑口，双花黑鱼尾间题有"老子口义"、卷次及页码，每半页九行，行十八字。卷首为林希逸《发题》，署名为"鬳斋林希逸"，次为正文。

按：字句间见日文训读。因文末注明："时宽永四历岁次丁卯腊月吉旦，洛阳乌丸通大炊町，安田安昌新刊于容腾亭。"故据以题为"日本宽永四年安田安昌刊本"。日本国立国会图书馆藏。

4.《老子鬳斋口义抄》二卷，宋林希逸撰，日本小野壹抄，日本宽永（1631—1633，明崇祯四年—六年）间刊本

附：小野壹《老子鬳斋口义序》，林希逸《老子鬳斋口义发题》，小野壹《跋》。

版式：四周无边界，白口，无鱼尾，无界格，分上下两栏，下栏为林希逸原文及引文，每半页十八行，行十六字，眉头有小野壹批注，每半页二十五行，行八九字不等，并非每页都有注文。卷首为《序》，次为《发题》，次为正文，卷端题作"老子鬳斋口义

---

① 严灵峰编：《无求备斋老列庄三子集成补编》，成文出版社1982年版。

上"，卷尾有《跋》。

按：小野壹所撰《跋》中有云："宽永辛酉夏，仆应鹰司内府君教命，欲讲老子……此书以明朝著者汤宾尹《历子品粹》，焦竑老庄翼、陈孟常二经精解，陈继儒老庄隽等与希逸说相反者，粗撮以备观览，一附希逸之义，二集以诸儒之说，是亦与龙翁旦暮遇之也，号之为老子抄云。柏原卜幽拜书。"

由此可知：一、从内容上看，此本以林希逸老子口义为蓝本，杂引汤宾尹、焦竑、陈孟常、陈继儒等人的观点。二、日本宽永年间，并无辛酉这一年，有宽永八年辛未（1631），宽永十年癸酉（1633），无论是这其中的哪一个，这个本子都是日本学者以汉文注解《老子》的最早著作，严灵峰也持此说①。故据以题为"日本宽永（1631—1633，明崇祯四年—明崇祯六年）年间刊本"。

柏原卜幽，即小野壹，"字道生，称卜友，号卜幽轩，原姓小野，为柏原氏养子"②。严灵峰《无求备斋老子集成续编》（第 18 函）③ 据此影印。国图有藏。

5. 《老子口义》二册二卷，宋林希逸撰，日本林道春注解，日本正保五年戊子（1648，清顺治五年）丰兴堂本

附：林道春《老子口义序》，《老子口义跋》，林希逸《老子鬳斋口义发题》。

版式：四周单边，花口，单鱼尾上题"老子经"，下题卷次及页码，每半页分内外两栏，内栏文字是林希逸注原文，外有小框；小框外是林道春中文小字注解，注解外有大框。内栏每半页八行，行十八字，无界格；外栏每半页二

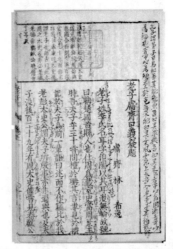

图 4—15　《老子口义》日本正保戊子丰兴堂本书影

① 严灵峰编：《严灵峰小记》，《无求备斋老子集成续编》（第 18 函），艺文印书馆 1970 年版。

② 严灵峰编：《中外老子著述目录》，中华丛书委员会 1957 年版，第 227 页。

③ 严灵峰编：《无求备斋老子集成续编》，艺文印书馆 1970 年版。

十一行，行三十三字，版框大小为 24.9×17 厘米，朱笔点校。有藏印："祖（？）莲"墨文圆印。卷首有后人补写上去的老子小传，次为《发题》，正文卷端题"老子鬳斋口义上"，次行题"鬳斋林希逸"，末跋题为："罗山子道春书。"

按：字句间见日文训读，文末有刊记："正保戊子暮春吉旦书林豊兴堂重刊行"，故而据以题为"日本正保戊子豊兴堂本"。在文末跋中，林道春说明了刊刻缘由。日本国立国会图书馆、中国台湾图书馆有藏。

6.《老子经抄》，宋林希逸注，日本林道春抄，日本承应元年（1652）昆山馆道可处士刊本

附：寇才质在己亥岁元日所作《道德真经四子古道集解序》，林希逸《老子鬳斋口义发题》。

图 4—16 《老子经抄》日本承应元年昆山馆道可处士刊本书影

版式：四周双边，黑口，双花鱼尾间题有"老子经抄"、卷次和页码，无界格，十二行，行二十一字。首为寇才质在己亥岁元日所作《道德真经四子古道集解序》，次为《老子鬳斋口义上卷抄》，下有印章，次为《老子鬳斋口义发题》，文末对林希逸及老子注释情况作了介绍，次为正文，卷端题为："老子鬳斋口义上卷抄。"

按：日文著述。卷尾题有："承应元壬辰历霜月吉日，昆山馆道可处士镂板"，故据以称之为"日本承应元年昆山馆道可处士刊本"，后又在日本明历间重刊。寇才质，字志道，大定十九年（1179）著有《道德真经四子古道集解》，书前有自序，即本《老子经抄》前所采之序。严灵峰编辑《无求备斋老子集成续编》（第 18 函）① 据此影印。国图有藏。

7.《首书老子经》，宋林希逸撰，日本林道春批点，日本明历三年（1657，清朝顺治十四年）刊本

---

① 严灵峰编：《无求备斋老子集成续编》，艺文印书馆 1970 年版。

附：林道春《序》，林希逸《老子鬳斋口义发题》，林道春《跋》。

版式：白口，单黑鱼尾下题"老子经"、卷次和页码，每页分内外两框，原文和注文在内框，林道春批点在外框，四周单边，无界格，内栏每半页八行，行十八字，外栏每半页二十二行，行三十六字。卷首为林道春所作《序》，其中是对老子其人其书及林希逸的简介，次为林希逸撰《老子鬳斋口义发题》，次为正文，卷端题作"老子鬳斋口义"，次行署："鬳斋林希逸。"卷尾附林道春所作《跋》。

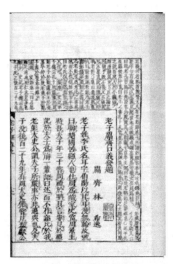

图4—17　《首书老子经》日本明历三年刊本书影

按：字句间有日文训读。以林希逸口义为蓝本，眉栏杂引各家注解。卷尾题有："罗山子，道春考定"，有牌记："明历三丁酉年孟夏吉辰，二条通玉屋町上村次郎右卫门新刊。"故据以称为"日本明历三年刊本"。严灵峰《无求备斋老子集成续编》（第18函）[1] 据此影印。国图有藏。据《无求备斋文库诸子书目》[2] 记载，此书最早刊本为正保四年（1647）三条通菱屋町林甚右卫门新刊本（玄默斋旧藏），后又重印一次。之后又在宝永六年（1709）滇原屋茂兵卫再刊，题为《订正鳌头老子经》，后京都文求堂田中治兵卫再重印。

8.《老子鬳斋口义》，宋林希逸撰，释即非如一校，日本宽文四年（1664，清朝康熙三年）刊本

附：释即非如一《赞》，明太祖宸翰，释即非如一《老子鬳斋口义序》，宋理宗宸翰，林希逸《老子鬳斋口义发题》。

版式：四周单边，白口，无鱼尾，无界格，每半页十行，行二十字，注文一律缩进二字，字体略小。卷首页起依次附有五幅图：《太上老君图》《庄子像》《福清林希逸像》《太上老君像》《鬳斋林公像》。其中，庄子像

---

① 严灵峰编：《无求备斋老子集成续编》，艺文印书馆1970年版。
② 严灵峰编：《无求备斋文库诸子书目》（上），"中央图书馆"印行1987年版，第51页。

图4—18 《老子鬳斋口义》日本宽文四年释即非如一校刊本书影

前有释即非如一的《赞》，内容是："清净无为，守真抱一，法天利用，为物作则，展皇极之容，诚万古之圣师，感犹龙之叹，乌足尽其道德，五千玄言，如日烜燨，牛驾卤游，紫气东塞。黄檗沙门如一和南题。"

文末上下依次有"如一""即非""临济正宗"3个印章。《太上老君像》后附有明太祖朱元璋所作短文，大字，每半页六行，行十六字，内容为："明太祖高皇帝御制：老君赞。心渊静而莫测，志无极而何量，恍惚其精而密，恍惚其智而良。宜乎千古圣人，务晦短而云长。"接着是释即非如一所撰序，现全文录如下：

> 是书传至东国将三百载，阴翼王化者多矣。惜无序文，不纪世次，只标鬳斋林某。后学不知为何许人。时有洞上座者，博通古今，知是闽产。一日谒予致问曰："鬳斋居士是贵族否？"曰："先远祖也，因虑唐之一白三产而悟分宗，寻补宸翰、图像，及省邑之名，前后二号，以便后之学者知予祖之生缘出处，敢僭述焉。"

> 祖讳希逸，字肃翁，号竹溪，宋端平乙未会魁，尝为玉堂文字官，"鬳斋"，其书室也。早年潜心此道，屏去腥荤，先从乐轩陈先生学，次参柔万菴禅师，深有得于三教合一之旨，为政之暇，释三教之书，皎如三光，岂非世出世间之人表哉！其所著有《易讲》《春秋传》《楞严维摩注疏》《老庄列口义》、《竹溪集》等书。家传流布历今四百余祀，随世浮沉，十存四五，予幼时披诵不置，自学佛后无复经目，不意于甲辰秋，飞锡丰州，寓源太守之金粟园，重观是书，不胜欣慰，但岁月久远，版经岁翻，字至亥豕脱误，且中间入一二语，不知何人增赘，与本文不相吻合，甚戾当日作者之意，由是仍家传旧本而删正之，遂捐钵资付梓，用广流通，庶远祖手眼重新，老氏面目犹在，或谓儒教治世，释教度世足矣，复用道教奚

为？予曰，当时佛教未至儒教难治，而老君秉时救世，著《道德经》五千言，授关尹子，庄周继之，始有道教之称，其所发明三皇五帝之道德，其文约而详，其理简而至，至以修身养神之方，治国治家之法，天地变化之道，莫不备焉。史载孔子问礼与老氏，及佛教既至，古道元指天竺古皇，为老氏之师，然道之源本一，鼎而为三，互成天下之化，无非欲教人克明斯道者也，唐肃宗皇帝题三教圣人赞云："儒吾之师，曰鲁仲尼，仲尼师聃龙，聃龙师竺乾，善入无为，稽首正觉。吾师师师。由斯观之，儒释道三教为天下国家相孚治化，有如三光垂象，阙一不可，后之君子读其书，穷其义，忘其言，契其道，自能咸造圣人不二之域，超然独露万象之表矣。虽然，正眼观来，犹是昆庐耳边消息，顶顠上一着。须是过量人始得，客谢而退，并识诸简首。远孙即非头陀如一和南书于蓬莱方丈。"

其中写明了校点原委："是书传至东国，将三百载。阴翼王化者多矣。惜无序文。不纪世次，只标'鬳斋林某'，后学不知为何许人。时有洞上座者，传通古今，知是闽产。一日谒余，致问曰：'鬳斋居士是贵族否？'曰：'先远祖也。'因虑唐之一白三产，两悟分宗，寻补宸翰、图像，及省邑之名，前后二号，以便后之学者知予祖之生缘出处。敢攒述焉。"由此可见：一、此本为林希逸后裔释即非如一所校。二、校刊的主要目的是为了让书与人相关联，不至于书籍流传，而作者亡佚或是混淆。三、收集林希逸图像，以便后人瞻仰。四、略述林希逸生平，以便后人了解。

之后是宋理宗所作短文，大字，每半页七行，行十一字，内容为："宋理宗皇帝宸翰：披味奏函，敷陈子义，以天地人之实理，明老庄列之寓言，得其指归，各为诂训。卿之该贯若此。时备观览，所益良多。简在朕心，故兹嘉奖。付林希逸。"次为正文，每卷标题下分两行署名，后一行比前一行低三字格，内容是："闽福清竹溪居士林希逸肃翁解，远孙沙门即非如一校刻。"

按：此刊本中国台湾图书馆另题为"日本宽文四年（1627）江户须原屋茂兵卫刊本"。日本宽文四年为公元1664年，中国台湾图书馆所注有误。严灵峰《无求备斋老子集成初编》（第 48 册）① 据此影印。国图有藏。该刊本的特点，一是全文有句读，用小圆圈标注，这对于日本阅读中国古籍极有助益。二是图像丰富。在所有林希逸著述的众多版本中，仅即非禅师校《老子鬳斋口义》刊本中存林希逸像。有图像可循，是瞻仰先贤的一种途径，图像收集在古籍整理中，也是一种值得重视的方法。

释即非如一（1616—1671），今福建省福清市人，林希逸后裔，明末福清黄檗山万福寺禅僧，出生于福建福清，示寂于日本长崎崇福寺，即非是福清黄檗山万福寺住持，临济宗三十二代高僧隐元隆琦重要弟子之一，隐元隆琦东渡后，日本佛教界受到以隐元为首的黄檗文化影响甚深。明末清初的僧人东渡日本的原因，大致有避乱归化，弘法布教，家纲招请，奉王命东渡等各种说法，1657 年，即隐元东渡日本三年之后，即非应隐元禅师之召赴日，在日本教化十五年，即非中兴长崎的华侨寺院崇福寺，协助隐元禅师开创日本黄檗宗，并于 1665 年开创了广寿山福聚寺，地址在今天的福冈县北九州市小仓北区，即非和他的法系后来被称为广寿派，属黄檗宗第二大派系 ②，即非禅师书法精湛，爱国情怀浓厚，编撰了《福清县志续略》，嘉兴大藏经中有《即非禅师全录》。

9.《首书老子经》，宋林希逸撰，日本德仓昌坚补，日本承应二年（1654）刻本，其他信息不详。

按：本条记载来源于下一条资料所载之《跋》。

10.《增补首书老子经》，宋林希逸撰，日本德仓昌坚补，日本延宝二年（1674）上村次郎右卫门重刻本

附：林希逸《老子鬳斋口义发题》，日本延宝二年（1674）德仓昌坚《跋》。

版式：内框四周单边，外框无边界，白口，单白鱼尾下题"老子经"、卷次及页码，原文和注文在内框，林道春批点在外框，四周单边，无界格。内栏每半页八行，行十八字，内栏版框 14.5 × 18 厘米。外栏为批文，每半页二十二行，行三十六字，外栏版框 17.7 × 25 厘米。卷首为德仓昌坚对老子其人其书及林希逸的简介，次为林希逸撰《老子鬳斋口义发题》，

---

① 严灵峰编：《无求备斋老子集成初编》，艺文印书馆 1965 年版。
② 参见林观潮《黄檗东渡禅僧即非如一的爱国情怀》，《法音》2002 年第 6 期。

署名为："鬳斋林希逸。"正文卷端题"老子鬳斋口义上"。

按：字句间有日文训读。以林希逸口义为蓝本，增补林道春《首书老子经》，由德仓昌坚标点而成，卷尾附有德仓昌坚此次刊本的缘由："《道德经》上下篇，余尝采诸注之约言，考文字之来源，书以付于梓，已向二十年。旧刻迷乱脱误惟夥，于是乎奇阙氏重请改正，余不得辞之。世务之暇，增补不足，除却有余，以应其需，庶几有小补将来云。延宝二年甲寅秋七月德仓昌坚书于洛阳铜陀坊。"卷尾有牌记："二条通玉屋町上村次郎右卫门新刊"，旁有印章一枚。由此小

图4—19　《增补首书老子经》日本延宝二年重刊本书影

跋可见：在此本之前二十年，德仓昌坚就已经对《老子鬳斋口义》补注并刊行，此书刊行于康熙十三年（1674）。故据以称为"日本延宝二年上村次郎右卫门重刊本"。严灵峰《无求备斋老子集成续编》（第19函）[①] 据此影印。国图、中国台湾图书馆、中国台湾大学图书馆有藏。

11.《鳌头注释林注老子道德经》，宋林希逸撰，日本林道春批点，日本宝永六年（1709）书林宝文堂刊训点本

版式：内框四周单边，外框无边界，白口，单白鱼尾下题"老子经"、卷次及页码，原文和注文在内框，林道春批点在外框，四周单边，无界格。内栏每半页八行，行十八字，内栏版框 14.5×18 厘米。外栏为批文，每半页二十二行，行三十六字，外栏版框 17.7×25 厘米。

图4—20　《鳌头注释林注老子道德经》日本宝永六年书林宝文堂刊训点本书影

① 严灵峰编：《无求备斋老子集成续编》，艺文印书馆1970年版。

按：此本是《增补首书老子经》，是在日本延宝二年（1674）上村次郎右卫门重刊本，和日本宝永六年（1709，清康熙四十八年）重修本的基础上，日本大正十四年（1925）的再次增修本，中国台湾大学图书馆、中国台湾图书馆有该藏本，中国台湾图书馆的馆藏目录版本信题注为："《老子·鬳斋口义》二卷，林希逸，日本延宝三年（1675）刊，大正十四年（1925）印本。"查阅中国台湾图书馆藏本，卷尾清楚的题名"延宝二年甲寅秋七月德仓昌坚"，故中国台湾图书馆标识"延宝三年"疑误。中国台湾大学图书馆标注的具体信息标为："日本宝永六年（1709，清康熙四十八年）书林宝文堂刊训点本"，可知这是该本在后来的重印本。书名项，网页上题为"老子·鬳斋口义"，笔者实际去看后，发现书稿封面题为"鳌头注释林注老子道德经"，并标明"东京松山堂藏版"，卷尾有牌记："书林宝文堂大野木市兵卫刊行"，故据以题为："日本宝永六年书林宝文堂刊训点本。"

12.《老子林注谚解大成》，宋林希逸注，日本山本泰顺解，日本延宝八年（1680）刊本

附：山本洞云《老子·经谚解序》，林希逸《老子鬳斋口义发题》。

**图4—21　《增补首书老子经》
日本延宝八年刊本书影**

版式：四周单边，白口，无鱼尾，无界格，版心题有"老子谚解"、卷次及页码，每半页十八行，行二十字，《老子》原文大字，林注小字双行，其中谚语或成语加方框标识。卷首为中文《老子·经谚解序》，旁注有日文训读。此序较长，有31页，次为《老子鬳斋口义发题》，下署"梅室洞云谚解"，正文卷端作"老子·鬳斋口义上之二"。

按：日文著述，以林希逸口义本为蓝本，引各家注解。在《先哲遗书·汉籍国字解全书》中《老子经谚解》中有关于山本洞云的小传："山本洞云，名山本泰顺，字三径，洞云为其号，京都人，曾在宇都宫遯庵求学。山本洞云擅长汉学，除了《老子经谚解》外，还著有《太极图谚解》《月令谚解》和《汉两镜录》《节序诗集》《四

家绝句》，享年不详。"①书末署名："延宝八年岁次庚申九月吉旦梓行"，可知此书刊行于康熙十九年，公元 1680 年。严灵峰《无求备斋老子集成续编》（第 19 函）② 据此影印，国图有藏。该本另有日本延保九年道德书堂刊本。

13.《老子鬳斋口义》二卷，宋林希逸撰，日本林道春批点，日本正保四年（1647）林甚右卫门刊本

附：林道春《重刊老子鬳斋口义序》，林希逸《老子鬳斋口义发题》。

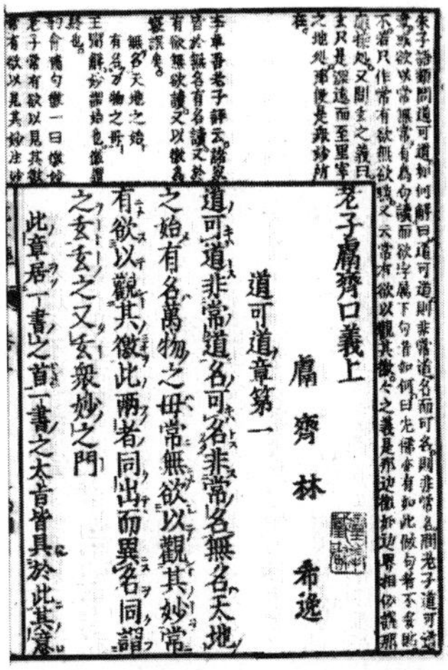

版式：四周单边，白口，单黑鱼尾下题"老子经"、卷次及页码，分内外两栏式头书版，内栏文字是林希逸注原文，外栏是林道春中文小字注解。内栏无界格，每半页八行，行十六字；外栏无界格，每半页二十一行，行三十三字。卷首为林希逸小传，老子小传，次为《发题》，正文卷端题作"老子鬳斋口义上"。

按：字句间有日文训读。以林希逸口义为蓝本，眉栏附各家解说。此本还有一个重印本，即正保五年京都中野小左卫门刊本（日本东京上野图书馆藏），严灵峰《无求备斋老子集成初编》（第 49 册）③ 据此影印。国图有藏。

图 4—22 《老子鬳斋口义》日本正保四年林甚右卫门刊本书影

图 4—23 《林氏口义老子道德经补注》日本明治十七年林磊落堂刊本书影

14.《林氏口义老子道德经补注》

① ［日］山本洞云：《老子经谚解》，《先哲遗书汉籍国字解全书》（第九卷），早稻田大学出版部 1933 年版。

② 严灵峰编：《无求备斋老子集成续编》，艺文印书馆 1970 年版。

③ 严灵峰编：《无求备斋老子集成初编》，艺文印书馆 1965 年版。

一册，宋林希逸注，日本吉田利行补注，日本明治十七年（1884）林磊落堂刊本

附：林希逸《老子鬳斋口义发题》，吉田利行《林希逸小传》。

版式：四周双边，白口，单黑鱼尾上题有"林注老子道德经"，鱼尾下题卷次及页码，分内外两栏式头书版，内栏为林希逸注原文，外栏为林道春中文小字注解。内栏有界格，每半页九行，行十六字，林注小字双行；外栏为吉田利行的注文，无界格，小字双行，每半页十八行，行七字。卷首为林希逸《老子鬳斋口义发题》，次为吉田利行《林希逸小传》，正文卷端题为："林氏口义老子道德经补注"，下分两行并列署名："宋林希逸述，筑前吉田利行补"。筑前是日本古国名，属西海道，又称筑州，古称筑紫前，筑前国的领域大约为现在福冈县的西部。卷尾署"福陵水香邨书"。

按：字句间有日文训读，以林希逸口义为蓝本，辑各家说。此本笔者见于美国康奈尔大学东亚图书馆，严灵峰《无求备斋老子集成续编》（第27函）① 据此影印。国图有藏。

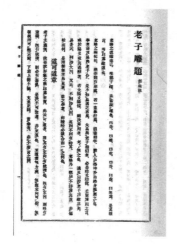

图4—24 《老子雕题》
日本昭和二年刊本书影

15.《老子雕题》一卷一册，日本中井积德撰，昭和二年（1927）刊本

版式：四周双边，无界格，版心上方题"老子雕题"，下方题页码，每页十五行，行四十一字。正文卷端题作"老子雕题据林注"。

按：字句间有日文训读。此本对林希逸口义本作注解，并对文字作校正。具体著作年代不详，收入昭和二年（1927）东洋图书刊行会"日本儒林丛书"，昭和七年（1932）东洋图书刊行会"老子注释全书"，昭和十七年（1942）东京井田书店"老子诸注大成"丛书中。严灵峰《无求

---

① 严灵峰编：《无求备斋老子集成续编》，艺文印书馆1970年版。

备斋老子集成续编》（第 25 函）① 据此影印，国图藏有影印本，日本国立国会图书馆藏有原本。

中井积德（1732—1817），字处叔，称德三，号履轩，大阪人，大阪怀德堂原是大阪的一家私塾，后在五位商人的资助之下，从私塾转化为公开性质的讲学场所，中井积德与兄长中井竹山（1730—1840）均为大阪怀德堂讲师，一般被归为大阪朱子学派②。

16.《老子讲义》一卷，日本喰代豹藏撰，日本大正三年（1915）刊本

附：慎斋喰代豹藏撰《老子讲义序》，《老子传》。

版式：四周单边，版心上方题"老子道德经讲义"及章节，下方题页码，《老子》原文大字，注解小字，并前有"讲义"二字阴阳显示。卷首为序，次为凡例，《老子传》，目录，次为正文，卷端题作"老子道德经讲义"，下署"慎斋喰代豹藏述"。

按：日文著述，原文有日文训读，以林希逸口义为蓝本讲解，参以王弼本、苏辙本，章节名称依据林希逸口义。喰代豹藏，号慎斋。严灵峰《无求备斋老子集成续编》（第 29 函）③ 据此影印，国图藏有影印本，日本国立国会图书馆藏有原本。

17.《老子愚读》二篇，日本渡边操撰，日本延享五年（1748）风月

图 4—25　《老子讲义》日本大正三年刊本书影

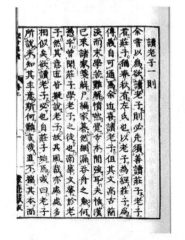

图 4—26　《老子愚读》日本延享五年风月堂刊本书影

① 严灵峰编：《无求备斋老子集成续编》，艺文印书馆 1970 年版。
② 参见黄俊杰《东亚儒学史的新视野》，台湾大学出版中心 2015 年版，第 127 页。
③ 严灵峰编：《无求备斋老子集成续编》，艺文印书馆 1970 年版。

堂刊本

附：渡边操《老子愚读序》《读老子一则》《自跋》《春台先生与操书》。

版式：四周单边，白口，单黑鱼尾上方题"老子愚读"，下题卷次、页码，版心下方题"蒙庵藏板"，每半页十行，行十八字。卷首有渡边操撰《老子愚读序》《读老子一则》，卷尾有《自跋》《春台先生与操书》。

按：中文著述，全文有日文训读。引林希逸口义多有批评，其序中称取林希逸口义"详读之，其解与经文不相合居多"。引注时称林希逸为"林氏""林鬳斋"，自注云"操按"。渡边操，一号蒙庵先生。卷尾有刊记"延享五年戊辰秋七月，皇都二条通书肆风月堂梓行"，故据以题为"日本延享五年风月堂刊本"。严灵峰《无求备斋老子集成续编》（第20函）① 据此影印，国内部分大型图书馆、中国台湾图书馆、日本国立国会图书馆有藏。

18.《老子鬳斋口义旁注》二卷，玄默自然注。法印和尚自署玄默斋，抄本，在日本正保四年（1647）林希逸老子口义刊本内用日文旁注，署"玄默主人自然识"。

除以上版本外，据严灵峰《老列庄三子知见书目》② 以及笔者在中国、中国台湾、日本、朝鲜半岛、美国的仔细检索，该书还有一些笔者未得亲见的版本，现存目如下：

19. 日本元和（1615—1624）年间活字排印本，日本尊经阁文库、龙谷大学并藏。

20. 日本宽永六年（1629）大阪宝文堂重印古活字排印附训点本，日本上野图书馆藏。

21. 日本万治二年（1659）活字排印本。

22. 日本宽文五年（1665）大阪宝文堂大野木市兵卫刊本。

23. 熊谷立设《老子口义头书》二卷，庆安二年（1649）刊本。熊谷立设（？—1655），一作立节，号活水，称永庵。

---

① 严灵峰编：《无求备斋老子集成续编》，艺文印书馆1970年版。
② 严灵峰编：《老列庄三子知见书目》，中华丛书编审委员会1965年版。

三 朝鲜半岛刊本

1.《老子鬳斋口义》二卷一册，宋林希逸撰，朝鲜旧刊十一行黑口本

附录：林希逸《老子鬳斋口义发题》，卷尾有成化十年甲午（1473）徐居正新刊老列二书跋，成化十年甲午李封跋。

版式：四周粗黑双边，版框大小为 23.5×15.5 厘米，每半页十一行，行二十一字，有界格，注文小字双行，上下细黑口，双黑鱼尾间题"老子"。包背装，全本40张，80页，封面已佚，首页破损严重，有四枚红色印章，卷尾有三枚印章："申仲/淹记"朱长印，"高灵/后学"朱长印，"希/茫"鼎形印，"梅轩/居士"朱长印，"星吾海/外访得/秘籍"朱长印，"杨守敬印"，"教育部/点检之章"印，另还有不名图印。卷首为"老子鬳斋口义发题"，次行题"鬳斋林希逸"，次为正文，卷末二跋缺。

按：该本为抄本，旧藏于观海堂，现藏于中国台湾故宫博物院图书文献馆，笔者于2016年5月前往观看，因规定不许复制影像，故无附书影，经量版框大小为 23.5×15.5 厘米，而《台湾公藏韩国古书籍联合书目》①有记载一个"成宗五年（1473，明成化十年）覆刻庚子字本"，其他信息与此版本均相同，只是版框大小记载为 22.8×15.9 厘米，不详何故。

据《日本藏汉籍善本书志书目集成》②记载，还有两个朝鲜刊本：

2.《老子鬳斋口义》二卷，朝鲜刊本

附录：林希逸《发题》。

版式：四周双边，每半页十一行，行二十一字。注文双行，卷首为《发题》，次为正文，卷端题作"老子鬳斋口义上"，署名为："鬳斋林希逸。"不辨年代。日本容安书院藏。

按：卷首墨书"圭瑞叟"三字，又有"□化柳健天行"印，及"养庵"印。

3.《老子鬳斋口义》二卷，朝鲜大字刊本

附录：林希逸《发题》。

版式：四周单边，每半页十二行，行十八字。注文大字与本文同，卷

① ［韩］朴现圭：《台湾公藏朝鲜半岛古书籍联合书目》，文史哲出版社1991年版。
② 贾贵荣：《日本藏汉籍善本书志书目集成》，北京图书馆2003年版。

首为《发题》，次为《老子鬳斋口义上》，署名为："鬳斋林希逸。"

　　按：卷末有隆庆四年跋。卷首有"高平隆"长印，"喜"字圆印。日本容安书院藏。

　　目前所见记载中国汉籍书目较全的朝鲜半岛文献，当属全寅初主编的《韩国所藏中国汉籍总目》①，据其记载，朝鲜半岛多个图书馆均藏有林希逸《老子鬳斋口义》的不同版本，现录如下。

　　1.《老子道德经》一册，宋林希逸撰，光武元年（1897）写本

　　版式：29.5×19.5 厘米。有藏印：默容室藏。

　　按：末附有笔写记：丁酉（1897）腊月二十七日，卷末另题有：先考府君讳海泰恒斋手抄本。韩国高丽大学校中央图书馆藏，据1980 年《贵重图书目录》，《旧藏本目录》。

　　2.《老子鬳斋口义》，宋林希逸撰，写本

　　附录：黄石公素书

　　版式：上下卷一册（49 张），27×20.8 厘米。

　　按：年代不详，韩国精神文化研究院藏，据1991 年《藏书目录：古书篇1》。

　　3.《老子鬳斋口义》二卷二册，宋林希逸撰，仁祖朝以前乙亥字本

　　版式：四周双边，半郭26.7×19.9 厘米，九行二十字，上下三叶花纹鱼尾，版框大小为31×20 厘米，版心题"老子"。有藏印：坡平世家尹会仲之印。

　　按：韩国精神文化研究院藏，据1991 年《藏书目录：古书篇1》。

　　4.《老子鬳斋口义》一册，宋林希逸撰，写本

　　版式：23×16.5 厘米，标题"散关遗躅"。有藏印：固城后人东城。

　　按：韩国高丽大学校中央图书馆藏，据1980 年《贵重图书目录》，《晚宋文库目录》。

　　5.《老子鬳斋口义》二卷一册，宋林希逸撰，写本

　　版式：28.7×21 厘米，标题"老子"。有藏印：健斋金秉容。

　　按：韩国高丽大学校中央图书馆藏，据1980 年《贵重图书目录》，《晚宋文库目录》。

－－－－－－－－－－

　　① ［韩］全寅初编：《朝鲜半岛所藏中国汉籍总目》（四），学古房出版社2005 年版。

6. 《老子鬳斋口义》二卷一册，宋林希逸撰，木版本

版式：半郭 22.4×15 厘米，每半页十一行，行二十一字，黑口，内向黑鱼尾。

按：刊年未详，韩国雅丹文化企划室藏，据 1996 年《雅丹文库藏书目录（二）：古书》。

7. 《老子鬳斋口义》一册，宋林希逸撰，写本

附录：阴符经。

版式：半郭 24.5×17.5 厘米，每半页十一行，行二十五字。

按：刊年未详，韩国雅丹文化企划室藏，据 1996 年《雅丹文库藏书目录（二）：古书》。

8. 《老子鬳斋口义》一册，宋林希逸撰，写本

版式：每半页十行，行二十四字，29×20 厘米。

按：刊年未详，韩国雅丹文化企划室藏，据 1996 年《雅丹文库藏书目录（二）：古书》。

9. 《老子鬳斋口义》二卷一册，宋林希逸撰，写本

版式：33×23 厘米。

按：卷末题有："乾隆四年庚午（1570）孟秋下澣紫洞颐斋车轼敬叔为高杆城光晏先生书于蓬莱郡之海山亭。"韩国延世大学校中央图书馆藏，据 1977 年《古书目录 1》，1987 年《古书目录 2》。

还有一个当代评点本：

《无知·无为·无欲，老子·老子翼讲解——教材老子鬳斋口义》，韩国金兴浩撰，韩国思索出版社 2013 年版

韩国学者金兴浩在其著作《无知·无为·无欲，老子·老子翼讲解——教材老子鬳斋口义》①中，以释即非如一所校《老子鬳斋口义》为底本进行讲解，并将该本全文翻译成韩文。金兴浩，号铉斋，韩国著名汉学家。

另有严灵峰《老列庄三子知见书目》中还记载有另一个版本：明万历四年（1576）"京本标题鬳斋注解三子口义本"，详情不知。

---

① ［韩］金兴浩：《无知·无为·无欲，老子·老子翼讲解——教材老子鬳斋口义》，思索出版社 2013 年版。

笔者尝试将以上所述版本分为几个系统，可以考定的是：

一、宋刊本系统。有：宋刊本，黑口宋刊本，黄曙晖点校本。

二、刘辰翁批点本系统。这是在刘辰翁对《老子鬳斋口义》批点本的基础上，进行各种再次整理的刊本。有：明嘉靖四年乙酉（1525）广信知府张士镐刊本，明张四维、陈以朝校订，明万历二年（1574）敬义堂刊本，明万历四年（1576）陈氏积善书堂刊《三子口义》本，明张四维补、明万历五年（1577）何汝成校刊本。

三、道藏本系统。有：明刊正统道藏本，明天启六年丙寅（1626）刊袖珍本。

图4—27　金兴浩《无知·无为·无欲，老子·老子翼讲解——教材老子鬳斋口义》书影

四、日本林道春批点本系统。这是在林道春对《老子鬳斋口义》进行批点的刊本上进行再次整理的版本。有：日本庆长（1596 – 1615）年间木活字印本，日本正保戊子（1648，日本正保五年，清顺治五年）丰兴堂本；《首书老子经》，日本明历三年（1657，清朝顺治十四年）刊本；德仓昌坚补《增补首书老子经》，日本延宝二年（1674，清康熙十三年）上村次郎右卫门重刻本；日本林甚右卫门刊本。

五、释即非如一校刊本系统。有：日本宽文四年（1664，清朝康熙三年）刊本，韩国当代学者金兴浩《无知·无为·无欲，老子·老子翼讲解——教材老子鬳斋口义》本。

其他的版本，或是自成系统，或是年代不详，或是序跋交代不清，一时不能立即断定系统归属，暂定为待考版本。

综上简介了林希逸《老子鬳斋口义》的刊本 52 种，其中国内刊本一共有 16 种：宋刊本 2 种，元刊本 3 种，明刊本 11 种；日本刊本共有 23 种；韩国、朝鲜刊本共有 13 种，还有尚未顾及的日本版本，情况多与此同。《老子鬳斋口义》在海内外的流传，体现出以下特点：一、在国内刊本中，明代刊本最多；二、相较国内，该书在日本、韩国、朝鲜流传更广；三、国内的张士镐、何汝成、张四维、施观民、徐常吉，是该书的重要刊刻者；四、日本的林道春、释即非如一、安田安昌、德仓昌坚，朝鲜的朴世堂，是该书在东亚的重要传播者，江户初期，林罗山有关《老子》的出版书有 7 种，其中 6 种与《老子鬳斋口义》相关，作为江户幕府政治重要参与者的林罗山对林注口义的重视，对于口义本在日本的流行起到了重要推动作用。另有大量《老子》注解本引用林希逸口义本，这也是变相的口义本的存在，现简述如下。

四　《老子》注本征引《老子鬳斋口义》考

（一）中国历代藏书家所藏《老子鬳斋口义》

林希逸的《老子鬳斋口义》在中国古代被众多收藏家收藏，这是林希逸著述传播的渠道之一。据《续修四库全书》中收录的元明清私人藏书家所编的藏书目录，以及其他藏书家所编的单行本目录古籍，其中收录《老子鬳斋口义》，均不著版本信息，现将这些版本简录如下。

1. 钱谦益撰，陈景云注《绛云楼书目》①。卷二《子道家》录有《老子鬳斋口义》。

2. 钱曾《述古堂藏书目·附宋版书目》②。卷二录有"《老子林鬳斋口义》二卷二本"。

3. 叶盛《篆竹堂书目》。录有："《老子列子口义》一册"③，未见有这二者合刊的，笔者推测，应该是老子、列子、庄子口义三者合刊，此本中庄子口义本轶，故而只有这二者。

4. 叶盛《篆竹堂书目》。录有："《老子林希逸口义》一册。"④ 这种书名的提法，比较少见。

5. 叶盛《篆竹堂书目》。录有："《三子口义》十二册。"⑤

---

①　钱谦益撰，陈景云注：《绛云楼书目》，《丛书集成初编》，据粤雅堂丛书本排印，商务印书馆 1935 年版，第 45 页。

②　钱曾编：《述古堂藏书目·附宋版书目》，《丛书集成初编》，据粤雅堂丛书本排印，商务印书馆 1935 年版，第 13 页。

③　叶盛编：《篆竹堂书目》，《丛书集成初编》，据粤雅堂丛书本排印，商务印书馆 1935 年版，第 45 页。

④　同上书，第 44 页。

⑤　同上书，第 45 页。

6. 焦竑《国史经籍志》。录有："林希逸《老子口义》四卷。"①

7. 孙星衍《孙氏祠堂书目》。卷二录有："《老子鬳斋口义》（宋林希逸，据宋刊本）。"②

8. 丁丙藏，丁仁撰《八千卷楼书目》。卷一四录有："《老子口义二卷》（宋林希逸撰，明刊三子口义本）。"③

9. 钱曾藏并撰《钱遵王述古堂藏书目录十卷》。卷五录有："《老子林鬳斋口义》二卷二本。"④

10. 高儒《百川书志》。卷七录有："《老子口义》二卷，鬳斋林希逸。"⑤

11. 陆心源《皕宋楼藏书志》。卷六十六录有："《老子口义》二卷，明正德刊本，宋鬳斋林希逸撰。"⑥ 下附有按语："案：四库所收惟《庄子口义》，此书及《列子口义》未收，想当时无进呈者，'如登春台'作'如春登台'，所据尤旧本也。"

12. 陆心源《皕宋楼藏书志》。卷六十六录有："《老子口义》二卷，明万历刊本。宋福清鬳斋林希逸注。发题。"该版本中有林希逸撰的《老子鬳斋口义发题》。⑦

　　海内外诸多的《老子》注本中，都引用了林希逸《老子鬳斋口义》本的内容，笔者以为，这是不完全的、变相的林希逸口义本的流传，也是林希逸老学思想在海内外影响力的体现。为此，我们经过在严灵峰《老列庄

---

① 焦竑：《国史经籍志》，《丛书集成初编》，据粤雅堂丛书本排印，商务印书馆1935年版，第124页。

② 孙星衍编：《孙氏祠堂书目》，《丛书集成初编》，据岱南阁丛书本排印，商务印书馆1935年版，第70页。

③ 丁丙、丁仁：《八千卷楼书目》，《续修四库全书》编纂委员会编：《续修四库全书》，第92册，《史部·目录类》，据民国十二年铅印本影印，上海古籍出版社1995年版，第285页。

④ 钱曾：《钱遵王述古堂藏书目录十卷》，《续修四库全书》编纂委员会编：《续修四库全书》，第920册，《史部·目录类》，据北京图书馆藏清钱氏述古堂抄本影印，上海古籍出版社1995年版，第469页。

⑤ 高儒编：《百川书志》，《续修四库全书》编纂委员会编：《续修四库全书》，第919册，《史部·目录类》，据上海辞书出版社图书馆藏观古堂目丛刊本影印，上海古籍出版社1995年版，第366页。

⑥ 陆心源编：《皕宋楼藏书志》，《续修四库全书》编纂委员会编：《续修四库全书》，第929册，《史部·目录类》，据清刻潜园总集影印，上海古籍出版社1995年版，第60页。

⑦ 同上。

三子知见书目》①、中国台湾图书馆联合书目、日本国立国会图书馆以及日本十几所大学图书馆、韩国著名大学图书馆、美国大学联合图书馆的历代《老子》的注解版本中仔细检寻，将海内外这些版本略述如下。

（二）中国刊本征引《老子鬳斋口义》注本

1.《太上老子道德经述注》四卷，何道全撰。元刊本，依河上公章句为底本，集诸多人注，其中包括林希逸口义，其中引某人注时加小方框标注，如"林希逸云"，则此四字加框。何道全，号无垢子，别署松溪刀刃，全真教道士，明洪武初年卒。明代焦竑依据何道全此本撰有《老子道德经注解评林》四卷，前有前言：《老氏圣纪图》，另有四幅图《混元三宝之图》《初贞内观静定之图》《金之册图》及另一幅《老子出行图》，卷首作《新刊太上老庄南华真经注解评林卷之一》，次行署"无垢子何道全述注，状元从吾焦竑评选"，眉栏处为焦竑注，有明刊本。焦竑（1540—1620），字弱侯，号漪园、澹园，祖籍山东日照，明代著名学者。中国台湾图书馆有藏。

2.《道德真经集义》十卷，危大有撰，道藏本。著作集十余人注，其中包括林希逸口义。中国台湾图书馆有藏。

3.《老子解》二卷，徐学谟撰，明万历间刊本。每半页九行，行十六字。左右双栏，花口，白单鱼尾，在每章末间引诸多人说，其中包括林希逸口义，并批评各家得失。徐学谟，字思重，号太室，别署"二白居士"。中国台湾大学图书馆藏。

4.《老子断注》四卷，赵统撰，万历四十三年（1615）刊本。逐章注解，解释主题曰"断曰"，其中引林希逸口义本注说。赵统，临潼人，字伯一。严灵峰《无求备斋老子集成初编》据此影印，国内个别大型图书馆、中国台湾图书馆有藏。

5.《纂图互注老子道德经》二卷，龚士高撰。景定元年（1260）刊本。其中"解曰"采用林希逸老子口义本内容，自注云"互注"。龚士高，字子质，号石庐子。严灵峰《无求备斋老列庄三子集成补编》据此影印，国内个别大型图书馆有藏。

6.《老子道德经荟解》二卷，郭良翰撰，天启六年（1626）刊"老庄

---

① 严灵峰编：《老列庄三子知见书目》，中华丛书编审委员会1965年版。

荟解"本。其中采用诸多说作解，以林希逸口义与焦竑《老子翼》为主。郭良翰，福建莆田人，字道宪，别署"尊生庵"。日本内阁文库、尊经阁文库藏，严灵峰《无求备斋老子集成初编》据此影印，国内个别大型图书馆、中国台湾图书馆有藏。

7.《道德经参补注释》，顾如华、孙承泽撰，康熙四年（1665）刊本。卷首选有15种《道德经》注本中的序，包括林希逸《竹溪鬳斋老子口义发题》。注文选用多人注解，包括林希逸口义，引称"三子口义摘"，"三子口义解"。正文开始标《深远集参补释》，次题"桐城程芳朝其相、晴川顾如华西献辑；北平孙承泽北海同定；句容纪映钟伯紫、沅水严正矩契庵、同邑严光化客山同校"。后有严光化客山父撰《道德经深远集注释跋》。严灵峰《无求备斋老子集成续编》（第1函）①据此影印，国内个别大型图书馆有藏。

（三）日本、朝鲜征引《老子鬳斋口义》注本

1.《河上公章句老子经通考》四卷，陈元赟撰，日本宽文十年（1670）刊本。以河上公注本为蓝本，引多家注解，其中包括林希逸口义。字句间有日文训读。每章标题采用河上公章句标题，与林希逸《老子口义》标题不同。陈元赟（1587—1671），原名珦，字义都，士升，另有芝山、瀛壶逸史、虎魄道人、既白山人、菊秀轩等别号、笔名，浙江人，后赴日本，在多个领域有钻研，卒于日本。严灵峰《无求备斋老子集成续编》据此影印，国图、国内个别大型图书馆、中国台湾图书馆有藏。

2.《新注道德经》二卷。朝鲜朴世堂撰，朝鲜活字排印本。采用林希逸口义等注解。四周双边，有界格，每半页十行，行二十字，版框大小为23.9×15.4厘米，白口双花鱼尾，有印："林文库"，"北総林氏藏"。日本国立国会图书馆藏，限定馆内阅览。《韩国所藏中国汉籍总目》② 中，记载朝鲜半岛存有十部不同版本的朴世堂注《新注道德经》。

3.《老子讲义抄》四卷，无名氏撰，贞亭四年（1691）未刊本。原文韩文，日文注解，杂引多家注说，其中包括林希逸口义。自序作于贞亭四

---

① 严灵峰编：《无求备斋老子集成续编》，艺文印书馆1970年版。
② ［韩］全寅初编：《朝鲜半岛所藏中国汉籍总目》（四），学古房出版社2005年版。

年。严灵峰《无求备斋老子集成续编》① 据此影印，国图、国内个别大型图书馆、中国台湾图书馆有藏。

4. 《老子俚解》一卷，日本金德邻撰。一作《老子谚解》。金德邻，字江长，又字三允，号兰斋。抄本，其中引多家注解，包括林希逸口义。日文著述，无汉文原文。严灵峰《无求备斋老子集成续编》（第20函）② 据此影印，国内大型图书馆、中国台湾图书馆有藏。

5. 《老子经国字解》，日本金德邻撰，日本宝历十一年（1761）刊本。与《老子俚解》大同小异，加入汉文原文。引多家注解，包括林希逸口义。刊于金德邻去世后，由后人删改而出版。扉页题"金兰斋先生著，摄阳书坊，文海堂寿梓"。卷首有茅溟高志养浩于宝历十一年辛巳（1761）所撰序，浪华后藤杂德所撰叙。日文注解，原文有日文训读。严灵峰《无求备斋老子集成续编》（第20函）③ 据此影印，日本国立国会图书馆藏有原本。

6. 《老子评注》二卷，日本桃源白鹿撰，抄本，未刊本。在王弼注老子本内，与眉栏引各家说，其中包括林希逸口义。

7. 《老子全解》五卷，日本大田敦撰，日本天保十三年（1842）刊本。杂引多家注解，其中包括林希逸口义，称："林希逸曰。"扉页题署："天保壬寅新镌；大田晴轩著，老子全解，文渊堂藏板。"晴轩应为其号。次为日本明治二十七年（1894）岁在甲午初春之月孙才拜撰《老子全解序》，次为《老子全解卷之一》，次几行署："大田敦叔复著，伊藤忠岱同门人：西村为周、柴田定保、山本直清、男修翼武校。"可知此本在明治二十七年重印重校。卷首有手书："明治四十一年（1908）九月二十七日加点于菅面馆，梨溪识。"字句间有日文训读。严灵峰《无求备斋老子集成续编》（第26函）据此影印④，国图及国内大型图书馆有藏。

8. 《老子评注》二卷，日本松本慎撰，日本文政六年（1823）男山清敬直刊本。松本慎，字幼宪，亦作幻宪，称才次郎，号愚山。在凡例中说明仅取林希逸口义注解，卷首有"东大寺沙门公般"所撰序，有总论，有

---

① 严灵峰编：《无求备斋老子集成续编》，艺文印书馆1970年版。
② 同上。
③ 同上。
④ 同上。

《史记·老子传》，尾有山清敬直跋。字句间有日文训读。严灵峰《无求备斋老子集成续编》（第25函）据此影印①。日本国立国会图书馆藏本信息记载为出版于1831年，暂存疑。

9. 《王注老子标释》二卷二册，日本近藤元粹撰，日本明治四十一年（1908）青木嵩山堂刊本。日语著述，分上下两栏，下栏内为王注本，上栏小字引多家注解，包括林希逸口义，称"林云"。卷首有明治四十一年近藤元粹所撰序，次为"附识"，次为《王注老子道德经上篇》，下署"华亭张氏原本"，次行署"日本伊豫近藤元粹纯叔考订"。可知此本是浙江书刊局张氏王弼注本。卷尾有"左从事郎充镇江府府学教授熊克"所撰旧跋，有嵩山晁说之所撰旧跋，后附唐陆德明撰《经典释文·老子道德经音义》。国内大型图书馆有藏。日本国立国会图书馆藏原本。

10. 《国译老子》一卷，日本慎弦重撰，朝鲜檀纪4290年（1957）刊本。韩文著述，参考书中列有林希逸口义等七种著作。慎弦重，字韦郎。日本国立国会图书馆有藏。

11. 《老子道德经集解》，日本西埜直方撰，日本文政甲申年（1824）刊本。卷首有浪华上埜琢、西野直方分别所撰《老子道德经集解序》，有凡例，其中引多家注解，包括林希逸口义，引注称"希逸"。字句间有日文训读。严灵峰《无求备斋老子集成续编》（第25函）据此影印②。国内大型图书馆有藏。

12. 《校定老子集成》，日本福井安次郎撰，其中引多家注，包括林希逸口义。严灵峰《无求备斋老子集成续编》（第29函）③据此影印，国内个别大型图书馆有藏。

13. 《老子解义》，日本简野道明撰。前有凡例，引用多家注解，包括林希逸口义，分上下两栏，下栏为日文解，上栏有中文小字注，章节标题依林希逸口义，各节分"章旨""释读""字义""直解"几个部分进行注解，后附有《语句索引》。严灵峰《无求备斋老子集成续编》（第29函）④据此影印，国内个别大型图书馆有藏。

---

① 严灵峰编：《无求备斋老子集成续编》，艺文印书馆1970年版。
② 同上。
③ 同上。
④ 同上。

第三节　《列子鬳斋口义》版本考

《列子鬳斋口义》成书后，林希逸作《列子口义成》："庄列源流本一宗，微言妙趣不妨同。但知绝迹无行地，岂羡轻身可御风。二义乖违刘绝识，八篇参校湛何功。就中细细为分别，具眼应须许此翁。"意指庄子与列子本是同宗源流，其大义微言与妙理趣味是大致相似的，人们只知其中的奥妙无迹可寻，岂可随便羡慕身体轻轻可御风而行的人，这两种意义与刘向的卓越见识错乱暌违，所以刘向对《列子》所做的工作毫无可取，这其中需要细细的分别，独具辨别能力的人，也许就是自己吧。相对于《庄子鬳斋口义》和《老子鬳斋口义》，该书的版本较少，下文对该书的版本详作考辨。

一　中国刊本

（一）宋刊本

《列子鬳斋口义》八卷，宋林希逸撰，黑口宋刊本

版式：黑口，每半页十一行，行十八字。

按：本条据杨守敬、李之鼎《增订丛书举要》卷十二子部一①。藏地不详。

严灵峰《列子庄子知见书目》中也记有《列子鬳斋口义》宋刊本（1261），云为"江安傅氏双鉴楼旧藏"②，不详其与本条之异同。傅氏指傅增湘（1872—1949），字沅叔，别署双鉴楼主人、藏园居士、藏园老人、清泉逸叟、长春室主人等，藏书家，四川江安县人。

（二）元刊本

1. 《列子鬳斋口义》四册，宋林希逸，元初刊本

附：汉永始三年（前14）刘向编校《列子书录》时所作《列子序》，林希逸《列子鬳斋口义发题》，景定壬戌王庚《鬳斋先生列子口义后序》。

---

① 杨守敬、李之鼎：《增订丛书举要》，据宜都杨惺吾先生原本，戊午（1918）季夏宜秋馆校印于南昌。

② 严灵峰编：《列子庄子知见书目》，无求备斋1961年版，第392页。

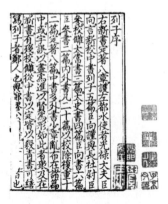

**图 4—28　《列子鬳斋口义》
元初刊本书影**

版式：四周单边，白口，双黑鱼尾间题有"列子"、卷次及页码，有界格，每半页九行，行十八字，林注小字双行，版框大小为 18.9 × 12.4 厘米。卷首为《列子序》，次为《列子鬳斋口义发题》，无标题，此标题为笔者加，次为《鬳斋先生列子口义后序》，次为《列子鬳斋口义卷上》，次行署："鬳斋林希逸。"

按：笔者所见为美国耶鲁大学图书馆藏《中华再造善本》① 的影印本，上标明"据国图藏元初刻本景印"。此版本国内部分重点大学图书馆有藏。但是，笔者又看到国图另一个也标为元初刻本的藏本，与此多有不同，具体见下一条。

2. 《列子鬳斋口义》，宋林希逸，元初刊本

附：刘向《列子序》，林希逸《列子鬳斋口义发题》。

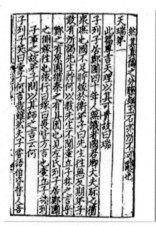

**图 4—29　《列子鬳斋口义》
国图藏元初刊本书影**

版式：四周单边，白口，双黑鱼尾间题有"列子口义"、卷次及页码，有界格，每半页十行，行二十一字。卷首为《列子序》，《发题》，正文卷端题为"天瑞第一"。

按：卷首前序无标题，本文所注标题为笔者加。本条与上一条皆署为元初刊本，差异主要有：一，本版卷首林希逸《列子鬳斋口义发题》后，没有景定壬戌王庚所写《鬳斋先生列子口义后序》一文；二，本版第一卷开始，没有《列子鬳斋口义卷上》之标题，也没有林希逸署名。三，版式不同。

另：清瞿镛《铁琴铜剑楼藏书目录》卷 18 录有："《列子鬳斋口义》

---

① 林希逸：《列子鬳斋口义》，《中华再造善本·金元编·子部》，北京图书馆出版社 2005 年版。

二卷，元刊本……旧为泰兴季氏藏书。卷下缺三十八叶，钞补全。卷首有
'季寓庸珍藏书画印'、'振宜家藏'、'沧苇'诸朱记。"① 其他信息不详。

3.《列子鬳斋口义》二卷，宋林希逸，元刊本（1280）

版式：版框大小为 15.4×11.8 厘米，每半页十一行，行十八字，注文
小字双行，四周单栏或左右双栏，附刻圈点墨线，黑口，双鱼尾间记大小
字数。

按：此条据中国台湾图书馆藏《鬳斋三子口义》十四卷四册，宋刘辰
翁批点，以林希逸口义为底本进行评注，并对林注时有评价。此条具体信
息与上一条差别颇大，详请可参见《老子鬳斋口义》元刊本部分介绍，因
属于三子口义合刊，体例相同，此不赘述。严灵峰《老列庄三子知见书
目》② 有载。

4.《列子鬳斋口义》，宋林希逸撰，张京华校，华东师范大学出版社
2016 年 5 月出版

按：繁体竖排，以原北京图书馆藏元刻本为底本，因此版本格式为各
卷分章，正文顶格，《列子鬳斋口义》退格，纲目分明，便于览读，虑及
元刻本补抄有伪脱处，以日本南北朝本互校之。

（三）明刊本

1.《冲虚至德真经鬳斋口义》，宋
林希逸撰，明刊正统道藏本

附：刘向《列子序》。

版式：上下双边，白口，无界格，
无鱼尾，每半页十行，行十七字。卷首
为《列子序》，正文卷端题作"冲虚至
德真经鬳斋口义卷之一"，次行署"鬳
斋林希逸"。

按：此版本较常见，国内大型图书

图4—30　《冲虚至德真经鬳斋
口义》明刊正统道藏本书影

① 瞿镛编：《铁琴铜剑楼藏书目录》，《续修四库全书》编纂委员会编：《续修四库全书》，
第 926 册，《史部·目录类》，据清光绪常熟瞿氏家塾刻本影印，上海古籍出版社 1995 年版，第
300 页。
② 严灵峰编：《老列庄三子知见书目》（中编），中华丛书编审委员会1965年版，第11页。

馆有藏。严灵峰《无求备斋列子集成》① 据此影印，中国台湾自由出版社在 1993 年据此影印出版《列子选辑三种》，萧天石主编。

2. 《列子冲虚真经》，宋林希逸撰，宋刘辰翁点校，明末小筑刊刘须溪先生校书九种本

图4—31 《列子冲虚真经》明末小筑刊刘须溪先生校书九种本书影

版式：单栏，版心花口，白鱼尾上题"冲虚真经"，下题卷次，每半页九行，行二十字，版框大小为 20.1×13.9 厘米。正文卷端题"列子冲虚真经卷上，庐陵须溪刘辰翁批点"。

按：以林希逸《列子口义》为蓝本，对林注时有评价。中国台湾图书馆藏本有以下藏印："寐叟"朱文方印、"霞秀/景飞/之室"朱文方印、"苻/娄庭"朱白文方印、"姚埭/老民"朱文方印、"窅/□"朱文方印、"侍/书印"白文方印、"西贞"朱文长方印、"玉真/□"朱白文方印、"上芙"白文长方印。日本国立国会图书馆内阁文库藏有原本。《无求备斋列子集成》第八册据此影印，标明"明末小筑刊刘须溪先生校书九种"本。

3. 《列子鬳斋口义》二卷，明正德十三年（1518）胡氏活字刊本

附：刘向《列子序》。

按：此本是《三子口义》（残本）合刊本，共八册。本条据严绍璗《日藏汉籍善本书录》② 记载，该书云其《列子口义》版式记载依据《仪顾堂序跋》（应指《仪顾堂书目序跋》），无更多详细信息。日本静嘉堂文库藏本。陆心源《皕宋楼藏书志》录有："《列子鬳斋口义》二卷，明正德刊本，宋鬳斋林希逸撰，刘向奏，永始二年。"③

4. 《列子鬳斋口义》明正德间刊本

---

① 严灵峰编：《无求备斋列子集成》，艺文印书馆 1971 年版。

② 严绍璗编：《日藏汉籍善本书录·子部·道家类》，中华书局 2007 年版，第 773 页。

③ 陆心源：《皕宋楼藏书志》，《续修四库全书》编纂委员会编：《续修四库全书》，第 929 册，《史部·目录类》，据清刻潜园总集影印，上海古籍出版社 1995 年版，第 64 页。

本条据严灵峰《老列庄三子知见书目》①，日本静嘉堂文库藏。

另据《日本藏汉籍善本书志书目集成》②，日本藏有《三子口义》八册，明正德刊，其中有《列子口义》二卷，具体信息不详，可互证。

5.《列子口义》，宋林希逸撰，明嘉靖四年乙酉（1525）广信知府张士镐刊本

附：刘向《列子书录序》，林希逸《列子鬳斋口义发题》。

版式：四周单边，白口，单黑鱼尾下题"列子"、卷次及页码，每半页十行，行十八字，有界格。版心下方记刻工名：尤、士、玉、王、人、中、丁、求、先、上、黄龙（或作龙）、黄琢、大、晨、黄作（或作）、黄铣（或作铣）、珀、文、珏等。卷首为"列子鬳斋口义卷上"，次行署"鬳斋林希逸"，接着的一段文字，无标题，内容为《列子书录序》，全文顶格书写。次为《列子鬳斋口义发题》，全文低一格书写，正文卷端题为"天瑞第一"。

按：此版据刘辰翁批点本整理。国图、中国台湾图书馆有藏。另据严绍璗《日藏汉籍善本书录》记载③，日本宫内厅书陵部、御茶之水图书馆有一藏本，

图4—32　《列子口义》明嘉靖四年乙酉广信知府张士镐刊本书影

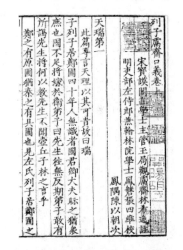

图4—33　《列子鬳斋口义》明万历二年甲戌蒲板张四维敬义堂刊本书影

记为明嘉靖期间刊本，此本原为岛田翰双桂园、德富苏峰成箦堂等旧藏，卷

---

① 严灵峰编：《老列庄三子知见书目》（下），中华丛书编审委员会1965年版，第231页。

② 贾贵荣编：《日本藏汉籍善本书志书目集成》，北京图书馆出版社2003年版。

③ 严绍璗编：《日藏汉籍善本书录·子部·道家类》，中华书局2007年版。

中有日本江户时代藏书家岛田翰二十五岁时的识文，并有德富苏峰手题，卷首有"岛田翰双桂园藏书记"印记，不详为嘉靖期间哪一个刊本。

6.《列子鬳斋口义》，宋林希逸撰，明万历二年甲戌（1574）蒲板张四维、陈以朝校，敬义堂刊本

版式：四周单边，花口，单白鱼尾，每半页十行，行二十二字，有界格。版框大小为21.6×14.4厘米。卷首为《列子鬳斋口义卷上》，分三行分别题署："宋宝谟阁直学士主管玉局观鬳斋林希逸注，明吏部左侍郎兼翰林院学士凤磐张四维校，凤隅陈以朝次。"正文卷端题为"天瑞第一"。

按：此本中国台湾图书馆题为刘辰翁批点本，当是从内容上辨别的，在行款以及序跋处，不能看出是经刘辰翁批点。有藏印："蘧盦/藏书"朱文方印、"胡印/嗣芬"白文方印、"开阳胡氏"朱文长方印、"成都胡延/廷仲芯刍/馆所藏书/籍之印记"白文方印、"千卷楼"朱文椭圆印、"金华怀远/堂徐氏藏书"朱文方印、"盘沚/山房"朱文方印、"嗣芬"白文长方印、"开阳/胡氏"朱白文方印、"嗣芬/私印"白文方印、"三十六夫容馆主"朱文椭圆印、"蘧公藏/书之印"朱文长方印。《中国子学名著集成·珍本初编·道家子部·列子辑选三种》①据此影印。国图、中国台湾图书馆有藏。

图4—34 《列子鬳斋口义》明万历四年丙子陈氏积善书堂刊本书影

7.《列子鬳斋口义》，宋林希逸撰，明万历四年丙子（1576）陈氏积善书堂刊本

附：万历二年腊月赵秉忠《刻三子口义序》，刘向《列子序》，《庄子释音》，林经德《庄子后序》。

此版为三子口义合刊本，共计四十二卷，内有《列子鬳斋口义》。黑口，四周单边，有界格，单黑鱼尾下题卷

---

① 林希逸：《列子鬳斋口义》，《中国子学名著集成·珍本初编道家子部·列子辑选三种》，中国子学名著集成编印基金会1978年版。

次、页码，每半页十一行，行十九字，《老子》原文大字单行，林注小字双行，卷首为《刻三子口义序》，《三子口义总目录》，《列子口义》部分正文卷端题作"列子鬳斋口义卷之一"，次行题："鬳斋林希逸注。"

按：在《庄子口义》部分卷端题为："宋福清鬳斋林希逸注，明同邑后学施观民校"，加之卷首所附万历二年腊月赵秉忠《刻三子口义序》，可知这是重刊万历二年施观民（1574）刻本。卷末有牌记："万历四载岁次丙子孟春上浣之吉陈氏积善书堂崑泉子梓。"故据以题为"陈氏积善书堂刊本"。现藏于郑州大学图书馆。

据严灵峰《老列庄三子知见书目》记载，《列子鬳斋口义》有明隆庆四年庚午（1570）陈氏积善书堂"京本标题鬳斋注解三子口义"本，后在万历丙子四年重印，重印的版本应该指的就是此版本。

8.《鬳斋列子口义》，宋林希逸撰，明万历二年（1574）施观民刊本

附：林希逸《鬳斋列子口义发题》。

版式：四周单边，白口，白单鱼尾下题"卷之一"及页码，鱼尾上方题"鬳斋三子口义"，每半页十行，行二十二字，林注小字双行，有界格，每页版心下方有刻工姓名。卷首为"列子卷一"，次两行署"宋鬳斋林希逸注，明后学施观民校"，次为正文，卷端题作"天瑞第一"。

按：此版国图有两个藏本，在编号为SB16800的《列子鬳斋口义》中若干页有点校，而在编号为SB8996的版本中则没有点校。在赵秉忠所撰《重刻三子口义序》中，陈述此本在万历二年刊刻的脉络缘由，文末题署"万历二载腊月"所撰，故据以题为"万历二年施观民刊本"。

图4—35 《鬳斋列子口义》
明万历二年施观民刊本书影

陆心源《皕宋楼藏书志》录有："《列子鬳斋口义》二卷，明万历施观民刊本。宋福清鬳斋林希逸注。林希逸叙。"①

① 陆心源：《皕宋楼藏书志》，《续修四库全书》编纂委员会编：《续修四库全书》，第929册，《史部·目录类》，据清刻潜园总集影印，上海古籍出版社1995年版，第65页。

9. 《列子鬳斋口义》，宋林希逸撰，明张四维补，明万历五年（1577）
何汝成校刊本

附：刘向《列子序》，林希逸《列子口义发题》。

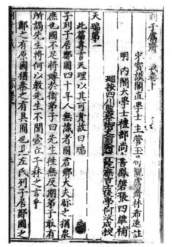

图4—36　《列子鬳斋口义》明万历五年何汝成校刊本书影

版式：四周双边，白口，单白鱼尾上题"列子口义"，下题卷次及页码，有界格，每半页十行，行二十二字。卷首为刘向《列子序》，次为《序》，正文卷端题作"列子鬳斋口义卷上"，次分三行署名，分别是："宋宝谟阁直学士主管玉局观鬳斋林希逸注，明内阁大学士礼部尚书凤磐张四维补，巡按四川监察御史前翰林院庶吉士后学何汝成校。"卷尾为林希逸《列子鬳斋口义发题》，标题下有四枚印章。

按：此本中国台湾图书馆题为刘辰翁批点本，当是从内容上辨别，在行款以及序跋处，不能看出是经刘辰翁批点。何汝成三子口义校刊本是对张四维前万历二年刊本的补注本，由行款题记清晰可辨，在张四维《重刻三子口义序》及何汝成《三子口义叙》文末，均注明写于万历五年，故而题为"明万历五年何汝成校刊本"。此版本现存于中国国家图书馆和中国台湾图书馆，美国哈佛大学燕京图书馆有中国台湾图书馆制作的缩微胶卷。

10. 《冲虚至德真经口义》四卷，宋林希逸撰，明天启丙寅（1626）
刊袖珍本

按：本条据杨守敬、李之鼎《增订丛书举要》卷七十九《道家部一》①，书稿题署"宜都杨守敬惺吾原编，南城李之鼎振唐补编"②。正统道藏和续道藏刊印于正统九年（1444）和万历三十五年（1607），可知此次的刊本，是与前两者不同的一个刊本。

---

① 杨守敬、李之鼎编：《增订丛书举要》，据宜都杨惺吾先生原本，戊午（1918）季夏宜秋馆校印于南昌。

② 同上。

11.《列子鬳斋口义》二卷二册，明刊十行白口本

附：刘向《序》。

版式：四周黑粗框，白口，单黑鱼尾下题"列子"及卷数，每半页十行，行十八字，有界格，版框大小为13.8×18.1厘米，林注文字比原文略小，原文顶格书写，林注低一字，有三枚印章。该本曾旧藏于观海堂，扉页有收藏者杨守敬像，旁有印章："星吾七十岁小像。"卷首为序，正文卷端题作"天瑞第一"。

按：该本为抄本，包背装，整本书纸质均已非常柔软，已发毛，封面已佚，上册100张，200页，下册90张，180页。上卷有约一半内容可见有红笔点读及画线，字句间可见日文训读，应为后人所加。下卷第一页已佚，卷末有后人题："元治甲子岁四月十五日于浅草之书房得之——静斋"。元治甲子（1864）为日本年号，可知此书曾为日本人收藏。现藏于中国台湾故宫博物院图书文献馆，仅限馆内阅览，笔者于2016年5月前往观看，因规定不许复制影像，故不附书影。

另据严灵峰《老列庄三子知见书目》记载，《列子口义》还有以下版本，惜不详具体信息，现存目于此。

12. 清初刊本（测海楼旧藏），具体信息不可考。

测海楼位于今扬州市，主人为吴氏兄弟，兄名引孙（1851—1920）字福茨，弟名筠孙（1861—1917）字竹楼。

13.《列子鬳斋口义》二卷四册，明刊本，每半页十行，行十八字。美国国会图书馆藏。

二 日本刊本

1.《列子口义》二卷二册，宋林希逸撰，日本南北朝（1336—1392，元朝至元二年—明朝洪武二十五年）刊本

附：刘向《列子书录序》，林希逸《列子鬳斋口义发题》。

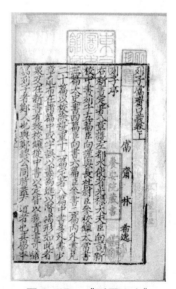

图4—37 《列子口义》
日本南北朝刊本书影

版式：四周单边，黑口，双黑鱼尾间题有"列子口义"、卷次及页码，有界格，每半页九行，行二十一字，版框大小为13 ×19.3厘米。卷首是汉代刘向的《列子序》；次为林希逸《列子鬳斋口义发题》；正文卷端题作"天瑞第一"，正文无标题，无作者署名，卷尾题："养庵十世之孙正健子刚所持之本也。"此句当是书稿印成后手写上去的，可知此本是养庵十世之孙正健子刚所收藏之本。

按：卷首序及《发题》无标题，所署标题为笔者加。日本国立国会图书馆在解题中对此版本有如下说明："本版は、南北朝时代刊本。宋刊本を覆刻したもので、中国から渡来した刻工の手によるものの一つとみられる。淡い蓝色の原表纸を存する保存の良い佳刻本。现存唯一の伝本。曲直濑正琳、涩江抽斋旧藏书。"指明本版为南北朝时代的刊本，此本的唯一传本由曲直濑正琳、涩江抽斋旧藏，故据以题为"日本南北朝刊本"。日本国立国会图书馆有藏。

2.《列子口义》，宋林希逸撰，日本庆长（1596—1615）刊本

附：东晋张湛《列子序》，刘向《列子序》，林希逸《列子鬳斋口义发题》。

图4—38　《列子口义》
日本庆长刊本书影

版式：四周双边，黑口，双花鱼尾间题有"列子"、卷次及页码，有界格，每半页九行，行十九字，版框大小为16×21厘米。卷首为张湛《列子序》，下署："张湛，字处度"；次为《列子鬳斋口义卷上》，另行署"鬳斋林希逸"，次为刘向《列子序》，林希逸《列子鬳斋口义发题》，次为正文，卷端题作"列子鬳斋口义上"，次行署"鬳斋林希逸"。

按：字句间有日文训读，张湛之序是后抄上去的，卷首序无标题，本文所署标题为笔者加。日本国立国会图书馆有藏。

3.《列子经》二卷一册，宋林希逸撰，日本庆长元和（1596—1623）活字印本

附：刘向《列子序》，林希逸《列子鬳斋口义发题》。

版式：四周双边，黑口，双花鱼尾间题有"列子经"及页码，有界格，每半页九行，行十九字，版框大小为 16 × 21.5 厘米。卷首是汉代刘向在永始三年（前 14）校刻《列子书录》时所作的序；次为林希逸《列子鬳斋口义发题》；次为正文，卷端题作"天瑞第一"，无标题，无作者署名，文末无跋。

按：卷首序无标题，本文所署标题为笔者加。字句间有日文训读。日本国立国会图书馆在解题中，有如下说明："日本でも、室町时代には五山版の'庄子鬳斋口义''列子口义'が刊行

图 4—39　《列子鬳斋口义》日本庆长元和活字印本书影

されている。本版は庆长・元和年间（1596—1623）木活字印本。古活字版。匡郭は太く鲜明で、活字も端正であるるが、料纸の纤が粗いため、活字の良さが损なわれている。"清楚的说明是日本庆长到元和间的木活字印本，是古活字版，故据以题为"日本庆长元和活字印本"。此本日本国立国会图书馆、美国哈佛图书馆有藏。

4.《列子》二卷，宋林希逸撰，日本宽永四年（1627，明朝天启七年）安田安昌刊本

附：刘向《列子序》，林希逸《列子鬳斋口义发题》。

版式：四周双边，黑口，双花鱼尾间题有"列子"、卷次及页码，有界格，每半页九行，行十九字，版框大小为 16×21 厘米。卷首是汉代刘向在永始三年（前 14）校刻《列子书录》时所作的序，标作《列子序》；次为林希逸

图 4—40　《列子鬳斋口义》日本宽永四年安田安昌刊本书影

《列子鬳斋口义发题》，无标题；次为正文，卷端题作"天瑞第一"，无标

题，无作者署名，文末无跋。

按：卷首序无标题，本文所署标题为笔者加，字句间有日文训读，卷尾有牌记："时宽永四历岁次丁卯腊月吉旦，洛阳乌丸通大炊町，安田安昌新刊于容腾亭。"故据以题为"日本宽永四年安田安昌刊本"。日本国立国会图书馆有藏。后万治二年大和田九左卫门据此本重印，藏于日本中央大学图书馆、中国香港新亚书院图书馆。

5.《列子鬳斋口义点校》四卷，宋林希逸撰，日本藤原肃点校，日本万治二年（1659，清朝顺治十六年）刊本

附：刘向《列子序》，林希逸《列子鬳斋口义发题》。

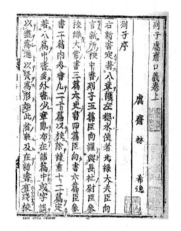

图4—41　《列子鬳斋口义点校》
日本万治二年刊本书影

版式：四周双边，上下黑口，双花黑鱼尾间题有"列子"、卷次及页码，每半页九行，行十九字。卷首为刘向《列子序》，次为林希逸《列子鬳斋口义发题》，次为正文，卷端题为"列子鬳斋口义卷首"，无跋。

按：字句间有日文训读。书稿末题有："明治廿一年戊子春二月于东京，笛川渔夫识。"明治廿一年是公元1888年，远在刻本年代之后，笛川渔夫疑曾是此书的收藏者。卷尾有牌记"万治二年己亥五月吉日"，故据以题为"日本万治二年刊本"。严灵峰《无求备斋老列庄三子集成补编》① 曾据此影印。国内部分大型图书馆有藏。

藤原肃（1561—1619），名以肃，略称肃，字敛夫，号惺窝，又号北肉，京都人，德川幕府时开日本汉学研究先河，被称为日本朱子学鼻祖，少年时祝发为僧，二十多岁时，才学堪称五山第一，成为相国寺首座，三十岁后苦学儒学，一生不仕，林罗山是其门人。

---

① 林希逸撰，[日]藤原肃校：《列子鬳斋口义点校》，严灵峰编辑：《无求备斋老列庄三子集成补编》，成文出版社1982年版。

6.《列子鬳斋口义》二卷,日本宽永二年(1625)刊本

按:之后宽永六年(1629)重刊。本条据严绍璗《日藏汉籍善本书录》记载①。

7.《列子鬳斋口义》两卷两册,日本庆安五年(1652)昆山馆道可处士刊本

按:版本标题"列子",卷尾有牌记"庆安五年壬辰初夏昆山馆道可处士新刊",故据以题为"昆山馆道可处士"刊本,日本的庆安五年正是承应元年。有"□□阁藏","青洲文库"藏印。本条据日本东京大学附属图书馆藏信息。本条据《日本藏汉籍善本书志书目集成》②。

8.《列子鬳斋口义》四册,日本万治二年己亥(1659年,清顺治十六年)刊训点本

按:每半页九行,行十九字,四周双边,粗黑口,黑双鱼尾。中国台湾图书馆、美国哈佛燕京图书馆有藏。本条严灵峰《老列庄三子知见书目》③中题为"日本万治二年己巳"刊本,按,日本万治二年应该为"己亥"年,故据以题为"日本万治二年己亥刊训点本"。

9.《列子鬳斋口义私略》二卷,宋林希逸撰,日本无名氏私略,日本元禄四年(1691)抄本

按:具体信息不详,本条据日本所藏中文古籍数据库④藏于日本东京大学图书馆,但直接在东京大学图书馆上搜索却显示无存。日本东京大学图书馆另藏有一本《列子鬳斋口义》二卷,抄本,采用日本万治二年刊本做底本,书于日本元禄四年(1691)。不详此二版本之关系。《日本藏汉籍善本书志书目集成》⑤也有记载。

10.《列子鬳斋口义》,旧刊本,容安书院藏

按:卷首有刘向《列子序》,后附有列子小传。每半页十行,行二十一字。左右双边,下卷首有"久远院"印。本条据《日本藏汉籍善本书志书目集

---

① 严绍璗编:《日藏汉籍善本书录·子部·道家类》,中华书局2007年版,第771页。

② 贾贵荣编:《日本藏汉籍善本书志书目集成》,北京图书馆出版社2003年版。

③ 严灵峰编:《老列庄三子知见书目》(上册),中华丛书编审委员会1965年版。

④ http//kanji. zinbun. kyoto‐u. ac. jp/kanseki? ti = % E5% 88% 97% E5% AD% 90% E9% AC% B3
E6%96%8B%E5%8F%A3%E4%B9%89% E7% A7%81% E7%95% A5&au = &yr = &pb = &ko = &fr =.

⑤ 贾贵荣编:《日本藏汉籍善本书志书目集成》,北京图书馆出版社2003年版。

成》①。

11.《列子口义校刊》四卷，宋林希逸撰，熊谷立设校刊，无存

按：该条据严灵峰《列子庄子知见书目》② 记载。

12.《列子鬳斋口义》二卷四册，日本旧刊本

附：刘向《列子·序》。

图4—42　《列子鬳斋口义》
日本旧刊本书影

版式：双栏，版心黑口，双花鱼尾，每半页九行，行十九字，版框大小为 21×15.2 厘米。正文卷端题"列子鬳斋口义卷上"，行下有"达阪/田中/家藏"朱文方藏印。隔行题："鬳斋林希逸"。次为汉永始三年（前14）刘向编校《列子书录》时所作《列子序》，朱笔点校。次为列子小序，次为正文。

按：字句间有日文训读。不辨年代，中国台湾图书馆有藏。

三　朝鲜半岛刊本

据全寅初主编的《韩国所藏中国汉籍总目（四)》③记载，韩国还藏有林希逸《列子鬳斋口义》的下列版本。

1.《列子鬳斋口义》二卷一册，宋林希逸口义，木版本，壬乱以前刊本

版式：半郭 23×15 厘米，每半页十一行，行二十一字，黑口，内向黑鱼尾。

按："壬乱"指日本侵略朝鲜的壬辰之乱，壬辰之战于 1592 年开始，意味着此版本刊于 1592 年以前。韩国雅丹文化企划室藏，据 1996 年《雅丹文库藏书目录（二）：古书》。

2.《列子鬳斋句义》二卷一册，宋林希逸撰，覆刻本

版式：四周双边，匡郭 22×15.5 厘米，有界格，每半页十一行，行二十一字，上下黑鱼尾，上下黑口。

① 贾贵荣编：《日本藏汉籍善本书志书集成》，北京图书馆出版社 2003 年版。

② 严灵峰编：《列子庄子知见书目》，无求备斋出版 1961 年版，第 40 页。

③ ［韩］全寅初编：《朝鲜半岛所藏中国汉籍总目》（四），学古房出版社 2005 年版。

按：韩国延世大学校中央图书馆藏，据 1977 年《古书目录1》，1987年《古书目录2》。

另据《续修四库全书》中收录的元明清私人藏书家所编的藏书目录，以及其他藏书家所编的单行本目录古籍，其中有记载《列子鬳斋口义》，现将这些版本录如下：

1. 钱曾撰《述古堂藏书目·附宋版书目》。卷二录有"《列子林鬳斋口义》八卷"①。

2. 叶盛编《箓竹堂书目》。录有："《列子林希逸口义》一册。"②

3. 叶盛编《箓竹堂书目》。录有："《老子列子口义》一册。"③ 此书版本笔者存疑，前已有述。

4. 叶盛编《箓竹堂书目》。录有："《三子口义》十二册。"④ 其中包括《列子口义》。

5. 焦竑《国史经籍志》。录有："《列子口义》八卷（林希逸）。"⑤

6. 丁丙藏，丁仁撰《八千卷楼书目》。卷一四录有："《列子口义》二卷（宋林希逸撰，明刊本）。"⑥ 明代有多个刊本，具体不详是哪一个。

7. 钱曾藏并撰《钱遵王述古堂藏书目录十卷》。卷五录有："《列子林鬳斋口义》。"⑦

8. 徐乾学藏《传是楼书目六卷》。卷三录有："《列子口义》八卷一本，宋林希逸。"⑧

9. 徐乾学藏《传是楼书目六卷》。卷三录有："《三子口义》十四卷，

① 钱曾编：《述古堂藏书目·附宋版书目》，《丛书集成初编》，据粤雅堂丛书本排印，商务印书馆 1935 年版，第 13 页。

② 叶盛编：《箓竹堂书目》，《丛书集成初编》，据粤雅堂丛书本排印，商务印书馆 1935 年版，第 45 页。

③ 同上。

④ 同上。

⑤ 焦竑编：《国史经籍志》，《丛书集成初编》，据粤雅堂丛书本排印，商务印书馆 1935 年版，第 125 页。

⑥ 丁丙、丁仁：《八千卷楼书目》，《续修四库全书》编纂委员会编：《续修四库全书》，第 921 册，《史部·目录类》，据民国十二年铅印本影印，上海古籍出版社 1995 年版，第 286 页。

⑦ 钱曾：《钱遵王述古堂藏书目录十卷》，《续修四库全书》编纂委员会编：《续修四库全书》，第 920 册，《史部·目录类》，据北京图书馆藏清钱氏述古堂抄本影印，上海古籍出版社 1995 年版，第 469 页。

⑧ 徐乾学编：《传是楼书目六卷》，《续修四库全书》编纂委员会编：《续修四库全书》，第 920 册，《史部·目录类》，据北京图书馆藏清道光八年刘氏味经书屋抄本影印，上海古籍出版社 1995 年版，第 749 页。

宋林希逸,八本。"① 其中包括《列子口义》。

10. 高儒《百川书志》。卷七录有："《列子口义》二卷,鬳斋林希逸著。"②

综上,简介了林希逸《列子鬳斋口义》的刊本 32 种,其中国内刊本 18 种:宋刊本 1 种,元刊本 3 种,明刊本 12 种,清刊本 1 种,当代刊本一种;日本刊本 12 种,朝鲜半岛刊本 2 种,还有一些尚未提到的刊本,情况多与此同。该书在海内外的流传,体现出以下特点:一是该书在国内的刊本中,明代刊本最多;二是该书在日本也很受欢迎。

以上版本按照版本系统划分,可简略分为:

一、宋刊本系统。只有一种,即宋刊本。

二、元刊本系统。有:元初刊本(美国耶鲁大学藏本),元初刊本(国图藏本)。

三、刘辰翁批点本系统。这是在刘辰翁对《列子鬳斋口义》批点的基础上进行再次整理的刊本。有:《列子·冲虚真经评点》元初刻本,明嘉靖四年乙酉(1525 年)广信知府张士镐刊本,明万历甲戌(1574 年)蒲板张四维、陈以朝校敬义堂刊本,明万历四年(1576 年)陈氏积善书堂刊三子口义本,明万历五年(1577 年)何汝成校刊本。

四、道藏本系统。有:明刊正统道藏本,明天启丙寅(1626 年)刊袖珍本。

第四节 《庄子鬳斋口义》版本考

林希逸《庄子鬳斋口义》《庄子释音》,均成书于 1260 年,其时林希逸 63 岁。书成后林希逸作《竹溪十一稿诗选·庄子口义成》:"逍遥而下是全书,渔父诸篇却不如。意外形容词独至,句中脉络字无虚。机锋颇似

---

① 徐乾学编:《传是楼书目六卷》,《续修四库全书》编纂委员会编:《续修四库全书》,第920 册,《史部·目录类》,据北京图书馆藏清道光八年刘氏味经书屋抄本影印,上海古籍出版社1995 年版,第 750 页。

② 高儒编:《百川书志》,《续修四库全书》编纂委员会编:《续修四库全书》,第 919 册,《史部·目录类》,据上海辞书出版社图书馆藏观古堂书目丛刊本影印,上海古籍出版社 1995 年版,第 366 页。

禅三昧，根极只求性一初。千古濠梁同会面，子真知我我知鱼。”现将该书的版本情况，详作考辨如下。

一　中国刊本

（一）宋刊本

1.《庄子鬳斋口义》十卷十一册，宋林希逸撰，宋咸淳五年（1269）建宁刊本

附：林同《序》，林经德《庄子后序》，陈梦炎《重刊序》，林希逸《庄子鬳斋口义发题》，徐霖《跋》，《庄子释音》。

版式：四周双边，白口，双黑鱼尾间题有“庄子”、卷次及页码，每半页九行，行十八字，林注小字双行，版框大小为 18.7×12.5 厘米。卷首为林同《序》，次为林经德《庄子后序》，次为“咸淳屠维荒落之夏日在端午”陈梦炎南夫在延平重刊《庄子鬳斋口义》时所作的《序》，次为《发题》，次为《跋》，次为《庄子鬳斋口义目录》，次为正文，卷端题为“庄子鬳斋口义卷之一”。

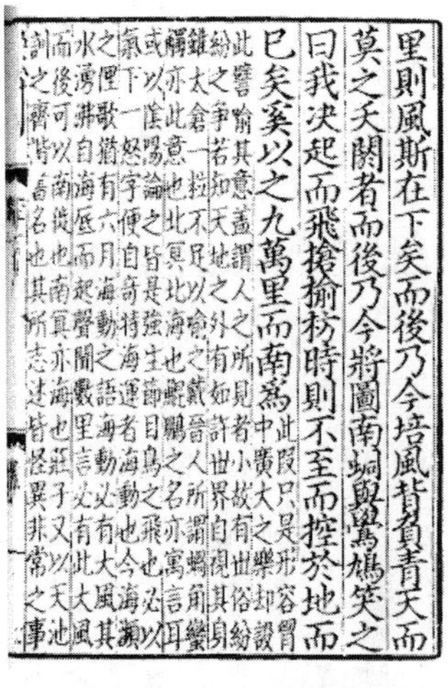
里則風斯在下矣而後乃今培風背負青天而
莫之夭閼者而後乃今將圖南蜩與鷽鳩笑之
曰我決起而飛搶榆枋時則不至而控於地而
已矣奚以之九萬里而南爲

图 4—43　《庄子鬳斋口义》宋刊本书影

按：徐霖，字景说，衢州（今浙江）人，《宋史·徐霖传》云其“进则直言于朝，退则讲道于里”①。《中华古籍再造善本》② 据此影印。美国耶鲁大学图书馆、中国国家图书馆、国内部分综合型大学图书馆有藏。方勇主编的大型图书《子藏·道家部·庄子卷·庄子鬳斋口义》③ 据此影印，南京师范大学图书馆有藏。

---

① 《宋史》卷 425，中华书局 1977 年版，第 12690 页。

② 林希逸撰：《庄子鬳斋口义》，《中华古籍再造善本·唐宋编·子部》，北京图书馆出版社 2003 年版。

③ 华东师范大学《子藏》编纂中心编，方勇总编纂，吴平副总编纂：《子藏·道家部·庄子卷》，国家图书馆出版社 2013 年版。

2.《庄子口义》五册，宋林希逸撰，刘辰翁点校，黑口宋刊本

附：林希逸《庄子鬳斋口义发题》。

版式：有界格，黑口，每半页十一行，行十八字，左右双边，林注文双行，16×11.6厘米，版心记大小字数，卷中有旁线圈点。卷首为《发题》，卷中避宋讳，凡"匡，筐，恒"等字皆缺笔。卷中有"龙喜""养安院藏书""竹添光鸿之章""井井竹添氏之图章""松方文库""岛田翰读书记"等印章。

按：林希逸《庄子鬳斋口义发题》为后人补写。卷末有日本后阳成天皇文禄元年（1592）僧人龙喜手识文："庄周《南华经》十卷，尝东山寅闇古仲之所持也。先是洛之东西羁一窝蜂之厄，籍典多分散矣。予就于乌有子求之，秘在久矣。于兹养庵公以医鸣世，受业于翠竹。一说翁脉科妙剂靡弗究，加之从幼好学经史子传之书，集而大成。予之所藏之《庄子》持以赠之，它日拟之证笏，则幸之幸也。时文禄元年壬辰腊月吉辰枯木山里龙喜志。"本条据杨守敬、李之鼎《增订丛书举要》卷十二《子部一》①，书稿题署"宜都杨守敬惺吾原编，南城李之鼎振唐补编"，以及严绍璗《日藏汉籍善本书录》，互相充善而成。日本静嘉堂文库藏本，日本原岛田翰、竹添光鸿等旧藏。

图4—44　《庄子南华真经点校》
明代重刊本书影

无具体信息，不详与上述两版本之异同。

另：严灵峰《老列庄三子知见书目中》记载《庄子鬳斋口义》有一个宋景定二年辛酉（1261）建宁刊本②，只有一个条目。

（二）元刊本

1.《庄子南华真经点校》，刘辰翁撰，元至元三十一年（1294）初刊，明代重刊本

---

① 杨守敬、李之鼎编：《增订丛书举要》，据宜都杨惺吾先生原本，戊午（1918）季夏宜秋馆校印于南昌。

② 严灵峰编：《老列庄三子知见书目》（下），中华丛书编审委员会1965年版，第231页。

版式：四周单边，白口，单白鱼尾上题"南华真经"，下题具体节名及页码，每半页九行，行二十字，有界格。卷首为《庄子南华真经篇目》，次为正文，卷端题为"庄子南华真经"，次行署"须溪刘辰翁点校"。

按：此版以林希逸《庄子口义》为蓝本，分段评注。严灵峰《无求备斋庄子集成初编》据此影印。国图及中国台湾图书馆有藏。

2. 《庄子鬳斋口义》十卷十二册，宋林希逸撰，元建阳刊本

附：林经德《序》，林希逸《发题》。

版式：左右双边，19×12.5 厘米，有界格，每半页十行，行二十一字，小黑口，双黑鱼尾间题有"庄子口义"。卷首为序，次为发题，次为目录，正文卷端题作"庄子鬳斋口义卷之一"，次行署"鬳斋林希逸"。有藏印：群碧楼。

按：首册后有邓邦述手书题记，邓邦述（1868—1939），近代诗人、藏书家，字正闇，号孝先，江宁（今南京）人。藏于中国台湾图书馆。阿部隆一《增订中国访书志》①亦有记载。目录末有后人写上去的十一行追述。台湾商务印书馆在 2013 年出版的方鹏程总编辑的《子海珍本编·台湾卷》，其中《"中央"研究院历史语言研究所珍藏子部善本·小说家类·道家类》的《冲虚至德真经》据此影印。

3. 《庄子口义》十卷，宋林希逸撰，元刊本（1280）

版式：版框大小为15.4×11.8 厘米，每半页十一行，行十八字，注文小字双行，四周单栏或左右双栏，附刻圈点墨线，黑口，双鱼尾间记大小字数。

按：此条据中国台湾图书馆藏《鬳斋三子口义》十四卷四册，宋刘辰翁批点，以林希逸口义为底本进行评注，并对林注时有评价。此条据中国台湾图书馆藏本，具体信息与上一条差别颇大，详请参见《老子口义》元刊本部分介绍，因属于三子口义合刊，体例相同，故此不赘述。严灵峰《老列庄三子知见书目》② 有载。

（三）明刊本

1. 《南华真经口义》，宋林希逸撰，明刊正统道藏本

---

① ［日］阿部隆一：《增订中国访书志》，汲古书院 1983 年版，第 644 页。
② 严灵峰编：《老列庄三子知见书目》（中编），中华丛书编审委员会 1965 年版，第 11 页。

附：林希逸《庄子口义发题》，景定改元（1260）中和节林经德《庄子后序》，景定辛酉（1261）徐霖《句解南华真经跋》，林同《跋》。

图4—45　《南华真经口义》
明刊正统道藏本书影

版式：上下双边，白口，无界格，无鱼尾，每半页十行，行十七字。卷首为《庄子口义发题》，文末有编者约176字的小解，小字双行。每卷首标题下署："鬳斋林希逸。"内篇在各个版心按照卷数署：声一，声二，一直到卷之十一。外篇在各个版心从卷之十二开始依次署：虚一，虚二，……虚六，一直到卷之十七。卷尾有《庄子后序》，《句解南华真经跋》，《跋》，其中前两者有署名，《跋》无署名，据内容判断作者为林同。

按：严灵峰《无求备斋庄子集成初编》① 据此影印。台北弘道文化公司在1971年据此影印，书名题为"《庄子口义》三十二卷"。国图、少数综合型大学图书馆及中国台湾图书馆有藏。

2.《庄子鬳斋口义》二卷，明正德十三年（1518）胡氏活字刊本

按：此本是《三子口义》（残本）合刊本，共八册。本条据严绍璗《日藏汉籍善本书录》② 记载，有日本静嘉堂文库藏本，前已有述。严灵峰《老列庄三子知见书目》中也有本条记载，较简略。陆心源《皕宋楼藏书志》。录有："《庄子鬳斋口义》十卷，明正德刊本。宋鬳斋林希逸撰。自序。"③ 目前所见，正德间还有一个刻本，后面有述，故不详具体为哪一个。

3.《庄子鬳斋口义》明正德间刊本

本条据严灵峰《老列庄三子知见书目》④，日本静嘉堂文库藏。

另据《日本藏汉籍善本书志书目集成》⑤，日本藏有《三子口义》八

---

① 林希逸：《冲虚至德真经》，严灵峰编：《无求备斋庄子集成初编》，艺文印书馆1972年版。

② 严绍璗编：《日藏汉籍善本书录·子部·道家类》，中华书局2007年版，第773页。

③ 陆心源：《皕宋楼藏书志》，《续修四库全书》编纂委员会编：《续修四库全书》，第929册，《史部·目录类》，据清刻潜园总集影印，上海古籍出版社1995年版，第65页。

④ 严灵峰编：《老列庄三子知见书目（下）》，中华丛书审委员会1965年版，第231页。

⑤ 贾贵荣编：《日本藏汉籍善本书志书目集成》，北京图书馆出版社2003年版。

册，明正德刊，其中有《庄子口义》十卷，具体信息不详，可互证。

4.《庄子口义》，宋林希逸撰，明嘉靖四年乙酉（1525）广信知府张士镐刊本

附：林希逸《庄子鬳斋口义发题》，《庄子释音》。

版式：四周单边，白口，单黑鱼尾下题"庄子"、卷次及页码，每半页十行，行十八字，有界格。卷首为《庄子鬳斋口义发题》，次行署"鬳斋林希逸"，次为正文，卷端题为"庄子鬳斋口义卷之一"。

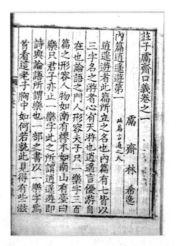

按：此版依据刘辰翁批点本整理，中国国家图书馆、中国台湾图书馆有藏。泰州市图书馆藏有八卷：卷三到卷十。在明万历五年（1577）何汝成校刊张四维补的《庄子口义补注》本中，文末有江汝璧所撰《重刊三子口义后序》，提道："吾郡侯西潭张公将以所藏活字

图4—46　《庄子口义》明嘉靖乙酉广信知府张士镐刊本书影

摹本，谋复梓之……梓成，公使来速叙因次，其语以识公谋梓之意云。公名士镐，字景周，西潭其号也，其刺吾信也。"可知该本被广信府江汝璧在同年重刻。

另，杨黛在《林希逸〈庄子口义〉知见版本》中在第十七条提道，"明嘉靖四年（1525）汪汝璧重刻《鬳斋三子口义》本"，与杨守敬、李之鼎《增订丛书举要》卷十二 ①中所载"嘉靖乙酉汪汝璧重刊本"，其中的"汪汝璧"，应为"江汝璧"之误，严灵峰《列子庄子知见书目》中也记载有江汝璧重刊本②，三者所指的版本应该就是江汝璧依据本条刊本的重刊本。

5.《庄子鬳斋口义》十卷，宋林希逸撰，明万历二年（1574）张四维补注，陈以朝校，敬义堂刊本

附：褚伯秀《义海纂微》，林希逸《发题》，张四维《序》，陈以朝

---

① 杨守敬、李之鼎编：《增订丛书举要》，据宜都杨惺吾先生原本，戊午（1918 年）季夏宜秋馆校印于南昌。

② 严灵峰编：《列子庄子知见书目》，无求备斋出版 1961 年版，第 76 页。

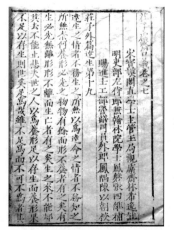

图4—47 《庄子鬳斋口义》明万历
二年张四维补注，陈以朝校，
敬义堂刊本书影

《跋》。

版式：四周单边，白口，无鱼尾，每半页十行，行二十二字，版心上署"庄子口义"，中为卷数，页码，下有"敬义堂刊"四字。存第七卷、第八卷，自《达生》第十九到《则阳》第二十五。白绵纸原装一厚册。卷首为褚伯秀《义海纂微》，林希逸《发题》，张四维《序》，次为正文，末有陈以朝《跋》。

按：此本出自合刻本《三子口义》十五卷，中国台湾图书馆题为刘辰翁批点本，当是从内容上辨别的，在行款以及序跋处，不能看出是经刘辰翁批点。原题：宋"宝谟阁直学士主管玉局观鬳斋林希逸注，明吏部左侍郎兼翰林院学士凤磐张四维补，赐进士工部营缮司员外郎凤隅陈以朝校。"这是张四维补注之本，下书口刻"敬义堂刊"四字，疑是陈以朝堂名。该本以林希逸《庄子口义》为蓝本，对书中文义不明及脱漏处由陈以朝取郭象注及朱得之《通义》补之。北京大学图书馆，湖南省图书馆藏。

图4—48 《鬳斋庄子口义》明万历
二年施观民刊本书影

6.《鬳斋庄子口义》，宋林希逸撰，明万历二年（1574）施观民刊本

附：林希逸《庄子释音》一卷，《鬳斋庄子口义发题》。

版式：四周单边，白口，白单鱼尾下题"卷之一"及页码，鱼尾上方题"鬳斋三子口义"，每半页十行，行十二字，林注小字双行，有界格，版心下方有刻工姓名。

按：卷首即正文，卷端题作"庄子卷一"，次两行署"宋福清鬳斋林希逸注，明同邑后学施观民校"。在赵秉忠撰《重刻三子口义序》中，陈述此本在万历二年刊刻的脉络缘由，文末题署："万历二载腊月"所撰，故据以题为"万历二年施观民刊本"。中国国家图书馆、中国台湾图书馆、香港大学图书馆藏。

施观民所校三子口义本，在中国国家图书馆有两个藏本，一个是二十卷本，中国国家图书馆编号 SB8996，《三子口义》二十卷，十四册，庄子释音一卷。另一个是《三子口义》二十一卷，八册，中国国家图书馆编号 SB16800。两书为同版，前二卷老子口义同。均为第一册。差异部分主要在庄子部分，SB8996 版庄子口义缺，SB16800 版庄子口义缺页极多。庄子口义在前，释音在后。陆心源《皕宋楼藏书志》。录有："《庄子口义》十卷，明万历施观民刊本。宋福清鬳斋林希逸注。林经德序，赵秉忠序，万历二年。"①

7.《庄子鬳斋口义》，宋林希逸撰，明万历四年丙子（1576）陈氏积善书堂刊本

附：林希逸《庄子口义发题》，万历二年腊月赵秉忠《刻三子口义序》，《庄子释音》，林经德《庄子后序》。

此为三子口义合刊本，共计四十二卷，内有《庄子鬳斋口义》。黑口，四周单边，有界格，单黑鱼尾下题卷次、页码，每半页十一行，行十九字，《老子》《庄子》《列子》原文大字单行，林注小字双行，卷首为《刻三子口义序》，《三子口义总目录》，《庄子口义》部分正文卷端题为："庄子卷一"，次两

图4—49　《庄子鬳斋口义》明万历四年丙子陈氏积善书堂刊本书影

行题："宋福清鬳斋林希逸注，明同邑后学施观民校。"

按：加之卷首所附万历二年腊月赵秉忠《刻三子口义序》，可知这是重刊万历二年施观民（1574 年）刻本。卷末有牌记标注："万历四载岁次丙子

---

① 陆心源编：《皕宋楼藏书志》，《续修四库全书》编纂委员会编：《续修四库全书》，第929册，《史部·目录类》，据清刻潜园总集影印，上海古籍出版社 1995 年版，第 66 页。

孟春上浣之吉陈氏积善书堂昆泉子梓。"故据以题为"陈氏积善书堂刊本"。现藏于郑州大学图书馆。严灵峰《无求备斋庄子集成初编》第九本、第十本①据此影印。据严灵峰《老列庄三子知见书目》记载,《庄子鬳斋口义》有明隆庆四年庚午（1570 年）陈氏积善书堂"京本标题鬳斋注解三子口义"本②,后在万历丙子四年重印,重印的版本应该指的就是此版本。

8.《庄子口义补注》,宋林希逸撰,明张四维补,明万历五年（1577）何汝成校刊本

附:林希逸《庄子口义发题》,《庄子释音》,林经德《庄子后序》,正德戊寅（1518）汪伟《三子口义跋》,嘉靖乙酉（1525）江汝璧《重刊三子口义后序》。

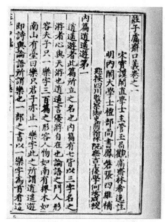

图4—50 《庄子口义补注》
明万历五年何汝成校刊本书影

版式:四周双边,白口,单白鱼尾上题"庄子口义",下题卷次及页码。有界格,每半页十行,行二十二字。卷首为林希逸撰《庄子口义发题》,标题下有四枚印章。标题左分三行署名,分别是:"宋宝谟阁直学士主管玉局观鬳斋林希逸注,明内阁大学士礼部尚书凤磐张四维补,巡按四川监察御史前翰林院庶吉士后学何汝成校。"补注的内容在出现时,有"补注"二字并加框,补注文小字双行,行二十一字,卷尾附《庄子释音》一卷,林经德《庄子后序》。

按:该本在刘辰翁批点《庄子口义》本的基础上,对文中意义不明及文字舛讹处,由陈以朝取郭象注及朱得之《通义》补之。在张四维《重刻三子口义序》及何汝成《三子口义叙》文末,均注明写于万历五年,故而题为"明万历五年何汝成校刊本",何汝成三子口义校刊本是对张四维刊本的重印和重校。在正德戊寅南京国子监司业弋阳汪伟所撰跋中,简叙了三子口义在当时的版本情况,"林希逸著三子口义颇平实显白,近已罕得。临颍祭酒贾公藏善本,偶诸生胡曼有活

① 林希逸撰,张四维补注:《庄子口义补注》,严灵峰编:《无求备斋庄子集成初编》,艺文印书馆 1972 年版。

② 严灵峰编:《老列庄三子知见书目》（下编）,中华丛书编审委员会 1965 年版 263 页。

字印，因命摹之以代抄写"云云。"临颍祭酒贾云"指贾咏（1464—1547），字鸣和，号南坞，元末迁居临颍，有《贾氏藏书目》。在嘉靖乙酉（1525）冬十月之古贵溪江汝璧所撰后序中，提到此本为依据当时名士张士镐所藏活字本刊印，即指张士镐所刊的三子口义本。何汝成校刊本只是引用此文在卷尾，与何汝成刊本并无甚关联。此本现存于中国国家国书馆和中国台湾图书馆，美国哈佛大学燕京图书馆有中国台湾图书馆制作的缩微胶卷。

9.《庄子·南华真经》三卷，宋林希逸口义，刘辰翁点校，明唐顺之释略，明万历十年（1582）徐常吉刊本

附：徐常吉《刻宋刘须溪点校庄子口义序》。

版式：四周双边，白口，单黑鱼尾下题卷次及页码，每半页十行，行二十一字，有界格，版框尺寸为 19.2×13.2 厘米，外框尺寸为 26×16.6 厘米。卷首为徐常吉序，次为目录，次为正文，卷端题为"庄子·南华真经内篇"，次四行署："宋鬳斋林希逸口义，须溪刘辰翁点校，明荆川唐顺之释略，后学徐常吉辑梓"，次为《内篇·逍遥游》。

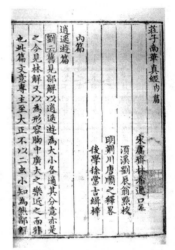

图 4—51　《庄子南华真经》明万历十年徐常吉刊本书影

按：其中刘辰翁评点，称"刘云"，加小方框，林希逸口义称"林云"，加小方框，唐顺之释略称"唐云"，加小方框。附有刻工姓名。卷首徐常吉序尾题："万历壬午春正月武进徐常吉书于上海之三友轩"，故据以题之为"万历十年刊本"。唐顺之（1507—1560），字应德，一字义修，号荆川，学者称"荆川先生"，武进（今江苏常州）人，嘉靖八年会试第一。① 方勇主编的大型图书《子藏·道家部·庄子卷·庄子南华真经》②据此影印，目前南京师范大学图书馆有藏，南京师范大学图书

---

① 关于唐顺之的生平、诗文，可参见：王伟《唐顺之文学思想研究》，博士学位论文，北京语言大学，2008；张慧琼、王蓉《唐顺之家世考述》，《四川教育学院学报》2009 年第 8 期。

② 华东师范大学《子藏》编纂中心编，方勇总编纂，吴平副总编纂：《子藏·道家部·庄子卷》，国家图书馆出版社 2013 年版。

馆还藏有此书的原刻本。

10. 《南华经》十六卷, 郭象注, 林希逸口义, 刘辰翁校点, 王凤洲评点, 陈明卿批注, 沈汝绅集评, 明万历三十三年（1605）吴兴凌君寔刻, 五色套印本

附: 武进徐常吉《刘须溪校点庄子口义序》, 冯梦桢《庄子郭注序》, 沈汝绅《南华经小序》, 王凤洲《南华经总评》, 杨升庵《题刘须溪小引》, 郭子玄《南华经序》, 司马子长《庄子列传》。

图4—52 《南华经》明吴兴
凌君寔刻五色套印本书影

版式: 四周单边, 白口, 无鱼尾, 版心上方题有 "南华经"、卷次及页码。每半页八行, 行十八字, 注文小字双行, 无界格, 版框大小为20.2×14.5厘米, 书眉上刻有评注。有藏印: "虎头公子" 白文长方印、"虎头公子/收藏金石/书画印" 朱文方印。卷首为武进徐常吉《刘须溪校点庄子口义序》, 冯梦桢《庄子郭注序》, 沈汝绅《南华经小序》, 王凤洲《南华经总评》, 杨升庵《题刘须溪小引》, 次为目录, 次为《南华经序》, 《庄子列传》, 正文卷端题作 "南华经卷一, 晋子玄郭象注, 辑诸名家评释"。

按: 此本以林希逸《庄子口义》为蓝本, 刘辰翁对林注时有评价。共有庄子黑墨、郭象淡墨、王世贞朱红、刘辰翁深青、林希逸胭脂五种颜色, 称 "五色"。《南华经小序》末署: "吴兴沈汝绅荐卿父撰并书。"《庄子郭注序》末署: "冯梦桢开之父题"。冯梦桢（1548—1605）, 明学者、藏书家, 字开之。王凤洲即王世贞（1526—1590）, 字符美, 号凤洲, 又号弇州山人, 今江苏太仓人, 明代文学家、史学家。陈明卿即陈仁锡（1581—1636）, 字明卿, 号芝台, 明代学者。杨慎（1488—1559）, 明代文学家, 字用修, 号升庵。在《南华经小序》中说明了此本的刊刻缘由, 刊刻者为凌君寔, 凌氏家族是明代著名的私家刻书商。此本比较常见, 中国国家图书馆及国内大型图书馆、香港大学图书馆、加拿大多伦多东亚图书馆均有藏。方勇主编的大型图书

《子藏·道家部·庄子卷·南华经》① 据此影印，南京师范大学图书馆有藏。

11.《南华真经口义》三十二卷，宋林希逸撰，明天启丙寅（1626）刊袖珍本

按：本条据杨守敬、李之鼎《增订丛书举要》卷七十九《道家部一》②。书稿题署"宜都杨守敬惺吾原编，南城李之鼎振唐补编"③。正统道藏和续道藏刊印于正统九年（1444）和万历三十五年（1607），可知此次的刊本，与前两者不同，是一个新刊本。

12.《庄子口义考证》，王太岳撰，清乾隆四十七年（1782）武英殿聚珍丛书本

按：以林希逸《庄子口义》四库抄本为蓝本，考证其中舛讹，并予以改正。仅改正卷一、二、三、四、六、七、八、九、十各卷十余条。1936 年上海商务印书馆丛书集成初编本据此排印。王太岳，字基平，号芥子，乾隆七年（1742年）进士，擅文名。

13.《庄子鬳斋口义校注》，宋林希逸撰，周启成校注，中华书局 1997 年出版

按：以明万历二年施观民刻本为底本，参校宋咸淳五年延年刊本，道藏本，繁体竖排。周启成，浙江大学古籍研究所教授。

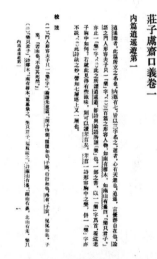

图 4—53　《庄子鬳斋口义校注》
周启成校注本书影

14.《南华真经口义》，宋林希逸撰，陈红映校点，云南人民出版社 2002 年出版

按：该本以《道藏》中林希逸《南华真经口义》为底本，参以四库全书版《庄子口义》，另征引多家注，繁体竖排。该刊本因采用明刊本作底

①　华东师范大学《子藏》编纂中心编，方勇总编纂，吴平副总编纂：《子藏·道家部·庄子卷》，国家图书馆出版社 2013 年版。

②　杨守敬、李之鼎编：《增订丛书举要》，据宜都杨惺吾先生原本，戊午（1918）季夏宜秋馆校印于南昌。

③　同上书。

本，故置于此。陈红映（1930—2013），男，湖北江陵人，云南大学教授。

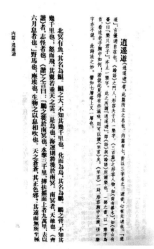

图4—54 《南华真经口义》
陈红映校点本书影

15.《庄子鬳斋口义》十卷十册，宋林希逸撰，小黑口本

附：林希逸《庄子鬳斋口义发题》，徐霖《跋》，林经德《跋》，宋乾道元年（1165年）周辉《跋》，宋庆元三年（1197年）周晔《跋》，元至元壬午（1359年）黄元辉《跋》。

版式：左右双边，25×16.8厘米，有界格，每半页十行，行二十字，小黑口，版心上部记字数，下部有刻工姓名，如子文、子惠、正甫、申生，范生，张赐、仁、太、惠、庆甫、应详、叶太等。首为发题，次为目录，次为徐霖跋，林经德跋。卷末有宋乾道元年（1165）周辉撰《跋》，宋庆元三年（1197）周晔撰《跋》，元至元壬午（1359）黄元辉《跋》。

按：卷一、卷三是江户时代初期补写进去的，封面外题"化蝶翁"，这是日本室町时期僧人所识，此本数卷末有室町时期僧人的识文，卷二、卷四、卷五后识文为："借大昌天隐和尚本点之，头书亦然。"卷六末识文为："同上，及永正定卯（1507）五月十三日了之病后。"卷七末识文为："同上，及永正丁卯物五月日。"卷八末识文为："借天隐和尚本点之。永正四年（1507）丁卯夏五余二辰刻，毕此卷。"卷十末识文为："借大昌天隐本点之，头书亦然。永正丁卯下……"可知该书为日本人收藏期间被详读并题识文，本条据严绍璗《日藏汉籍善本书录》① 记载，日本大东急纪念文库藏本。

据严灵峰《老列庄三子知见书目》、杨黛《林希逸〈庄子口义〉知见版本考述》②还有以下版本。

16.《庄子鬳斋口义》十卷，释音一卷，明正德十三年（1518）贾咏

---

① 严绍璗编：《日藏汉籍善本书录·子部·道家类》，中华书局2007年版，第767页。

② 杨黛：《林希逸〈庄子口义〉知见版本考述》，《文史》1999年第2辑（总第47辑），中华书局1998年版。

铜活字排印本

　　每半页十行，行十八字，白口，左右双边，有汪伟跋。国图藏。

　　（四）清刊本及其他

　　1.《庄子口义》，宋林希逸撰，文渊阁《四库全书》本

　　附：总纂官纪昀、陆锡熊、孙士毅、总校官陆费墀《庄子口义提要》，林希逸《庄子口义原序》。

　　版式：四周双边，白口，单鱼尾下题"庄子口义"、卷次及页码，版心上方题"钦定四库全书"，每半页八行，行二十一字。卷首为《庄子口义提要》，次为《庄子口义原序》，次为正文，卷端题作"庄子口义卷一"，次行署"宋林希逸撰"。

　　按：此本最为常见，各大图书馆均有藏。

　　2.《庄子口义》一册，宋林希逸撰，缪篆辑，厦门大学图书馆藏当代油印本

　　附：林希逸《庄子鬳斋口义发题》，《宋理宗宸翰》，《穆陵辰翰》。

　　版式：四周无边，每半页八行，每行小字双行，行二十一字。有藏印"厦门大学图书馆藏书"。卷首页上半部分为《宋理宗辰翰》，下半部分为《穆陵辰翰》。在每页版心上方有"国文缪"字样，下题有页码。次为正文。

　　按：对于编辑者存疑，稿本有多处破损，油印不清。

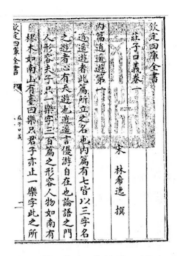

图4—55　《庄子口义》
文渊阁《四库全书》本书影

图4—56　《庄子口义》厦门大学
图书馆油印本书影

二　日本刊本

　　1.《庄子口义抄》十卷，日本岩惟肖撰，日本享禄三年（1530）抄本，无存。

按：在《首书老子经》本林道春跋中，提到岩惟肖著有此书："本朝古来读老、庄、列者，老则用河上公，庄则用郭象，列则用张湛，而未尝有及希逸口义者。近代南禅者沙门岩惟肖尝闻庄子于耕云老人明魏，而后岩惟肖始读庄子希逸口义。尔来比之皆然，虽然未及老子希逸口义，至于今，人皆依河上。余尝见道书全书，载《老子》数家注，又有《老子翼》，有《老子通》，且又有林兆恩可解者，不遑枚数，希逸视诸家最为优。今余随见随点，而附倭训于旁，他日虽有风叶之可校，而又吾家之敝帚在于兹欤。"其中"庄子希逸口义"即指林希逸《庄子鬳斋口义》，据严灵峰考证，此书当为日本庄学最早之著述①，这一点有多个文献记之②。

岩惟肖（1360—1437），字得岩，是室町时代五山南禅寺沙门和五山文学的代表之一。

2. 清原宣贤，清原国贤《庄子抄》，日本天正八年（1580）

按：清原宣贤（1475—1550），为日本室町时期皇室讲官，他依据《庄子鬳斋口义》讲述《庄子》，其讲述后被他的孙子清原国贤抄写成《庄子抄》，藏地不详。

图4—57　《句解南华真经》日本庆长年间木活字印本书影

3.《句解南华真经》十卷，宋林希逸撰，日本庆长年间（1596—1614）木活字印本

附：宋景定辛酉（1261年）林同《庄子鬳斋口义序》，林希逸《庄子鬳斋口义发题》，《穆陵宸翰》，景定改元（1260年）中和节林经德撰《庄子后序》，景定辛酉徐霖《句解南华真经跋》（此标题为笔者据内容加），李士表《新添庄子十论》：《庄周梦蝶》《庖丁解牛》《藏舟山于壑泽》《颜子坐忘》《季贤相壶子》《象罔得元珠》《庄周游濠梁》《醉者坠车》《古之道术》《宋华子

---

① 严灵峰编：《老列庄三子知见书目》（中编），中华丛书编审委员会1965年版，第249页。

② 王迪：《日本における老荘思想の受容》，国书刊行会2001年版，第212—219页。

病忘》。

版式：四周双边，黑口，双黑鱼尾间题有"庄子"及卷次页码，有界格，庄子原文每页七行，行十七字，林注小字双行，行十七字。

卷首为《庄子鬳斋口义序》，无标题，此标题为笔者根据内容加；次为林希逸《庄子鬳斋口义发题》《穆陵宸翰》《句解南华真经目录》，次为正文，卷端题为"句解南华真经卷之一"，次行题"鬳斋林希逸"，卷尾有《跋》，无标题。

按：日本国立国会图书馆附有此版解题："道家に对する禅家の关心は深く、室町时代には、别称'庄子鬳斋口义'の书题の朝鲜本が覆刻されている。本版は庆长年间（1596—1614）木活字印本。古活字本。小字は概して同种であるが、大字は多种の活字を集めて用いている。三春藩旧藏。"其中提到此版本是日本庆长年间木活字印本，覆刻朝鲜本小字一般都是同种的，大字集合了多种活字来使用，是古活字本，故而据以称为"日本庆长年间木活字印本"。此本为三春藩旧藏。日本国立国会图书馆藏。李元卓，字士表，太学教授。

4.《头书庄子口义》十卷十册，日本熊谷立设撰，日本宽文五年（1665）风月庄左卫门刊本

附：宋景定辛酉（1261）林同撰《庄子鬳斋口义序》，林希逸《庄子鬳斋口义发题》，《穆陵宸翰》，景定改元（1260）中和节林经德撰《庄子后序》，景定辛酉（1261）徐霖撰《句解南华真经跋》（底本无标题，此标题为笔者加），李士表《新添庄子十论》。

版式：内外栏式头书版，内栏文字是林希逸注原文，外有小框；外栏是中文小字注解，注解外有大框。内版框大小为13厘米×17.4厘米，四周单边，白口，双黑鱼尾间题有"庄子"卷次及页码，内栏无界格，每半页六行，行十字。外栏无界格，每半页二十行，行三十六字，版框大小为17×24厘米。卷首为《庄子鬳斋

图4—58　《庄子鬳斋口义》日本宽文五年风月庄左卫门刊本书影

口义序》，依次为《庄子鬳斋口义发题》《穆陵宸翰》《庄子鬳斋口义目录》，次为正文，卷端题作"庄子鬳斋口义卷之一"，次行署"鬳斋林希逸"。书稿末附有《庄子后序》《句解南华真经跋》《新添庄子十论》。

按：字句间有日文训读。林同序、徐霖跋均无标题，此标题为笔者加。有"瑞岩圆光禅寺藏书"等印。该本以林希逸《庄子口义》为底本，眉评采陈懿典所辑《庄子三注大全》中各家说。卷尾题"宽文五乙巳岁孟秋吉祥日，风月庄左卫门开板"，故而据以题为"日本宽文五年风月庄左卫门刊本"。据严绍璗《日藏汉籍善本书录·子部·道家类》①记载，此本最早刊于宽文二年（1662）京都山屋治右卫门。中国台湾图书馆、日本国立国会图书馆、日本九州岛大学图书馆、日本中央大学图书馆、日本明治大学图书馆、日本早稻田大学图书馆、日本关西大学图书馆、中国、香港新亚书院藏。笔者所见为日本中央大学图书馆藏本。

日本筑波大学图书馆藏有此本，版本信息题为："四周单边，白口，双鱼尾，无界格，每半页八行，行十五字，注文小字双行，内版框大小为24.6×16.8厘米。"有"长春馆"印，其他部分与本条记载同。具体情况待考。

5.《庄子鬳斋口义》，宋林希逸撰，日本长远寺古活字本

图4—59　《庄子鬳斋口义》
日本长远寺古活字本书影

附：林同《序》，林希逸《庄子鬳斋口义发题》，《穆陵宸翰》，林经德《庄子后序》，徐霖《跋》，李士表《新添庄子十论》）。

版式：四周双边，黑口，双花黑鱼尾间题有"庄子"、卷次及页码。每半页十行，行十九字。卷首为《序》，《庄子鬳斋口义发题》，《穆陵宸翰》，次为目录，正文卷端题作"庄子鬳斋口义卷之一"。卷尾有《庄子后序》，《跋》，《新添庄子十论》）。

按：第一、第二卷字句间有日文训

---

① 严绍璗编：《日藏汉籍善本书录·子部·道家类》，中华书局2007年版，第766页。

读，应是后人标注上去的，其他卷无。古活字版，因该本体例独有，又多处见有"长远寺"印章，故而据以称之为"长远寺本"。日本早稻田大学藏。

6.《庄子鬳斋口义》十卷十册，宋林希逸撰，日本宽永六年（1629）风月宗知刊本

附：景定辛酉林同《序》，林希逸《庄子鬳斋口义发题》，景定改元林经德《庄子后序》，景定辛酉十一月徐霖《跋》，李士表《庄子十论》。

版式：四周粗单边，十行，行十九字，双栏，版心阔黑口，双黑鱼尾，版框大小为 21.1×17 厘米。扉页为一页手书，简介《老子》，卷首为林同《序》，次为一页手书，简介庄子其人其书，依次为林希

图4—60　《庄子鬳斋口义》日本宽永六年风月宗知刊本书影

逸《庄子鬳斋口义发题》《穆陵辰翰》《庄子鬳斋口义目录》，正文卷端题作"庄子鬳斋口义卷之一"，次行署"鬳斋林希逸"。卷尾依次为《庄子后序》，《跋》，《庄子十论》。

图4—61　《庄子口义大成俚谚抄》日本元禄十六年钱屋庄兵卫刊本书影

按：中国台湾图书馆有藏，文字间可见日文训读。眉栏上有汉文手书，包括林希逸小传，林同小传，及相关注解。《庄子十论》后有牌记："宽永六年十一月吉辰，二条通观音町风月宗知刊行。"故据以题为"日本宽永六年风月宗知刊本"。

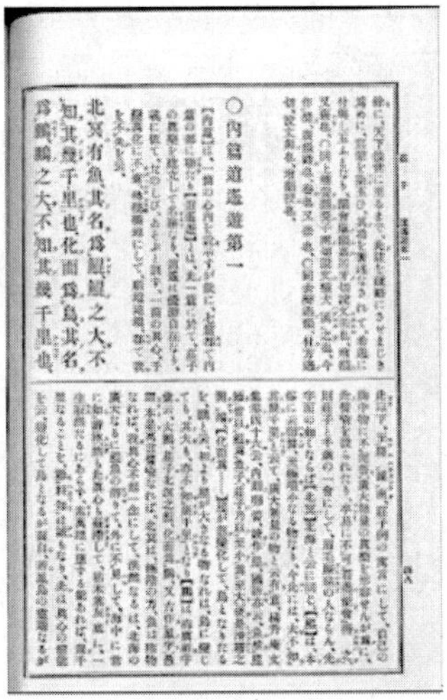

7.《庄子口义大成俚谚抄》二十卷，日本毛利瑚珀撰，日本元禄十六年（1703）钱屋庄兵卫刊本

附：林同《庄子鬳斋口义序》，林希逸《庄子鬳斋口义发题》，《穆陵辰翰》。

版式：四周双边，白口，每半页十八行，无界格。卷首为序，依次为《发题》《穆陵辰翰》，正文卷端题作"内篇逍遥游第一"。

按：日文著述，以林希逸《庄子口义》为蓝本，以口语解之，引褚伯秀、王宗沐等说。在《先哲遗书汉籍国字解全书》卷首附有毛利贞斋的小传："毛利贞斋，名瑚珀，字虚白，通称香之进，贞斋为其号。居京都，以著述教授为业。他同情穷乡僻壤之人没有良师益友，因此他抒写诸书讲义，用国字解说，取名《庄子俚谚抄》。著述的数量与宇都宫遯相当。据说在付梓时，因担心有错别字，误导读者，所有的文字都是他亲笔写下。他教授于人，作风笃实敦厚。有《四书俚谚抄》《庄子口义大成俚谚抄》《蒙求俚谚抄》《孝经详解》《首书会玉篇》等著作。享年不详。"① 收入严灵峰《无求备斋诸子文库》，中国台湾图书馆有藏。

8.《庄子口义愚解》二卷，日本渡边操撰，日本元文四年（1739）刊本，宝历十二年（1762）东都书林植村藤三郎同善兵卫重刊本

附：日本元文己未（1739）冬十有二月朔远州滨松处士渡边操友节撰《庄子口义愚解序》。

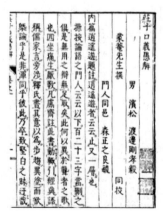

图4—62 《庄子口义愚解》日本宝历十二年东都书林植村藤三郎同善兵卫重刊本书影

版式：四周单边，白口，单黑鱼尾下题卷次及页码，上题"庄子口义愚解"，每半页十行，行二十字，有界格。卷首为《庄子口义愚解序》，次为正文，卷端题作"庄子口义愚解"，次三行分别署："男滨松渡边刚孝毅、门人同邑森正之良毓同校，蒙庵先生撰。"其中"蒙庵先生撰"在中间一行，缩进两格，同校两人分列左右，缩进七格。扉页分三行题署："蒙庵先生撰，不许翻刻，千里必究；庄子口义愚解；江都书肆锦山房梓行。"

按：汉文著述，以林希逸口义为蓝本，引称"林氏"，字句间见日文训读，对林注时有评价，如其序言："林

① ［日］毛利贞斋：《莊子俚谚抄：先哲遗书汉籍国字解全书（第九卷）》，早稻田大学出版部1933年版。

鬳斋口义详则详矣，字字句句屡屡训释，令读者便，口义可谓称其名矣。然是书也，不与他文同，彼其玄旨，区区训诂所能解邪？"卷尾题注"宝历十二年（1762）壬午六月日，东都书林通石町十轩店植村藤三郎、同所同善兵卫梓，京都书林崛川佛光寺下几町同藤右卫门行"。故据以题为"日本宝历十二年东都书林植村藤三郎等刊本"。根据渡边操所撰序，可知此本最早刊于日本元文四年已未，此本是元文刊本的重印本，严灵峰《三子知见书目》也题为"日本文元四年（1739）刊本"。严灵峰《无求备斋老列庄三子集成补编》（第44册）据此影印①，中国国家图书馆、国内大型图书馆、中国台湾图书馆有藏。渡边操，字友节，号蒙庵，日本远州滨松（今静冈县）人。

9.《庄子口义栈航》十卷，日本小野壹校，日本延宝九年（1681）山本景正刊本

附：林同《序》，林希逸《庄子鬳斋口义发题》，《穆陵辰翰》，日本宽文辛丑（元年，1661）九月中旬恒宇林之道甫《庄子口义栈航序》，日本宽文癸卯（三年，1663）三月小野壹撰《庄子口义栈航序》《庄子纲领》《庄子传》《艾轩传》《网山传》《乐轩传》《竹溪传》。林经德《庄子后序》，徐霖《跋》，延宝庚申东野宜卿撰《庄子口义栈航跋》，延宝庚申水户府野传《庄子口义栈航跋》。

版式：四周单边，上下黑口，双花黑鱼尾间题有"庄子"、卷次和页码，每半页十行，行十九字，无界格。本书刊本不详何故错板，卷首及卷之一错直到卷尾以后，本文依正确顺序陈述，卷首依次为林同《序》，《庄子鬳斋口义发题》，《穆陵辰翰》，《庄子口义栈航目录》，《庄子口义栈航序》，《庄子纲领》，《凡例》，《庄子传》，《艾轩传》，《网山传》，《乐轩传》，《竹溪传》，《本朝故事》，次为正文，卷端题为"庄子鬳斋口义栈航卷之一"，次行

图4—63　《庄子口义栈航》日本延宝九年山本景正刊本书影

---

①　严灵峰编：《无求备斋老列庄三子集成补编》，成文出版社1982年版。

署"小野壹校"。卷尾有一篇后序，三篇跋。

按：前序中说"卜幽轩野氏好学四十余年"，"尝谒罗山问其所未得，翁奇之，出家藏鳌头本示之，有所告谕，有所开发"，野氏"彼此相考，补写之"，其"虽概见诸注，专以口义为主，欲寻其本源，半途而不废，不亏一篑，其成功如此，余力之务，不亦可乎？希逸既为向导，则野氏之笔，抄其跻山之栈，济海之航乎吁！"由此可知，此版是据林道春《头书林希逸庄子口义》家藏抄本，加日文训读，去李士表十论。据《序》所撰年代可知，此版最早刊于日本宽文元年（1660），后重刊，本版卷尾有牌记"延宝九年辛酉岁八月山本景正梓"，故据以题为"日本延宝九年山本景正刊本"。

原版美国哈佛大学图书馆、中国台湾图书馆、日本早稻田大学图书馆有藏，亦题为"日本延宝九年山本景正刊本"，严灵峰《无求备斋老列庄三子口义补编》（第42册）① 据此影印，题为"日本延宝八年山本景正刊本"，其中"延宝八年"疑误。

10.《庄子雕题》十卷，日本中井积德撰，日本明治十一年（1878）寺町雅文手抄本

附：日本明治戊戌夏六月初四寺町雅文《书藤本庄子雕题后》，日本近藤元粹《小评》，羽峰南摩网纪识《小评》。

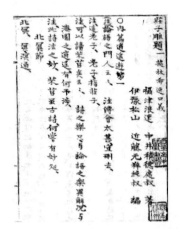

版式：四周单边，白口，双黑线鱼尾，下鱼尾下题页码，每半页十一行，行二十三字，无界格，手抄本，卷首为正文，卷端题"庄子雕题一据林希逸口义"，次两行题署："摄津浪速中井积德处叔著，伊豫松山近藤元粹纯叔编。"

按：摄津浪速，属于今日本大阪市，伊豫松山属于今日本松山市。《书藤本庄子雕题后》中说："据林希逸口义而解庄义，我南州先生曾就其手笔本，手净写之，编为雕题十卷，以便阅览，实为稀有

图4—64　《庄子雕题》日本明治十一年寺町雅文手抄本书影

① 严灵峰编：《无求备斋老列庄三子集成补编》，成文出版社1982年版。

珍本。"指中井积德以林希逸口义本为蓝本，作札记。严灵峰在《三子知见书目》中题为"1817年刊本"，中国台湾图书馆有藏，题为"日本明治三十一年（1898）寺町雅文手抄本"，笔者所见版本以及台湾图书馆所藏，应是严灵峰所提版本的重印本。另有日本大阪大学图书馆藏本。

11.《庄子考》五卷，日本岗松辰撰，日本明治四十年（1907）中野镇大郎排印本

附：日本明治丁未九月男参太郎、匡四郎撰《弁言四则》。

版式：四周双边，白口，单黑鱼尾下题"卷"、章目名称及页码，上题"庄子考"，每半页十一行，行二十二字，无界格。卷首为《弁言四则》，依次为《庄子考目次》，《庄子考卷一》，次行题署："瓮谷岗松辰君盈著。"

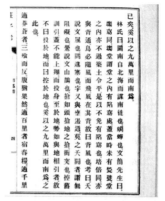

图4—65　《庄子考》日本明治四十年中野镇大郎排印本书影

按：有句读。日本明治四十年（1907）刊本，大部分采用林希逸口义，称"林氏曰"，间引他说，自注称"考曰"。卷尾题署："门人关口隆正、大冢藤二郎校字。"弁言末所署日本明治丁未，即日本明治四十年（1907），中国台湾图书馆有藏，题为"日本明治四十年（1907）中野镇大郎排印本"，故随之称。

12.《庄子鬳斋口义》十册十卷，宋林希逸撰，日本京都大学藏不明刊本

附：《庄子小传》，林希逸《庄子鬳斋口义发题》，《穆陵辰翰》，林同《序》，徐霖《跋》，林经德《庄子后序》。

版式：四周无边，每半页九行，行十七字，无界格，无鱼尾。卷首依次为《庄子小传》，林希逸《庄子鬳斋口义发题》，《穆陵辰翰》，目录，正文卷端题为"庄子鬳斋口义卷之一"，次行署"鬳斋林希逸"，卷尾附有《序》，《跋》，《庄

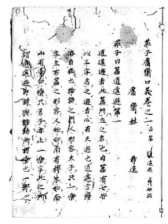

图4—66　《庄子鬳斋口义》日本京都大学藏不明刊本书影

据库。

20.《庄子抄》十卷,日本松永遐年撰,日本正保二年（1645）京都三条通菱屋町林甚右卫门刊本

按:日文抄录林希逸《庄子口义》本,日本静嘉堂文库藏。松永遐年（1592—1657）,字昌三郎,号尺五,日本江户时代初期的朱子学派儒老,藤原惺窝的高徒。

21.《鳌头庄子口义》,日本林道春撰,日本延宝三年（1675）未完本

按:在小野壹《庄子口义栈航》中提道,粗略考述林希逸口义中相关出处,严灵峰认为"此当是未完成之初稿本"[1]。

另外,在日本中世纪禅林多有禅僧涉猎老庄学,王迪认为有47人[2],芳贺幸四郎认为有39人,其中"当时根据新注《庄子鬳斋口义》来研究《庄子》的禅僧有岩惟肖、一华建俹、万里集九、天隐龙泽、伯容见雍、月舟寿桂、莫甫永雄等7人"[3],还有常庵龙崇,熙春龙喜等,仅录于此。

三　朝鲜半岛刊本

图4—68　《庄子口义》朝鲜半岛藏不明刊本书影

1.《庄子口义》,宋林希逸撰,朝鲜半岛藏不明刊本

版式:四周双边,白口,双黑花鱼尾间题"庄子"、卷次及页码,有界格,每半页十行,行十八字,林注小字双行,卷首即为正文,卷端题作"庄子卷之一",下署"林希逸口义",无跋。

按:此版本为从一韩国友人处获得的电子版,刊本年代无法辨识。

2.《句解南华真经》十卷五册,宋林希逸撰,朝鲜中期刊本

---

① 严灵峰编:《老列庄三子知见书目》（中编）,中华丛书编审委员会1965年版,第251页。
② 王迪:《从书志考察日本的老庄研究状况——以镰仓、室町时代为主》,《汉学研究》第18卷第1期。
③ ［日］芳贺幸四郎:《中世禅林の学問および文学に関する研究》,日本学术振兴会1956年版,第190—214页。

附：林经德《序》，林同《序》，徐霖景《序》，林希逸《发题》，李士表《新添庄子十论》。

版式：四周单边，白口，双黑（混入花纹）鱼尾，书稿大小为30.2×20厘米，版框大小为22×16.9厘米，每半页十行，行十七字，有界格，林注小字双行。书稿封面题为《南华真经口义》。卷首依次为三篇序，次为目录，正文卷端题作"句解南华真经卷之一"，次行署"鬳斋林希逸"。卷中钤印记："林文库""北总林氏藏"。

图4—69 《句解南华真经》朝鲜中期刊本书影

按：《域外汉籍珍本文库·第三辑·子部·捌》①据日本筑波大学附属图书馆藏朝鲜中期刊本影印，笔者见于中国台湾图书馆。

3.《句解南华经》，宋林希逸撰，朝鲜崔岦解，朝鲜咸兴活字排印本

附：林经德《庄子后序》，林希逸《句解南华真经发题》，徐霖《句解南华真经跋》，林同《庄子鬳斋口义序》，李士表《新添庄子十论》。

版式：四周单边，白口，双花鱼尾间题有"庄子"、卷次及页码，每半页十行，行十七字，林注小字双行。卷首题："崔岦，字立之，号简易，通川人，朝鲜明宗朝文科状元，官刑曹参判，文章简古冠一时，以国文句解是经。"次为《庄子后序》，《句解南华真经发题》，《跋》，《序》，目录，次为正文，卷端题为"句解南华真经卷之一"，卷末附有《新添庄子十论》。

按：《跋》《序》，均无标题，此标题

图4—70 《句解南华经》朝鲜咸兴活字排印本书影

---

① 域外汉籍珍本文库编纂出版委员会编：《域外汉籍珍本文库·第三辑·子部·捌》，人民出版社、西南师范大学出版社2012年版，第1—248页。

为笔者加。"崔豈",中国台湾图书馆题为"崔昱"。全文仅庄子原文中偶见有朝鲜谚文,其相当于汉语的助词,有助于读起来顺口,无甚含义。严灵峰《无求备斋老列庄三子集成补编》① 据此影印。国图、少数综合型大学图书馆及中国台湾图书馆有藏。

4.《庄子》十二卷,宋林希逸撰,朝鲜铜活字本

按:本条据《中国所藏高丽古籍综录》② 所录,存于辽宁。

5.《南华真经》,郭象注,陆德明音义,宋林希逸口义,三家合注本

附:郭子玄《南华真经序》,林同《庄子鬳斋口义序》,林希逸《庄子鬳斋口义发题》,《重刻庄子鬳斋口义跋》。

图 4—71 《南华真经》
三家合注本书影

版式:四周单边,黑口,双花黑鱼尾间题有"南华真经"、卷次及页码,每半页十行,行十九字,注文、音义文、口义文小字双行,其中"音义"二字有加双边框。卷首为河南郭子玄撰《南华真经序》,石塘林同撰《庄子鬳斋口义序》,鬳斋林希逸撰《庄子鬳斋口义发题》,次为《南华真经篇目》,次为正文,卷端题作"南华真经卷第一",次三行分别署:"晋郭子玄注,唐陆德明音义,宋林希逸口义。"卷尾有此次重刻之跋,不著撰人。

按:本版收录于日本浅草文库,藏于日本。其中有后人手写上去的日文训读。因此本中郭象、陆德明、林希逸三人注释均有,故而题为"三家注本"。此本不能辨识年代,据刻版格式、字形判断,很可能为朝鲜刊本。据全寅初主编的《韩国所藏中国汉籍总目》(四)③ 记载,韩国多图书馆藏有林希逸《庄子鬳斋口义》的不同版本,现简录如下:

---

① 林希逸撰,[朝鲜]崔豈解:《句解南华真经》,严灵峰编辑:《无求备斋老列庄三子集成补编》,成文出版社 1982 年版。

② 黄建国、金初昇编:《中国所藏高丽古籍综录》,汉语大词典出版社 1998 年版。

③ [韩]全寅初主编:《朝鲜半岛所藏中国汉籍总目》(四),学古房出版社 2005 年版。

6.《句解南华真经》九卷一册，宋林希逸句解，韩文悬吐本木版本

版式：四周双边，半郭 22.8×17.2 厘米，每页十行，行十七字，注双行 32.3×20.9 厘米。

按：要理解"悬吐"的含义，必要了解韩文的历史。从公元 3 世纪一直到 19 世纪末，朝鲜半岛的韩国和朝鲜，是东亚国家中使用汉字最早、时间最长的国家，朝鲜人很早就认识到汉字并不能充分适应韩文的表达习惯，他们对汉字文体的改造在三国晚期就已经开始了，并在长期的发展过程中渐次形成了四种汉字文体，即誓记文体，吏读文体，口诀文体和韩汉混用文体，都是在改造汉字的基础上以适应韩文的语法，尤其是语序的习惯而形成的汉字文体。第一阶段是誓记文体主要解决了汉字迁就韩文语序的问题。第二阶段是吏读文体，吏读又称"吏头""吏吐""吏套""俚读""吏书""吏札"等，"所谓吏读就是朝鲜语的汉字书面形式，表面上它是汉字或包括一些汉字变体，但要按照朝鲜语的词序组织成句，并且有表示朝鲜语语法意义的附加成分，即'吐'。从词汇方面来说，除了部分汉语借词外，大部分汉字的音义是经过改造后进入吏读的，这些汉字已经不是汉语中的汉字，而是朝鲜方块字，属于朝鲜汉字式的民族文字了"[1]。可知吏读是用汉字标记韩文中的助词、语法成分的附加字以及改变汉字的原有成分，其时的吏读文体仅流行于民间，官方文体依然使用标准汉文。第三个阶段是口诀文体，"所谓口诀文体，是指不改动汉文原文的语序，只是在汉文词语后或句读处添加特定的汉字符号，以提示朝鲜语的语序及句法构造，从而使朝鲜人能顺利阅读和理解汉文文章"[2]。后来就发展到第四个阶段，即汉字和韩文混用的文体，直到 1970 年，汉文全面让位于韩文。

因为朝鲜语属于黏着型语言，名词和代词有格和数，动词有态、时、式、尊称和阶称，形容词有时、式、尊称和阶称，这些语法范畴主要是用附加成分表示，这类语法附加成分，朝鲜称之为"吐"。此处所云"悬吐"，即类似于"吏读"文体，是一种采用朝鲜语的词序，有表示上述语法成分的附加成分，如韩文的助词或终结性语尾词，只取汉文的字意，其

① 陆锡兴：《汉字传播史》，语文出版社 2002 年版，第 355 页。
② 陈榴：《东去的语脉——韩国汉字词语研究》，辽宁师范大学出版社 2007 年版，第 20 页。

作用是帮助朝鲜人阅读时断句和理解文意，也有翻译为"训读"。悬吐本，即训读本，就是加有这种助词或者终结性语尾词的版本。口义本在朝鲜有多种这样的版本，下文还要提到，含义仿此，不再赘述。韩国国立中央图书馆藏，《1970 年古书目录》，《1976 年外国古书目录：中国、日本篇》。

7.《句解南华真经》零本三册，宋林希逸口义，明宗一宣祖年间甲寅字本

版式：33.4×20.8 厘米，四周双边，25×17 厘米，每半页十行，行十七字，小字双行，内向三叶，花纹鱼尾，文下阴刻悬吐本。表题："南华经"，版心题："庄子"。

按：零本，指丛书中的一种或几种，也就是不全的丛书，丛书都是成套的，如果丛书的有些册缺失了（零种），那这套丛书就不够完整了，这样的丛书就叫零本①。阴刻本，指字的线条为凹形状，如果字的线条为凸起形状，则是阳刻本。藏本中仅有卷一一二，卷七一八，卷九一十（全十卷五册）。韩国高丽大学校中央图书馆藏，据 1980 年《贵重图书目录》，《晚宋文库目录》。

8.《句解南华真经》十卷五册，宋林希逸口义，木版本

附录：新添李士表述《庄子十论》。

版式：半郭 20.8×17.1 厘米，每半页十行，行十七字。表题"南华经"，有藏印"李宗采印"，"德润"。

按：刊年未详。韩国雅丹文化企划室藏，据 1996 年《雅丹文库藏书目录（二）：古书》。

9.《句解南华真经》六卷三册（零本），宋林希逸句解，朝鲜后期甲寅字本覆刻本

附录：徐霖跋。

版式：四周单边，半郭 22×16.8 厘米，有界，每半页十行，行十七字，注双行，内向两页，花边鱼尾，31.5×20 厘米，线装。表题"南华经"。

按：藏本：卷一至卷四，卷九至卷十。纸质：桑纸。韩国东国大学校中央图书馆藏，据 1981 年《古书目录》。

_____

① 可参见萨枝新《浅谈识别古籍丛书零种本》，《图书馆杂志》1993 年第 6 期。

10.《句解南华真经》十卷五册，宋林希逸句解，木版本

附录：新添庄子十论。

版式：刊年未详，半郭 21.8×17 厘米，每半页十行，行十七字，内向两叶鱼尾。版心题"庄子"，表题"南华经"，栏上墨书"庄子辨解"，有藏印"韩山人李禹植箕范印"。

按：韩国雅丹文化企划室藏，据 1996 年《雅丹文库藏书目录（二）：古书》。

11.《句解南华真经》八卷四册（零本），宋林希逸句解，朝鲜后期刻（后刷）戊申字覆刻混入补字本

版式：四周双边，半郭 22×17 厘米，有界格，每半页十行，行十七字，注双行，内向两叶花纹鱼尾，28×20.5 厘米，线装。表题："南华经"。纸质为楮纸，有藏印"朴震海"。

按：藏本仅有卷三至十，韩国东国大学校中央图书馆藏，据 1981 年《古书目录》。

12.《句解南华真经》十卷五册（1 函），宋林希逸句解，写本

藏印：金敏根印。

版式：半页 22.9×16.2 厘米，每半页十行，行十七字，内向三叶鱼尾，表题"南华经"。

按：刊年未详，雅丹文化企划室藏，据 1996 年《雅丹文库藏书目录（二）：古书》。

13.《南华经注解删补》六卷六册（卷 1 写本），晋郭象注解，宋林希逸口义，显宗实录字多混入补字本，英祖年间刊本

附录：徐霖跋。

版式：四周双边，半郭 25×17 厘米，有界，每半叶十一行，行二十字，注双行，内向两叶花纹鱼尾，32×21 厘米，线装。表题："南华经"。纸质：楮纸。有藏印"中央佛教专门学校图书馆之印"。

按：韩国东国大学校中央图书馆藏，据 1981 年《古书目录》。《韩国所藏中国汉籍总目》中还记载有十三部名为《南华经注解删补》书，多题为："朴世堂注"或"庄周注"，未提及林希逸。笔者疑惑：其一，不知本条所记是否为朴世堂注？其二，不知另外十三部《南华经注解删补》，是否为林希逸口义本？存疑于此，待考。

14.《句解南华真经》一册（抄 8 篇），宋林希逸句解，写本

版式：半郭 19.9×12.8 厘米，每半页十行，行二十四字。有藏印"完山后人"，"李□善印"，"竹井居士"。

按：刊年未详，雅丹文化企划室藏，据 1996 年《雅丹文库藏书目录（二）：古书》。

15.《句解南华真经》六卷三册，宋林希逸注，木版本

版式：半郭 21.8×16.9 厘米，每半页十行，行十七字，内向两叶鱼尾。

按：刊年未详，韩国雅丹文化企划室藏，据 1996 年《雅丹文库藏书目录（二）：古书》。

16.《句解南华真经》残本四册（全十卷五册），宋林希逸句解

附录：林同《跋》，林经德《序》。

版式：四周单边，半郭 22×17.8 厘米，有界格，每半页十行，行十七字，内向两叶，花纹鱼尾 32.2×21.5 厘米，线装。

按：刊年未详，韩国龙仁大学校传统文化研究所藏，据 2000 年《古书目录》。

17.《句解南华真经》十卷五册，庄周著，宋林希逸句解，木版本

附录：林同《跋》，林经德《序》。

版式：四周双边，半郭 22.6×17 厘米，每半页十行，行十七字，注双行，内向两叶，花纹鱼尾，33.4×21 厘米。

按：刊年未详，韩国国立中央图书馆藏，据 1970 年《古书目录》，1976 年《外国古书目录：中国、日本篇》。

18.《句解南华真经》，宋林希逸句解，木版本

版式：一卷，35 毫米，缩微胶卷。

附录：林同《序》，徐霖《跋》，林经德《后序》。

按：韩国国立中央图书馆藏，据 1970 年《古书目录》，1976 年《外国古书目录：中国、日本篇》。

19.《句解南华真经》十卷五册（卷一至卷四，卷七至卷八，三册缺），宋林希逸编，木版本

版式：21.8×34.5 厘米，四周双边，半郭 17.1×22.1 厘米，有界格，半页十行，细注双行，行十七字，白口，黑双鱼尾，表纸书名"南华经"，每版心题"庄子"，有藏印"赐号善斋"，"闵应植印"。

按：韩国民族美术研究所藏，据 1967 年《涧松文库汉籍目录》。

20.《句解南华真经》十卷五册，宋林希逸编，木版本

附录：林同《跋》，徐霖《跋》。

版式：四周单边，半郭 17.2×22.2 厘米，有界格，每半页十行，行十七字，细注双行，行十七字，白口，花纹双鱼尾，表题"南华经"，版心题"庄子"，有藏印"赐号善斋"，"闵丙承印"。

按：韩国民族美术研究所藏，据 1967 年《涧松文库汉籍目录》。

21.《句解南华真经》，林希逸句解，韩文悬吐木版本

附录：徐霖《跋》，林同《跋》，林景德《后序》。

版式：30 厘米，每半页十行，行十七字，注小字双行，上下内向花纹鱼尾，有界格，四周单边，卷九、十（一册），外题"南华经"，版心题"庄子"，有藏印"乌川"。

按：全十卷五册，中一部缺，韩国延世大学校中央图书馆藏，据 1977 年《古书目录 1》，1987 年《古书目录 2》。"林景德"应为"林经德"之误。

22.《句解南华真经》十卷附共五册，林希逸句解，韩文悬吐木版本

附录：徐霖《跋》，林同《序》，林经德《序》，李士表述《新添庄子十论》。

版式：33 厘米，每半页十行，行十七字，注小字双行，上下内向花纹鱼尾，有界格，四周单边，21.1×17.1 厘米。外题"南华经"，版心题"庄子"，有藏印"罗州丁氏所藏"，"默容室藏外 17 种"。

按：韩国延世大学校中央图书馆藏，据 1977 年《古书目录 1》，1987 年《古书目录 2》。

23.《句解南华真经》十卷五册，宋林希逸句解，木版本

附录：景定辛酉（1261）徐霖《跋》，景定改元（1260）林经德《序》，李士表《庄子十论》，林希逸《句解南华真经发题》。

版式：四周单边，半郭 21.5×17 厘米，每半页十行，行十七字，注双行，内向黑鱼尾，有藏印"安东权命采□山印"。

按：刊地、刊者、刊年未详，韩国国立中央图书馆藏，据 1970 年《古书目录》，1976 年《外国古书目录：中国、日本篇》。

24.《句解南华真经》十卷五册，宋林希逸句解，木版本

附录：《庄子十论》，林经德《序》。

版式：四周单边，半郭22×16.9厘米，每半页十行，行十七字，注双行，内向两叶花纹鱼尾。

按：刊地、刊者、刊年未详，韩国国立中央图书馆藏，据1970年《古书目录》，1976年《外国古书目录：中国、日本篇》。

25.《句解南华真经》十卷五册，庄周著，宋林希逸句解，木版本

附录：李士表《庄子十论》，林希逸《句解南华真经发题》，徐霖《跋》，林经德《后序》。

版式：四周单边，半郭21.6×16.8厘米，每半页十行，行十七字，注双行，内向黑鱼尾，（间混2页花纹鱼尾），有藏印"郑奎锡印"。

按：刊地、刊者、刊年未详，韩国国立中央图书馆藏，据1970年《古书目录》，1976年《外国古书目录：中国、日本篇》。

26.《句解南华真经》十五卷五册，宋林希逸口义，木版本，朝鲜朝后期刊

附录：徐霖《跋》，林经德《序》，林同《序》，《新添庄子论》。

版式：四周单边，半郭21.3×17.2厘米，有界，每半页十行，行十七字，注双行，内向两叶花纹鱼尾，线装，表题"南华经"，版心题"庄子"。

按：纸质为北黄纸，韩国忠南大学校图书馆藏，据1993年《古书目录》。

27.《句解南华真经》十卷十册，宋林希逸句解，木版本

版式：四周单边，匡郭21.5×18厘米，有界格，每半页十行，行十七字，上下花纹鱼尾。

按：韩国延世大学校中央图书馆藏，据1977年《古书目录1》，1987年《古书目录2》。

28.《句解南华真经》十卷五册，宋林希逸句解，木版本

附录：景定改元（1260）林经德《序》。

版式：四周单边，匡郭22×18厘米，有界格，每半页十行，行十七字，上下花纹鱼尾。表题"南华经"。

按：韩国延世大学校中央图书馆藏，据1977年《古书目录1》，1987

年《古书目录 2》。

29.《句解南华真经》，宋林希逸口义，甲寅字本

附录：徐霖《跋》，林同《序》，林景德《序》。

版式：一册（第二至第五册缺），四周双边，半郭 23×17.3 厘米，每行十七字，上下混入花纹鱼尾，表纸书名："南华经"，版心书名："庄子"。

按：刊年未详，韩国精神文化研究院藏，据 1991 年《藏书目录：古书篇 1》。"林景德"应为"林经德"。

30.《句解南华真经》，宋林希逸口义，仁祖朝以前甲寅字谚吐阴刻本

版式：四周双边，半郭 25.1×17 厘米，半页十行，行十七字，上下一至三叶花纹鱼尾。

按：存一册（第一，三至五册缺）。谚吐，与前提到的"悬吐"相类，是朝鲜人为了理解汉文而使用一种读音注解方式，即按照汉文的读音来读汉字，也可译为"音读"，谚吐本，就是加有这种读音注解的版本。韩国精神文化研究院藏，据 1991 年《藏书目录：古书篇 1》。

31.《句解南华真经》，宋林希逸口义，丁寅字本

版式：四周双边，半郭 25.1×17.2 厘米，每半页十行，行十七字，上下三叶花纹鱼尾。

按：刊年未详，一册（第二至五册缺），韩国精神文化研究院藏，据 1991 年《藏书目录：古书篇 1》。

32.《句解南华真经》，宋林希逸口义，丁寅字本

版式：四周双边，半郭 25×17 厘米，每半页十行，行十七字，上下混入花纹鱼尾。表纸题"南华经"，版心题"庄子"。

按：刊年未详，三册（第一、第三册缺），韩国精神文化研究院藏，据 1991 年《藏书目录：古书篇 1》。

33.《句解庄子》十二卷四册，宋林希逸句解，英祖年间活版本

版式：四周双边，半郭 24.4×17.3 厘米，每半页十行，行十八字，注双行，内向三叶花纹鱼尾，表纸题"南华经"。

按：刊地未详，刊者未详，韩国国立中央图书馆藏，据 1970 年《古书目录》，1976 年《外国古书目录：中国、日本篇》。

34.《句解南华真经》十卷十册，宋林希逸句解，写本

附录：景定改元（1260）中和节林经德《序》。

版式：四周单边，20.9×16.6厘米，每半页十行，行十七字，小字双行，内向两叶花纹鱼尾。表题"南华经"，版心题"庄子"。

按：韩国高丽大学校中央图书馆藏，据1980年《贵重图书目录》，《旧藏本目录》。

35.《句解南华真经》十卷五册，宋林希逸口义，木版本

附录：徐霖《跋》，林同《序》，林经德《序》。

版式：四周双边，21.2×16.8厘米，每半页十行，行十七字，小字双行，内向1—2叶花纹鱼尾，版心题"庄子"。有藏印"延安世家永阳李命天"。

按：韩国高丽大学校中央图书馆藏，据1980年《贵重图书目录》，《晚宋文库目录》。

36.《南华真经》零本六册，郭象注，唐陆德明音义，宋林希逸口义，中宗十三年（1518）乙亥字本

附录：河南郭子玄《序》，景定辛酉（1261）季夏望日林同《序》，鬳斋林希逸《发题》。

版式：四周单边，24.6×15.6厘米，每半页十行，行十九字，小字双行，上下黑口，内向黑鱼尾。有藏印"锦川朴氏"。

按：表纸古文题"正德十三年（1518）六月日"，卷三、六、七、九（全十卷十册）缺。韩国高丽大学校中央图书馆藏，据1980年《贵重图书目录》，《晚宋文库目录》。

37.《南华真经》十卷七册，郭象注，唐陆德明音义，宋林希逸口义，英祖四十一年（1765年）写本

附录：乾隆三十年乙酉（1765）仲夏念日默庵序于澄光弥陀室中《誊书十卷庄子序》，景定辛酉（1261）季夏《序》，林经德《序》，徐霖《跋》。

版式：25.5×21.8厘米。

按：韩国高丽大学校中央图书馆藏，据1980年《贵重图书目录》，《旧藏本目录》。

38.《南华真经》一卷（零本），郭象注，唐陆德明音义，宋林希逸口义，1900年代写本

版式：每半页十一行，行二十一字，注双行，28.8×20.5 厘米，有藏印"朴震海"。

按：纸质为楮纸。韩国东国大学校中央图书馆藏，据 1981 年《古书目录》。

39.《南华真经》，宋林希逸口义，写本

附录：林希逸《发题》。

版式：22.5×20.5 厘米，线装，行、字数不定，表题"南华经"。

按：发行地、发行处、发行年不明，不分卷，一册，韩国庆尚大学校图书馆藏，据 1996 年《汉籍目录》。

40.《南华真经》一卷，郭象注，唐陆德明音义，宋林希逸口义，木版本

附录：郭子玄《序》。

版式：35 毫米缩微胶卷。

按：韩国国立中央图书馆藏，据 1970 年《古书目录》，1976 年《外国古书目录：中国、日本篇》。

41.《南华真经》（句解）十卷五册，宋林希逸编，木版本

附录：林经德《序》。

版式：四周单边，半框 21.9×17.3 厘米，有界格，每半页十行，行十七字，注双行，上下花纹鱼尾。

按：刊年未详，韩国梨花女子大学校韩国文化研究院藏，据 1981 年《古书目录》。

42.《南华真经》（句解）十卷五册，宋林希逸编，木版本

附录：林经德《序》。

版式：四周单边，半匡 21.9×17.3 厘米，有界格，每半页十行，行十七字，注双行，上下花纹鱼尾。

按：刊年未详，韩国梨花女子大学校韩国文化研究院藏，据 1981 年《古书目录》。

43.《南华真经》，郭象注，陆德明音义，宋林希逸口义，写本

版式：卷第一，79 张，29 厘米，每半页十行，行二十四字，外题"南华经"。

按：全十卷七册中之零本。韩国延世大学校中央图书馆藏，据 1977 年

《古书目录1》，1987 年《古书目录2》。

44.《南华真经》，庄周著，郭象注，陆德明音义，宋林希逸口义，木版本

附录：郭子玄《序》，林同《序》，

版式：上下大黑口，上下内向花纹鱼尾，有界格，四周单边，24.3×16.6 厘米，每半页十行，行十九字，注小字双行，有藏印"挹鹤轩"。

按：全十卷十册，其中一部缺，藏本有卷三，四，六至八（共五册）落卷，韩国延世大学校中央图书馆藏，据 1977 年《古书目录1》，1987 年《古书目录2》。

45.《庄子》十二卷六册，宋林希逸口义，肃宗年间（1675—1720）戊申字本

版式：四周双边，24.8×17.1 厘米，每半页十行，行十八字，小字双行，内向三叶，花纹鱼尾。

按：韩国高丽大学校中央图书馆藏，据 1980 年《贵重图书目录》，《旧藏本目录》《晚宋文库目录》。

46.《庄子》一册，宋林希逸口义，戊申字本

版式：半郭 24.9×16.9 厘米，每半页十行，行十八字，注双行，内向三叶，花纹鱼尾，有藏印"齐谷□士"。

按：刊年未详，韩国国立中央图书馆藏，据 1970 年《古书目录》，1976 年《外国古书目录：中国、日本篇》。另韩国雅丹文化企划室藏，据 1996 年《雅丹文库藏书目录（二）》：古书中收有一个版本，无藏印，半郭为 25×17 厘米，其他相同，笔者推测应为同一个版本的不同藏本。

47.《庄子鬳斋口义》两册，宋林希逸口义，1474 年木版本

附录：徐霖《跋》，成化甲午（1474）金宗直《跋》，林经德《序》，《庄子十论》。

版式：四周双边，半郭 21.9×14.7 厘米，每半页十一行，行二十一字，注双行，黑口，内向黑鱼尾。

按：藏本有卷四至七，卷八至十。刊地未详，刊者未详，韩国国立中央图书馆藏，据 1970 年《古书目录》，1976 年《外国古书目录：中国、日本篇》。

48.《庄子鬳斋口义》，宋林希逸著，木版本

附录：李士表述《庄子十论》，林经德《后序》。

版式：四周双边，半郭 21.7×14.7 厘米，每半页十行，行二十一字，注双行，黑口，内向黑鱼尾，装帧为古瓦纹暗色褙表纸古铜色丝缀。

按：刊年未详，韩国国立中央图书馆藏，据 1970 年《古书目录》，1976 年《外国古书目录：中国、日本篇》。

49.《庄子鬳斋口义》，宋林希逸著，1474 年木版本

附录：李士表《庄子十论》，成化甲午（1474）金宗直《跋》，徐霖《序》。

版式：四周双边，半郭 21.3×15 厘米，每半页十一行，行二十一字，注双行，黑口，内向黑鱼尾，装帧为正字纹暗色厚褙表纸白色丝缀。

按：存有卷一至三，卷八至十，两册，韩国国立中央图书馆藏，据 1970 年《古书目录》，1976 年《外国古书目录：中国、日本篇》。

50.《庄子鬳斋口义》六卷一册，宋林希逸口义，庚子字本，世宗年间

版式：四周双边，半郭 22.5×15.7 厘米，每半页十一行，行二十一字，注双行，有鱼尾。

按：韩国国立中央图书馆藏，据 1970 年《古书目录》，1976 年《外国古书目录：中国、日本篇》。

51.《庄子鬳斋口义》，宋林希逸著，世宗年间庚子字本

版式：四周双边，半郭 22.6×14.6 厘米，每半页十一行，行二十一字，注双行，内向黑鱼尾，版心题"庄子"，装帧为深蓝色布匣，蔓花纹金黄色，厚褙表纸，黑绢众丝缀。

按：韩国国立中央图书馆藏，据 1970 年《古书目录》，1976 年《外国古书目录：中国、日本篇》。

52.《庄子鬳斋口义》零本一册（卷八至卷十，全十卷），宋林希逸口义，庆州府成宗五年（1473）庚子字覆刻本

版式：四周双边，20.9×14.7 厘米，每半页十一行，行二十一字，小字双行，上黑口，内向黑鱼尾，版心题"庄子"。

附录：李士表《新添庄子十论》，徐霖《跋》，林经德《序》。

按：刊年推定为清芬室书目，韩国高丽大学校中央图书馆藏，据 1980 年《贵重图书目录》，《晚宋文库目录》。

53. 《庄子鬳斋口义》一卷，宋林希逸口义，木版本

附录：徐霖《跋》，林经德《序》，林同《序》。

版式：35 毫米缩微胶卷。

按：韩国国立中央图书馆藏，据 1970 年《古书目录》，1976 年《外国古书目录：中国、日本篇》。

54. 《庄子鬳斋口义》全十卷五册中之零本，宋林希逸口义，木版本

版式：卷三至卷八，三册，每半页十行，行二十字，有界格，四周单边，18.8×12.5 厘米，外题"庄子"，有藏印"隋金塾威"，"真昜镐"。

按：藏于韩国延世大学校中央图书馆，据 1977 年《古书目录 1》，1987 年《古书目录 2》。

55. 《庄子鬳斋口义》，宋林希逸口义，成宗五年（1473 年）木版本

附录：林同《序》，

版式：三卷一册（卷一至卷三），四周双边，半郭 21.2×14.8 厘米，有界格，每半页十一行，行二十一字，注双行，大黑口，内向黑鱼尾，线装。

按：纸质为藁精纸。韩国忠南大学校图书馆藏，据 1993 年《古书目录》。

56. 《庄子》十二卷六册，宋林希逸口义，戊申字本

版式：半郭 24.7×17 厘米，每半页十行，行十八字，注双行，内向三页，花纹鱼尾，有藏印"德辉"，"海平世家"，"尹得和章"。

按：刊年未详，韩国国立中央图书馆藏，据 1970 年《古书目录》，1976 年《外国古书目录：中国、日本篇》。

57. 《庄子》十二卷四册，林希逸口义，戊申字本

版式：每半页十行，行十八字，注小字双行，上下内向花纹鱼尾，有界格，四周双边，24.8×17.1 厘米，上栏外小字注，墨记为口诀字略号悬吐。

按：韩国延世大学校中央图书馆藏，据 1977 年《古书目录 1》，1987 年《古书目录 2》。

58. 《庄子》三卷一册（零本），宋林希逸口义，甲寅字本

版式：四周双边，半郭 25.2×17.3 厘米，有界格，每半页十行，行十八字，注双行，上下内向三叶，花纹鱼尾，线装，表题"庄子"（墨书），有藏印"青松沈□□叔"。

按：刊年未详，韩国檀国大学校栗谷纪念图书馆藏，据 1994 年《汉籍目录》，《罗孙文库》。

59.《庄子鬳斋口义》零本一册，宋林希逸著，壬辰（1592）以前刊木版本

版式：四周双边，半匡 22.9×14.2 厘米，有界格，每半页十一行，行二十一字，小字双字，上下白口内向黑鱼尾，褙接本。

按：出版事项未详，藏本仅有卷三至四之一册，以外缺。韩国高丽大学校中央图书馆藏，据 1974 年《薪庵文库目录》。

60.《庄子鬳斋口义》零本一册（卷八至十，全十卷），宋林希逸口义，庆州府成府五年（1474）庚子字覆刻本

附录：李士表《新添庄子十论》，徐霖《跋》，林经德《序》。

版式：四周双边，20.9×14.7 厘米，每半页十一行，行二十一字，小字双行，上下黑口内向黑鱼尾，版心题"庄子"。

按：刊年为清芬室书目。韩国高丽大学校中央图书馆藏，据 1980 年《贵重图书目录》，《晚宋文库目录》。

61.《庄子鬳斋口义》三卷一册（卷八至十），宋林希逸口义，成宗五年（1473）刊木版本

附录：林经德《序》，徐霖《跋》，成化甲午（1474 年）七月兼观察使嘉善大夫同知中枢府事金求濡《跋》。

版式：四周双边，半郭 21×14.9 厘米，有界格，每半页十一行，行二十一字，注双行，内向黑鱼尾，线装。版心题"庄子"。

按：纸质为藁精纸，韩国忠南大学校图书馆藏，据 1993 年《古书目录》。

62.《庄子鬳斋口义》，宋林希逸口义，成宗五年（1473）庚子字覆刻本

附录：成化甲午（1474）金宗直谨《跋》。

版式：四周双边，半郭 20.9×14.7 厘米，每半页十一行，行二十一字，上下黑鱼尾，表纸题"庄子"。

按：一册（第 1—2 册缺），韩国精神文化研究院藏，据 1991 年《藏书目录：古书篇 1》。

63.《庄子鬳斋口义》零本三册（卷九—十新添庄子十论·目录三册以外缺），宋林希逸口义，世宗二年至十六年（1420—1434）间活字本

附录：徐霖《跋》。

版式：四周双边，半匡 22.6×14.9 厘米，有界格，每半页十一行，行二十一字，小字双行，上下黑口，上下内向，黑鱼尾，褙接本，版心题"庄子"。

按：后序 1 张缺，目录第 6 张以后缺。韩国高丽大学校中央图书馆藏，据 1976 年《华山文库汉籍目录》。

64.《庄子鬳斋口义》零本一册（卷三至四只一册以外缺），宋林希逸著，壬辰（1592 年）以前刊木版本

版式：四周双边，半匡 22.9×24.2 厘米，有界格，每半页十一行，行二十一字，小字双行，上下白口内向黑鱼尾，褙接本。

按：出版事项未详，韩国高丽大学校中央图书馆藏，据 1974 年《薪庵文库目录》。

65.《庄子》十卷五册（卷十一至十二缺），宋林希逸口义

版式：写本，刊年未详，半郭 19.9×13.6 厘米，每半页十行，行二十字，内向赤鱼尾，朱砂栏。

按：有"吴学善"印。

66.《庄子》二卷一册，宋林希逸口义，戊申字本

按：刊年未详，半郭 25×17 厘米，每半页十行，行十八字，内向三叶鱼尾。

67.《句解南华真经》十卷，宋林希逸句解，宣祖年间活字本

版式：四周双边半郭 25.1×17.2 厘米，每半页十行，行十七字，注双行，内向两页，花纹鱼尾，有藏印"韩山李挺时印"。

按：刊地未详，刊者未详。韩国国立中央图书馆藏，据 1970 年《古书目录》，1976 年《外国古书目录：中国、日本篇》。

68.《句解南华真经》一册零本（卷九至十），宋林希逸编，宣祖—仁祖年间木版本

版式：白口，上下内向三叶，花纹鱼尾，四周双边，有界格，每半页十行，行十七字，半郭 17.1×23.2 厘米。

按：大韩民国国会图书馆藏，据 1969 年《李朝书院文库目录·屏山书院》。

69.《句解南华真经》十卷二册，宋林希逸口义，写本

版式：29.5×14.5厘米，表题"南华经"。

按：韩国高丽大学校中央图书馆藏，据1980年《贵重图书目录》，《晚宋文库目录》。

以上所考版本，笔者将其按照系统分类，大致可分为以下三类。

一、刘辰翁批点本系统。这是在刘辰翁对《庄子鬳斋口义》进行批点的版本的基础上，进行系列整理的版本。有：《庄子口义》宋刊本；《庄子南华真经点校》元至元三十一年（1294）初刊，明代重刊本；《庄子口义》明嘉靖四年乙酉（1525）广信知府张士镐刊本；《庄子南华真经》明唐顺之释略，明万历十年（1582）徐常吉刊本；《庄子口义补注》明张四维补，明万历五年（1577）何汝成校刊本；《庄子口义》明万历四年（1576）陈氏积善书堂刊《三子口义》本；《庄子鬳斋口义》明万历二年（1574）张四维补注，陈以朝校敬义斋刊本；《南华经》十六卷，郭象注，林希逸口义，刘须溪（辰翁）校点，王凤洲评点，陈明卿批注，沈汝绅集评，明万历三十三年（1605）吴兴凌君寔刻五色套印本。

二、道藏本系统。有：《南华真经口义》明刊正统道藏本；《南华真经口义》明天启丙寅（1626）刊袖珍本；《南华真经口义》陈红映校点，云南人民出版社2002年出版。

三、朝鲜木版本系统。这个版本是朝鲜的刊本，约有32种，版式大体相同，只在版框大小、鱼尾形状、有无悬吐的一些差别，以上所述朝鲜刊本中有明确标明为木版本的，此不赘引。

日本的众多刊本，仅靠序跋，尚无明显规律可循，故而未分出清晰系统。朝鲜的部分写本、丁寅字本、甲寅字本、戊申字本等，偶然可见有相似者，但因笔者怀疑这些字本为同一祖本，而因未见到原本，不能判断，故而亦未细分。

综上简单介绍了《庄子鬳斋口义》的刊本113种，其中国内刊本共23种：宋刊本2种，元刊本3种，明刊本16种，清刊本1种，当代刊本1种。日本刊本21种，韩国、朝鲜刊本69种，还有尚未顾及的日本的口义本，情况多类此。另有大量的注解本引林希逸口义。《庄子鬳斋口义》在海内外的流传与分布，体现出明显特点：其一，该书在国内的刊本中，明代刊本最多；其二，在国外的刊本中，韩国、朝鲜

刊本最多；其三，国内的张士镐、何汝成、施观民、徐常吉，都是该书的重要刊刻者；其四，日本的林道春，朝鲜半岛的崔岊、李士表，是海外《庄子口义》的重要传播者。中国历代藏书目录中都收录有《庄子口义》，海内外诸多《庄子》注本也都引用了《庄子口义》，笔者以为，这是《庄子口义》的变相存在。以下简述之。

四　《庄子》注本征引《庄子鬳斋口义》考

（一）中国历代藏书家所藏《庄子鬳斋口义》

据《续修四库全书》中收录的元明清私人藏书家所编的藏书目录，以及其他藏书家所编的单行本目录古籍，其中有记载的藏书家所藏《庄子鬳斋口义》，现将这些版本检录如下：

1. 钱谦益撰，陈景云注《绛云楼书目》①。卷二《子道家》录有《庄子口义》。

2. 钱曾《述古堂藏书目·附宋版书目》②卷二录有"《庄子林鬳斋口义》三十卷"。

3. 叶盛《箓竹堂书目》。卷二录有："《庄子林希逸口义》四册。"③这种书名的提法，比较少见。

4. 焦竑《国史经籍志》。录有："《庄子口义》三十二卷（林希逸）。"④

5. 丁丙藏，丁仁撰《八千卷楼书目》。卷一四《子部·道家类》录有："《庄子口义十卷》，宋林希逸撰，明刊本，明刊三子口义本，抄本。"⑤

---

① 钱谦益、陈景云编：《绛云楼书目》，《丛书集成初编》，据粤雅堂丛书本排印，商务印书馆1935年版，第45页。

② 钱曾编：《述古堂藏书目·附宋版书目》，《丛书集成初编》，据粤雅堂丛书本排印，商务印书馆1935年版，第13页。

③ 叶盛编：《箓竹堂书目》，《丛书集成初编》，据粤雅堂丛书本排印，商务印书馆1935年版，第45页。

④ 焦竑编：《国史经籍志》，《丛书集成初编》，据粤雅堂丛书本排印，商务印书馆1935年版，第125页。

⑤ 丁丙藏，丁仁编：《八千卷楼书目》，《续修四库全书》编纂委员会编：《续修四库全书》，第921册，《史部·目录类》，据民国十二年铅印本影印，上海古籍出版社1995年版，第286页。

6. 钱曾藏并撰《钱遵王述古堂藏书目录十卷》。卷五录有："《庄子林虏斋口义》。"①

7. 徐乾学藏《传是楼书目六卷》。卷三录有："《庄子口义》（十卷，五本，宋林希）。"② 本条记载作者信息"宋林希"误。

8. 高儒撰《百川书志》。卷七录有："《庄子口义十卷》，《庄子释音一卷》，虏斋林希逸著。"③

9. 瞿镛《铁琴铜剑楼藏书目录》。录有："《庄子虏斋口义》十卷，元刊本。"④

10. 叶盛《箓竹堂书目》。录有："《三子口义》十二册。"⑤ 其中有《庄子虏斋口义》。

海内外诸多的《庄子》注本中，都引用了林希逸《庄子虏斋口义》本的内容，笔者以为，这是不完全的、变相的林希逸口义本的流传，也是林希逸庄学思想在海内外影响力的体现。经过在中国台湾图书馆联合书目查询、日本国立国会图书馆，以及日本十几所大学图书馆、韩国著名大学图书馆、美国大学联合图书馆的历代《庄子》的注解版本中仔细检寻，现将海内外这些版本略述如下。

（二）中国刊本征引《庄子虏斋口义》

1. 《南华真经义海纂微》一百零六卷，褚伯秀撰，咸淳元年（1268）刊本。辑多人注，其中包括林希逸，并附有自己的简介。

2. 《庄子集解》，无名氏撰，1368 年残本。在《永乐大典》八五六七

<hr>

① 钱曾编：《钱遵王述古堂藏书目录十卷》，《续修四库全书》编纂委员会编：《续修四库全书》，第 920 册，《史部·目录类》，据北京图书馆藏清钱氏述古堂抄本影印，上海古籍出版社 1995 年版，第 470 页。

② 徐乾学藏：《传是楼书目六卷》，《续修四库全书》编纂委员会编：《续修四库全书》，第 920 册，《史部·目录类》，据北京图书馆藏清道光八年刘氏味经书屋抄本影印，上海古籍出版社 1995 年版，第 749 页。

③ 高儒编：《百川书志》，《续修四库全书》编纂委员会编：《续修四库全书》，第 919 册，《史部·目录类》，据上海辞书出版社图书馆藏观古堂书目丛刊本影印，上海古籍出版社 1995 年版，第 366 页。

④ 瞿镛编：《铁琴铜剑楼藏书目录》，《续修四库全书》编纂委员会编：《续修四库全书》，第 926 册，《史部·目录类》，据清光绪常熟瞿氏家塾刻本影印，上海古籍出版社 1995 年版，第 301 页。

⑤ 叶盛：《箓竹堂书目》，《丛书集成初编》，据粤雅堂丛书本排印，商务印书馆 1935 年版，第 45 页。

卷并一五九五五卷内①，存《庄子养生主》《天运》两篇，集陆德明音义，郭象注，林希逸口义，成玄英疏，刘辰翁点校而成，有"按语"，附《宋朱晦庵全集》之《养生主说》也未知何人所集。

3.《庄义要删》十卷，孙应鳌撰，明万历八年（1580）云南官刊本。其中共引三家注说，包括林希逸口义。正文卷端题"明礼部右侍郎掌国子监祭酒事清平孙应鳌编校，吏部右侍郎夷陵王篆校录，巡按云南监察御史江陵刘维校正"。

有序。分别是："万历庚辰淮海山人孙应鳌书""万历庚辰江陵后学刘维撰""咸淳元年东北人刘震孙义海纂微序""咸淳元年本心翁文及翁书于道山堂序""咸淳乙丑鄱阳汤汉序"。

每半页十行，行二十一字，双栏，注文小字双行，版心花口，单黑鱼尾下方记刻工名，大概有："巨文召、徐俸祥（或作徐奉祥）、马万里、李印时、尤时举、李志明、李印文、李时心（或作心）、于大如、陈和、申用、王印元、孟志学、王升、许尚中、刘思中、印秀、章进中（或作章中）、丘本高、李文举、林茂春、阳应龙（或作杨应龙）、何洗、把印时、张印登、丁时善、臣印登、徐大冈、呈得明（或作呈得名、得明）、李志高、李时、范朝阳、杨昂、张元、杨贤、孟臣、杨受、王申等"。

有藏印："池上/补遗"朱文方印、"紫微/上卿"白文方印、"玄/麈"白文方印、"黄氏仲/子履素/藏书印"朱文方印、"希古/右文"朱文方印、"愚斋/图书/馆藏"朱文方印、"卧薪/尝胆"白文方印、"五陵/烟雨/寄生涯"白文方印、"金坛莘/阳洞天/中人"白文方印、"梅花/岛"白文方印、"黄山/处士"白文方印、"五陵/仙长"白文方印、"黄印/玄麈"、"白文方印"、"十年风/雨共/梅花"白文方印、"勇猛/精进"白文方印、"精进/头陀"朱文方印、"弗如/道人"白文方印、"不薄今/人爱古人"白文长方印。中国台湾图书馆有藏。

孙应鳌，贵州清平人，字山甫。

4.《新锲南华真经三注大全》二十一卷，陈懿典撰。明万历二十一年（1593）新寨余翼我刊本。辑林希逸、陆西星、李贽一三家注。朱笔点校，

① 《永乐大典》（第94册），据北京图书馆所藏原本和复制本及最近向国内外公私各方借印者16卷，合共730卷影印出版，中华书局1960年版。

上栏注二十行，行八字，下栏十行，行十九字，注文小字双行，字数同，单黑鱼尾，版心上方题"增补南华经三注"。正文卷端题"（新）锲南华真经三注大全卷之一，浙秀水会魁陈懿典辑，闽书林自新余良木梓"。中国台湾图书馆，日本国立国会图书馆藏。

5.《南华真经评注》十卷，归有光，文震孟撰，明末文氏竺坞刊"道德南华二经评注"本。以郭象注本为底本，眉栏引林希逸等多家注解。中国台湾图书馆有藏有明天启四年（1624）年刊本，应是万历三十三年刊本的重刊本。

6.《庄子南华真经》十卷，无名氏撰，明末刊本。以郭象注本为底本，引多家注，其中包括林希逸口义。

7.《南华经吹影》三十三卷，胡文蔚撰，清顺治十三年（1656）高州本衙署刊本。无存。引宋明多家注，其中包括林希逸口义，自注为"补注"。胡文蔚，浙江仁和人，字豹生，号约庵，顺治间授广东高州推官。

8.《校庄子》，李慈铭撰，清同治十年（1871）刊本。无存。《越缦堂读书记》著录云：取"十子全书"及"六子全书"本，校以林希逸《庄子口义》及焦竑等注本而成。李慈铭（1830—1894），浙江绍兴人，晚清官员，著名文史学家。初名模，字式侯，后改今名，字爱伯，号莼客，室名越缦堂，晚年自署"越缦老人"。

9.《解庄》十二卷六册，明陶望龄撰，明郭正域评，明天启辛酉（元年，1621）吴兴茅兆河刊朱墨套印本，版框大小为20.6×14.6厘米，每半页九行，行十九字，单栏，白口。其在前序中选取林希逸《庄子鬳斋口义发题》。中国台湾图书馆有藏。

10.《新锲南华真经三注大全》二十一卷，陈懿典撰，明万历二十一年（1593）。采辑林希逸、陆西星、李衷一三家注，眉栏引郭象、罗勉道等晋宋名家评注，并加圈点，卷首有翁正春叙，及史维阶序。

11.《庄子南华真经》十卷，无名氏撰，明末刊本。依郭象注本，去陆德明《庄子音义》，眉栏引刘辰翁、林希逸、杨慎、唐顺之等诸家注。藏于中国台湾图书馆。

（三）日本刊本征引《庄子鬳斋口义》

1.《庄子集解》十卷，日本严井文撰，日本文政七年（1825）刊本。卷首为严井文撰《庄子集注序》，次为《庄子集注凡例》，次为《庄子南华真经卷一》，次行署："日本东都严井文集注，安部信干、美友谦，同门人田中吉扬忠道、东都安福亲、天野正愿、远扬赤。"字句间见日文训读，以郭象本为底本，采多家说，其中包括林希逸口义。

2.《城山手批庄子》十卷，日本中山鹰撰，日本天保八年（1837）手刊本。朱、青、墨三色批注，引陆德明、成玄英、林希逸、林云铭各家说，并校定字句，日本香山松平赖明家藏。中山鹰，字伯鹰，号城山。

3.《城山先生手批本庄子书之研究》，日本仓田贞美、藤原高男撰。日本昭和三十八年（1963）年刊本。日文著述，研究中山鹰撰《城山手批庄子》，并参考林希逸等诸家注，昭和三十八年日本香川大学学艺部汉文学研究室排印。仓田贞美，香川大学学艺部教授；藤原高男，当时为高松工业高等学校助教。

4.《句解南华真经》十卷，四周单边，有界格，每半页十行，行十七字，林注小字双行，版框大小为 31.7 × 21.5 厘米，内框大小为 22.5 × 17.7 厘米，有李士表《新添庄子十论》。刊本地点及年代，均不详。日本京都大学图书馆藏。

5.《现代语译庄子》一册，吉田义成撰，日本大正十年（1921）刊本。译庄子，并参考林希逸、焦竑、陆树芝等诸家注。在《现代语译支那哲学丛书》内，大正十五年四月再版。

（四）朝鲜刊本征引《庄子鬳斋口义》

1.《南华真经注解删补》，朝鲜肃宗时期朴世堂（1629—1703）撰，其中引用多家注解，其中林希逸口义引用最多。本书为笔者从韩国学者전현미所撰《박세당의〈南华真经注解删补〉편찬체재고찰 – 내편을중심으로》（关于朴世堂《南华真经批注删补》编纂体裁的考察）[①]一文中得知。此文日本名古屋大学图书馆有藏。

2. 朝鲜《南华真经》活字排印本，日本尊经阁文库藏。

---

① 전현미：《박세당의〈南華眞經註解删補〉편찬체재고찰 – 내편을중심으로》，민족문화제38집，2011 年第 12 期，第 341 – 366 页。

第五节　《鬳斋考工记解》版本考

因《周礼》中"冬官"篇的缺失，河间献王刘德取《考工记》补入。刘歆校书编排时改《周官》为《周礼》，故《考工记》又称《周礼·考工记》（或《周礼·冬官考工记》）。林希逸在《续集·学记》中云："《周礼》六官缺其一，河间献王以《考工记》足之，《考工》之文，自与五官不同，余尝以此为造物之巧毕，竟五官文字俱同一律，《考工》之文又奇，足以此书似造物有意也。"对林希逸之《鬳斋考工记解》，四库馆臣评价说：《考工记》"以经文古奥猝不易明，希逸注明白浅显，初学易以寻求，且诸工之事，非图不显，希逸以三礼图之，有关于记者，采樜附入，亦颇便于省览，故读《周礼》者，至今犹传其书焉"①。可见林希逸注解之明白浅显，易于初学者理解，且附之以图，使读者便于阅览。此书注成后，在当时也颇受欢迎，后林希逸再次重修时，作《竹溪十一稿诗选·重修考工记口义》："千金求得自河间，此记尤奇似五官。文苦謷牙精识少，物穷纤悉辨名难。牙围以后图方见，口义于今缺不完。师说幸然无失坠，书成只恨鬓调残。"道明自己的这个书的底本是从民间购得，《考工记》佶屈謷牙很难读，其中精深的知识不多，但其中贯穿纤细周密的物理简直无穷尽，要辨析清楚其中各个物体之名，又是很难的，车牙的粗围以后的才见到图，所以现在注释的口义也是残缺不完整的，幸运的是老师的学生没有从此凋零，遗憾的是书稿大功告成之时自己已经两鬓斑白了。可知林希逸在注释《考工记解》时年纪已经比较大了。该书版本不多，现将所有已知的该书的版本情况，详细考辨如下。

（一）《鬳斋考工记解》，宋林希逸撰，宋刊元延祐四年（1317）修补本

附：清查慎行手书题记

藏印："叶氏篔竹堂藏书"朱文圆印、"慧海／楼藏／书印"白文方印、"德树楼／藏书"朱文长方印、"毛褎字／华伯号／质庵"白文方印、"古澹／

---

① 《鬳斋考工记解·提要》，《四库全书·经部》，第95册，上海古籍出版社1987年版，第2页。

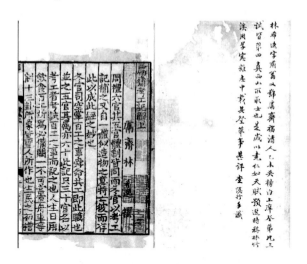

图4—72　《鬳斋考工记解》宋刊元延祐四年修补本书影

居"朱文方印、"楂楂/客印"朱白文方印。

版式：上下单边，左右双栏，白口，双黑鱼尾上方记大小字数，中间题有"考工记"及卷次、页码，每半页十行，行十八字，有界格，版框大小为20.3×15.6厘米。注文低一格，单行大字。卷首为查慎行手书题记，正文卷端题"《鬳斋考工记解》上"，次行署"鬳斋林希逸"。

按：此版是《考工记解》现存的最早版本。藏本多处损坏，斑驳难辨。查慎行首书题记内容为："林希逸，字肃翁，又号鬳斋，福清人，乙未吴榜由上庠试，皆第四，真西山所取士也，是岁以尧仁如天赋，预选竹溪周孚宪杂志中载其登第事甚详，查慎行手识。"此题记被后人手抄至《老子口义》明嘉靖乙酉广信知府张士镐刊本扉页上，略有差异。版心最下方署刻工姓名，元修部分在版心下方记"延祐四年补刊"，宋刻工名："宸"，元修刻工名："吴、过、太、林、张、六、杨庆、郑立、亚、郑志、郑足、大"等。中国台湾图书馆有藏。美国哈佛大学燕京图书馆有中国台湾图书馆制作的胶卷，笔者所见即此胶卷。潘祖荫撰，叶昌炽编，潘承弼增补《滂喜斋藏书记》录有："宋刻《周礼考工记解》二卷，二函八册。"① 后附有此书较为详细的说明。

---

① 潘祖荫撰，叶昌炽编，潘承弼增补：《滂喜斋藏书记》，《续修四库全书》编纂委员会编：《续修四库全书》，第926册，《史部·目录类》，据潘景郑藏清末刻民国十七年增修本影印，上海古籍出版社1995年版，第422页。

（二）《考工记图解》四册，宋林希逸图解，明张鼎思补图，明屠本畯补释，施浚明句读，戴士章校对，明万历二十六年戊戌（1598）刊本

附：万历戊戌秋九月张鼎思《刻考工记解图叙》。

版式：四周单边，白口，单白鱼尾下题卷次及页码，上题"考工记图解"，每半页九行，行十九字，版框大小为 20.9×14.6 厘米。卷首为《考工记图解叙》，次为正文，卷端题为"考工记图解卷上"，次三行分上下两部分署名，上方自左至右署名："宋闽中林希逸图解，明姑胥张鼎思补图"，下方自左至右署名："明甬东屠本畯补释，明吴兴施浚明句读，明甬东戴士章校对。"上卷第三十四叶版心下镌"黄应一百六十四"，下卷五十五叶版心下镌"王"。有藏印"积学斋徐乃昌藏书"等。

图4—73　《考工记图解》明万历二十六年戊戌刊本书影

按：此本文字清晰可辨，卷尾题署"明晋安陈价夫，昭武谢兆申，莆阳宋曰寿，莆阳黄成林同校"。另有屠本畯题注："张宝之先生愚林氏《考工记图解》补阙订讹，凡二十六器，考据精当，可谓艺林之宗工，博雅之哲匠。肃翁复生能不心服乎？杀青斯竟传之好事。屠本畯识。"在卷首《刻考工记解图叙》文末题署："万历戊戌秋九月张鼎思顿首。"故据以题为"明万历二十六年戊戌刻本"。张鼎思，字慎吾。藏于美国普林斯顿大学东亚图书馆，中国国家图书馆、中国台湾图书馆、台湾傅斯年图书馆有缩微胶卷。

（三）《考工记解》二卷二册，宋林希逸撰，通志堂（1680，清康熙十九年）刊本

版式：四周单边，单黑鱼尾下题"考工记"、卷次及页码，白口，每半页十行，行十九字。卷首即正文，卷端题作"鬳斋考工记解上"，次行署"鬳斋林希逸撰"。每页右下角分别署有"邓尔仁""邓珍""邓本立"

"王贞""金子重""邛顺""张玉""张志""穆彩""邛玉""尔仁""邛本立""邛玉""邛存""邛本立""朱士""邛明""邛卿""本立"等刻工姓名。版本字迹清晰秀丽，易于辨认。每卷末注明："后学成德校订。"下卷中有多处被涂黑，如其中一处共计九字被涂黑，难以确认其字，上下文为："其文饰稍杀，小山川则用边璋，半文饰其边而已，其祈□□□□□□□□□宗祝执此在马之前。"另有一处共计四字被涂黑，上下文为："□□□先言一柯之制而后及三车，而三车之□尺寸自柯始。"之后另有多处被涂黑，情况类此。

图4—74 《考工记解》
通志堂刊本书影

按：本版扉页清楚标明"通志堂藏板"，每页版心左下方署"通志堂"三字，故据以称为"通志堂刊本"，清同治十二年（1873）粤东书局曾重刊此本。台湾大通书局曾在1972年据此影印，藏于中国台湾图书馆。北京大学图书馆藏有乾隆五十年（1785）重印本。此版笔者见于美国哈佛大学燕京图书馆。

清丁丙藏，丁仁撰《八千卷楼书目》卷二《经部·礼类》录有"《鬳斋考工记解》二卷（宋林希逸撰，通志堂本）"[1]。清周中孚《郑堂读书记七十一卷》卷三录有"《鬳斋考工记解》二卷，通志堂经解本，宋林希逸撰"。后附有林希逸小传，及以下内容："四库全书逐鹿倪氏宋志补做《考工记图解》四卷，注云，今梓本无图，止两卷。焦氏《经籍志》无'鬳斋'二字，朱氏《经义考》有之，两家具作三卷，皆字之误也。又所云梓本无图，当别据一本，是本随处有图，盖宗聂氏三礼图，然其说与郑注为难，而与义实短，故诠释古器制度，究未详核，特其解颇为简明，不似郑注之古奥，贾疏之浩繁，在初学易与省览，是以读《周礼》者不废焉。每

---

① 丁丙藏，丁仁编：《八千卷楼书目》，《续修四库全书》编纂委员会编：《续修四库全书》，第921册，《史部·目录类》，据民国十二年铅印本影印，上海古籍出版社1995年版，第79页。

卷末各有释音，但注同音而无反切，亦取便于初学耳。"①

（四）《考工记解》，宋林希逸撰，文渊阁四库全书本

版式：四周双边，白口，单黑鱼
尾下题有"考工记解"、卷次及页码，
版心上方题有"钦定四库全书"。每
半页八行，行二十一字，有界格。

按：首页署"详校官：监察御史
邱文恺，刑部郎中许兆椿复勘，总校
官：编修王燕绪，校对官：助教陈
木，誊录：监生闫攀龙，绘图：监生
孙大儒。"台湾商务印书馆曾在1983
年据此影印。台湾世界书局曾据摛藻
堂四库全书荟要本，在1986年，
2012年分别影印，此版最为常见，国

图4—75　《考工记解》
文渊阁《四库全书》本书影

内大型图书馆均有藏。北京商务印书馆在2006年曾据北京国图藏清乾隆四
十九年（1784）文津阁本影印。

据《续修四库全书》中收录的元明清私人藏书家所编的藏书目录，以
及其他藏书家所编的单行本目录古籍，其中有记载的藏书家所藏《考工记
解》，现将这些版本检录如下：

1. 钱曾编《述古堂藏书目·附宋版书目》②卷一录有"林希逸《考工
记》二卷二本"。

2. 钱谦益等编《绛云楼书目》③卷一《礼类》录有"林希逸《考工
解》一册二卷"。

3. 金星轺编《文瑞楼藏书目录》卷一《礼记类》录有"《考工记解》

———————————

①　周中孚编：《郑堂读书记七十一卷》，《续修四库全书》编纂委员会编：《续修四库全书》，
第924册，《史部·目录类》，据上海辞书出版社图书馆藏民国十年刻吴兴丛书本影印，上海古籍
出版社1995年版，第30页。

②　钱曾：《述古堂藏书目·附宋版书目》，《丛书集成初编》，据粤雅堂丛书本排印，商务
印书馆1935年版，第4页。

③　钱谦益、陈景云编：《绛云楼书目》，《丛书集成初编》，据粤雅堂丛书本排印，商务印书
馆1935年版，第6页。

二卷，宋林希逸"①。

4. 季振宜撰《季沧华藏书目》，录有"《考工记解》二卷，宋林希逸"②。

5. 叶盛编《箓竹堂书目》卷一录有"《周礼林希逸考工记》二册"③。

6. 焦竑《国史经籍志》卷二录有"《考工记解》"④二卷。

7. 孙星衍《孙氏祠堂书目》卷一录有"《鬳斋考工记解》二卷（宋林希逸撰）"⑤。

8. 倪灿撰，卢文弨订正《宋史艺文志补》，录有"林希逸《考工记图解》四卷（今梓本无图，止两卷）"⑥。

9. 钱曾藏《钱遵王述古堂藏书目录》卷一录有"林希逸《考工记》二卷二本"⑦。

10. 徐㷇《徐氏家藏书目》卷一录有"《考工记图解》二卷宋林希逸著"⑧。

11. 高儒《百川书志》卷一录有"《周礼考工记解》二卷，鬳斋林希逸撰"⑨。

---

① 金星轺编：《文瑞楼藏书目录》，《丛书集成初编》，据读画斋丛书本排印，商务印书馆1935年版，第5页。
② 季振宜：《季沧华藏书目》，《丛书集成初编》，据粤雅堂丛书本排印，商务印书馆1935年版，第73页。
③ 叶盛编：《箓竹堂书目》，《丛书集成初编》，据粤雅堂丛书本排印，商务印书馆1935年版，第13页。
④ 焦竑编：《国史经籍志》，《丛书集成初编》，据粤雅堂丛书本排印，商务印书馆1935年版，第26页。
⑤ 孙星衍编：《孙氏祠堂书目》，《丛书集成初编》，据岱南阁丛书本排印，商务印书馆1935年版，第30页。
⑥ 倪灿、卢文弨编：《宋史艺文志补》，《丛书集成初编》，据金陵丛刻本排印，商务印书馆1935年版，第6页。
⑦ 钱曾编：《钱遵王述古堂藏书目录十卷》，《续修四库全书》编纂委员会编：《续修四库全书》，第920册，《史部·目录类》，据北京图书馆藏清钱氏述古堂抄本影印，上海古籍出版社1995年版，第432页。
⑧ 徐㷇编：《徐氏家藏书目》，《续修四库全书》编纂委员会编：《续修四库全书》第919册，《史部·目录类》，据北京图书馆藏清道光七年刘氏味经书屋抄本影印，上海古籍出版社1995年版，第115页。
⑨ 高儒编：《百川书志》，《续修四库全书》编纂委员会编：《续修四库全书》第919册，《史部·目录类》，据上海辞书出版社图书馆藏观古堂书目丛刊本影印，上海古籍出版社1995年版，第334页。

12. 杨士奇等《文渊阁书目》。卷二录有："《周礼林希逸考工说》（一部二册缺）。"①

以上简介了《鬳斋考工记解》的四个版本，一个是宋刻元修本，明刻本，两个清刻本。此书在日本、朝韩，尚未见到鲜见版本。

第六节　《竹溪鬳斋十一稿续集》及《竹溪十一稿诗选》版本考

《竹溪鬳斋十一稿续集》，是林希逸晚年的作品集，也是他仅存的一部综合文集，有多个传本。《竹溪十一稿诗选》，是林希逸的诗集，曾被收入多个宋人的小集中，版本各有差异。现将这两部文集的版本情况，考辨如下。

一　《竹溪鬳斋十一稿续集》版本考

1. 《竹溪鬳斋十一稿续集》三十卷六册，宋林希逸撰，明谢肇淛小草斋抄本

附：林同《序》。

版式：四周单边，白口，单黑鱼尾下题卷次，版心上方题"鬳斋稿"三字，每半页十行，行二十字。卷首为目录，次为林同《序》，次为正文，卷端题为"竹溪鬳斋十一稿续集卷第一"，次两行署："三山林希逸，门人石塘林式之编。"

按：因每页左下角题有"小草斋抄本"，故而题为"小草斋抄本"，这是目前所存《竹溪鬳斋十一稿续集》的最早版本。国图有藏。

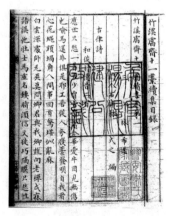

图4—76　《竹溪鬳斋十一稿续集》明谢肇淛小草斋抄本书影

2. 《竹溪鬳斋续集》，宋林希逸撰，四库本

---

① 杨士奇等编：《文渊阁书目》，《丛书集成初编》，据读画斋丛书本排印，商务印书馆1935年版，第30页。

附：总纂官纪昀、陆锡熊、孙士毅，总校官臣陆费墀所写《提要》，林同《竹溪鬳斋十一稿续集原序》。

版式：四周单边，白口，单黑鱼尾上题“钦定四库全书”，下题“竹溪鬳斋十一稿续集”及页码，有界格，每半页八行，行二十一字。卷首为《钦定四库全书·集部四》，次行为《竹溪鬳斋十一稿续集·别集类三·宋》，次行为《提要》，次为林同《竹溪鬳斋十一稿续集原序》，次为正文。

竹溪鬳齋十一藁續集原序
鬳齋林先生之自玉堂翠帷求奉太夫人出臨莆郡也
實淳祐戊申後村先師時方辭宗正少卿之召先皇以
親國年高就畀憲節即家建臺一時慶節照映之盛真
有壺山之所未有賓僚乎其間者蓋莫不人自磨濯奮
勵求以所講習所蘊蓄所設施而於學問於文章於政
事有可以表表自見者鑾下之音囊中之穎又夫孰無
是心哉既而臺與郡各以郡之法曹掾為舉首掾則同

图 4—77　《竹溪鬳斋续集》四库本书影

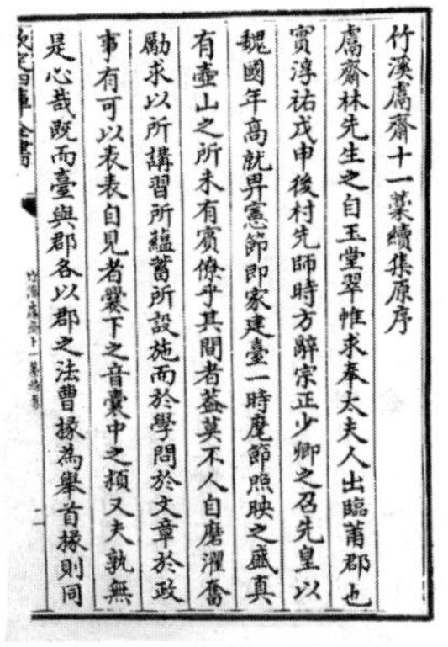

按：该本在王云五主持《四库全书珍本二集》中，共计三册，具体的主事为复勘吕云栋，详校官庶吉士李传熊，总校官知县杨懋珩，腾录监生翟灏。北京商务印书馆在 2006 年据中国国家图书馆藏清乾隆四十九年（1784 年）文津阁本影印。此本常见，国内大型图书馆均有藏。

3.《竹溪鬳斋十一稿续集》三十卷六册，宋林希逸撰，清抄本

附：林同《序》。

版式：四周无边框，无鱼尾，白口，版心上方题有“鬳斋续集”及页码、卷次，每半页九行，行二十一字，无界格，

按：卷首为《序》，次为目录，次为正文，卷端题为“竹溪鬳斋十一稿续集卷一”，次行题：三山林希逸著，次行题：门人石塘林式之编。中国国家图书馆有藏。《宋集珍本丛刊·竹溪鬳斋十一稿续集》① 曾据此影印，格式上有

誤他壯士為虛名鏤脂須信文徒巧隔膜只愁性未明
空忍飢窮吟樂府也疑太祝似心盲
和後村口占一首
老去田翁多狎友年來觀主換新銜縣溪竹杖時行散
面壁蒲團漸放參休夢筆花尋硯滴但看貝葉守燈龕
清朝越紼倚將禮留滯何妨似史談
和後村唐衣二首
非昏非唐落魄袍人生行樂不知他可曾癡説飛霞佩
耶肯吟思疊雪羅帶眼減多瘦已甚布毛吹盡意如何

图 4—78　《竹溪鬳斋十一稿续集》清抄本书影

① 林希逸：《竹溪鬳斋十一稿续集》，四川大学古籍整理研究所：《宋集珍本丛刊》（第 83 册），线装书局 2004 年版。

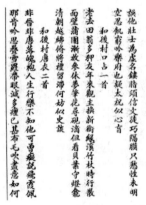

微调，如下图：

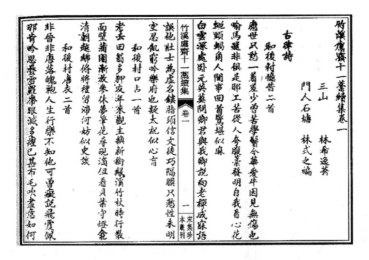

图 4—79 《竹溪鬳斋十一稿续集》清抄本书影（见宋集珍本丛刊）

4. 《鬳斋十一稿》，宋林希逸撰，读画斋重刻群贤小集本

按：本条据杨守敬、李之鼎《增订丛书举要》卷二十二《集部四》①记载。

5. 《竹溪鬳斋十一稿续集》，宋林希逸著，中国文史出版社 2016 年出版

按：简体横排，是福清市委宣传部组织的"玉融文化研究会"筹建的玉融文库系列丛书第二辑中的一部。首为编委会的《序》，次为俞达珠《邑人尊师典范——林希逸》，黄锦君《竹溪鬳斋十一稿续集提要》，林同《竹溪鬳斋十一稿续集原序》，次为目录，正文卷端题为《竹溪鬳斋十一稿续集卷一》，文末附录有林克文《宋竹溪鬳翁林希逸墓志铭》，魏名庆《痴迷山丹花的南宋学者》。该书使用清抄本做底本，未见标明点读校对者，似非严谨的学术著作，侧重文化普及。

据《现存宋人别集版本目录》②记载，《竹溪鬳斋十一稿续集》现存的还有以下版本。

---

① 杨守敬、李之鼎编：《增订丛书举要》，据宜都杨惺吾先生原本，戊午（1918）季夏宜秋馆校印于南昌。

② 四川大学古籍整理研究所编：《现存宋人别集版本目录》，巴蜀出版社 1989 年版，第 319—320 页。

6. 清初吕氏南阳讲习堂抄本，存卷一至卷五、十四至三十，凡二十二卷。北京大学图书馆藏。

7. 清乾隆四十一年抄本，北大图书馆藏。

8. 清萧山陆氏三间草堂抄本，重庆图书馆藏。

9. 清抄本，清丁丙跋，南京图书馆藏。

10. 清抄本，朱圣之跋，中国国家图书馆藏。

11. 抄本，上海图书馆藏。

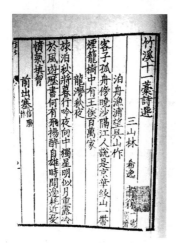

图4—80 《竹溪十一稿诗选》宋刊本书影

12. 日本昭和四十二年用东京静嘉堂文库藏抄本影印，日本京都大学藏。

二 《竹溪十一稿诗选》版本考

1. 《竹溪十一稿诗选》，宋林希逸撰，宋刊本

版式：四周单边，白口，单黑鱼尾下题"竹溪诗选"及页码，每半页十行，行十八字，有界格，卷首题为《竹溪十一稿诗选》，次行署："三山林希逸，肃翁，一号鬳斋。"

按：共收录诗93首，未见于目前所存《竹溪鬳斋十一稿续集》中。诗选末题有："临安府棚北大街睦亲坊南陈解元宅书籍铺刊行"，可知此版是经陈起刊刻，时在宋末。《南宋群贤小集》曾据此本影印，严灵峰无求备斋后又影印该本①。据杨守敬、李之鼎《增订丛书举要》卷二十二《集部四》②记载，顾修在嘉庆六年（1801）于石门所刊《读画斋重刻群贤小集》中，也有该诗选，题下注明："宋陈起原辑，桐川顾修重刊，名《江湖小集》九十五卷。"顾修，字仲欧，号松泉，又号菉涯。朱彝尊作《南宋群贤小集跋》说，该集编于宋宝庆（1225—1227）、绍定（1228—1233）间，又称《江湖集》。

2. 《竹溪十一稿诗选》，宋林希逸撰，四库全书《两宋名贤小集》本

附：《林希逸小传》，全集前有魏了翁《序》，集尾有朱彝尊《跋》。

---

① 陈思、陈起编：《宋椠南宋群贤小集》，艺文印书馆1972年版。

② 杨守敬、李之鼎编：《增订丛书举要》，据宜都杨惺吾先生原本，戊午（1918）季夏宜秋馆校印于南昌。

版式：四周单边，白口，单黑鱼尾下题“两宋名贤小集”、卷次及页码，鱼尾上方题“钦定四库全书”，每半页八行，行二十一字。卷首为《钦定四库全书·两宋名贤小集卷三百二》，次两行题“宋陈思编，元陈世隆补”，次行为《竹溪十一稿诗选》，前附林希逸小传。卷尾题“总校官编修王燕绪，校对官助教汪锡魁，誊录监生朱恩”。

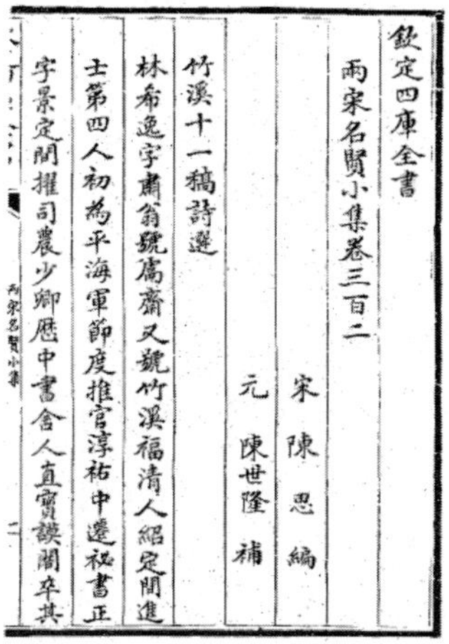
欽定四庫全書
兩宋名賢小集卷三百二
宋　陳思　編
元　陳世隆　補
竹溪十一稿詩選
林希逸字肅翁號鬳齋又號竹溪福清人紹定間進
士第四人初為平海軍節度推官淳祐中遷祕書正
字景定間擢司農少卿歷中書舍人直寶謨閣卒其

图 4—81　《竹溪十一稿诗选》四库全书《两宋名贤小集》本书影

按：共载诗 98 首，与《南宋群贤六十家小集》本内容基本一致，均不见于目前所存《竹溪鬳斋十一稿续集》中。《四库提要》中对《两宋名贤小集》的编辑做了考证。认为此集前魏了翁之《序》和朱彝尊之《跋》，是伪作无疑，又对《跋》文中称“陈世隆为思从孙，于思所编六十余家外，增辑百四十家，稿本散逸，曹溶复补缀之”之说存疑①，认为朱彝尊自有《宋人小集》40 余种，可惜旧稿残败零落不可观瞻，有后人收集其残本后，再补进其他集，最终合为目前所见之集，因为底本出自朱彝尊，所以假托朱彝尊之名作此《跋》。此本见于王云五主持《四库全书》珍本六集之《两宋名贤小集》，比较常见，各大图书馆均有藏。

3.《竹溪十一稿诗选》一卷，宋林希逸撰，汲古阁刊本

附：集前有辛酉正闇居士邓邦述所撰《序》。

版式：四周粗单边，白口，单黑鱼尾下题“竹溪诗选”及页码，有界格，每半页十行，行八字。卷首为《竹溪十一稿诗选》，次行题“三山林希逸，肃翁，一号鬳斋”。有“正闇”，“群碧楼等”藏印。

按：本诗卷共载诗 90 首，均不见于谢氏小草斋《竹溪鬳斋十一稿续集》中。诗卷出自《汲古阁景宋抄南宋群贤六十家小集》，目前所见为群碧楼藏本。在序言中指出“此五十巨册皆据南宋书棚本影抄，内有陈解元书铺印行木记者约十四五处”。诗集卷尾有牌记：“临安府棚北大街睦亲坊

① 《四库全书·两宋名贤小集提要》（下册），中华书局 1997 年版，第 2628 页。

南陈解元宅书籍铺刊行。"可知此本为汲
古阁影宋刊本。邓邦述（1868—1939），
近代藏书家。字正闇，号孝先，江宁（今
南京）人。《宋集珍本丛刊·竹溪十一稿
诗选》① 据汲古阁本影印。该本较为常见，
国图及大型图书馆均有藏。

4.《竹溪诗集》，宋林希逸撰，乾隆
六年（1741）曹氏二六书堂刊本

附：曹庭栋《林希逸小传》，全集前
有曹庭栋所撰《序》，卷尾有曹庭枢撰
《跋》。

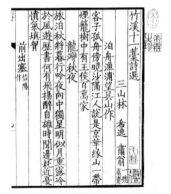

图4—82 《竹溪十一稿诗选》
汲古阁刊本书影

版式：四周单边，白口，单黑鱼尾下题有"竹溪诗集"及页码，每半
页十一行，行二十一字，有界格。卷首为《竹溪诗集》，次行署"嘉善曹
庭栋六圃选"。所在丛书卷首有"庭栋"，"庭枢"等藏印。

图4—83 《竹溪诗集》乾隆六年
曹氏二六书堂刻《宋百家
诗存》本书影

按：该诗集出自曹庭栋、曹庭枢主编
《宋百家诗存》，共录诗歌109首，其中前
38首题名为《竹溪十一稿》，其诗不见于
目前所存《竹溪鬳斋十一稿续集》中。后
71首题为《竹溪十一稿续集》，其诗见于
目前所存《竹溪十一稿续集》中。卷首林
希逸小传，简述了林希逸生平、师学渊
源、著述情况。全集卷首曹庭栋所撰
《序》、卷尾曹庭枢撰《跋》中，均题署
"乾隆六年正月"，本诗存为曹庭栋、曹庭
枢兄弟二人所编，为嘉善曹氏二六书堂刻
本，诗存共有32册，《竹溪诗集》在第26

册。杨守敬、李之鼎《增订丛书举要》卷二十二《集部四》②记载《宋百

---

① 林希逸：《竹溪十一稿诗选》，四川大学古籍整理研究所：《宋集珍本丛刊》（第104册），
线装书局2004年版。

② 杨守敬、李之鼎编：《增订丛书举要》，据宜都杨惺吾先生原本，戊午（1918年）季夏宜
秋馆校印于南昌。

家诗存》目录，其中有：“《溪竹诗集》，林希逸。”其“《溪竹诗集》”应为《竹溪诗集》。该版笔者见于美国康奈尔大学东亚图书馆珍稀古籍部，国内部分大型图书馆有藏。

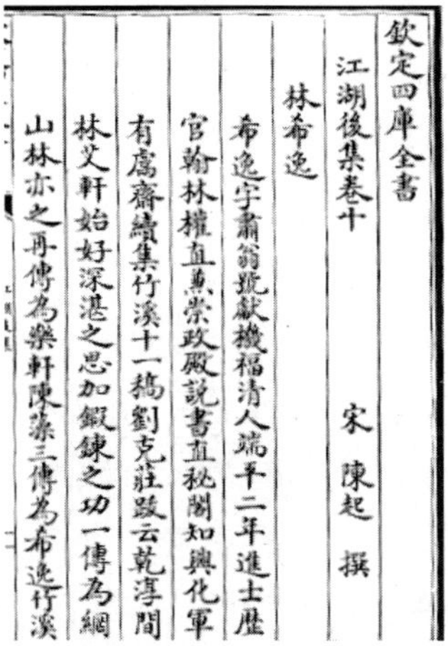
欽定四庫全書
江湖後集卷十　　宋　陳起　撰
林希逸
希逸字肅翁號獻機福清人端平二年進士歷
官翰林權直兼崇政殿說書直秘閣知興化軍
有鬳齋續集竹溪十一稿劉克莊跋云乾淳間
林艾軒始好深湛之思加鍛鍊之功一傳為網
山林亦之再傳為樂軒陳藻三傳為希逸竹溪

图 4—84　《竹溪诗选》陈起《江湖后集》四库本书影

5.《竹溪诗选》，宋林希逸撰，陈起《江湖后集》四库本

附：陈起《林希逸小传》。

版式：四周双边，白口，单黑鱼尾下题“江湖后集”、卷次及页码，鱼尾上方题“钦定四库全书”，每半页八行，行二十一字，有界格。卷首为林希逸小传，无诗集名，此诗集名为笔者加。

按：本诗选共计载诗 99 首。内容与其他本基本相同，顺序差异颇大。均不见于谢氏小草斋本《竹溪十一稿续集》。《江湖后集》卷首附有提要云：“今检《永乐大典》所载，有《江湖集》，有《江湖前集》，有《江湖后集》，有《中兴江湖集》诸名，其接次刊刻之迹略可考见，以世传《江湖集》本互核，其人为前集所未有者”，共辑得 57 人等，并校验前集，删去其中重复的诗，然后“以人标目，以诗系人，合为一编，统名之曰《江湖后集》”①。清楚的说明了《江湖后集》刊刻的背景和缘由。此本比较常见，国内大型图书馆均有藏。

6.《竹溪十一稿诗选》，宋林希逸撰，清雍正四年（1726）宋宝王抄校本（文瑞楼抄本）

版式：四周双边，白口，单黑鱼尾下题“竹溪十一稿诗选”及页码，鱼尾上题“宋人小集”，每半页十一行，行二十一字，有界格。诗卷题名为《竹溪十一稿诗选》，次行署“三山林希逸，肃翁，一号鬳斋”。

按：本诗选共载诗 89 首，均不见小草斋本《竹溪鬳斋十一稿续集》。诗卷出自王逸陶编辑整理的《宋人小集七十二种》，是清代雍正四年宋宝王抄校本。宋宝王，清康熙雍正年间藏书家，苏州人王逸陶也是收藏家，

① 王云五主持：《四库全书珍本十一集》，商务印书馆 1981 年版。

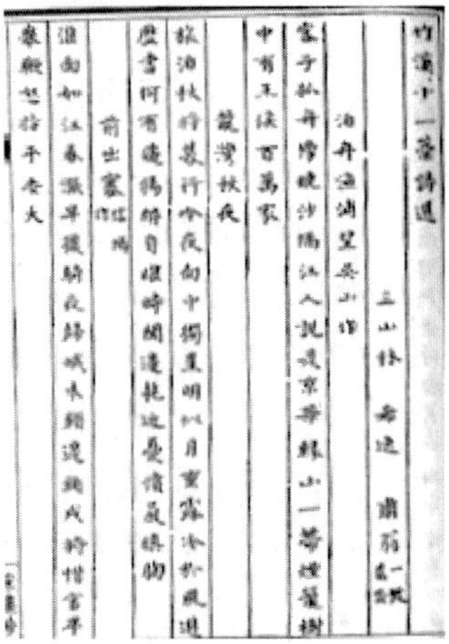

图4—85 《竹溪十一稿诗选》
清雍正四年宋宝王抄校本书影

对宋人小集兴趣浓厚，收有多家，宋宝王从王逸陶处借来宋人文集，抄于苏州桃花坞之文瑞楼，该集卷尾题有"文瑞楼抄宋元人诗文集"，故又称文瑞楼抄本。《宋集珍本丛刊》据此影印。此本目前见于国图及国内少数综合大型图书馆。

7.《竹溪十一稿》一卷，宋林希逸撰，明抄本

版式：四周无边，每半页十行，行二十字，无鱼尾，版心处空白，版框大小为25.8 × 16.4厘米。卷首为《竹溪十一稿诗选》，次行署"三山林希逸肃翁，一号鬳斋"。有藏印"莛圃/收藏"朱文长方印，"骞"白文方印，"鹪安/校勘/秘籍"朱文方印，"拜""经"朱白文连珠方印。

按：共载诗90首，不见于今《竹溪鬳斋十一稿续集》中。在《宋人小集》十册，八十一卷中，陈起编。正文目录端题有"明抄本宋小集三十七家，三十九集"，故据以题为"明抄本"。中国台湾图书馆有藏。

8.《林鬳斋诗集》，宋林希逸撰，清古盐范氏也趣轩抄本

版式：四周无边，白口，无鱼尾，版心上方题"林竹溪诗集"，半页十行，行十九字，版框大小为25.4 × 17.2厘米，正文卷端题"林鬳斋诗集"，下方题"竹溪集"次两行题署"宋三山林希逸鬳斋著，盐邢村范希仁文若抄"。有藏印"芷斋/图籍"朱文方印，"张印/载华"白文方印，"佩/兼"朱文方印。

图4—86 《竹溪十一稿》
明抄本书影

按：共载诗38首，所载诗歌在今《竹溪鬳斋十一稿续集》中可见。诗选在《宋人小集》十一册，二百四十一卷中，清范希仁编。古盐指今浙江海盐。据《嘉兴府志》卷五十七载，范希仁，字文若，清代海盐人，生

性古质简朴，不事举业，工于诗赋，积书数千卷，尽出手录，卒年 73 岁，可惜无子嗣，著述散佚不传。① 中国台湾图书馆有藏。

9.《竹溪十一稿诗选》一卷，上海古书流通处 1922 年出版，浙江省图书馆藏。

10.《竹溪十一稿》一卷，《宋四家诗》本

本条据杨守敬、李之鼎《增订丛书举要》卷二十三集部五 ②。其中另外三家是：施枢《渔隐横舟稿》一卷，徐集孙《竹所吟稿》一卷，敖陶孙《臞翁诗集》一卷。此四家诗不著编辑者名氏。

图 4—87　《林膚斋诗集》清古盐范氏也趣轩钞本

据《现存宋人别集版本目录》③ 记载，还有以下文集中，收录有《竹溪十一稿诗选》，不著版本信息：

11.《宋人小集》四十二种

12.《宋人小集》五十五种

13.《宋人小集》六十八种

14.《宋人小集》二十种

15.《宋十家小集》

16.《宋四十名家小集》

另据中国台湾图书馆藏，还有以下版本收录有《竹溪十一稿诗选》。

17. 陈起编《宋人小诗》八十一卷十册，正文卷端题："明抄本宋小集三十七家，计三十九集。"每半页十一行，行二十一字，注文小字双行。

18.《宋名家小集》一百卷十八册，抄本，有清乾隆庚子（1780）查歧昌手书题记。

① 《中国地方志丛书·华中地方（第 53 号）浙江省嘉兴府志》，据许瑶光等修，吴仰贤等纂，清光绪五年刊本影印，成文出版社 1970 年版，第 1633 页。

② 杨守敬、李之鼎编：《增订丛书举要》，据宜都杨惺吾先生原本，戊午（1918 年）季夏宜秋馆校印于南昌。

③ 四川大学古籍整理研究所编：《现存宋人别集版本目录》，巴蜀出版社 1989 年版，第 320 页。

另据张宏生《江湖诗派研究》① 里面统计的江湖诗集的收录情况，其中提到还有以下丛书收有林希逸的诗歌。

19. 陈起，《六十名家小集》七十八卷，清冰蕅阁抄本

20. 陈起，《江湖小集》四十三种五十七卷，清初抄本

21. 陈思，《南宋群贤小集》六十八种九十一卷，清抄本

22. 陈思，《群贤小集》六十八种一百二十二卷，清抄本

23. 陈起，《南宋群贤小集》九十六卷，清赵氏小山堂抄本

24. 陈起，《南宋群贤小集》九十五卷，民国六十一年台北艺文印书馆景宋刊本

25. 陈起，《江湖集》十六卷（缺卷十三到十六），昭和四十三年景东京内阁文库藏享和二年平坂学问所抄本

26. 陈思，《南宋六十家小集》，清吴焯藏本

27. 陈起，《群贤小集》八十八卷，清周春藏本

以上从《现存宋人别集版本目录》开始记载的文集，内容应该大多数是相同的，只是抄本在传抄过程中出现的差异。

另据《续修四库全书》中收录的元明清私人藏书家所编的藏书目录，以及其他藏书家所编的单行本目录古籍，其中有记载的藏书家所藏《竹溪鬳斋十一稿续集》，现将这些版本检录如下：

1. 叶盛《篆竹堂书目》。卷三录有："林鬳斋文集十一册。"②

2. 杨士奇等《文渊阁书目》。卷九录有："《林鬳斋文集》（一部十一册缺）。"③

3. 丁丙藏，丁仁撰《八千卷楼书目》。卷一五《集部别集类》录有："《鬳斋续集》三十卷（宋林希逸撰，抄本，旧抄本）。"④

4. 徐乾学藏《传是楼书目》六卷。卷四录有："《竹溪鬳斋十一稿续

---

① 张宏生：《江湖诗派研究》，中华书局 1995 年版，第 283 页。

② 叶盛编：《篆竹堂书目》，《丛书集成初编》，据粤雅堂丛书本排印，商务印书馆 1935 年版，第 67 页。

③ 杨士奇等编：《文渊阁书目》，《丛书集成初编》，据读画斋丛书本排印，商务印书馆 1935 年版，第 113 页。

④ 丁丙藏，丁仁编：《八千卷楼书目》，《续修四库全书》编纂委员会编：《续修四库全书》，第 921 册，《史部·目录类》，据民国十二年铅印本影印，上海古籍出版社 1995 年版。

集》三十卷，宋林希逸，五本，抄本。"①

5. 丁丙《善本书室藏书志》四十卷，附录一卷。卷三十二录有："《竹溪鬳斋十一稿续集》三十卷，旧抄本。三山林希逸著，门人石塘林式之编。"② 下有林希逸小传。有："楚汉阳弻岳藏书印"，"鸣野山房"印。

6. 丁丙《善本书室藏书志》四十卷，附录一卷。录有："《竹溪鬳斋十一稿续集》三十卷，旧抄本。三山林希逸著，门人石塘林式之编。"③ 附有简短书稿流传说明，文前有林同序。

7. 瞿镛《铁琴铜剑楼藏书目录》。录有："《竹溪鬳斋十一稿续集》三十卷，旧抄本。"④ 有此书的简短说明。

8. 钱谦益撰，陈景云注《绛云楼书目》。⑤卷三《宋文集类》录有"《竹溪鬳斋集二十卷》十一稿"。

9. 孙能传，张萱等撰《内阁藏书目录》。⑥ 卷三录有"《竹溪鬳斋十一稿续集》，宋林希逸著。"

综上简介了《竹溪鬳斋十一稿续集》的 12 种刊本，最早为明刊本，最多为清代刊本，有 9 种。《竹溪十一稿诗选》的传本数量众多，都出现在各种宋人小集中，集中在清代，内容约有两种：一是全为《续集》中不曾出现的诗，二是部分为《续集》中不曾出现的诗，部分为《续集》中出现的诗。这两个版本，在海外的流传较少，诗选的版本较为凌乱，且刊本质量良莠不齐。

---

①　徐乾学藏：《传是楼书目六卷》，《续修四库全书》编纂委员会编：《续修四库全书》，第 920 册，《史部·目录类》，据北京图书馆藏清道光八年刘氏味经书屋抄本影印，上海古籍出版社 1995 年版，第 836 页。

②　丁丙编：《善本书室藏书志》四十卷附录一卷，《续修四库全书》编纂委员会编：《续修四库全书》，第 927 册，《史部·目录类》，据清光绪二十七年钱塘丁氏刻本影印，上海古籍出版社 1995 年版，第 536 页。

③　同上。

④　瞿镛：《铁琴铜剑楼藏书目录》，《续修四库全书》编纂委员会编：《续修四库全书》，第 926 册，《史部·目录类》，据清光绪常熟瞿氏家塾刻本影印，上海古籍出版社 1995 年版，第 368 页。

⑤　钱谦益撰，陈景云注：《绛云楼书目》，《丛书集成初编》，据粤雅堂丛书本排印，商务印书馆 1935 年版，第 82 页。

⑥　孙能传，张萱等编：《内阁藏书目录》，《续修四库全书》编纂委员会编：《续修四库全书》，第 917 册，《史部·目录类》，据北京图书馆藏清迟云楼抄本影印，上海古籍出版社 1995 年版，第 39 页。

第七节　三子口义在东亚的传播特点和流行原因

由以上版本考论可见，三子口义最为流行的是在东亚的日本和朝鲜，而且每个国家呈现不同的传播特点和影响，流行的程度也有明显的规律和曲线，在日本的江户时期，朝鲜半岛的李氏朝鲜的前期到中期均非常流行，此前相对低迷，此后也快速陨落，尤其是以日本较为典型。本节分两点来论述之。

一　三子口义在东亚传播的特点

关于海外汉籍研究的必要及意义，近年来南京大学的张伯伟先生已在多个场合，多篇文章中反复阐述，也日益引起了学者的重视。他对汉籍的定义有三条：一是"历史上域外文人用汉文书写的典籍"，二是"中国典籍的域外刊本或抄本"，三是"流失在域外的中国古籍（包括残卷）"。他分别称这三类为准汉籍、和刻本汉籍、汉籍，统称为域外汉籍。① 林希逸的口义本，目前所见，这三种都有。

当然，开展域外汉籍研究有重要障碍，一是全面收集资料的困难，二是语言沟通的困难。幸运的是，许多东亚古代的汉籍，本来就是中文书写，不存在阅读困难，但遇到当代研究类著作，则的确会发生阅读困难的情况。与外国汉学家合作，是笔者解决这一问题所使用的有效方法。

我国的传统文化，无疑是世界上非常优秀的人类文化之一，这些文化，随着国际交流的增多而流传到海外，东亚国家尤其如此，包括西方英语世界，都有诸多三子口义等经典著作的译本。受益于中国文化影响的日本、韩国，近代以来经济快速发展，而作为文化母国，通过对海外汉籍的研究，获取我国传统经典文化在海外其他国家的传播和演变方式，获取他国文化与此相关的成长方式，对于解决我们所面临的问题及以后的发展，都将有启发和帮助。

---

① 张伯伟：《域外汉籍研究答客问》，《南京大学学报》2006 年第 1 期。

所有的汉字文献，在被置于世界范围内考察时，才能显示出全面的意义来。一部著作如果在海外有流传，结合海外的影响，才能真正客观的评价一部作品。这一点，用在林希逸著述的研究上，恰如其分。在进行林希逸著述版本搜集时，需要不断的阅读外国文献，这与仅限于国内古籍版本研究是不同的体验，会让人感到似乎进入一个完全陌生的领域，五光十色，也渐渐改变着研究者的学术思想。

在《庄子鬳斋口义》《列子鬳斋口义》《老子鬳斋口义》影响下的海外庄子学、列子学、老子学，其与中国国内的庄子学、列子学、老子学存在的异同，也是值得进一步探究的课题。另外，如果从世界视域来评价自古至今的《庄子》《列子》《老子》注本的价值和影响力，大概林希逸的三子口义，会有一个比较靠前的位置。

近年来，笔者一直在世界范围内搜集林希逸著述的各种版本，主要集中于中国大陆、台湾、香港地区，以及日本、韩国、美国等国家，所见以《老子鬳斋口义》《列子鬳斋口义》《庄子鬳斋口义》为最多。在这三个版本自宋至今的流传过程中，也体现出与其他诸多三子注本的不同特点。

在国内的流传情况，我们将前述搜集的信息，列简表，如表4—1（美国有诸多藏本，但并非新版本，故不再另列）。

表4—1　　　　　　　林希逸三子口义的历代中国刊本

年代	老子口义	列子口义	庄子口义	总计
宋	2	1	2	5
元	2	3	2	7
明	11	11	16	38
清	0	2	2	4
当代	1	1	1	3
总计	16	18	23	57

此表的统计结果，可清晰地用图4—88表示为：

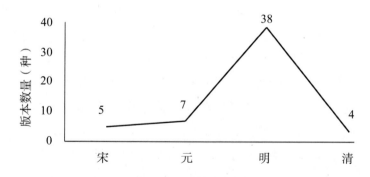

图 4—88 林希逸三子口义在中国历代的流传趋势图

我们可以得出以下初步结论：一是林希逸三子口义，在明代的传本最多。二是林希逸的三子口义中，《庄子口义》在国内最受欢迎。

三子口义与其他诸多三子注本在东亚的流传情况相比，林希逸三子口义最大的特点是在东亚的某一段时间内极受欢迎，远甚于国内。现将三子口义在东亚国家流传的版本情况简列如表 4—2 所示。

表 4—2　　　　　　林希逸三子口义在东亚的刊本

国别＼类别	老子口义	列子口义	庄子口义	总计
中国	16	18	23	57
日本	23	12	21	56
朝鲜半岛	13	2	69	84
总计	52	32	113	197

此统计结果，可清晰地用图 4—89 表示。

可见三子口义在中国的刊本从多到少，依次是：庄子—列子—老子，在日本依次是：老子—庄子—列子，在朝鲜半岛依次是：庄子—老子—列子。作为一个外文书，三子口义在日本的刊刻，与中国不相上下，而在朝鲜半岛甚至超过了中国。

同时，仅就朝鲜半岛和日本来说，我们以全寅初《朝鲜半岛所藏中国汉籍总目（四）》为例，尝试分析林希逸的三子口义在朝鲜半岛所有的三子流传版本中的位置。该书所录朝鲜半岛藏《老子》类汉籍，包括注本共

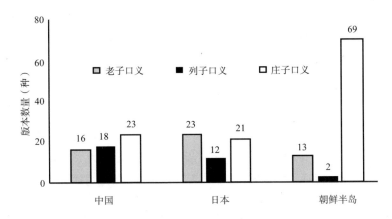

图4—89　林希逸三子口义在东亚的流传图

60 种，分别有 13 人述注，依次为：王弼注本 11 种，朴世堂注本 10 种，林希逸口义本 9 种，白文 7 种，焦竑注本 5 种，河上公注本 5 种，其余薛蕙、陆德明、沈一贯、王一清、潘基庆、纯阳真人、归有光等均在 3 种以下。

朝鲜半岛所藏《庄子》类汉籍，包括注本共 200 种，分别有 19 人述注，其中林希逸 65 种，白文 51 种，萱颖 19 种，朴世堂 10 种，郭象注本 7 种，郭庆藩 5 种，王先谦、焦竑、徐庭槐各 4 种，其余胡文英、林云铭、向秀、方虚名、王晖吉、潘基庆等，均在 3 种及以下。

朝鲜半岛所藏《列子》类汉籍 22 种，其中张湛注本 8 种，《列子》原本 4 种，林希逸口义两种等。

老、列、庄三子，自古及今，述注者可谓繁盛，能流传到外国去的，都自有特点。在《老子》的朝鲜半岛刊本中，《老子口义》位列第三位；在《庄子》的朝鲜半岛刊本中，《庄子口义》列第一位；《列子口义》相对位置靠后。假若我们有精力将国内自古及今的三子著述做一个详细统计，林希逸的排名恐怕会落在后面，他的口义本，在国内并不多么知名。而国内非常著名，遥遥领先的郭象、王弼、焦竑、河上公等注本，在海外却不如林希逸口义本受欢迎。

总体上讲，在三子口义的刊本传承中，体现出以下特点：

一是，宋元之际的刘辰翁批点本是一个非常重要的版本，之后有多个版本皆依据刘本再次整理。二是，明代刊本最多，且多为《老子鬳斋口义》《庄子鬳斋口义》《列子鬳斋口义》三书的合刊本，如何汝成、张四维、施观民、张士镐，皆将三书合刻，称作《鬳斋三子口义》等，这几个人也是国内三子口义的重要传播者。三是，日本的林道春、安田安昌、德仓昌坚，朝鲜半岛的李士表、崔岦、朴世堂，是三子口义重要的海外传播和研究者。四是，从藏地上讲，国内多数藏于中国国家图书馆，中国台湾图书馆，日本集中藏于日本国立国会图书馆，韩国主要藏于各个大学图书馆，美国则主要藏于美国哈佛燕京图书馆、普林斯顿大学东亚图书馆、耶鲁大学东亚图书馆和康奈尔大学东亚图书馆。五是，《老子口义》传到海外的一个原因是随着《道藏》本的传播。六是，在西方英语世界，三子口义中传播最广、被关注最多、被研究最多的是《庄子口义》，《老子口义》远在其后，《列子口义》则少见。

二　三子口义在东亚的流行原因

儒释道学说在朝鲜半岛的发展推移情况，大致是新罗时代（57—935）佛教盛行，高丽时代（918—1392）佛教与儒教处于相辅相成的地位，齐头并肩，到高丽末期开始兴起的性理学，在李氏朝鲜时代（1392—1910）发达盛大，成为官方推行的思想，佛教也就不可避免的衰落了。在古代东亚，日本的思想学说多是从朝鲜半岛传入，与朝鲜的思想发展阶段也相似，与朝鲜半岛相比，日本的思想学说发展阶段和特点更加鲜明，三子口义在日本的流行曲线更加鲜明，在此仅以日本为例，分析三子口义在东亚的流行盛衰。

政治上，古代日本从镰仓时代到室町时代动乱频仍，尤其是镰仓时代后南北分裂，约六十年间天皇之间、幕府将军、守护大名及武士团内部互相斗争激烈，过去从属地位的小农获得了独立的机会，促进了农业及其他各种产业的发展，农业产品和手工产品的交换随之盛行起来，商业经济也得到发展，较为发达的城市和平民势力开始出现。室町时期，许多大名各自割据，之后历经战国和织丰时代，纷争持续一个多世纪，丰臣秀吉死后，最有实力的大名德川家康获得实权，在庆长八年（1603 年）被任征夷大将军，开创了江户幕府，直到庆应三年（1867 年）大政归还给天皇，象征着江户时代的终结，共计 265 年，因幕府设在江户（今京都）而称江户时代，因政权始终归德川家族掌控，也称德川时代，相当于中国的明朝末期到清朝末期。

　　思想发展史上，奈良和平安时代，佛教被定为国教，并获得大展，主导社会思潮，到镰仓时代前期，随着中国宋学的传入，这是一段儒佛交织并互相走向对立面的初始过程，室町时代，京都和镰仓实行五山制度，以五山禅僧为主要创作者的汉文学与文化在日本流行起来，五山文化具有浓郁的中国文化色彩，由于此时对禅僧开放海禁，通过两国佛教界的互通往来，禅僧成为日本接受、创作和传播、研究中国文化的主体，五山禅僧们置身佛教，但他们多数并不完全排斥中国儒学和其他中国的传统思想，比如道家思想。禅僧们以开放心态研究各类汉籍，道家文献也在其列。江户时代相对政治稳定，基本是太平盛世，社会经济和商业得到大力发展，蓬勃崛起的商业经济大大动摇了武士阶层赖以生存的经济利益，而多年寄生于武士阶层的僧侣其地位自然也受到了严重影响，与维护稳定的政治统治相适应的是以朱子学为核心的儒学成为学术主流。在这样思潮转换的时代中，道家经典文献也便趁机在日本传播开来。

　　（一）道家经典文献的传播

　　日本与中国的文化交流大致有三次密集时期，在日本流行的中国文化及汉文学也相应的有三个高峰，"其一为奈良朝缙绅贵族的文学，其二为室町时代五山禅宗僧侣的汉文学，其三为江户时代儒者文人的汉文学"①，早在平安时代，已有相当数量的道家文献在日本流传，13 世纪以后，禅僧先后入宋，带回了一些道家书籍并相继展开研究，林希逸口义本传入日本大致也是在此时，这一点武内义雄先生已有论证，他根据在镰仓时代流传的河上公老子注中援引的林希逸注，指出这些旁注"是在河上公注本之上加入的，这一点昭示着老子解释处于正要转变之际，这样，林希逸注之传入我国，恐怕只能是经由禅僧携入的，因而，这正是我国的老庄研究因禅僧而实现改革的一个证据吧"②。林希逸口义本刚刚传入日本后的一段时间，只是在禅僧中流传，并未引起学界注意，16 世纪以后到江户时代前期，曾不被承认的老庄之学经过上古和中古文化的积淀，得到空前发展，"道家思想在江户时代日本的思想文化领域已有相当广泛的传播"③，才掀起研读老

---

　　① ［日］绪方惟精：《日本汉文学史（第三版）》，丁策译，正中书局 1980 年版，第 131 页。

　　② ［日］武内义雄：《武内义雄全集（第六卷）·日本における老莊学》，角川书店 1978 年版，第 231 页。

　　③ 张谷：《道家思想在日本的传播和影响》，人民出版社 2013 年版，第 149 页。

列庄首选林希逸注本的潮流，李氏朝鲜王朝前期的情况也大致类此。

　　道家经典文献在日本的传播，既是日本学术思想自律发展的产物，作为日本进入更高文明阶段的标志，也是日本社会政治发展他律的结果。因为"在古代东亚世界，受容中国书籍的多少，是衡量一个国家文明程度的重要标志。"① 日本江户时代建立的佐伯文库就收藏了一部《道藏》，道家思想的经典文献以老、列、庄为主，而各个注本的流行程度各异，日本"现存最古老的《老》《庄》写本，是奈良圣语藏的河上公注《老子》下卷和高山寺藏郭象注《庄子》残卷，都书写于镰仓时代，可知自平安朝至镰仓时代，广泛流传的是《老子》河上公注和《庄子》郭象注"② 。当今的日本学者也认为自古以来，日本人读《庄子》就采用郭象注③ ，这种情况到 14 世纪末有所改变，五山禅僧们才开始采用林希逸的口义本来读《庄子》，《老子》，室町时期的《老子河上公注》抄写本，就多次引用林希逸的《老子鬳斋口义》，这是日本独有的。到 16 世纪以后，整个江户时代最流行的老列庄注本便是林希逸的《老子鬳斋口义》《列子鬳斋口义》《庄子鬳斋口义》，并成为江户前期学者接触老列庄的首选注本④ ，一时风头无两。

　　严灵峰《周秦汉魏诸子知见书目》⑤ 中记载了日本自古到 1973 年所有的老庄注本，其中共记载《老子》注本 311 种，最早的注本在 1550 年，共记载《庄子》注本 169 种，最早的注本在 1530 年，记载的从室町末期到江户末期的《老子》注本有 158 种，其中有关林希逸《老子口义》的是 16 种，记载此时期的《庄子》注本共有 77 种，有关林希逸《庄子口义》的是 11 种。严灵峰统计的数目应该比实际的少，据笔者研究，《老子鬳斋口义》在日本的刊本至少有 23 种版本，其中 18 种都刊刻于江户时代，《庄子鬳斋口义》在日本的刊本至少有 21 种，还有多种注本在注释中采纳引用林希逸口义本。根据日本庆应大学斯道文库编的《江户时代书林出版

---

① 陈小法：《明代中日文化交流史研究》，商务印书馆 2011 年版，第 241 页。
② 刘韶军：《日本现代老子研究》，福建人民出版社 2006 年版，第 190 页。
③ ［日］池田知久：《道家思想的新研究（下）——以〈庄子〉为中心》，王启发、曹峰译，中州古籍出版社 2009 年版，第 686 页。
④ ［日］武内义雄：《日本における老莊学》之三《林希逸口义の渡来と流行》，《武内义雄全集（第六卷）》，角川书店 1978 年版。
⑤ 严灵峰编：《周秦汉魏诸子知见书目》，正中书局 1975 年版。

书籍目录集成》① 记载，仅有关《庄子》的注本之出版就有 75 种，另考察《庆长以来诸家著述目录》②《汉学者传记及著述集览》③《国书总目录》④ 等，以补严灵峰书目之不足，总计江户时代研究《庄子》的书目有近 90 种之多，足见江户时期日本人对老庄学说的受容。

文献传播有一定规律，一般包括两个层面，"一方面是文本阐释活动，它是文献社会传播的基础和实现目标；另一方面是在此基础上通过社会渠道完成的文献传播活动"⑤。文献传播与思想的传播，是一体两面、互相依附、相辅相成的不可分离的关系。江户时代道家经典文献老列庄，有多种阐释文本，在诠释方式上呈现多种样态，有训点本、俚谚抄本、通俗注解本、插图本、头书本等；也有在此基础上多种多样的文本传播形式，如在传播文本的文字类型上，有汉文、日文、汉文与日文并行，在版本形式上有木刻本、铜板印刷本、手抄本等。正是因为道家思想在江户时代流传渐广，才产生了对道家经典文献的多种需求，从而催生了多种形式的版本，同时，多种版本又承载、推动着道家思想的传播。

道家思想在江户时期社会思潮中所处的地位，有学者认为林罗山引以为自己学说基础的神道教，在大部分的德川时代处在一个支配性的位置："罗山看作是他的理论基础的神道，即吉田神道，在大部分的德川时代处于一个支配性的地位，这毫不惊奇。⑥"而中国的道教在日本镰仓到室町时期，"虽然被日益崛起的武士道所排斥，但它的一些教义和道术却被神道教所吸收，潜在地进入了具有纯粹日本特性的神道教"⑦，所以德川时代神道教的地位部分意味着道教的地位，道教的基础性地位也就意味着道家思想为人所重视，其中最为引人注目的，便是林希逸的《老子鬳斋口义》《列子鬳斋口义》《庄子鬳斋口义》的流行。

---

① 日本庆应大学斯道文库编：《江户时代书林出版书籍目录集成》，井上书房 1963 年版。

② ［日］中根肃治，《庆长以来诸家著述目录》，八尾书店 1894 年版。

③ ［日］小柳司气太、小川贯道：《汉学者传记及著述集览》，名著刊行会 1970 年版。

④ ［日］岩波熊二郎：《国书总目录》，岩波书店 1969 年版。

⑤ 周庆山：《文献传播学》，书目文献出版社 1997 年版，第 86 页。

⑥ Richard Bowing, *In Search of the wan—Thoug ht and Religion in early – Modern Japam.* 1582—1860. , Iondon：Oxford lhiversity Press. 2017，p67.

⑦ 孙亦平：《东亚道教研究》，人民出版社 2014 年版，第 483—484 页。

（二）林希逸三子口义之流行

林希逸三子口义传入日本的时间一般认为是在五山时代，由禅僧开始以林注为底本在日本讲解传播开来，王迪认为《庄子口义》至迟在南北朝期间，也就是 1392 年就已为人所知①，到江户初期，大儒藤原惺窝点校《列子鬳斋口义》，其高足林罗山手抄、批点、训点林注《老子口义》就有 6 种刊本，并"板刻林希逸《庄子口义》，开启日本江户期研究《庄子》之端绪"，因而林希逸的"老庄著作在日本风靡一时"②，据笔者研究，林注三子口义在日本的相关可考版本至少有 56 种，加上一些本文简略提到的版本，至少在 62 种以上。

任何一个事物的流行，都要建立在现有条件的基础上。在思想领域，到南宋时期，注解老列庄的著述不胜枚举，林希逸注本刊行后，并没有在中国引起广泛赞誉，影响力也比较有限。其时，王弼本、河上公注本、成玄英本、郭象本，被公认为是诠释精当、文辞典雅、观点新颖的经典注本，而这些注本在儒学东传以后，竟然在长达 265 年的日本江户时期和相应时期的朝鲜都没有受到重视，反而是不被中国学界看好的林希逸三子口义注本，受到日本、朝鲜知识人的追捧，在日本江户时代独占鳌头。

林希逸注三子口义，明代人张四维认为"较诸家为善"③，在《老子》的各家注解中，日本大学者林罗山认为"希逸视诸家最为优"④，渡边操认为"今世人读《老子》者，多赖林鬳斋口义"⑤，山本洞云在其《老子经谚解》序中云"《口义》比之诸家颇为优也"，日本元禄十五年（1702）发行的《倭版书籍考》"诸子百家之部"中在《老子》下只记载了《老子鬳斋口义》，并注解云"《老子》诸注之内无能胜于《口义》之注解"，而且在《列子》下也只记载了《列子鬳斋口义》一种，可见东亚学人对林注

---

① 王迪：《从书志考察日本的老庄研究状况——以镰仓、室町时代为主》，《汉学研究》2000 年第 1 期。。

② 孙亦平：《东亚道教研究》，人民出版社 2014 年版，第 472 页。

③ 张四维：《重刻三子口义序》，宋林希逸撰，明张四维补，明何汝成校订：《鬳斋三子口义》，明万历二年（1574 年）敬义堂刊本。

④ ［日］林道春：《重刻老子鬳斋口义序》，林希逸著，日本林道春批点：《老子鬳斋口义》，日本庆长（1596 – 1615）年间木活字印本。

⑤ ［日］渡边操：《老子愚读》，日本延享五年（1748）风月堂刊本。

的评价高度及在东亚的受欢迎程度。有关林希逸口义本在日本流行的原因，已引起一些学者关注，日本学者池田知久认为主要是由于林罗山的推崇和禅僧即非如一赴日，激发了人们对口义本的兴趣①。台湾学者王迪认为，口义本因为通俗易懂被列为老庄学的入门书，但最主要的是因为"口义本引用大量的禅语，并多以一目了然之'禅家''禅家所谓'等语示之"，而受到日本禅僧的喜好②。这些观点都此问题做了推进，令笔者获益，本书在此基础上展开进一步推进。

第一，佛学盛行的背景。自佛教传入日本后，历代天皇都有意兴隆佛法，圣德太子甚至身着袈裟讲述佛经，奈良时期佛教达到全盛，政治上，"佛教是镇护国家的要法"③，到奈良末平安时代初期，佛教已远离政治中心，遭遇短暂受挫而略显颓势，但依然势重权尊，是最盛行的宗教，皇室对佛教的皈依仍然很深，从经济上给予个别僧人诸多恩宠，建造了许多寺院，并伴随着天台宗、真言宗、净土宗兴盛，涌现出弘法大师、慈觉大师、智证大师等高僧大德。渐渐的伴随着佛教内部矛盾的显现，主要有僧侣、寺院与人民的矛盾，及僧侣的堕落等原因，引起社会上排佛思想萌芽。虽然"镰仓幕府时代，是日本佛教史的中心"④，法相宗、三论宗、华严宗、律宗、真言宗、净土宗、禅宗等约12个佛教宗派也以镰仓幕府为中心，前期禅宗占有明显优势地位，而在应仁之乱后，禅宗的势力明显削弱，真宗、日莲宗、净土宗发展较快，而排佛的思想也在持续滋长。到江户时代前期，佛教依然有较高的地位，已经空前深入日本人的日常生活中，"寺庙不可避免地和俗世官方卷在一起，以至于到了在某种程度上被看作是一种管理工具，他们变得史无前例地深深融进人们每一天的生活中"⑤。而佛教的衰微也无可否认的日渐严重起来，这为儒教和道教趁虚而

---

① ［日］池田知久：《道家思想的新研究（下）——以〈庄子〉为中心》，王启发、曹峰译，中州古籍出版社 2009 年版，第 695 页。

② 王迪：《从书志考察日本的老庄研究状况——以镰仓、室町时代为主》，《汉学研究》2000 年第 1 期。

③ ［日］村上专精：《日本佛教史纲》，杨曾文译，汪向荣校，商务印书馆 1992 年版，第 39 页。

④ 同上书，第 123 页。

⑤ Richard Bowring：*In Search of the Way——Thought and Religion in Early - Modern Japan*，1582 - 1860，England：Oxford University Press，2017，p. 33.

进提供了外在思想条件。

林希逸以禅学解三子口义的特点已为学者公认①，《中国庄学史》明确指出，林希逸在解庄时大量援引佛禅术语②，如《庄子鬳斋口义》中的："戒生定，定生慧"，"佛家曰，是法平等，无有高下"。并引用佛典、灯录、公案、语录材料来解释，如对《大宗师》"与其誉尧而非桀也，不如两忘而化其道"这句，注云：

> 誉尧舜非桀一句，虽若不经，此其独见自得处。无桀亦无尧，无废亦无兴，无善亦无恶，无毁亦无誉，毁誉、废兴、善恶，皆相待而生，与其分别于此，不若两忘而付之自然，付之自然，是化之以道也。佛家曰"是法平等，无有高下"。又曰"有无俱遣。"又曰"大道无难，惟嫌拣择"，皆此意也。"两个泥牛斗入海，直到如今无消息"一语最佳。

其中提到的"是法平等，无有高下"，出自《金刚经》，"有无俱遣"出自《圆觉经》，"大道无难，惟嫌拣择"出自禅宗法典《信心铭》，"两个泥牛斗入海，直到如今无消息"，出自宋释道原《景德传灯录》的一则公案。

再简举《庄子鬳斋口义》中几例，考虑到老列庄原文和注释较长，故此仅录林希逸注文，下仿此。

卷十四："求道不在于聪明，不在于言语，即佛经所谓'以有思维心求大圆觉，如以萤火烧须弥山'"。

卷十六："《楞严经》云'反流全一，六用不行，'此即天机不张，五官皆备之意。"

卷二十三："知者不言，此时达摩西来，不立文字，直指人心，见性成佛。不言之教，即维摩不二法门也。""《圆觉》曰：'说无觉者，亦复如是。'觉而至于无觉，可谓妙矣，而犹以无觉为未尽，即此未能无无，

① 孙红：《林希逸以儒解庄及其原因》，《北方论丛》2003 年第 5 期；孙红：《以禅解庄——林希逸〈庄子口义〉对〈庄子〉的阐释》，《河南师范大学学报》2003 年第 4 期；李见勇：《庄子研究的新突破——论林希逸〈庄子口义〉》，《内江师范学院学报》2007 年第 1 期。
② 刘国盛、肖海燕、熊铁基：《中国庄学史》（上），人民出版社 2013 年版，第 502 页。

为无所有之意。"

《老子鬳斋口义》第七："此语又是老子诱人为善之意，及释氏翻出来，则无此等语矣，故谓之真空实有，真空便是'无私'之意，实有便是'能成其私'之意，但说得来又高似一层。"

第五十："昔有某寺，前一池，恶蛟处之，人皆不敢近。一僧自远来，初不之知，行至池边，遂解衣而浴。见者告之曰：'此中有蛟甚恶，不可浴也。'僧曰：'我无害物之心，物无伤人之意。'遂浴而出。"这是举以僧人典故来阐发本章主旨。

《列子鬳斋口义》中，《天瑞第一》："精神属于天，骨骸属于地，《圆觉》四大之说也。""此即《圆觉》所谓'今我法身，当在何处'也。朱文公于此谓释氏剽窃其说，恐亦不然。从古以来，天地间自有一种议论如此，原壤即此类人物，佛出于西方，岂应于此剽窃？诋之太过，则不公矣。""此便是是佛家今生来生、前身后身之说也。"

《黄帝第二》："禅家'有渗漏'三字极佳。'乞儿'、'马医'，其心苟诚，皆可学道，所以见之必下车也。此亦《圆觉经》不轻初学之意。"

《周穆王第三》："释氏以音为观音，呆佛日学东坡《维摩赞》，作《观音赞》一首，正是此意。"

《仲尼第四》："今禅家正用此机关，兼此段文字亦与《传灯录》辩义处语句同。"

这样的例子可以列的很长，在三子口义中，多次提道：释氏，禅家，禅学等，林希逸在《庄子鬳斋口义发题》中自谓"又颇尝涉猎佛书而后悟其纵横变化之机"，有关他的佛门因缘和佛学思想前已有述，因他有这样的读书经历和思想基础，所以他对佛教历史、佛学典故、经典理论、专业术语、佛门公案等熟稔于心，在注解时可信手拈来。这在佛学盛行的思想背景下，成为道家思想快速走向人们的桥梁，对人们接受口义本很有帮助。

第二，儒学崛起的契机。中国传统儒学很早就传到了日本，与佛教相比一直未能取得显著优势地位，到镰仓时代前期传入日本的宋学——以朱子学为核心的儒学，与传统儒学有所不同，"两宋时期所复兴的儒学，已不是先秦、西汉时的儒学，而是融合释老的新儒学"①，这是一种吸收了佛家和道家思想的新儒学，这种儒学已经不能说和佛家、道家思想完全没有关系，而是一种在已有各种思想基础上生长出来的与已有的思想有相似、也有相异的新思想。

在佛学盛行的时代中，新思想的出现借着佛学的幌子，或者说一些时候以已成气候的佛学为新思想的外衣，既可因之获得一定保护，不至于被彻底打压，也可从佛学中汲取营养悄悄生长，这符合新事物的成长规律，是保守且安全的。在日本古代思想史上，从镰仓时代到战国时代的社会思潮，可以说是以佛学为主体向以儒学为主体的过渡时代，其间五山禅僧起了重要作用。这种通过禅僧外佛内儒的思想生长、发展、传播方式，在江户时代初期依然如是，我们熟悉的儒学大家藤原惺窝、林罗山，都曾在年少时出家，剃度为僧，之后又弃佛从儒，林罗山还在幕府担任儒官要职。到江户中期，随着佛教的堕落和腐败，佛教在整个社会的地位大大下降，"许多儒教徒耻为儒僧，结果从僧侣中摆脱出来，使儒学独立"②，这时的儒教已有力量压倒佛教，此时，日本才算是进入儒学的全盛时代。

在儒学盛大起来的过程中，需借助多方力量，林希逸口义本也提供了这种条件。林希逸作为林光朝在福建所创艾轩学派的第三代传人，官至中书舍人，终生以理学家自居，他在解老列庄时，既能引用大量佛家学说，也就必然不会对自己立身的儒家学说置之不理，他引用儒释学说注解老列庄，在儒释与老列庄学说的融合与相通方面做出了尝试。在《庄子鬳斋口义发题》中他指出："是必精于《语》《孟》《中庸》《大学》等书，见理素定，识文字血脉，知禅宗解数，具此眼目而后知其言意有所归者，未尝不跌宕，未尝不戏剧，而大纲领、大宗旨未尝与圣人异也。"林希逸的观点很鲜明，要理解《庄子》，必要精通儒家经典，用儒学的学理精神去体会庄学，就会明白《庄子》的大纲领和大宗旨，与儒家圣人所云是一致贯通的。不仅是在理解《庄子》的方法上要通过研习儒家，而且在整部书的最高主旨和立意上也与儒家无所不同。在林希逸看来，《庄子》与儒家的关系密切，相差无几。在《老子鬳斋口义发题》中，他分析了《老子》长

---

① 朱汉民等：《中国学术史（宋元卷）》，江西教育出版社2001年版，第25页。
② 朱谦之：《日本的朱子学》，生活·读书·新知三联书店1958年版，第128页。

期受到误读的原因，并指出老子的思想与孔孟有同有异，但在本质上与儒家思想是一致的，这一点孙明君先生有文论之①，由此可见林希逸对老庄之学本质的认识，这种认识明确体现在他的注解中。现简举几例。

《庄子鬳斋口义·骈拇》中"吾所谓聪者，非谓其闻彼也，自闻而已矣；吾所谓明者，非谓其见彼也，自见而已矣"之注云：

> "自闻""自见"，若在吾书，即《论语》所谓"默而识之"，《易》所谓"默而成之，不言而信"，《孟子》所谓"施于四体"，"不言而喻"。伊川《春秋传序》曰"优游涵泳，默识心通"，皆是此意，但说得易尔。……仲弓之持敬，渐也，颜子之克己复礼，顿也。不然，何以曰"一日克己复礼，天下归仁焉"，又曰"为仁由己，而由人乎哉"，语势起伏便与禅家答话一同。仔细吟玩，方见其味。颜子既于言下领略，乃曰"请问其目"，此即禅家所谓如何保任之时，四非四勿，便是尽心、知性、知天之下，继以存心、养性、事天，修身俟命之事业。其曰"为仁由己"，即禅家所谓此事别人着力不得也。

第一层这一段先引儒家经典《论语》《孟子》《易》佐之，再引伊川《春秋传序》、仲弓、颜子证之，第二层论其语势起伏与禅家话语一致，第三层再引颜子语，第四层云这正与禅家之语相类，仔细分析其内容，第五层再用禅家语言辅证之。

《庄子口义》卷二十一："君子之交淡而亲，小人之交甘而易绝，皆说尽人世情状，此语虽入之《语》《孟》亦得。"

卷十五："以刑名赏罚为治之具，以分守仁义为治之道，何尝差错。""以畏途喻衽席，即'蛾眉伐性之斧'之意，此示人窒欲窒戒。庄子此语，虽圣贤闻之，亦必为之首肯，此亦异端之学乎？"

用儒学的核心概念"天理"解庄。卷三："不知之知，便是不言之辩，便是不道之道。若人有能知此，则可以见天理之所会矣，故曰此之谓天府。天府者，天理之所会也。"卷十七："天伦即天理也"，卷二十七："人身之内，如此空旷，而心君主之，以天理自乐，则谓之天游。"解《齐物

---

① 孙明君：《林希逸〈老子鬳斋口义·发题〉释读》，《北京大学学报》2017 年第 2 期。

论》"夫随其成心而师之":"成心者,人人皆有此心,天理浑然而无不备者也。言汝之生,皆有见成一个天理,若能以此为师,则谁独无之。"《山木》"浊水,喻人欲也;清渊,喻天理也",《大宗师》"其嗜欲深者,其天机浅":"嗜欲者,人欲也,天机者,天理也。"

用宋明理学开山周敦颐的思想来解,《齐物论》中:"未始有物者,太极之初也。古之人者,言古之知道者。自无物之始看起来,则天下之理极矣。其次为有物,是无极而太极也。自有物而有封,是太极分而为两仪也。"《大宗师》中:"自本自根,推原其始也,推原此道之始,则自古未有天地之时,此道已存矣,是曰无极而太极也。""无极而太极""太极分而两仪",这是周敦颐《太极图说》中有关宇宙生成的重要理论。

《老子鬳斋口义》中,多次提到儒家的"圣人",在第六章中有:"晦翁曰:'至妙之理,有生生之意存焉。'"

第二十五章:"有物混成,道也,无极而太极也。"借用理学开山周敦颐《太极图说》中的首句。

第四十九章:"子曰:'苟志于仁矣,无恶也。'"直接引用孔子的话。

第八十章:"小国寡民,犹孟子言'得百里之地,皆可以朝诸侯,一天下'之意。"

《列子鬳斋口义》中《天瑞第一》:"晦翁曰:'至妙之理,有生生之意存焉'。"这句话在《老子鬳斋口义》中也有引用。"'吾见其进也,未见其止也。'"原文出自《论语·子罕》。

《黄帝第二》:"'上','语上'之'上'也。"这句出自《论语·庸也》:"子曰:'中人以上,可以语上也;中人以下,不可以语上也。'""此'不正'字,便与《孟子》'必有事焉而勿正'同。""《孟子》以杨朱为'为我',据此数处,则杨朱似为老子之学。"

《周穆王第三》:"《语》曰'四十而不惑',亦此境界。"《语》便指《论语》。

《仲尼第四》:"此即'从心不逾矩'之说,但说得鼓舞尔。""从心所欲,不逾矩"出自《论语·为政》。

《汤问第五》:"锥末虽倒眥而不瞬,孟子所谓'不目逃'也。"

《杨朱第七》:"以此思之,孟子曰'寿夭不贰,修身以俟之。'多少滋味,多少理义,多少受用不尽处。孔子曰:'朝闻道,夕死可矣。'其意亦在此。"

这些引用儒家经典和儒家核心人物言论的例子不胜枚举，在三子口义中引用的儒家经典大致有：《论语》《孟子》《周易》《礼记》《左传》《公羊传》《大学》《中庸》《尚书》《诗经》等，多次提到的儒家代表人物有：孔子，孟子，颜子，朱熹，还反复提到圣人，圣贤等。这些儒学中的核心书籍与人名，对于初步接触儒学的人来说，是熟悉的桥梁和吸引。思想倾向佛学的人，在三子口义中可以读到佛学思想，思想偏向儒学的人，在三子口义中可以读到新鲜的儒学思想，儒佛思想与老列庄学说结合，不同的读者各怀心事，从中各取所需，走向不同甚至完全相反的方向。在佛教日益倾颓萎靡的时期，欲光大佛门者会抓住一切的可能，在儒学渐渐兴起的时期，儒者也想要借用一切条件传播儒学，一向沉寂无闻并不被重视的道家文献，是一个缓冲的地带，也是双方最易抓住的渠道。在语言上通俗易懂的林希逸三子口义，与这种时代思潮需要不期而遇，全面走向人们的学术视野。

第三，三教融合的社会思潮。江户学者与道家思想。从镰仓到室町时代，著名学者对道家思想皆有所及。室町时期的第一流学者、皇室讲官清原宣贤（1475—1550）依据林希逸口义本来讲述《庄子》，其讲述后被他的孙子清原国贤于天正八年（1580）整理抄写成《庄子抄》。中世纪禅林多有禅僧涉猎老庄学，芳贺幸四郎认为有39人，王迪认为有47人①，综合孙亦平、张谷、王迪、池田知久等学者的研究，"当时根据新注《庄子鬳斋口义》来研究《庄子》的禅僧有惟肖得岩、一华建怼、万里集九，天隐龙泽、伯容见雍、月舟寿桂、莫甫永雄等7人"②，这些人对林希逸口义本的研究和关注，为江户时代道家思想更为广泛的流行，奠定了基础。因为"禅僧对后世的影响也不仅限于佛教、儒学，其对老庄研究的影响也一直持续到江户时期"。③ 神僧对老庄思想的研究和吸收，是道家思想传播的

---

① 王迪：《从书志考察日本的老庄研究状况——以镰仓、室町时代为主》，《汉学研究》2000年第1期。

② ［日］芳贺幸四郎：《中世禅林の学问および文学に関する研究》，日本学术振兴会1956年版，第190—214页。

③ 王迪：《从书志考察日本的老庄研究状况——以镰仓、室町时代为主》，《汉学研究》2000年第1期。

基础之一，因为"没有阐释的传播是毫无意义的徒劳之举"①，无法被真正吸收和化用，道家文献从镰仓到江户时代，都有诸多阐释文本。前期大儒林罗山对林希逸口义本极为重视，有 1627 年《老子鬳斋口义批点》，1652年《道春老子经抄》，1657 年《道春首书老子经》，1669 年《老子抄》，1657 年《鳌头庄子口义》等六种不同刊本，他的老师藤原惺窝也有日本万治二年（1659 年）《列子鬳斋口义点校》四卷。其他学者如松尾芭蕉，良宽，贺茂真渊、近藤万丈，三浦梅园，安藤昌益和广濑淡窗等，不仅深入地研习老庄思想，而且在自己的创作中将老庄思想体现出来②，其中安藤昌益（1703—1762）和广濑淡窗（1782—1856）是江户中期日本老庄学两大家，广濑淡窗以儒者立身，著有《老子摘解》等道家著述。这些都体现了学者对道家思想的受容，同时也促进了道家思想的传播。

学术思潮与道家思想。在学术思潮上，江户时代显著的特点是儒释道三教互相学习，取长补短。其实三教合一的社会思潮，在日本中世纪就出现了，室町时期五山文化中的特点之一便是儒释道不分，禅僧们研习中国典籍与文化，领域上覆盖儒释道三家。禅僧们是较早主张三教合一的人群。黄檗宗开山祖师隐元隆琦的高足即非如一禅师，也是林希逸的后裔，在江户前期赴日后，整理了林希逸的《老子鬳斋口义》，作为一个释者，即非禅师对道家经典的整理，体现了江户前期禅僧在思想上儒释道并用、释外儒道内的三教融合思潮，其实禅僧的这种思想特点早在五山时期就已经有了。经过镰仓到室町时代五山禅僧对汉学的研究和传播，以朱子学为核心的宋学渐渐在日本发展起来，到江户时代初期，以藤原惺窝和林罗山为代表的禅僧，其外佛内儒道的身份和思想特点，正是对五山禅僧三教融合观的继承，在这样的社会思潮下，同样持三教融合观的林希逸注三子口义，便有机会迅速在日本传播开来，由此《老子鬳斋口义》方才引起东渡日本的禅僧即非如一的注意，并整理刊行，除了即非禅师，还有林罗山、藤原惺窝等江户前期的大学问家，对三子口义的关注大多皆是如此。

三教合一的思想在室町时期也有一个变迁的过程③，日本学者也注意

① 周庆山：《文献传播学》，书目文献出版社 1997 年版，第 86 页。
② 孙亦平：《东亚道教研究》，人民出版社 2014 年版，第 536 页。
③ 吴春燕：《三教一致论在日本中世禅林的历史变迁》，《殷都学刊》2011 年第 2 期。

到了在室町到江户时期的社会思潮的三教合一的倾向①，包括林希逸三子口义中体现出三教融合的思想倾向②。而仅仅有这种思想基础，还远不足以成为口义本在日本流行的条件，日本社会本身还需要有接受和发展这种思想的条件和基础，才能够双方在遥相呼应的前提下深入结合，日本学人对三子口义本的接受过程，伴随着对三子口义的诠释过程。

诠释学较早在西方兴起，认为思想被传播和接受的过程，也是思想被诠释和理解的过程。西方诠释学谈的更多是理解，这种理解侧重于对文本语言的表面理解。而古代东亚士人多是述而不作，对古人的著作在新的时代下阐发个人思想，这种阐发显然与诠释学差别较大，更多是解释，但并非与西方诠释学毫无关联，与伽达默尔提出的"效果历史"有些类似，因为"效果历史意识具有对传统的开放性"③，也就是可以将传统和解释包容为经典思想的某个向度。解释的过程当然要依靠语言，"一切理解都是解释，而一切解释都是通过语言媒介而进行的，这种语言媒介既要把对象表述出来，同时又是解释者自己的语言"④。语言的存在本身就是一种思想的边界，不管理解者使用哪一种语言，其实都是无形中为自己设立了某种边界，画地为牢，所以，文本在传播中的被理解和被解释至少有两个层次，第一是意味着部分文本原意的被弃，第二是意味着加进去了理解者所用语言所自带的新的含义。口义本在日本的被理解和解释时用的语言，正是日本人自己的语言，表达方式也是日本人自己的表达方式，这种"理解的语言性是效果历史意识的具体化"⑤。三子口义中体现出来的三教思想并存的语言，就成为日本人理解口义本的首要依据。江户前期日本社会中儒释道共存的现实状况，就成为这种理解得以开展的思想基础。

---

　　①　［日］松波直弘：《江戸期曹洞宗における三教一致思想—"曹洞護国辨"に関して》，《研究年报》2012 年第 59 期，第 1 – 26 页。

　　②　［韩］김형석（Kim Hyeong – Seok）：《林希逸의老庄注를중심으로본三教观（Lin Xiyi's perspective on relationship among Confucianism, Buddhism, and Taoism），유교사상문화연구（The Study of Confucianism），2006 年第 4 期；王勇：《三教合一归终理学——论林希逸〈庄子口义〉的思想倾向》，《内江师范学院学报》2007 年第 1 期；［日］荒木见悟：《中国思想史的诸相·林希逸的立场》，中国书店 1989 年版。

　　③　［德］汉斯—格奥尔格·伽达默尔：《诠释学 I 真理与方法（修订译本）》，洪汉鼎译，商务印书馆 2010 年版，第 510 页。

　　④　同上书，第 547 页。

　　⑤　同上。

三子口义的注释特点正与江户前期日本社会中流行的三教融合思潮暗合。在林希逸口义本传入日本的南北朝时代，佛学是社会的主流思潮，到镰仓时代，五山文学"即提倡儒佛一致论或三教一致论、三教调和论，事实上既为佛教思想对于儒教思想之一让步，从一方面来看，也可以说是儒教代替佛教的先兆"①。而且"五山禅僧中几无不言三教合一的"②。从而导致"三教一致这时成为一般外佛者而内俗儒的一种借口"，可见此时日本的释者已向儒者示弱，并表现出要投降儒者陈营的端倪，暗示着儒学即将崛起。到江户时代前期，佛教和儒教还处在论证之中，在社会现实上并未分出胜败，实际的状况是这时涌现出越来越多的寺庙，似乎佛教依然兴隆，实际的情况却要糟糕很多，"据估计在 1630 年，80% 的寺庙仅靠他们拥有的田产收入已经不能维持自身的生存"。③ 佛教的衰落这是一个征兆。当时的人也清楚认识到了各家思想并存的状态："事实上，大量德川时代的日本人，包括儒家学者自己，都把他们所处的世界当作一个复杂的地方来理解。"④ 在这样的社会思潮背景下，在民间更有影响力的佛学，是人们更容易了解的，面临佛教的不振，当然人们更愿意通过更为熟悉和亲近的佛学去了解新的思想，包括儒家和道家思想。在儒家思想崭露头角的时候，德川幕府官方主张推行儒学，这时的儒学也需要搭载着释道两家蹒跚前行，对日本人来说，作为道教的入门读物的林希逸口义本成为首选。

这在文献传播学上是有依据的，"任何文献传播活动，都不是机械地转移，而是受人们意识、心理及价值观制约的。人类主观交互作用在文献传播过程中普遍存在，事实上，文献传播活动从本质上是传播主体与阐释文献主体间透过文本进行的思想交流、对话与探索行为，文献信息的文化意义在这种二元主体互动的共同意向中不断增殖，这种文化增殖既满足了传播者的心理和价值观的需要，也满足了受众阐释动机的需要，更促进了

---

① 朱谦之：《日本的朱子学》，生活·读书·新知三联书店 1958 年版，第 127 页。

② 同上。

③ Richard Bowring, *In Search of the Way——Thought and Religion in Early - Modern Japan*, 1582 - 1860, England：Oxford University Press, 2017, p. 35.

④ Andrew Gordon, *A Modern History of Japan：From Tokugawa Times to the Present*, England：Oxford university Press, 2003, p. 37.

人类思想的更新、创造与进步的文化需要"①。这段话清晰阐释了文献传播其实是读者在自己已有思想基础上与文献所体现的思想之间的传递与互动，读者不只是被动的接受文献的思想，既会有所选择，也会进一步思考，在这样的过程中实现文献信息的文化增殖。

心理学成果也可以佐证，美国学者 Derek Thompson 在其著作 *Hit Makers——The Science of Popularity in an Age of Distraction* 中，用一首摇篮曲的流行来揭示事物的流行基本上遵从一个规律，就是熟悉加意外："他的摇篮曲的获得迅速的成功不是因为这首曲子有无可比拟的独创性，而是因为这首曲子在独创的基础上提供了一种熟悉的旋律。"② 因为人们对意义的追求永远是渴望的，人们偏爱那些混合了复杂和简单、刺激的新事物和熟悉的旧事物的东西："观众渴望意义，而且偏爱那些在复杂和简单新事物的刺激和在熟悉基础上的深深的舒适感之间的事物。"③ 之所以会如此，是因为人们一般情况下其实上都比较害怕太新的事物："顾客都喜欢新事物对发现新事物很好奇，也深深地恐惧新事物——害怕那些太新的事物。最好的流行制造者是那些擅长于创造性的融合新与旧、焦虑与理解的人，他们是熟悉之惊奇的建筑师。"④ 最佳的流行制造者是那些把旧的事物和新的事物、把焦虑和理解结合在一起而产生出新的意义的人，这样的人是熟悉之惊奇的设计师，很显然，林希逸的口义本阐释风格，正是这样在人们熟悉的佛学背景下，又在道家经典中加入了即将兴起的儒学这个意外的因素，而符合了这种流行的规律。另外，"在日本人的精神深处中，欢乐与长生一直是他们所醉心的两种境界，犹如和歌里一直蕴育着对远古风土人情的追叹，飘逸着一种生命的无常感，这与道教对生命的悲剧性意识不谋而合"⑤。这也是林希逸口义本流行的一个在思想上容易被接受的熟悉的基础。

当然，一个事物的流行绝非由于某一个或几个单一的原因，正如 Derek Thompson 引用忽必烈和马可波罗的话说："忽必烈询问是否是一块石头

---

① 周庆山：《文献传播学》，书目文献出版社 1997 年版，第 69 页。

② Derek Thompson, *Hit Makers——The Science of Popularity in an Age of Distraction*, New York: Penguin press, 2017, p. 7.

③ Ibid. , p. 15.

④ Ibid. , p. 7.

⑤ 孙亦平：《东亚道教研究》，人民出版社 2014 年版，第 466 页。

撑起了一座桥，马可波罗回应说，一座桥的支撑不是因为某一块坚固的石头，一座拱桥是由许多块石头构成的。"一块石头不可能支撑起一座桥，许多的石头才可以。除了以上分析的一些重要的方面，还有一些如：其他注本，像王弼、河上公本，虽流传时间更久，但其使用书面雅文，一般人士理解困难，故转而求之于浅显易懂的口义本；冈田正之在《日本汉文学史》中有关白居易文集在日本流行的原因，其中两点是白诗平易流畅和富有佛教味。① 这可以从侧面辅助说明三子口义流行之故。当然，口义本自身注解的特色鲜明，对于三子的思想都有自己的独到见解，更符合时人的需要，这是不言自明的。

（三）三子口义的衰落

三子口义在江户前期流行以后，当时就有学者持不同观点，贝原益轩（1630—1747）就在其著作《慎思录》中云"林希逸取宋儒之意注《老》《庄》，然与《老》《庄》之本意不相合者多"②。上述版本中，渡边操在其《老子愚读》序中云口义本"其解与经文不相合居多"，到江户中期，荻生徂徕（1666—1728）极力主张重视《庄子》郭象注本，他评论口义本说老列庄的注本中"以林希逸解为恶劣"，这可算是强烈反对了，荻生徂徕一系的户崎允明在明和八年（1771）所著《老子正训》中云林希逸注"以意害辞"，诸如此类的批评在中国清代也有，钱谦益就曾在《牧斋有学集》中批判了林希逸以禅解庄的做法，这些观点无疑极大地影响了人们对口义本的态度，随着荻生徂徕学派在江户中期以后成为显学，影响越来越大，自然学林也随之改变风向，林希逸注三子口义之没落也就不可避免了。

"老庄道家思想虽然受到一些学者的重视而成为江户时期哲学的理论基础，但学者大多抱有一种为我所用的态度。"③ 这大概是道家思想在江户时代流行，但并没有成为主流思想的一个原因。不只是学者，江户时期的复古神道了解道教、研究道教，也并不采纳道教。④ 道家思想被儒释选择

---

① ［日］绪方惟精：《日本汉文学史》（第三版），丁策译，正中书局印行1980年版，第83页。

② 转引自［日］池田知久《道家思想的新研究（下）——以〈庄子〉为中心》，王启发、曹峰译，中州古籍出版社2009年版，第698页。

③ 孙亦平：《东亚道教研究》，人民出版社，2014年，第538页。

④ 孙亦平：《东亚道教研究》，人民出版社，2014年，第534页。

性吸收，但始终未取得主导地位，这也符合道家与世无争的哲学。林罗山一直在做一项工作，那就是试图在儒道两家之间做一个选择，让三家思想共存融合并用，"当我们发现他在探索如何让神道和儒学能够调和的时候，罗山的工作就变得很有趣了。①"林罗山自己身居儒官，调和佛道两家的努力，正体现了日本江户时代儒释道三家思想激烈竞争的状态，释降儒升的更迭中，为道家思想想争得了生存空间，以林希逸老列庄三子口义为代表的道家文献趁机而入，在江户时代大行其道，传播了当时中国先进的道家思想和治学方法，在日本掀起中国道家思想和文献传播的高潮，经过日本学人的受容消化，滋养推动了符合日本国情的新思想的诞生。

综上所论，可总结出本书的几个观点：

第一，本书用实地考察的实物文献和文本阅读的理论文献，这两方面证据，论证了林希逸生于南宋绍熙四年癸丑（1193），卒于咸淳七年辛未（1271）。

第二，作为艾轩学派第三代传人，林希逸的交往圈体现出南宋文人交往的特点，其交往圈以中下层江湖文人为主，以与高层权贵交往为辅。林希逸生平与刘克庄、刘翼、林公遇及子林同、林合、方大琮、王迈、薛梦桂、林彬之、李丑父、刘震孙、林式之等人交往甚密。仕途上受到郑清之提携与帮助，晚年攀附朝廷权贵，作诸多贺文，尤其是对权相贾似道极尽赞誉，为后人所诟病。

第三，林希逸至少著有经史子集论著及编校类作品 25 种，多已亡佚。简介了林希逸主要著作《老子鬳斋口义》的刊本 52 种、《列子鬳斋口义》的刊本 32 种、《庄子鬳斋口义》的刊本 113 种，其他本书尚未顾及的刊本，情况多类此。

第四，林希逸三子口义在流传中，体现出鲜明的特点：①国内刊本中，明刊本最多；海外主要是东亚的刊本总量超过中国。②在朝鲜半岛、日本的所有《老子》《庄子》刊本中，在数量上林希逸口义本位居前列；在日本的江户时代，朝鲜半岛的李氏朝鲜王朝前期，林希逸三子口义是学人研习老庄的首选注本，之后迅速衰落。③中国的刘辰翁、何汝成、张四

---

① Derek Thompson：Hit Makers——The Science of Pop：lariyt in an Age of Distraction，New York：Penguin press，2017，PP. 66.

维、张士镐、徐常吉、唐顺之、施观民等，是重要刊刻者；日本的林道春、安田安昌、德仓昌坚、释即非如一、小野壹等，朝鲜的朴世堂、崔岂、李士表等，是林希逸口义本在东亚的重要传播者和研究者。④美国哈佛大学、普林斯顿大学、耶鲁大学、康奈尔大学等图书馆，都藏有大量林希逸的口义本。

林希逸三子口义在海内外的流传，再次印证了只有进行以世界为视野的学术研究，才能客观评价中国古代文明成果，理性看待中国传统文化，这对探索汉民族的文化崛起方式，提供了思路。

参 考 文 献

著 作

（宋）梁克家：《淳熙三山志》，商务印书馆 1976 年版。

（宋）周密撰，吴企明点校：《癸辛杂识》，中华书局 1988 年版。

（宋）刘克庄撰，王蓉贵、向以鲜校点，刁忠民审定：《后村先生大全集》，四川大学出版社 2008 年版。

（宋）叶梦得撰，宇文绍奕考异，侯忠义点校：《石林燕语》，中华书局 1984 年版。

（宋）陈骙、佚名：《南宋馆阁录续录》，中华书局 1998 年版。

（宋）林希逸撰，陈红映校点：《南华真经口义》，云南人民出版社 2002 年版。

（宋）严羽：《沧浪诗话》，（清）何文焕：《历代诗话》，中华书局 1981 年版。

（明）周瑛、黄仲昭著，清同治十年重刊，蔡金耀点校，莆田市地方志编纂委员会编辑审校：《重刊兴化府志》，福建人民出版社 2007 年版。

（元）脱脱等撰：《宋史》，中华书局 1977 年版。

（清）陈思、陈起：《宋椠南宋群贤小集》，艺文印书馆 1972 年版。

（清）顾如华、孙承泽：《道德经参补注释》，康熙四年（1665 年）刊本。

（明）陶宗仪：《书史会要》，上海书店 1984 年版。

（明）王应山：《闽都记》，据明王应山纂辑，明万历间修，清道光十年重刊本影印，成文出版社 1967 年版。

（明）黄宗羲撰，（清）全祖望补，（清）王梓材、冯云濠补遗，何绍基校：《宋元学案》，世界书局 1966 年版。

《道藏》，文物出版社，上海书店，天津古籍出版社 1988 年版。

（明）钱士升：《南宋书》（影印本），和刻本正史别卷之二，1973 年影印进修馆藏版，汲古书院发行。

（明）杨应诏：《闽南道学源流》，《四库全书存目丛书》，齐鲁书社 1996 年版。

（明）王洙：《宋史质》，大化书局 1977 年版。

（清）王云五主持：《四库全书珍本十一集》，台湾商务印书馆 1981 年版。

（清）饶安鼎、邵应龙修，林昂，李修卿撰，福建省福清县志编纂委员会整理：《福清县志》，内部发行 1989 年版。

（清）徐景熹修，鲁曾煜等纂：《福州府志》，成文出版社据清乾隆十九年刊本影印 1967 年版。

（明）何乔远编撰，厦门大学古籍整理研究所，历史系古籍整理研究室《闽书》校点组校点：《闽书》，福建人民出版社 1994 年版。

（清）王士禛：《居易录》，周光培编：《历代笔记小说集成清代笔记小说》，河北教育出版社 1996 年版。

（清）陆心源：《宋史翼》，中华书局 1991 年版。

（清）王夫之：《宋论》，中华书局 1964 年版。

（清）厉鹗、杨家骆主编：《宋诗纪事》，《历代诗史长编》第九种第五册，鼎文书局 1971 年影印清乾隆十一年厉氏樊榭山房本。

（清）李清馥、徐公喜，管正平，周明华点校：《闽中理学渊源考》，凤凰出版社 2011 年版。

（清）吴之振、吴留良、吴自牧选，（清）管庭芳、蒋光煦补：《宋诗钞》，中华书局 1986 年版。

（清）顾贞观辑：《积书岩宋诗选二十五卷》，中国国家图书馆藏清康熙刻本。

（清）徐景熹主修，福州市地方志编纂委员会整理：《乾隆福州府志》，海风出版社 2001 年版。

（清）杨守敬、李之鼎：《增订丛书举要》，据宜都杨惺吾先生原本，戊午（1918 年）季夏宜秋馆校印于南昌。

《续修四库全书》编纂委员会编：《续修四库全书》，上海古籍出版社

1995 年版。

北京大学古文献研究所：《全宋诗》，北京大学出版社 1999 年版。

黄建国、金初昇：《中国所藏高丽古籍综录》，汉语大词典出版社 1998 年版。

华东师范大学《子藏》编纂中心编，方勇总编纂，吴平副总编纂：《子藏》，中国国家图书馆出版社 2013 年版。

曾枣庄、刘琳：《全宋文》，上海辞书出版社 2006 年版。

朱熹：《晦庵先生朱文公文集》，商务印书馆 1936 年版。

（宋）刘克庄撰，钱仲联校注：《后村词笺注》，上海古籍出版社 1980 年版。

《永乐大典（第 94 册）》，据北京图书馆所藏原本和复制本及最近向国内外公私各方借印者 16 卷，合共 730 卷影印出版，中华书局 1960 年版。

王云五：《丛书集成初编》，据粤雅堂丛书本排印，商务印书馆 1935 年版。

福建通志局编纂：《福建通纪》，大通书局 1968 年版。

福建省地方志编纂委员会旧志整理组，福建省图书馆特藏部整理：（明）黄仲昭修纂，《八闽通志》，福建人民出版社 1991 年版。

《中国地方志丛书·华中地方（第 53 号）浙江省嘉兴府志》，据清许瑶光等修，吴仰贤等纂，清光绪五年刊本影印，成文出版社 1970 年版。

孙亦平：《东亚道教研究》，人民出版社 2014 年版。

郑吉雄、张宝三：《东亚传世汉籍文献译解方法初探》，台湾大学出版中心 2005 年版。

李致忠：《中国出版通史·宋辽西夏金元卷》，中国书籍出版社 2008 年版。

陈庆元：《福建文学发展史》，福建教育出版社 1996 年版。

黄俊杰：《东亚儒学史的新视野》，台湾大学出版中心 2015 年版。

王水照：《宋代文学通论》，河南大学出版社 1997 年版。

熊铁基、刘固盛、刘韶军：《中国庄学史》，湖南人民出版社 2003 年版。

刘国盛、肖海燕、熊铁基：《中国庄学史》，人民出版社 2013 年版。

方勇：《庄子学史》，人民出版社 2008 年版。

杨文娟：《福建庄学研究》，三晋出版社 2012 年版。

张宝三主编，住吉朋彦编辑，蔡碧芳助编，《台湾大学图书馆藏珍本东亚文献目录·日本汉籍篇》，台湾大学出版中心 2008 年版。

严绍璗编：《日本藏宋人文集善本钩沉》，杭州大学出版社 1996 年版。

严绍璗编：《日藏汉籍善本书录》，中华书局 2007 年版。

傅德华编：《日据时期朝鲜刊刻汉籍文献目录》，上海人民出版社 2011 年版。

蔡美彪、朱瑞熙、李瑚、卞孝萱、王会安著：《中国通史（第五册）》，人民出版社 1978 年版。

陈振：《宋史》，上海人民出版社 2003 年版。

漆侠：《中国经济通史》，经济日报出版社 1999 年版。

葛金芳：《中国经济通史》，湖南人民出版社 2002 年版。

郑学檬：《福建历史上经济发展的若干问题》，厦门大学历史研究所、中国社会经济史研究室编著：《福建经济发展简史》，厦门大学出版社 1989 年版。

唐文基：《福建古代经济史》，福建教育出版社 1995 年版。

张立文：《宋明理学研究》，中国人民大学出版社 1985 年版。

《中国儒学百科全书》，中国大百科全书出版社 1997 年版。

四川大学古籍研究所：《宋集珍本丛刊》，线装书局 2004 年版。

大辞海编辑委员会：《大辞海·中国文学卷》，上海辞书出版社 2005 年版。

曾枣庄主编：《中国文学家大辞典·宋代卷》，中华书局 2004 年版。

李国庭：《刘克庄年谱简编》，吴洪译、尹波：《宋人年谱丛刊》，四川大学出版社 2002 年版。

程章灿：《刘克庄年谱》，贵州人民出版社 1993 年版。

余英时：《士与中国文化》，上海人民出版社 1987 年版。

吴枫、宋一夫：《中华道学通典》，南海出版公司 1994 年版。

黄开国主编：《经学辞典》，四川人民出版社 1993 年版。

吕绍刚：《周易辞典》，汉艺色研文化事业有限公司 2001 年版。

张俊、李道英主编：《中国古代文学名著辞典》，四川人民出版社 1992 年版。

马良春、李福田：《中国文学大辞典》，天津人民出版社 1991 年版。

杨家骆：《南宋文录录·南宋文范·下》，鼎文书局 1978 年版。

傅璇琮、许逸民、王学泰、董乃斌、吴小林：《中国诗学大辞典》，浙江教育出版社 1999 年版。

汪玢玲主编：《中华古文献大辞典·文学卷》，吉林文史出版社 1994 年版。

谭正璧主编：《中国文学家大辞典》，文史出版社 1961 年版。

林民湛编著：《苏田林氏族谱》，内部资料 2008 年版。

林希逸撰，周启成校注：《庄子鬳斋口义校注》，中华书局 1997 年版。

李裕民：《宋人生卒行年考》，中华书局 2010 年版。

陈文新：《中国文学编年史·宋辽金卷》，湖南人民出版社 2006 年版。

王梓材、冯云濠：《宋元学案补遗》，北京图书馆出版社 2002 年版。

方爱龙：《南宋书法史》，上海古籍出版社 2008 年版。

昌彼得、王德毅、程元敏、侯俊德编：《宋人传记资料索引》，中华书局 1988 年版。

陈榴：《东去的语脉——韩国汉字词语研究》，辽宁师范大学出版社 2007 年版。

陆锡兴：《汉字传播史》，语文出版社 2002 年版。

王晚霞：《濂溪志八种汇编》，湖南大学出版社 2013 年版。

陶晋生：《北宋士族家族·婚姻·生活》，"中央"研究院历史语言研究所专刊 2001 年版。

漆侠：《宋代经济史》，上海人民出版社 1988 年版。

王安石：《临川先生文集》，中华书局 1959 年版。

钱锺书：《谈艺录》，生活·读书·新知三联书店 2001 年版。

宋原放，李白坚：《书籍出版的黄金时代》，中国书籍出版社 1991 年版。

方厚枢：《中国出版史话》，东方出版社 1996 年版。

来新夏：《中国古代图书事业史》，上海人民出版社 1990 年版。

祝尚书编：《宋集序跋汇编》，中华书局 2010 年版。

宋若霖等纂，廖必琦等修：《莆田县志》，据民国十五年重印本影印，成文出版社 1968 年版。

何俊、范立舟:《南宋思想史》,上海古籍出版社 2008 年版。

张岂之主编,朱汉民分卷主编:《中国思想学说史(宋元卷)》,广西师范大学出版社 2008 年版。

刘婷婷:《宋季士风与文学》,中华书局 2010 年版。

徐林:《明代中晚期江南士人社会交往研究》,上海古籍出版社 2006 年版。

程民生:《宋代地域文化》,河南大学出版社 1997 年版。

白寿彝总主编,陈振本卷主编:《中国通史》,上海人民出版社 1989 年版。

福建师范大学历史系编:《福建历代名人传略》,福建人民出版社 1987 年版。

杜继文、魏道儒:《中国禅宗通史》,江苏古籍出版社 1993 年版。

李心传:《建炎以来系年要录》,中华书局 1988 年据《国学基本丛书》重印。

马积高、黄钧主编,《中国古代文学史》,人民文学出版社 2009 年版。

赖永海:《中国佛教通史》,江苏人民出版社 2010 年版。

陈来:《宋明理学》,华东师范大学出版社 2004 年版。

王述尧:《刘克庄与南宋后期文学研究》,东方出版中心 2008 年版。

何忠礼:《南宋政治史》,人民出版社 2008 年版。

闫孟祥:《宋代佛教史》,人民出版社 2013 年版。

郭朋:《宋元佛教》,福建人民出版社 1981 年版。

李弘祺:《宋代教育散论》,东昇出版事业公司印行 1970 年版。

毛礼锐、瞿菊农、邵鹤亭编:《中国古代教育史》,人民教育出版社 1983 年版。

李国钧、王炳照总主编:《中国教育制度通史》,山东教育出版社 2000 年版。

顾树森:《中国历代教育制度》,江苏人民出版社 1981 年版。

邓洪波:《中国书院史》,东方出版中心 2004 年版。

陈雯怡:《由官学到书院——从制度与理念的互动看宋代教育的演变》,联经出版事业股份有限公司 2004 年版。

郭齐家:《中国教育思想史》,教育科学出版社 1987 年版。

张宏生：《江湖诗派研究》，中华书局 1995 年版。

何忠礼：《南宋政治史》，人民出版社 2008 年版。

蒙文通：《儒学五论》，广西师范大学出版社 2007 年版。

金程宇：《东亚汉文学论考》，凤凰出版社 2013 年版。

孙望、常国武：《宋代文学史》，人民文学出版社 1996 年版。

吴战垒：《千首宋人绝句（修订本）》，浙江古籍出版社 1988 年版。

吴文治：《宋诗话全编》，江苏古籍出版社 1998 年版。

胡云翼：《宋诗研究》，巴蜀书社 1993 年版。

张伯伟：《中国古代文学批评方法研究》，中华书局 2002 年版。

张伯伟：《域外汉籍研究入门》，复旦大学出版社 2012 年版。

张伯伟：《禅与诗学》，浙江人民出版社 1992 年版。

黄启江：《一味禅与江湖诗——南宋文学僧与禅文化的蜕变》，商务印书馆 2010 年版。

周裕锴：《文字禅与宋代诗学》，高等教育出版社 1998 年版。

蒋寅：《古典诗学的现代性阐释（增订本）》，中华书局 2009 年版。

王顺娣：《宋代诗学平淡理论研究》，巴蜀书社 2009 年版。

王锡九：《刘克庄诗学研究》，黄山书社 2007 年版。

张文利：《理禅融会与宋诗研究》，中国社会科学出版社 2004 年版。

漆侠：《宋学的发展和演变》，河北人民出版社 2011 年版。

贾贵荣编：《日本藏汉籍善本书志书目集成》，北京图书馆出版社 2003 年版。

潘钧：《日本汉字的确立及其历史演变》，商务印书馆 2013 年版。

龚颖：《"似而非"的日本朱子学——林罗山思想研究》，学苑出版社 2008 年版。

严灵峰编：《无求备斋老子集成初编》，艺文印书馆 1965 年版。

严灵峰编：《无求备斋老子集成续编》，艺文印书馆 1970 年版。

严灵峰编：《中外老子著述目录》，中华丛书委员会 1957 年版。

严灵峰编：《无求备斋庄子集成初编》，艺文印书馆 1972 年版。

严灵峰编：《无求备斋庄子集成续编》，艺文印书馆 1974 年版。

严灵峰编：《无求备斋列子集成》，艺文印书馆 1971 年版。

严灵峰编：《无求备斋老列庄三子集成补编》，成文出版社 1982 年版。

严灵峰编：《无求备斋文库诸子书目》，"中央"图书馆印行 1987年版。

严灵峰编：《老列庄三子知见书目》，中华丛书编审委员会 1965 年版。

严灵峰编：《周秦汉魏诸子知见书目》，正中书局 1975 年版。

四川大学古籍整理研究所编：《现存宋人别集版本目录》，巴蜀出版社1989 年版。

张谷：《道家思想在日本的传播和影响》，人民出版社 2013 年版。

陈小法：《明代中日文化交流史研究》，商务印书馆 2011 年版。

刘韶军：《日本现代老子研究》，福建人民出版社 2006 年版。

周庆山：《文献传播学》，书目文献出版社 1997 年版。

朱谦之：《日本的朱子学》，生活·读书·新知三联书店 1958 年版。

Seminar für Sinologie und Koreanistik Unicversität tübingen. *Verzeichnis chinesischer Collectanea in deutschen Bibliotheken · Verfasserregister*（德国图书馆所藏中文丛书目录·子目著作索引），Insititut für Sinologie Universität München.

Jacques Gernet, *Daily Life in China：on the Eve of the Mongol Invasion* 1250 – 1276, Stanford, California：Stanford University Press, 1970.

Harold Roth, *Zhuangzi Stanford Encyclopedia of Philosophy*, 12, 17, 2001（http：//plato. stanford. edu/entries/zhuangzi/）.

Röllicke, Hermann – Josef . *Orthodoxy an heterodoxy in the Exegesis of the Zhuangzi：a Case – study of Lin Xiyi's（ca.* 1210 – *ca.* 1273）：*Preface to His Commentary on the Zhuangzi, Zhuangzi Kouyi Fati*, Asiatische Studien / études Asiatiques , *Asian Studies：Journal of Swiss Asia Society*, Review Switzerland Asia Society 1997, 51, pp. 787 – 804.

Huaiwei Wang（王怀伟）, Ren and Gantong：Openness of Heart and the Root of Confucianism Philosophy, *East & West*, Volume 62, Number 4 October 2012, by University of Hawaii'i Press.

Peipei Qiu, *Matsuo Bashō*（松尾芭蕉）*and the DAO——the Zhuangzi and the Transformation of haikai*, University of Hawaii's Press, 2005.

Rodney Ohebsion, *Eastern and Western Philosophy：The Bussha, Lao Tzu, Confucius, Socrates, Descartes, Hume, Kant, Schopenhauer, Kierkegarrd, Nietzsche, and Wittgenstein*, Publishes by Rodney ohebsion at

Smashwords，2012.

David Chai，*Nothingness，Being，and Dao：Ontology and Cosmologu in the Zhuangzi*，For the Degree of Doctor of Philosophy，Department of East Asian Studies Unicersity of Toronto，2012.

Derek Thompson，*Hit Makers——The Science of Popularity in an Age of Distraction*，New York：Penguin press，2017.

Richard Bowring，*In Search of the Way——Thought and Religion in Early – Modern Japan*，1582 – 1860，England：Oxford University Press，2017.

Andrew Gordon，*A Modern History of Japan：From Tokugawa Times to the Present*，England：Oxford university Press 2003.

韩国文集编纂委员会：《韩国历代文集丛书》，景仁文化社 2000 年版。

财团法人民族文化推进会：《韩国文集丛刊》，景仁文化社 1990 年版。

［法］谢和耐：《蒙元入侵前夜的中国日常生活》，刘东译，江苏人民出版社 1995 年版。

［意］马可·波罗：《马可波罗行纪》，冯承钧译，上海书店出版社 2006 年版。

［美］包弼德：《斯文：唐宋思想的转型》，刘宁译，江苏人民出版社 2001 年版。

［韩］全寅初主编：《韩国所藏中国汉籍总目（四)》，学古房出版社 2005 年版。

［韩］朴现圭：《台湾公藏韩国古书籍联合书目》，文史哲出版社 1991 年版。

［韩］金兴浩：《无知·无为·无欲，老子·老子翼讲解——教材老子鬳斋口义》，思索出版社 2013 年版。

［韩］奎章阁编：《奎章阁图书韩国本综合目录》，서울大學校奎章閣飜刻發行，保景文化社 1994 年版。

［韩］奎章阁编：《奎章阁韩国本图书解题续集》，서울大学校奎章阁 2000—2001 年版。

朝鲜杂志社，朝鲜古书刊行会：《朝鲜古书目录》，朝鲜杂志社朝鲜古书刊行会 1911 年版。

［日］国立国会图书馆图书部：《国立国会图书馆汉籍目录》，国立国

会图书馆 1987 年版。

王迪：《观海堂旧藏老莊关系书物〈老子鬳斋口义〉》，お茶の水女子大学中国文学会 2001 年版。

王迪：《日本におけろ老莊思想の受容》，株式会社国书刊行会 2001年版。

［日］阿部隆一：《增订中国访书志》，汲古书院 1983 年版。

朝鲜总督府：《朝鲜图书解题》，日本名著刊行会 1969 年版。

［日］绪方惟精：《日本汉文学史（第三版)》，丁策译，正中书局1980 年版。

［日］武内义雄：《武内义雄全集（第六卷）·日本における老莊学》，角川书店 1978 年版。

［日］庆应义塾大学附属研究所斯道文库编：《江户时代书林出版书籍目录集成》，井上书房 1963 年版。

［日］中根肃治：《庆长以来诸家著述目录》，八尾书店 1894 年版。

［日］小柳司气太、小川贯道：《汉学者传记及著述集览》，名著刊行会 1970 年版。

［日］岩波熊二郎：《国书总目录》，岩波书店 1969 年版。

［日］村上专精：《日本佛教史纲》，杨曾文译，商务印书馆 1992年版。

［日］荒木见悟：《中国思想史の诸相·林希逸的立场》，中国书店1989 年版。

［日］池田知久：《道家思想的新研究（下)——以〈庄子〉为中心》，王启发、曹峰译，中州古籍出版社 2009 年版。

［德］汉斯—格奥尔格·伽达默尔著，洪汉鼎译：《诠释学 I 真理与方法（修订译本）》，商务印书馆 2010 年版。

论文

石明庆：《理学诗论与南宋诗学》，博士学位论文，南开大学，2000 年。

喻学忠：《晚宋士风研究》，博士学位论文，四川大学，2002 年。

刘佩德：《列子学研究》，博士学位论文，华东师范大学，2013 年。

王伟：《唐顺之文学思想研究》，博士学位论文，北京语言大学，2008 年。

李京津：《林希逸庄学思想研究》，博士学位论文，湖南师范大学，2015 年。

蔡锦宽：《宋代文学家对庄子的接受》，硕士学位论文，台湾屏东教育大学，2014 年。

吴宁：《两宋士风述论》，硕士学位论文，暨南大学，2003 年。

陈怡燕：《〈庄子口义〉思想研究》，硕士学位论文，台湾师范大学，2008 年。

王倩倩：《林希逸〈庄子鬳斋口义〉研究》，硕士学位论文，山东大学，2013 年。

杨富军：《列子研究述列》，硕士学位论文，东北师范大学，2012 年。

潘高凤：《唐代塔铭研究》，硕士学位论文，浙江大学，2010 年。

周兰：《林希逸诗歌研究》，硕士学位论文，广西大学，2011 年。

丁丹：《林希逸诗歌研究》，硕士学位论文，南京师范大学，2010 年。

黄云：《林希逸〈老子鬳斋口义〉研究》，硕士学位论文，曲阜师范大学，2016 年。

李梦：《林光朝及艾轩集研究》，硕士学位论文，广西大学，2012 年。

潘高凤：《唐代塔铭研究》，硕士学位论文，浙江大学，2010 年。

李瑞：《引领宋代教育改革之风：胡媛的教育思想与实践》，硕士学位论文，河南大学，2004 年。

金燕萍：《〈沧浪诗话〉研究》，硕士学位论文，浙江师范大学，2009 年。

刘万辉：《〈沧浪诗话〉诗学创新及其对宋元诗学的影响》，硕士学位论文，山东大学，2011 年。

张秀玉：《宋代理学诗派研究》，硕士学位论文，扬州大学，2007 年。

刘建国：《胡媛"苏湖教法"及其现代价值研究》，硕士学位论文，华东师范大学，2011 年。

孙晓英：《老子传本研究》，硕士学位论文，山东大学，2008 年。

崔晶：《南宋理学家陈傅良诗歌研究》，硕士学位论文，广西师范学院，2010 年。

张楠:《老庄东传日本考略》，硕士学位论文，东北师范大学，2004 年。

安江:《林希逸〈庄子口义〉评点研究及其对外传播》，硕士学位论文，山西大学，2015 年。

周翡：《林希逸律诗艺术研究》，硕士学位论文，辽宁师范大学，2016 年。

蔡锦宽：《林希逸〈庄子口义〉以文学解〈庄子〉之探析》，台湾《新竹教育大学人文社会学报》2015 年第 8 卷第 1 期。

蔡锦宽：《林希逸〈庄子口义〉"以儒解庄"之阐释》，《人文社会科学研究》2014 年第 8 卷第 4 期。

邱敏捷：《林希逸〈庄子口义〉"以禅解庄"析论》，《玄奘佛学研究》2006 年第 4 期。

陈少明：《另类的庄学——论林希逸、释德清从儒、释两端对〈庄子〉的诠释》，郭齐勇，吴根友编：《萧萐父八十寿辰纪念文集》，湖北教育出版社 2004 年版。

朱天助：《重估〈鬳斋考工记解〉的价值及未备》，北京大学中国古文献研究中心编：《北京大学中国古文献研究中心集刊》第 12 辑，北京大学出版社 2012 年版。

杨光安、何兆泉：《论叶适对南宋士风的认识》，《宜春学院学报》2013 年第 10 期。

王德毅：《宋代科举与士风》，《厦门大学学报》2005 年第 6 期。

胡珅：《宋代荐举与士风》，《北方论丛》2010 年第 6 期。

张金岭：《晚宋士大夫无耻考论》，《中华文化论坛》2000 年第 4 期。

孙红：《林希逸以儒解庄及其原因》，《北方论丛》2003 年第 5 期。

李见勇：《庄子研究的新突破——论林希逸〈庄子口义〉》，《内江师范学院学报》2007 年第 1 期。

林观潮：《黄檗东流禅僧即非如一的爱国情怀》，《法音》2002 年第 6 期。

萨枝新：《浅谈识别古籍丛书零种本》，《图书馆杂志》1993 年第 6 期。

李见勇、王勇：《三教合一归终理学——论林希逸〈庄子口义〉的思想倾向》,《内江师范学院学报》2007 年第 1 期。

李波：《评点视角下的林希逸〈庄子〉散文研究》,《重庆社会科学》2006 年第 11 期。

刘思禾：《林希逸解庄论——以自然天理说的辨析为中心》,《古籍整理研究学刊》2012 年第 3 期。

李秋芳：《林希逸〈鬳斋考工记解〉及其价值》,《河南师范大学学报》2011 年第 2 期。

丁丹：《林希逸与江湖诗人交游考》,《文教资料》2010 年第 18 期。

林溪：《略论〈四库全书总目〉对林希逸〈庄子口义〉的评价》,《黄河科技大学学报》2012 年第 1 期。

邢华平：《论诠释者的解经视域——以林希逸〈庄子口义〉为例》,《读者欣赏（理论版)》2012 年第 1 期。

沈扬：《林希逸诗学思想的渊源与独创》,《集美大学学报》2014 年第 1 期。

杨秀礼：《刘辰翁〈道德经评点〉刍论》,《宗教学研究》2013 年第 2 期。

周炫：《刘克庄与王迈、林希逸的文学交游述考》,《湖南社会科学》2014 年第 4 期。

杨理论：《晚宋江湖诗派的诗学向度》,《西南大学学报》2014 年第 5 期。

石明庆：《林希逸诗学思想的特色及其学术基础简论》,《新国学》第七卷,巴蜀书径 2008 版。

杨黛：《林希逸〈庄子鬳斋口义〉知见版本考》,《文史》1998 年第 2 期,总第 47 辑,中华书局 1998 年版。

杨黛：《〈庄子口义〉的理学观》,《浙江学刊》1989 年第 3 期。

杨黛：《〈庄子口义〉的注庄特色》,《中国文学研究》1997 年第 4 期。

张梅：《〈庄子口义〉对〈庄子〉文学的分析》,《北京科技大学学报》2004 年第 3 期。

简光明：《林希逸〈老子鬳斋口义探义)》,《中国文化月刊》1994 年第 4 期。

王伟倩：《论林希逸〈老子鬳斋口义〉的注解特色》,《衡水学院学报》2012 年第 6 期。

邓建：《南宋文人刘震孙生平考索》，《古籍整理研究学刊》2012 年第 1 期。

沈松勤：《从高压政治到"文丐奔竞"——论"绍兴和议"期间的文学生态》，《文学遗产》2003 年第 3 期。

陈得芝：《论宋元之际江南士人的思想和政治动向》，《南京大学学报》1997 年第 2 期。

李国庭：《刘克庄生平三考》，《福建论坛》1991 年第 4 期。

明见：《刘克庄与贾似道》，《湖北三峡学院学报》1997 年第 5 期。

肖崇林、廖寅：《"福华编"：南宋末年贾似道执政时代述论》，《宋史研究论丛》第十四辑，河北大学出版社 2013 年版。

彭琦：《南宋孝宗与佛教》，《浙江学刊》2002 年第 5 期。

郗志群：《杨守敬传略》，《首都师范大学学报》1999 年第 4 期。

谢海林：《李之鼎与辑刊宋集考论》，《新世纪图书馆》2008 年第 5 期。

张慧琼、王蓉：《唐顺之家世考述》，《四川教育学院学报》2009 年第 8 期。

张大任：《林光朝述评》，《福建论坛》1986 年第 3 期。

曾其海：《南宋孝宗崇佛的史料、思想及其影响》，《台州师范学院学报》2003 年第 4 期。

潘石瑛：《韩愈的教育思想与其从政期间的教育实践研究》，《兰台世界》2014 年第 1 下旬期。

蔡尚思：《中国礼教思想之我见》，《学术界》2008 年第 4 期。

李宜蓬：《从礼器到礼教：礼乐文化推衍的内在逻辑》，《孔子研究》2014 年第 4 期。

陈庆元：《宋代闽中理学家诗文——从杨时到林希逸》，《福建师范大学学报》1995 年第 2 期。

张伯伟：《域外汉籍研究答客问》，《南京大学学报》2006 年第 1 期。

王迪：《从书志考察日本的老庄研究状况——以镰仓、室町时代为主》，《汉学研究》2000 年第 1 期。

孙明君：《林希逸〈老子鬳斋口义·发题〉释读》，《北京大学学报》

2017 年第 2 期。

吴春燕：《〈庄子〉在日本中世禅林的流传与接受》，《外国问题研究》
2015 年第 3 期。

吴春燕：《三教一致论在日本中世禅林的历史变迁》，《殷都学刊》
2011 年第 2 期。

［日］松波直弘：《江戸期曹洞宗における三教一致思想—"曹洞護国
辨"に関して》，《研究年报》2012 年第 59 期。

［韩］김형석（Hyeong‐Seok Kim）．林希逸의老庄注를중심으로본三
教观（Lin Xiyi's perspective on relationship among Confucianism，Buddhism，
and Taoism），유교사상문화연구（*The Study of Confucianism*）2006 年第
4 期。

［韩］崔在穆：《朝鲜时代林希逸三子鬳斋口义的受容》，《阳明学》
2003 年第 10 期。

［韩］김형석金炯锡：（Hyeong Seok Kim）：《일반：임희일（林希逸）
의노자권재구의（老子权斋義）에드러난노자사상이해》，成均馆大学大东
文化研究院，2014 年第 0 期第 86 卷。

［韩］김형석（金享锡）：《林希逸의老莊注를중심으로본三教觀》，《儒
教思想研究》第 25 辑，2006 年第 4 期。

［韩］김형석金炯锡：《韓·中·日莊子學의비교검토를통한朴世堂·
韓元震의莊子注연구：南宋 林希逸，에도하야시라잔과의비교검토를중심
으로》，양명학（阳明学）2010 年第 4 期 25 号。

［韩］김형석（Kim Hyeong‐Seok）：《林希逸의老庄注를중심으로본
三教观（Lin Xiyi's perspective on relationship among Confucianism，Bud-
dhism，and Taoism），내편을중심으（The Study of Confucianism），2006 年第
4 期。

［韩］전현미：《박세당의〈南華眞經註解刪補〉편찬체재고찰–
내편을중심으》，민족문화제 38 집，2011（2）．

［日］井坂清信：《国立国会图书馆所藏和刻本汉籍概观》，《参考书
志研究》1993 年第 9 期。

［日］山城喜憲：《〈老子鬳斋口义〉版本考略》，庆应义塾大学附属
研究所斯道文库出版 2004 年卷 39。

王迪:《日本老庄学之研究》,《龙阳学术研究集刊》, 2007 年第 7 期。

〔日〕藤居岳人、中井履軒:《〈荘子雕題〉と林希逸〈荘子〔ケン〕斎口義〉と一"聖人"像からた"万物斉同"観の比較》,《中国研究集刊》, 大阪大学中国学会編 2001 年第 6 期 28 号。

〔日〕川平敏文:《俳諧寓言説の再検討——特に林註荘子の意義》, 岩波書店編《文学》2007 年第 5 期巻 8。

〔日〕川平敏文:《江戸前期の思想・文芸における老荘思想受容についての研究》, 日本九州大学图书馆 2011—2013 年版。

Peipei Qiu, *Bashō's Fûryû and the Aes thstic of Shôyôyô Poetics of Eccentricity and Unconventionality*, JAPAN STUDIES REVIEW , VOLUME FIVE, 2001.

Perpei Qiu, *Inventing the New Through the Old: the Essence of haikai and the Zhuangzi*, Early Modern Japan, Spring. 2001.

附录 林希逸学术年表

　　南宋绍熙四年癸丑（1193）农历八月十九日，先生出生于福建路福清县万安乡苏田里（今福建省福清市渔溪镇苏田村）。讳希逸，字肃翁，又号献机、鬳斋、竹溪，晚年自号溪干，自题书斋名为"平远轩"，世为福清人。林希逸高祖舆权，赠朝请郎，始自仙桴（今东张镇玉林村麻阳）迁渔溪，妣安人张氏；曾祖父讳昌言，令惠安，通判广州，赠金紫光禄大夫，妣陈氏。林昌言，字俞仲，今福清渔溪人，绍兴乙丑进士，令惠安。对天文学颇有钻研，盖博物君子也，见《福清县志》①。祖讳会，妣陈氏，考讳亿，赠中散大夫，妣王氏。希逸母亲早年守寡，独自抚养希逸兄弟姐妹三人，家境贫寒。林希道，字存翁，林希逸从弟。见《福清县志》②。

　　此年朱熹 63 岁。刘克庄 6 岁。范成大（1126—1193）卒。蔡抗（1193—1259）生。陆游 68 岁。

　　庆元元年庚申（1200）　　8 岁

　　此年朱熹（1130—1200）卒于福建建阳考亭，年七十一。

　　嘉泰三年癸亥（1203）　　11 岁

　　梦见获吕洞宾赠笔。在《续集》中《吕洞宾生日》中，林希逸言："余十岁梦真人以笔见，予家传画本乃模李祖母家真人自画像也。"

　　开禧三年丁卯（1207）　　15 岁

　　辛弃疾（1140—1207）卒，年六十八。作《丁卯贺平章生日》。

　　嘉定二年己巳（1209）　　17 岁

　　陆游（1125—1210）卒，年八十五。

---

　　① 福建省福清县志编纂委员会：《福清县志》，据清乾隆饶安鼎，邵应龙修，清乾隆林昂，李修卿纂《福清县志》整理，1987 年版，第 559 页。

　　② 同上书，第 260 页。

嘉定十二年己卯（1219）　27 岁

作《纪异诗（并序）》《送王少逸还乡》。

嘉定十三年庚辰（1220）　28 岁

作《金天移文》。

宝庆元年乙酉（1225）　33 岁

此年理宗即位。

绍定五年壬辰年（1232）　40 岁

入太学。

端平元年甲午（1234）　42 岁

六月，郑清之为左丞相兼枢密使。

端平二年乙未（1235）　43 岁

以学省词赋第一人，对策擢第四人，授从事郎、平海军节度推官。林希逸自己在《丘退斋文集序》中自述为乙未进士，即指端平二年乙未。也有多部史籍均如此记载。

按：关于林希逸登第，周密《癸辛杂识后集》①　有不同看法，其中"私取林竹溪"条云："林竹溪希逸字肃翁，又号鬳斋，福清人。乙未，吴榜由上庠登第，凡三试，皆第四。是岁真西山知举，莆田王迈实之亦预考校。西山欲出《尧仁如天赋》立说，尧为五帝之盛，仁为四德之元，天出庶物之首，西山以此题为极大。实之云：'题目自好，但矮些个。'西山默然。林居与王隔一岭，素相厚善，省试前，林衣弊衣邀王车，密扣题意。王告以必用圣人以天下为一家，要以《西铭》主意，自第一韵以后皆与议定，首韵用三极一家次韵云：'大圣人之立极，合天下为一家'，四韵尧宅禹官，大铺叙《西铭》。至是西山局于无题可拟，乃谓实之曰：'日逼，无题奈何？'王以位下辞避，西山再四扣之不已，王久之若不得已，乃以前题进，并题韵之意大略，西山击节。至引试日，题将揭晓，循例班列拈香，众方对越，闻王微祝云：'某誓举所知，神其鉴之。'是时乡人林彬之元质亦在试中，上请，以乡音酬答，亦授以意，亦预选云。"

元月，诏议胡瑗、孙明复、邵雍、欧阳修、周敦颐、司马光、苏轼、张载、程颢、程颐等十人从祀孔子庙庭。

---

① 周密撰，吴企明点校：《癸辛杂识》，中华书局 1988 年版，第 106—107 页。

五月，真得秀（1178—1235）卒，年五十八。

刘克庄为枢密院编修官，兼权侍右郎官。

端平三年丙申（1236）　　44 岁

方大琮、刘克庄同日去国。

嘉熙四年庚子（1240）　　48 岁

以温陵掾参与漕闱。作《张屏山墓志铭》。十二月，吴潜为福建安抚使。

淳祐元年辛丑（1241）　　49 岁

正月，理宗下诏以周敦颐、张载、程颢、程颐、朱熹从祀孔子。

淳祐三年癸卯（1243）　　51 岁

特差提领丰储仓所干办公事。

淳祐五年乙巳（1245）　　53 岁

主管三省架阁，除国子录二年，以少师安晚郑公荐，御笔召试馆职，除正字，改宣教郎，除校书郎。

淳祐六年丙午（1246）　　54 岁

二月，以国子录召试，当月除正字。

八月，刘克庄赐同进士出身，为秘书少监兼国史院编修官、实录院检讨官，同月，兼崇政殿说书。

十月，以正字除校书郎。

淳祐七年丁未（1247）　　55 岁

五月，兼庄文府教授。

七月，除枢密院编修官，兼权都官郎官，兼崇政殿说书，兼翰林权直，以教授讲诗终篇授奉议郎。

温陵贤达刊刘克庄书稿，先生作诗一首以贺。① 方大琮（1183—1247）卒，年六十五。字德润，号铁庵，又号壶山，莆田人。

淳祐八年戊申（1248）56 岁。除直秘阁，知兴化军，至郡以修进高宗实录，授承议郎，磨勘转朝奉郎。

三月，王迈（1184—1248）卒，年六十五。字实之，一作贯之，号臞

---

① 刘克庄有诗作《温陵诸贤接刊拙稿竹溪直院有诗助噪戏和一首》，可见此诗作于林希逸在担任直院时，参见（宋）刘克庄撰，王蓉贵、向以鲜校点，刁忠民审定《后村先生大全集》，四川大学出版社 2008 年版，第 753 页。

轩居士，仙游人。

淳祐九年己酉（1249）57 岁。两易知南剑州，改知饶州剹兼提点坑冶。

三月，贾似道为宝文阁学士、京湖安抚制直大使。

淳祐十年庚戌（1250）　58 岁

至郡首无权。

淳祐十一年辛亥（1251）　59 岁

召赴行在，改直宝谟阁，江淮、荆、湘、福建、广南路都大，提点坑冶铸钱公事兼知饶州，除考功郎官。

淳祐十二年壬子（1252）　60 岁

转朝散郎，主管明道宫。

宝祐三年乙卯（1255）　63 岁

转朝讲郎，主管玉局观转朝奉大夫。

宝祐四年丙辰（1256）　64 岁

丁令人忧。

陈起（？—1256）卒。字宗之，号芸居，又号陈道人，钱塘人。主编《江湖小集》收入刘翼诗一卷，林同诗一卷，又有《江湖后集》，收林希逸等 47 人诗。

宝祐五年丁巳（1257）　65 岁

四月，元好问（1190—1257）卒，年六十八。

宝祐六年戊午（1258）　66 岁

丁大全任右丞相，依旧职知赣州，未上降朝请，明年主管玉局观叙复。

景定元年庚申（1260）　68 岁

今辨章魏公入相，以司对郎官，召主管崇禧观。

景定二年辛酉（1261）　69 岁

再召，又除广东运判。

景定三年壬戌（1262）　70 岁

除考功郎官，兼国史院编修官，实录院检讨官造朝，兼礼部郎官、兼崇政殿说书、兼直舍人院转朝散大夫，除司农少卿，转朝请大夫。诏除司封郎官。

刘克庄作《寄肃翁紫薇》。

作《工部侍郎宝章阁待制林公行状》。

景定四年癸亥（1263）　71 岁

除秘书少监、太常少卿转朝议大夫，进讲《春秋》彻章，授守奉大夫，修进宁宗实录，授中大夫兼国子司业去国，提举玉局观。郊恩封福清县开国男。上书言蒲阳布衣林亦之。陈藻为有道之士，林公遇幼承父泽，奉亲不仕。诏林亦之、陈藻赠迪功郎。

按，周启成在《庄子鬳斋口义校注·前言》中说，此后林希逸闲居七年。与碑刻所载事迹有出入。现暂依从碑刻。

景定五年甲子（1264）　72 岁

《甲子回生日启》写给多人：刘克庄、新漳州刘通判、余制参（师鲁）。

此年理宗退位。刘克庄致仕。

咸淳元年乙丑（1265）　73 岁

除直宝文阁、湖南运判，提举冲佑观。《乙丑回生日启》写给福清陈薄（德亮）。

九月，与刘克庄相会于海月堂，欣赏书画墨宝①。

咸淳二年丙寅（1266）　74 岁

疑此年召为中书舍人。《丙寅回生日启》写给多人：后村刘尚书、新漳州刘通判、陈公益、福清薛知县（梦桂）、兴化萧教授、新剑浦郑主簿、刘达卿、福清陈主簿（德亮）、三文书堂方岩尹、石塘林子真、石塘林子常、新潮州林通判、同安林丞、刘士仰、新汀州黄教授、刘智翁、郑进士、刘躔甫。

是年，刘克庄虚岁八十。作有《贺后村八十札》。

五月，作《刘侯官文跋》。

九月，作《陈夫人墓志铭》。

十月，作《福州新创义阡记》。

---

① 在刘克庄所作《竹溪所藏方次云与夹漈帖》文末注明"咸淳乙丑九月，与竹溪会于海月堂，窃观墨本，因题其后"，参见（宋）刘克庄撰，王蓉贵、向以鲜校点，刁忠民审定《后村先生大全集》，四川大学出版社 2008 年版，第 2869 页。

冬至前四日①，作《黄绍谷集跋》。

腊月，为友傅子渊文集作《跋静观小稿》。

某月，作《岳安石桥记》《鼓山愚谷佛慧禅师塔铭》。

咸淳三年丁卯（1267）　75 岁

《丁卯回生日启》写给多人：刘后村、新漳州刘通判、福清薛知县、新潮州林通判、同安林县丞、福清陈主簿、福清赵知县、刘正奏应旗、新衡阳赵主簿、石塘林子真、石塘林子常、刘智翁、刘子木、刘士仰。

作有《丁卯贺平章生日》，后自注：八月八日，贾似道生日为八月二十五日，据此可知此处平章指贾似道。作《丁卯贺郊祀表》《丁卯贺圣节（二首）》。

三月，作《行在山孚惠二王庙记》。

作《重建昆山县广孝寺记》。

作《贺贾平章启》《湖南提举宫讲太史礼部李公行状》。

咸淳四年戊辰（1268）先生年七十五。除知赣州。擢秘书少监。《戊辰回生日启》写给多人：刘后村、余制参（师鲁）、刘架阁（强甫）、兴化萧教授、石塘林子真、石塘林子常、刘达卿（号后坡）、福清薛宰、薛宰札、刘躔甫、黄汀教、丘司理、同安林县丞。

闰正月六日皇子生，作《贺生皇子表》《贺皇太后表》《贺皇后表》。

七月，作《重造林峭斗门记》。

作《重建敛石寺记》。

十一月，文天祥起为福建提刑，复以台臣攻击而作罢。

十二月，作《将仕林君父子墓志铭》。

作《安晚先生丞相郑公文集序》。《贺叶右相》。

咸淳五年己巳（1269）　77 岁

擢翰林权直，迁太常卿，提举玉局观，除秘书监兼侍讲。

正月，作《日月食说》。按，此文作者自注"己巳正月初九日"，在林希逸生平中有两个己巳年，第一个是在嘉定二年，此时林希逸 16 岁。本文中有"余尝疑此有年矣"句，从而判断此文作于咸淳己巳年。《己巳回生

---

① 此文末作者指明作于"小至前三日"，小至，有两种解释，一种是冬至前一日，另一种是冬至后一日，此处取前者。

日启》作多篇，分别给潮阳林通判式之、福清叶知县忠正、前同安丞林通直（钟）、新德化方簿（晋）、新建安徐山长（端衡）、新永春刘尉（肩吾）、新徽州丘知录（应甲）、海口翁监镇（应星翠浪玉虹镇中亭名浩堂中书之弟）、福清赵尉（宗溥）、石塘林子真（同）、石塘林子常（合）、新平江吴江县张主学（松年建宁人）、刘躔甫（翼号心游）、刘士仰（更逮）、刘达卿（求志自号后坡）、黄掌祠（君遇允文先生之后）、林强父（麟）、方持叟（名德化簿之子）、方帝臣（时举次云正字之后）、刘智翁（贵活安溪之客）。作《贺余制参》《清风峡施水庵记》。

刘克庄卒（1187—1269）卒，年八十三。

二月，作《福清县修学记》。作《梁秘阁墓志铭》。作《刘夫人墓志铭》。

三月，作《潮州海阳县京山书舍记》《重造应天院记》。

四月，作《报晖堂记》。作《南剑州梅野徐公祠堂记》。

五月，十五日，作《莆田方氏灵隐本庵记》。作《适轩黄君墓志铭》。

六月，作《潮州开元寺法堂记》。

七月，作《潮州重修韩山书院记》。十五日，作《道山之宇记》《潘左藏墓志铭》。

九月，作《跋徐平父所藏兰亭二帖》。立冬前一日，作《跋忠定晦庵与井伯林金判诸帖》。

十月，作《老艾遗稿跋》《艾轩读离骚遗迹》。

腊月，作《泉州重修兴福寺记》。①

林式之编《竹溪鬳斋十一稿续集》成，并付梓刊印。

作《贺江左相》，江左相指江万里；作《贺马右相》，马右相指马廷鸾。

咸淳六年庚午（1270） 78岁

兼权直学士院造朝，除起居郎兴祠，除秘阁修撰，提举冲佑观。

九月，为刘克庄文集作序。

咸淳七年辛未（1271） 79岁

疑此年召为中书舍人。农历九月十五日，以疾终于家，享年80岁

---

① 作者在文末自注嘉平月：嘉平，即指腊月。

（虚岁，周岁为 79 岁），窆于万安乡苏田里南山之原。

作《己巳元日二首》，有"清晓冠裳八十拜，老能强饭不输人"。

先妣赠令人莆田长官方氏，顺昌主簿讳汲之女。子三人：

泳，字之永，宝祐元年癸丑登科，《闽书》① 记载为朝奉郎，知泉州安溪县以亲老恩注通判兴化军。《福清县志·方伎》载，林泳善墨竹，自号弓寮。林泳赴异地任职，林希逸作诗以送，如《送泳宰安溪》《送子晦宰南安》。冰，故迪功郎，建宁府崇安县尉；浩，故儒林郎，监行在咸淳仓。女三人：适承议郎知泉州南安县余士明，从政郎建宁府右司理陈植，季许婚将仕郎黄淦。孙三人：行祖、象祖。林象祖，字君传，开庆元年己未登科，《闽书》记载为②饶州教授。《福清县志》③ 亦有记载。林希逸作有：《象祖戊辰元日初冠仍拜敕命》，《六月十日晚饮呼行祖共吸荷杯》，《行祖聘方氏书》。

第三孙名明哲，字国谕、号上村，居苏田里（未记述在碑文之内）。宋景炎三年（1278），因元兵入侵，举家由渔溪苏田里迁往海坛（今平潭县）立"驻马林"。女孙四：长许婚将仕郎郭大雅。其他三人不详。

---

① 何乔远编：厦门大学古籍整理研究所，历史系古籍整理研究室《闽书》校点组校点：《闽书》（第三册），福建人民出版社 1994 年版，第 2390 页。

② 同上书，第 2391 页。

③ 福建省福清县志编纂委员会：《福清县志》，据（清）乾隆饶安鼎，邵应龙修，（清）乾隆林昂，李修卿纂《福清县志》整理，1987 年，第 263 页。

后　　记

本书是在博士学位论文的基础上修订而成。时隔两年多断断续续的修修补补，越发生出学问不易的慨叹。

感谢陈老师庆元先生。是陈老师把我领进文献学研究之门。从开始的迷茫慌乱笨拙跄跄踉，到坚定的孜孜不倦日日勤勉，陈老师都给予我深切的关怀理解和及时雨般的有效指导，让我受益匪浅。

感谢孙老师亦平先生。是孙老师把我领进东亚学术研究之门。在读博期间，读到孙老师的大作《东亚道教研究》颇为敬慕，彼时窃想，若能一见孙老师其人并学习一二，亦为三生幸事。未曾想毕业后在多重因缘中，终于有幸进入南京大学忝列孙师门墙，成为她的博士后，继续开展本课题的研究。孙老师其人典雅优美，为人清纯简易，有醉心学问之心，有开物成务之学，让我钦佩景仰，老师的期望与鼓励，我时时谨记。

感谢王老师国良先生。是王老师引领我深入东亚文献研究。在台湾台北大学跟随王老师学习的一个学期，无论是东亚文献的璀璨流光，抑或学贯中西的东亚文献学研究方法，都让我一见倾心，王老师的教诲与指导是我未来努力的方向。

感谢福清市社会科学界联合会为本书出版提供资助！感谢中国社会科学出版社宋燕鹏先生的认真审稿和精心编辑，并为本书出版提了很多有益的建议。还有很多值得感谢的人，虽已在博士论文致谢中悉数表达，还想再次奉致我深深的感恩！

自读博至今，我数次赴美国康奈尔大学查询研究资料，并赴台湾台北大学访学，外出学习的经历扩展了我的学术视野，并基本克服了语言障碍（英语）与学术规范障碍（与国际接轨），帮助我逐步形成了自己的研究思想。

弘一法师云执象而求，咫尺千里，虽现在我与恩师益友和亲爱的家人相隔万里，但他们的精神风度与宽厚胸怀，始终是我前行时的灯塔，归来时的港湾。想到你们，我要好好学习天天向上，总有一天，我要让这种光芒给你明亮。我深知自己学识有限，疏漏、错误之处在所难免，还望学界同仁批评指正。谢谢！

王晚霞

2017 年 12 月 12 日